système
totalitaire

Hannah Arendt

Les Origines du totalitarisme

Le Système totalitaire

Traduit de l'américain par Jean-Loup Bourget,
Robert Davreu et Patrick Lévy
Révisé par Hélène Frappat

Éditions du Seuil

La plupart des notes de l'Éditeur (NdÉ) ainsi que les mentions figurant entre crochets dans les notes d'Hannah Arendt sont reprises de l'édition H. Arendt, *Les Origines du totalitarisme, Eichmann à Jérusalem*, Gallimard, « Quatro », 2002.

Titre original : *Totalitarianism*

ISBN 978-2-02-079890-7

Préface

I

Le manuscrit original des *Origines du totalitarisme* fut achevé à l'automne 1949, soit plus de quatre ans après la défaite de l'Allemagne hitlérienne, et moins de quatre ans avant la mort de Staline. La première édition du livre parut en 1951. Rétrospectivement, les années que j'ai passées à l'écrire, à partir de 1945, apparaissent comme la première période de calme relatif après des décennies de tumulte, de confusion et d'horreur pure – les révolutions qui suivirent la Première Guerre mondiale, l'essor des mouvements totalitaires et l'usure du régime parlementaire, suivis de toutes sortes de tyrannies nouvelles, fascistes et semi-fascistes, dictatures du parti unique et de l'armée et, finalement, l'établissement apparemment solide de gouvernements totalitaires s'appuyant sur un substrat de masses[1] : en Russie en 1929,

1. Sans nul doute, le fait que le gouvernement totalitaire, malgré l'évidence de ses crimes, s'appuie sur un substrat de masses, est profondément troublant. Aussi n'est-il guère surprenant de voir spécialistes et hommes d'État souvent refuser de reconnaître un tel fait. Les premiers croient aux vertus magiques de la propagande et du lavage de cerveau, les seconds, par exemple Adenauer à maintes reprises, en nient simplement l'existence. Une publication récente de rapports secrets sur l'opinion publique en Allemagne pendant la guerre (de 1939 à 1944), émanant du service de sécurité des *SS* (*Meldungen aus dem Reich. Auswahl aus den Geheimen Lageberichten des Sichercheitsdienstes der SS 1939-1944*, 1965) est très instructive à cet égard. Elle montre d'abord que la population était remarquablement bien informée de tous les prétendus secrets (massacres de Juifs en Pologne, préparation de l'attaque contre la Russie, etc.), et ensuite « dans quelle mesure les victimes de la propagande étaient restées capables de concevoir des opinions indépendantes » (p. XVIII-XIX). Quoi qu'il en soit, l'important est que cela n'a nullement affaibli le soutien

l'année de ce qu'aujourd'hui on appelle souvent la « seconde révolution », et en Allemagne en 1933.

Avec la défaite de l'Allemagne nazie, une partie de cette histoire avait trouvé sa conclusion. Pour la première fois, le moment semblait venu de considérer les événements contemporains avec le regard rétrospectif de l'historien et le zèle analytique du spécialiste en sciences politiques. C'était la première occasion d'essayer de dire et de comprendre ce qui s'était passé, pas encore *sine ira et studio*, toujours avec douleur et affliction, et, par conséquent, avec une tendance à la lamentation, mais le temps de l'indignation muette et du sentiment de l'horreur paralysante était révolu. (La Préface originale à la présente édition s'est chargée d'évoquer l'ambiance qui régnait durant ces années-là.) C'était, de toute façon, la première fois qu'il était possible d'articuler et d'élaborer les questions en compagnie desquelles ma génération avait été forcée de vivre la meilleure part de sa vie adulte : *Que s'est-il passé ? Pourquoi cela s'est-il passé ? Comment cela a-t-il été possible ?* En effet, de la défaite allemande, qui laissait derrière elle un pays en ruine et une nation qui avait le sentiment d'en être arrivée au « point zéro » de son histoire, avaient émergé, virtuellement intactes, des montagnes de papier, une surabondance de matériel documentaire concernant tous les aspects des douze ans qu'avait réussi à durer le *Tausendjähriges Reich* de Hitler. Les premières et généreuses sélections de cet *embarras de richesses**[2], qui aujourd'hui encore sont très loin d'être adéquatement publiées et étudiées, commencèrent à apparaître en liaison avec le procès des principaux criminels de guerre à Nuremberg en 1946, dans les douze volumes de *Nazi Conspiracy and Aggression*[3].

général dont bénéficiait le régime hitlérien. Il est bien évident que le soutien de masse apporté au totalitarisme ne s'explique ni par l'ignorance ni par le lavage de cerveau.

2. NdÉ. L'astérisque signale l'utilisation de termes en français dans le texte original.

3. Dès le début, la recherche et la publication du matériel documentaire ont été liées à l'investigation des activités criminelles, et la sélection a généralement été faite dans le but de poursuivre les criminels de guerre. Par conséquent, on a négligé une grande quantité de matériaux du plus haut intérêt. Le livre mentionné à la note 1 est une très heureuse exception à cette règle.

Cependant, des quantités considérables de matériel nouveau, documentaire et autre, portant sur le régime nazi, étaient devenues accessibles dans les bibliothèques et les archives, lorsqu'en 1958 parut la deuxième édition (en livre de poche). Ce que j'appris alors était intéressant certes, mais n'appelait pas de changements essentiels, ni dans l'analyse, ni dans l'argument de ma présentation originale. Dans les notes, il parut souhaitable de remplacer et d'ajouter de nombreuses citations, et le texte fut considérablement augmenté. Mais ces changements avaient tous un caractère technique. En 1949, on ne connaissait les documents de Nuremberg que partiellement et en traduction anglaise, et un grand nombre de livres, de brochures et de revues publiés en Allemagne entre 1933 et 1945 n'avaient pas été accessibles. De plus, dans un certain nombre d'additions, je pris en considération certains des événements les plus importants qui suivirent la mort de Staline – la crise de succession et le discours de Khrouchtchev devant le XXe congrès du parti – ainsi que des informations nouvelles, émanant de publications récentes, sur le régime stalinien. C'est ainsi que je procédai à une révision de la troisième partie et du dernier chapitre de la deuxième partie, tandis que la première partie sur l'Antisémitisme et les quatre premiers chapitres sur l'Impérialisme n'ont pas été modifiés. De plus, je n'étais pas en possession de certains aperçus de nature strictement théorique, en relation étroite avec mon analyse des éléments de la domination totale, lorsque j'achevai le manuscrit original qui se terminait sur de peu concluantes « Remarques en manière de conclusion ». Le dernier chapitre de la présente édition, « Idéologie et Terreur », a remplacé ces « Remarques », qui, dans la mesure où elles semblaient encore valides, ont été réparties dans d'autres chapitres. À la deuxième édition, j'avais ajouté un Épilogue où je discutais brièvement l'introduction du système russe dans les pays satellites, et la révolution hongroise. Cette discussion, rédigée beaucoup plus tard, avait un ton différent puisqu'elle traitait d'événements contemporains, et de nombreux détails en sont dépassés. Je l'ai maintenant éliminée, et tel est le seul changement substantiel de la présente édition par rapport à la deuxième (en livre de poche).

Il est évident que la fin de la guerre ne signifia pas la fin du gouvernement totalitaire en Russie. Au contraire, elle fut suivie par la bolchevisation de l'Europe orientale, c'est-à-dire par l'extension du gouvernement totalitaire, et la paix n'offrit rien de plus qu'un tournant significatif à partir duquel analyser les ressemblances et les différences des deux régimes totalitaires dans leurs méthodes et dans leurs institutions. Ce n'est pas la fin de la guerre, mais la mort de Staline huit ans plus tard, qui fut décisive. Rétrospectivement, il semble que cette mort ne fut pas simplement suivie par une crise de succession et un « dégel » provisoire jusqu'à ce qu'un nouveau leader se fût affirmé, mais bien par un processus, authentique quoique toujours ambigu, de détotalitarisation. Aussi, du point de vue des événements, n'y avait-il pas lieu de mettre à jour cette partie de mon récit ; et notre connaissance de la période en question n'a pas changé assez fondamentalement pour appeler des additions et des révisions étendues. Contrairement à l'Allemagne où Hitler utilisa consciemment sa guerre pour développer et, pour ainsi dire, parfaire le gouvernement totalitaire, la période de la guerre, en Russie, vit se relâcher provisoirement la domination totale. Dans la perspective qui est la mienne, ce sont les années 1929 à 1941 et 1945 à 1953 qui présentent un intérêt central, et, pour ce qui les concerne, nos sources sont aussi rares et de la même nature qu'en 1958 ou même en 1949. Rien ne s'est passé, rien ne semble devoir se passer à l'avenir, qui nous apporte la même conclusion sans équivoque ou le même témoignage horriblement précis et irréfutable, que dans le cas de l'Allemagne nazie.

Seule addition importante à nos connaissances, le contenu des archives de Smolensk (publiées en 1958 par Merle Fainsod) a montré à quel point la pénurie du matériel documentaire et statistique le plus élémentaire demeure l'obstacle décisif à toutes les recherches sur cette période de l'histoire de la Russie. En effet, bien que les archives (découvertes au quartier général du parti à Smolensk par les services de renseignements allemands et plus tard saisies par les forces d'occupation américaines en Allemagne) contiennent quelque 200 000 pages de documents et soient virtuellement intactes pour la période de 1917 à 1938, la quantité d'informations qu'elles ne nous fournissent pas est réellement stupéfiante. Malgré « une abondance de matériaux presque ingérable sur les purges » de 1929 à 1937, elles ne contiennent aucune indication du nombre des victimes ni aucune autre donnée statistique d'importance vitale. Chaque fois que des chiffres sont donnés, ils sont désespérément contradictoires, les diverses organisations donnant toutes des ensembles différents, et tout ce que nous apprenons avec certitude est que beaucoup des statistiques, si tant est qu'elles existèrent jamais, furent retenues à la source par ordre du gouvernement[4]. De plus, les archives ne contiennent aucun renseignement sur les rapports entre les différentes branches de l'autorité, « entre le parti, les militaires et le NKVD », ou entre le parti et le gouvernement, et se taisent sur les circuits de communication et de commandement. Bref, nous n'apprenons rien de la structure d'organisation du régime, sur laquelle nous sommes si bien informés en ce qui concerne l'Allemagne nazie[5]. En d'autres termes, si l'on a toujours su que les publications soviétiques officielles avaient des fins de propagande et n'étaient nullement sûres, il apparaît maintenant que les sources sûres et le matériel statistique n'ont probablement jamais existé nulle part.

C'est une question plus sérieuse que de savoir si une étude du totalitarisme peut se permettre d'ignorer les événements qui se sont produits, et continuent à se produire, en Chine. Aujourd'hui encore, notre connaissance des événements passés et présents en Chine est moins assurée que celle que nous avions de la Russie dans les années 30, d'abord parce que le pays a réussi à se protéger plus complètement des observateurs étrangers après la victoire de la révolution, mais surtout parce qu'il ne s'est pas trouvé de transfuges de rang élevé du parti communiste chinois pour nous venir en aide – c'est là du

4. Voir Merle Fainsod, *Smolensk à l'heure de Staline*, 1967 [Hannah Arendt se réfère à l'édition parue en 1958 : *Smolensk under Soviet Rule*, p. 210, 306, 365, etc.].

5. *Ibid.*, p. 73, 93.

reste en soi un phénomène hautement significatif. Dix-sept ans après, le peu que nous savons d'une manière certaine indique des différences essentielles : après une phase initiale très sanglante – le nombre des victimes au cours des premières années de la dictature peut être évalué à quinze millions, soit environ 3 % de la population en 1949, rien d'une amplitude comparable aux pertes en vies humaines de la « seconde révolution » de Staline – et après la disparition de toute opposition organisée, il n'y a pas eu accroissement de la terreur, pas de massacre d'innocents, pas de recours à la catégorie d'« ennemis objectifs », pas de procès-spectacles, en dépit d'un grand nombre de confessions publiques et d'« autocritiques », et pas de crimes hors du commun. Le fameux discours de Mao en 1957, « De la juste solution des contradictions au sein du peuple », habituellement connu sous le titre trompeur : « Laissons fleurir les cent fleurs », n'était certes pas un plaidoyer pour la liberté, mais il reconnaissait, en fait, des contradictions non antagonistes entre les classes et surtout entre le peuple et le gouvernement sous une dictature communiste. La manière d'agir à l'égard des opposants, la « rectification de pensée », était une procédure élaborée de modelage et de remodelage constant des cerveaux, à laquelle presque toute la population paraissait soumise. Nous n'avons jamais très bien su comment cela fonctionnait dans la vie de tous les jours, qui en était exempté – c'est-à-dire qui effectuait le « remodelage » – et nous n'avons pas d'indication sur les résultats du « lavage de cerveau » : a-t-il eu des résultats durables aboutissant à de sensibles modifications de la personnalité ? À en croire les déclarations actuelles des dirigeants chinois, ses résultats consistèrent surtout en une hypocrisie de grande ampleur, véritable « terreau de la contre-révolution ». S'il s'agissait de terreur – et c'était très certainement le cas –, c'était une terreur d'un genre différent ; quels qu'en soient les résultats, elle n'a pas décimé la population. L'intérêt national, le bien-être du peuple tout entier, est resté le critère décisif dans les affaires intérieures comme dans les affaires étrangères : c'est ce qui a permis au pays, sans aucune aide extérieure, de se développer dans la paix et d'éviter le retour de désastres comme la famine et les inondations auxquelles il était autrefois soumis comme les autres pays asiatiques ; on a eu recours avec succès à la compétence des descendants des anciennes classes dirigeantes, ce qui paraît avoir permis de maintenir le niveau universitaire et professionnel, malgré les désordres de la révolution culturelle[6]. [[7]Certains traits totalitaires de la politique étrangère chinoise, comme l'insistance à réhabiliter Staline et à dénoncer comme des déviations « révisionnistes » les efforts russes sous Khrouchtchev pour remettre en cause le totalitarisme, le noyautage des mouvements révolutionnaires étrangers par des agents chinois et la reconstitution du Komintern sous la direction de Pékin, tout cela constituait des signes inquiétants mais paraît avoir été abandonné au cours des dernières années.] En tout cas, il a toujours été clair que la « pensée » de Mao Tsé-toung ne s'est pas développée selon les voies tracées par Staline (ou par Hitler, en l'occurrence), qu'il est profondément un révolutionnaire et non un assassin[8]. Tout cela semble contredire certaines inquiétudes exprimées dans ce livre (p. 46) [et justifier l'omission de la dictature chinoise dans l'examen du phénomène de domination totale.][9]

---

6. NdÉ. La version de 1966 de cette phrase était ainsi libellée : « ... décimé la population. Elle a clairement reconnu l'intérêt national, elle a permis au pays de se développer dans la paix, d'avoir recours à la compétence des descendants des anciennes classes dirigeantes et de maintenir le niveau universitaire et professionnel ». [NdÉ. En 1966, Hannah Arendt sous-estimait l'ampleur de la répression et de la famine consécutives au Grand Bond en avant qui fit plusieurs dizaines de millions de morts.]

7. NdÉ. Les passages ajoutés pour l'édition française (1972) figurent ici entre crochets.

8. NdÉ. La version de 1966 de cette phrase était ainsi libellée : « Bref, il a toujours été clair que la "pensée" de Mao Tsé-toung n'a pas suivi les voies tracées par Staline (ou, par Hitler en l'occurrence), qu'il n'était pas d'instinct un assassin et que le sentiment nationaliste, si prépondérant au sein de tous les soulèvements révolutionnaires dans les pays anciennement colonisés, fut suffisamment fort pour imposer des limites à la domination totale. »

9. NdÉ. Paragraphe supprimé dans l'édition de 1972 : « D'un autre côté, après sa victoire, le parti communiste chinois s'était d'emblée voulu "international dans son organisation, universel dans sa visée idéologique, et planétaire dans ses aspirations politiques" (p. 165), c'est dire que ses caractéristiques totalitaires étaient manifestes dès le début. Ces caractéristiques ressortirent davantage avec le développement du conflit sino-soviétique, même si celui-ci pourrait bien avoir été déclenché

[Cependant, la difficulté la plus grave qui s'est développée de notre côté pour un examen sérieux de ces questions paraît sur le point de disparaître.] Car une « contre-idéologie » officielle héritée de la guerre froide, l'anticommunisme, qui tendait elle aussi à devenir [« internationale comme organisation, visant à tout embrasser dans sa perspective idéologique, et globale dans sa visée politique »], ne facilitait pas les choses en matière de théorie et de pratique politiques. Elle nous amenait à construire notre propre fiction, si bien que nous nous refusions à distinguer les différents types de dictatures communistes à parti unique, auxquels nous étions confrontés dans le monde réel, de l'authentique gouvernement totalitaire tel qu'il tend à se développer, quoique dans des formes différentes, en Chine. L'essentiel, bien sûr, n'est pas que la Chine communiste soit différente de la Russie communiste, ni que la Russie de Staline fût différente de l'Allemagne de Hitler. L'ivrognerie et l'incompétence, qui occupent une part si importante dans toute description de la Russie des années 20 et 30 et qui sont répandues aujourd'hui encore, ne jouèrent absolument aucun rôle dans l'histoire de l'Allemagne nazie. Inversement, l'innommable cruauté gratuite des camps de concentration et d'extermination allemands semble avoir été largement absente des camps russes, où les prisonniers périrent à cause de la négligence plus que de la torture. La corruption, péché originel de l'administration russe, exista aussi pendant les dernières années du régime nazi mais, apparemment, est restée inconnue de la Chine, après la révolution. On pourrait multiplier les différences de ce genre ; elles sont hautement significatives et

---

par des problèmes nationaux plutôt qu'idéologiques. L'insistance qu'ont mise les Chinois à réhabiliter Staline et à dénoncer dans les tentatives de détotalitarisation russes une déviation "révisionniste" ne laissa pas d'inquiéter. Pour aggraver les choses, elle s'accompagna d'une politique étrangère extrêmement agressive, quoique vaine jusqu'ici, visant à infiltrer d'agents chinois tous les mouvements révolutionnaires et à remettre en vigueur le Komintern sous l'égide de Pékin. Toutes ces évolutions sont difficiles à juger pour l'heure, en partie parce que nous manquons d'information, en partie parce que tout change continuellement. À ces incertitudes liées à la nature même de la situation, nous avons hélas ajouté les handicaps que nous nous sommes nous-mêmes créés. »

font partie intégrante de l'histoire nationale des pays respectifs, mais elles n'ont pas d'incidence directe sur la forme du gouvernement. Sans aucun doute, la monarchie absolue fut chose très différente en Espagne, en France, en Angleterre, en Prusse ; pourtant, elle fut partout la même forme de gouvernement. Dans notre contexte, le point décisif est que le gouvernement totalitaire diffère des dictatures et des tyrannies ; distinguer entre celui-là et celles-ci n'est nullement un point d'érudition qu'on pourrait tranquillement abandonner aux « théoriciens », car la domination totale est la seule forme de gouvernement avec laquelle la coexistence n'est pas possible. Aussi avons-nous toutes les raisons d'utiliser le mot « totalitaire » avec parcimonie et prudence.

[D'autre part, nous avons toutes les raisons d'être fort inquiets. Nous assistons maintenant en Chine à la première purge de parti à l'échelle nationale et à des menaces de massacres non voilées. Si ces menaces étaient réalisées, il se pourrait bien qu'elles créent ces mêmes conditions que nous connaissons si bien par la Russie stalinienne. Nous ne connaissons pas les causes de ce brusque développement, « dont on dit qu'il a surpris même les plus expérimentés des fonctionnaires chinois » (Max Frankel dans le *New York Times* du 26 juin 1966), nous ne savons pas s'il est le dénouement d'une lutte de succession soigneusement cachée, ou la suite des récents désastres chinois dans les relations internationales. Mais les dénonciations hystériques d'une « contre-révolution bourgeoise » qui n'existe évidemment pas, prétendument aidée et encouragée par des « révisionnistes » à l'intérieur du parti, et par des « serpents à sonnette » et des « plantes vénéneuses » parmi les intellectuels, pourraient aisément introduire ce même changement de régime qui, telle une « seconde révolution », abolit la dictature de Lénine pour établir le règne totalitaire de Staline. Quoi qu'il en soit, de telles observations ne sont encore que pures spéculations, et le fait demeure que la Chine est encore moins connue que la Russie ne l'était pendant sa pire période. Il serait présomptueux même d'ébaucher une analyse de sa forme de régime actuelle, ne serait-ce que parce que cette forme n'a pas encore été établie.]

Contraste saisissant avec la rareté et l'incertitude des nouvelles sources de renseignements, nous voyons depuis quinze ans proliférer les études de toutes les variétés de dictatures nouvelles, qu'elles soient totalitaires ou non. C'est, bien entendu, particulièrement vrai de l'Allemagne nazie et de la Russie soviétique. Il existe maintenant de nombreux travaux qui sont absolument indispensables à toute recherche à venir sur le sujet, et j'ai fait de mon mieux pour compléter mon ancienne bibliographie en conséquence. (La deuxième édition [en poche] ne comportait pas de bibliographie.) La seule littérature, qu'à quelques exceptions près j'aie délibérément écartée, consiste dans les nombreux Mémoires publiés par d'anciens généraux et hauts fonctionnaires nazis après la fin de la guerre. [Que ce genre d'apologétique ne brille pas par l'honnêteté, c'est bien compréhensible, et ce n'est pas ce qui nous interdit de le prendre en considération. Mais ces réminiscences manifestent à un degré stupéfiant une absence de compréhension de ce qui s'est réellement passé et du rôle que jouèrent les auteurs eux-mêmes dans le cours des événements, ce qui les prive de tout intérêt autre que psychologique.[10]]

II

En ce qui concerne les preuves, la date précoce à laquelle ce livre a été conçu et écrit n'a pas constitué un obstacle aussi grand qu'on aurait pu raisonnablement le penser, et la chose est vraie du matériel concernant les deux variétés de totalitarisme, nazie et bolchevique. C'est une des étrangetés de la littérature sur le totalitarisme que les toutes premières tentatives des contemporains pour écrire l'« histoire » de celui-ci, qui, selon toutes les règles scientifiques, étaient destinées à s'effondrer faute de sources irréprochables et par

10. NdÉ. Phrase absente dans la version 1972 : « J'ai également ajouté les rares écrits importants aux ouvrages concernant les première et deuxième parties. Pour finir, pour des raisons de commodité, la bibliographie, comme l'ouvrage lui-même, est maintenant divisée en trois parties. »

excès d'engagement émotionnel, aient remarquablement bien résisté à l'épreuve du temps. La biographie de Hitler par Konrad Heiden et celle de Staline par Boris Souvarine, toutes deux écrites et publiées dans les années 30, sont à maints égards plus précises et à tous égards plus importantes que les biographies classiques, par Alan Bullock et Isaac Deutscher respectivement. Il y a sans doute bien des raisons à cela, mais l'une d'elles est certainement le simple fait que les documents, dans les deux cas, ont tendu à confirmer et à compléter ce que l'on avait toujours su par les transfuges haut placés et autres témoins oculaires.

Pour dire la chose un peu brutalement : nous n'avions pas besoin du rapport secret de Khrouchtchev pour savoir que Staline avait commis des crimes, ou que cet homme prétendument « méfiant jusqu'à la folie » avait décidé de placer sa confiance en Hitler. Sur le dernier point, cette confiance prouve précisément que Staline n'était pas fou ; il soupçonnait à juste titre tous les gens qu'il souhaitait ou qu'il était près d'éliminer, c'est-à-dire pratiquement tout le monde aux plus hauts échelons du parti et du gouvernement ; il eut naturellement confiance en Hitler parce qu'il ne lui souhaitait pas de mal. Sur le premier point, les étonnantes révélations de Khrouchtchev, lesquelles – pour la raison évidente que son auditoire et lui-même étaient directement concernés par l'histoire véridique – dissimulaient infiniment plus qu'elles ne dévoilaient, eurent ce résultat malheureux qu'aux yeux de nombreuses personnes (parmi lesquelles, bien sûr, les spécialistes, avec leur amour professionnel des sources officielles) elles minimisèrent les crimes gigantesques du régime stalinien qui, après tout, ne consistèrent pas seulement à calomnier et à exécuter quelques centaines ou quelques milliers de grandes figures politiques et littéraires, qu'il est toujours possible de « réhabiliter » à titre posthume, mais aussi à exterminer des millions, littéralement incalculables, de gens que personne, pas même Staline, n'aurait pu soupçonner d'activités « contre-révolutionnaires ». C'est précisément en admettant quelques crimes que Khrouchtchev dissimula la culpabilité du régime dans son ensemble, et c'est précisément contre ce camouflage et cette hypocrisie des dirigeants russes actuels – tous formés et promus sous Staline – que la jeune génération des intellectuels russes est maintenant en rébellion presque ouverte. Car ils savent tout ce qu'il y a à savoir sur « les purges massives, et la déportation et l'annihilation de peuples entiers[11] ». De plus, l'explication par Khrouchtchev des crimes qu'il admettait – la méfiance maladive de Staline – dissimulait l'aspect le plus caractéristique de la terreur totalitaire, qui veut qu'elle se déchaîne lorsque toute opposition organisée a disparu et que le dirigeant totalitaire sait qu'il n'a plus besoin d'avoir peur. C'est particulièrement vrai de l'évolution de la Russie. Staline ne commença pas ses gigantesques purges en 1928, lorsqu'il admettait : « Nous avons des ennemis intérieurs », et qu'il avait peur, non sans raison – il savait que Boukharine le comparait à Gengis Khan et se disait convaincu que la politique de Staline « conduisait le pays à la famine, à la ruine, et à un régime policier[12] », ce qui arriva effectivement – mais en 1934, quand tous les anciens opposants eurent « confessé leurs erreurs », et que lui-même, devant le XVIIe congrès du parti, qu'il appelait aussi le « congrès des vainqueurs », eut déclaré : « Le présent congrès… n'a plus rien à prouver, ni,

11. Aux victimes, estimées de 9 à 12 millions, du premier plan quinquennal (1928-1933), il convient d'ajouter les victimes de la grande purge : environ 3 millions d'exécutions et de 5 à 9 millions d'arrestations et de déportations. (Cf. l'importante introduction de Robert C. Tucker, « Stalin, Bukharin, and History as Conspiracy », à la nouvelle édition des minutes du procès de Moscou en 1938, *The Great Purge Trial*, 1965.) Mais toutes ces estimations semblent être en deçà des chiffres réels. Elles ne prennent pas en compte les exécutions en masse dont on n'a rien su jusqu'au jour où « les forces d'occupation allemandes découvrirent dans la ville de Vinnitsa une fosse commune contenant les corps de milliers de personnes exécutées en 1937 et 1938 » (Cf. John A. Armstrong, *The Politics of Totalitarianism. The Communist Party of the Soviet Union from 1934 to the Present*, 1961, p. 65 et suiv.). Il va sans dire que cette découverte récente fait apparaître les systèmes nazi et bolchevique, encore plus qu'auparavant, comme des variantes du même modèle. On peut voir dans quelle mesure les exécutions en masse de l'ère stalinienne sont au centre de l'opposition actuelle, par le procès de Siniavski et de Daniel, dont le *New York Times Magazine* a publié les passages clés le 17 avril 1966, et d'où j'ai tiré mes citations.

12. Robert C. Tucker, « Stalin, Bukharin, and History as Conspiracy », *The Great Purge Trial*, p. XVII-XVIII.

semble-t-il, personne à combattre[13]. » Ni le caractère spectaculaire ni l'importance politique décisive du XXe congrès du parti pour la Russie soviétique et le mouvement communiste en général ne font de doute. Mais cette importance est de nature politique ; les lueurs que les sources officielles de la période post-stalinienne ont jetées sur ce qui s'était passé auparavant ne devraient pas être confondues avec la lumière de la vérité.

Pour notre connaissance de l'ère stalinienne, la publication par Fainsod des archives de Smolensk, que j'ai déjà mentionnée, est restée de loin la source la plus importante, et il est regrettable que la première sélection n'ait pas encore été suivie par une publication plus étendue et systématique. À en juger par le livre de Fainsod, il y a beaucoup à apprendre sur la période où Staline lutta pour le pouvoir, au milieu des années 20 : nous savons maintenant combien la position du parti était précaire[14], non seulement parce que prévalait dans le pays une atmosphère d'opposition déclarée, mais parce que le parti était pourri par la corruption et l'ivrognerie ; nous savons qu'un antisémitisme déclaré accompagnait presque toutes les demandes de

13. Cité dans Merle Fainsod, *Comment l'URSS est gouvernée*, 1953 [H. Arendt se réfère à l'édition parue en 1959 : *How Russia is Ruled*, p. 516]. Abdurakhan Avtorkhanov (dans *Staline au pouvoir*, publié sous le pseudonyme d'Ouralov en 1951 [H. Arendt se réfère à l'édition anglaise : *The Reign of Stalin*, publiée à Londres sous le pseudonyme d'Uralov, en 1953]) mentionne une réunion secrète du comité central du parti en 1936, après les premiers simulacres de procès. Boukharine y aurait accusé Staline de transformer le parti de Lénine en un État policier, et aurait été soutenu par plus de deux tiers des membres. L'anecdote, et spécialement le prétendu soutien de Boukharine par le comité central, ne semble pas très plausible ; mais même si elle est authentique, si nous considérons que cette réunion eut lieu alors que la grande purge battait déjà son plein, l'anecdote n'indique pas l'existence d'une opposition organisée, mais bien plutôt l'inverse. La vérité, comme le souligne justement Fainsod, semble être que « le mécontentement général » était fort répandu, spécialement parmi les paysans, et que jusqu'en 1928, « au début du premier plan quinquennal, les grèves… n'étaient pas rares », mais que ces « humeurs oppositionnelles ne se concrétisèrent jamais sous forme de défi organisé au régime », et que vers 1929 ou 1930 « toute alternative organisée avait disparu de la scène », à supposer qu'elle eût jamais existé auparavant. (Cf. Merle Fainsod, *Smolensk…*, p. 449 et suiv.)

14. « L'étonnant, comme le souligne Merle Fainsod (*Smolensk…*, p. 38), n'est pas que le parti fût victorieux, mais qu'il ait réussi à survivre tout court. »

libéralisation[15] ; que la marche vers la collectivisation et la dékoulakisation à partir de 1928 interrompit en fait la NEP, la nouvelle politique économique de Lénine, et avec elle la réconciliation naissante entre le peuple et son gouvernement[16] ; nous savons qu'à ces mesures résista farouchement la solidarité de la classe paysanne tout entière, qui décida : « mieux vaut ne pas voir le jour plutôt que rejoindre le kolkhoze[17] » et refusa de se laisser diviser en paysans riches, moyens et pauvres pour se dresser contre les koulaks[18] : « il y a là quelqu'un qui est pire que ces koulaks et qui ne cherche qu'à nous réduire aux abois[19] » ; et que la situation n'était guère meilleure dans les villes, où les travailleurs refusaient de coopérer avec les syndicats contrôlés par le parti et qualifiaient leur direction de « diables repus », « hypocrites espions », et ainsi de suite[20].

Fainsod souligne à juste titre que ces documents montrent clairement, non seulement un « mécontentement général et profond », mais aussi l'absence de toute « opposition suffisamment organisée » contre le régime dans son ensemble. Ce qu'il ne perçoit pas, et qui à mon avis est également démontré, c'est qu'il existait une alternative évidente à la prise du pouvoir par Staline et à la transformation de la dictature du parti unique en domination totale : cette alternative consistait à poursuivre la NEP telle qu'elle avait été inaugurée par

---

15. *Ibid.*, p. 49 et suiv. Un rapport de 1929 fait état de violentes explosions d'antisémitisme pendant une réunion ; les Komsomols « qui étaient dans l'assistance se taisaient… On en conclut qu'ils étaient tous d'accord avec les déclarations antijuives » (*ibid.*, p. 445).

16. Tous les rapports de 1926 font état d'un déclin significatif « des prétendues manifestations contre-révolutionnaires, déclin qui donne la mesure de la trêve provisoire que le régime avait conclue avec la paysannerie ». Comparés à ceux de 1926, les rapports de 1929-1930 « ont l'allure de communiqués émanant du front » (Merle Fainsod, *Smolensk…*, p. 177).

17. *Ibid.*, p. 252 et suiv.

18. *Ibid.*, spécialement p. 240 et suiv. et 446 et suiv.

19. *Ibid.* Toutes les déclarations de ce genre sont empruntées aux rapports de la Guépéou ; voir notamment p. 248 et suiv. Mais il est caractéristique de constater que de telles remarques devinrent beaucoup moins fréquentes après 1934, début de la grande purge.

20. *Ibid.*, p. 130.

Lénine[21]. De plus, les mesures prises par Staline avec le premier plan quinquennal de 1928, alors qu'il contrôlait presque entièrement le parti, prouvent que la transformation des classes en masses et l'élimination parallèle de toute solidarité de groupe sont la condition *sine qua non* de la domination totale.

Pour la période du règne incontesté de Staline à partir de 1929, les archives de Smolensk tendent à confirmer ce que nous savions déjà de source moins irréfutable. Cela est même vrai de quelques-unes de leurs étranges lacunes, spécialement celles qui concernent les données statistiques. Car cette absence prouve simplement qu'à cet égard comme à tous les autres, le régime stalinien était impitoyablement cohérent : tous les faits qui ne concordaient pas, ou qui étaient susceptibles de ne pas concorder, avec la fiction officielle – statistiques sur les récoltes, la criminalité, incidences véritables des activités « contre-révolutionnaires » par opposition aux complots fictifs ultérieurs – étaient traités comme si ce n'étaient pas des faits. En complète adéquation avec le mépris totalitaire pour les faits et la réalité, toutes les statistiques de ce genre, au lieu d'être rassemblées à Moscou depuis les quatre coins de l'immense territoire, étaient d'abord portées à la connaissance des localités respectives par leur publication dans la *Pravda*, les *Izvestia*, ou quelque autre organe officiel de Moscou, si bien que chaque région, chaque district de l'Union soviétique recevait ses données statistiques, officielles et fictives, absolument comme elle recevait les normes non

21. La littérature sur ce sujet néglige généralement cette alternative à cause de la conviction compréhensible, mais historiquement insoutenable, qu'il y eut de Lénine à Staline un développement plus ou moins régulier. Il est vrai que Staline parlait presque toujours en termes léninistes, si bien qu'il semble quelquefois que la seule différence entre les deux hommes réside dans la brutalité, ou la « folie » de Staline. Ruse délibérée ou non de la part de Staline, la vérité est que, comme Robert C. Tucker (« Stalin, Bukharin, and History as Conspiracy », *The Great Purge Trial*, p. XVI) l'observe à juste titre : « Staline donnait à ces vieux concepts léninistes un nouveau contenu, distinctement stalinien [...]. Principal trait distinctif : l'affirmation, on ne peut plus non léniniste, que la conspiration est la marque de l'époque présente. »

moins fictives qui lui étaient allouées par les plans quinquennaux[22].

J'énumérerai rapidement quelques-uns des points les plus frappants, qu'on ne pouvait auparavant que deviner, et qui sont maintenant étayés par des documents probants. Nous avons toujours soupçonné, mais nous savons aujourd'hui que le régime ne fut jamais « monolithique », mais « consciemment construit autour de fonctions qui se recoupaient, qui se doublaient ou qui étaient parallèles », et que cette structure grotesquement amorphe tenait debout en vertu du même principe du Führer – le prétendu « culte de la personnalité » – que nous trouvons dans l'Allemagne nazie[23] ; que le bras séculier de ce gouvernement particulier n'était pas le parti mais la police, dont « les activités opérationnelles n'étaient pas réglées par le canal du parti[24] » ; que les gens entièrement innocents que le régime liquida par millions, les « ennemis objectifs » en langage bolchevique, savaient qu'ils étaient des « criminels sans crime[25] » ; que c'était précisément cette catégorie nouvelle (par opposition aux précédents et authentiques ennemis du régime – assassins de fonctionnaires du gouvernement, incendiaires, ou bandits) qui réagissait avec la même

22. Voir Merle Fainsod, *Smolensk...*, notamment p. 365 et suiv.

23. Robert C. Tucker, « Stalin, Bukharin, and History as Conspiracy », *The Great Purge Trial*, p. 93 et p. 71. Il est caractéristique de voir que les messages, à tous les niveaux, insistaient sur les « obligations à l'égard du camarade Staline », et non à l'égard du régime, du parti ou du pays. Rien ne souligne plus éloquemment les ressemblances des deux systèmes que ce que Ilya Ehrenbourg et d'autres intellectuels staliniens disent aujourd'hui pour s'efforcer de justifier leur passé ou simplement pour rendre compte de leurs sentiments pendant la grande purge. « Staline ne savait rien de la violence absurde exercée contre les communistes, contre l'intelligentsia soviétique », « ils le cachent à Staline », et « si seulement quelqu'un le disait à Staline », ou, finalement, le coupable n'était pas du tout Staline, mais tel ou tel chef de la police (cité dans Robert C. Tucker, « Stalin, Bukharin, and History as Conspiracy », *The Great Purge Trial*, p. XIII). Il est superflu d'ajouter que c'est exactement ce que disaient les nazis après la défaite de l'Allemagne.

24. Robert C. Tucker, « Stalin, Bukharin, and History as Conspiracy », *The Great Purge Trial*, p. 166 et suiv.

25. Les mots sont tirés de l'appel d'un « élément étranger au prolétariat » en 1936 : « Je ne veux pas être un criminel sans crime » (*ibid.*, p. 229).

« passivité complète[26] » que nous connaissons si bien par les types de conduite des victimes de la terreur nazie. On n'a jamais douté que le « flot de dénonciations mutuelles » pendant la grande purge fût aussi désastreux pour le bien-être économique et social du pays, qu'efficace pour renforcer la position du dirigeant totalitaire, mais c'est aujourd'hui seulement que nous savons que Staline mit délibérément « en marche cette chaîne tragique de dénonciations[27] », lorsqu'il proclama officiellement le 29 juillet 1936 : *« La qualité inaliénable de tout Bolchevik dans les conditions présentes devrait être la faculté de reconnaître un ennemi du parti, si bien masqué soit-il*[28]. » (C'est nous qui soulignons.) En effet, de même que la « Solution finale » de Hitler équivalait en fait à rendre le commandement : « Tu tueras » contraignant pour l'élite du parti nazi, de même la déclaration de Staline prescrivait : « Tu porteras de faux témoignages » comme règle de conduite pour tous les membres du parti bolchevique. Finalement, on pouvait encore croire qu'il y avait une part de vérité dans la théorie courante suivant laquelle la terreur de la fin des années 20 et des années 30 fut le « tribut de souffrance » exigé par l'industrialisation et le progrès économique ; tous les doutes sont levés par ce premier aperçu sur le véritable état des choses et le cours des événements dans une région

26. Un intéressant rapport de la Guépéou (1931) souligne cette nouvelle « passivité complète », cette horrible apathie que produisit la terreur aveugle s'exerçant sur des innocents. Le rapport mentionne la grande différence entre les arrestations d'ennemis du régime autrefois, lorsqu'« un homme en état d'arrestation était emmené par deux miliciens », et les arrestations massives où « un seul milicien peut conduire des groupes de gens qui marchent tranquillement sans que personne cherche à fuir » (Robert C. Tucker, « Stalin, Bukharin, and History as Conspiracy », *The Great Purge Trial*, p. 248).

27. *Ibid.*, p. 135.

28. *Ibid.*, p. 57-58. Pour l'atmosphère grandissante d'hystérie pure et simple dans ces dénonciations massives, voir spécialement p. 222, 229 et suiv., et l'amusante anecdote de la p. 235, où nous apprenons comment un des camarades en est venu à penser « que le camarade Staline a adopté une attitude conciliante à l'égard du groupe trotskiste-zinoviéviste », reproche qui à l'époque signifiait au minimum l'expulsion immédiate du parti. Mais pas de chance… L'orateur suivant accusa l'homme qui avait essayé d'être plus stalinien que Staline, d'être « déloyal politiquement », sur quoi le premier « confessa » promptement son erreur.

particulière[29]. La terreur ne produisit rien de tel. Les résultats les mieux établis de la dékoulakisation, de la collectivisation et de la grande purge ne furent ni le progrès ni l'industrialisation rapide, mais la famine, le chaos dans la production alimentaire, et la dépopulation. Les conséquences en furent une crise permanente de l'agriculture, une interruption de la croissance de la population, et l'impuissance à développer et à coloniser l'hinterland sibérien. De plus, comme les archives de Smolensk le montrent en détail, les méthodes de gouvernement de Staline réussirent à détruire entièrement la compétence et le savoir-faire technique que le pays avait acquis après la révolution d'Octobre. Et tout cela constitua effectivement le « tribut » incroyablement élevé, et pas

29. Il est étrange de voir que Merle Fainsod lui-même tire encore de telles conclusions d'une masse de preuves qui vont dans la direction opposée. Voir *Smolensk...*, son dernier chapitre, spécialement p. 453 et suiv. Il est encore plus étrange que cette mauvaise lecture de l'évidence des faits soit partagée par tant de spécialistes. Assurément, aucun d'entre eux ne va aussi loin dans cette subtile justification de Staline qu'Isaac Deutscher dans sa biographie, mais beaucoup soutiennent encore que « l'action impitoyable de Staline allait... vers la création d'un nouvel équilibre des forces » (John Armstrong, *The Politics of Totalitarianism*, p. 64) et visait à offrir « une solution brutale mais cohérente à certaines des contradictions fondamentales du mythe léniniste » (Richard Lowenthal dans son très utile *World Communism. The Disintegration of a Secular Faith*, 1964, p. 42). Il n'y a que peu d'exceptions à ces relents de marxisme, par exemple Robert C. Tucker (« Stalin, Bukharin, and History as Conspiracy », *The Great Purge Trial*, p. XXVII), qui dit sans équivoque que « le système soviétique aurait été plus fort et mieux équipé pour répondre à l'épreuve imminente de la guerre totale sans la grande purge, qui fut, en fait, une vaste opération de sabordage de la société soviétique ». M. Tucker pense que ceci réfute mon « image » du totalitarisme, ce qui, je crois, est un malentendu. L'instabilité est certes un préalable fonctionnel à la domination totale, laquelle est fondée sur une fiction idéologique et présuppose qu'un mouvement, par opposition à un parti, s'est emparé du pouvoir. La caractéristique de ce système est que le pouvoir réel, c'est-à-dire la force matérielle et le bien-être du pays, est constamment sacrifié au pouvoir de l'organisation, exactement comme toutes les vérités objectives sont sacrifiées aux exigences de la cohérence idéologique. Il est évident que dans une lutte entre la force matérielle et le pouvoir de l'organisation ou entre le fait et la fiction, le deuxième terme peut avoir à souffrir, et c'est ce qui s'est passé en Russie aussi bien qu'en Allemagne pendant la Seconde Guerre mondiale. Mais ce n'est pas une raison pour sous-estimer la puissance des mouvements totalitaires. Ce fut la terreur sécrétée par l'instabilité permanente qui contribua à organiser le système des satellites, et c'est la stabilité actuelle de la Russie soviétique, sa détotalitarisation, qui, d'une part, a grandement contribué à sa présente force matérielle, mais qui, d'autre part, lui a fait perdre le contrôle de ses satellites.

seulement en souffrance, qu'on exigea pour ouvrir des carrières dans les bureaucraties du parti et du gouvernement à des sections de la population qui souvent n'étaient pas « illettrées du seul point de vue *politique*[30] ». La vérité est que le prix du règne totalitaire fut si élevé que, ni en Allemagne ni en Russie, il n'a encore été complètement acquitté.

III

J'ai déjà mentionné le processus de détotalitarisation qui suivit la mort de Staline. En 1958, je n'étais pas encore sûre que le « dégel » fût autre chose qu'une détente provisoire, une sorte de mesure d'urgence due à la crise de succession et assez semblable à l'atténuation considérable des contrôles totalitaires pendant la Seconde Guerre mondiale. Même aujourd'hui, nous ne pouvons savoir si ce processus est définitif et irréversible, mais assurément on ne peut plus le qualifier de temporaire ou provisoire. Car, de quelque façon qu'on lise la ligne en zigzag, souvent déroutante, de la politique soviétique depuis 1953, il est indéniable que l'énorme empire policier a été liquidé, que la plupart des camps de concentration ont été fermés, qu'on n'a pas déclenché de nouvelles purges contre les « ennemis objectifs », et que les conflits entre membres de la nouvelle « direction collégiale » sont aujourd'hui résolus par la rétrogradation et l'exil loin de Moscou plutôt que par des procès fabriqués, des confessions et des assassinats. Sans doute, les méthodes utilisées par les nouveaux dirigeants pendant les années qui suivirent la mort de Staline demeurèrent très proches du modèle établi par Staline après la mort de Lénine :

30. Voir les intéressants détails (Merle Fainsod, *Smolensk*..., p. 345-355) concernant la campagne de 1929, qui visait à éliminer les « professeurs réactionnaires » malgré les protestations de membres du parti et de Komsomols aussi bien que des étudiants, qui ne voyaient « pas de raison de remplacer d'excellents professeurs s'ils n'appartenaient pas au parti » ; sur quoi, bien entendu, une nouvelle commission dénonça promptement « le grand nombre d'ennemis de classe parmi les étudiants ». On a toujours su qu'un des principaux objectifs de la grande purge était d'ouvrir des carrières à la jeune génération.

à nouveau émergea un triumvirat qualifié de « direction collégiale », terme forgé par Staline en 1925, et au bout de quatre années d'intrigues et de lutte pour le pouvoir, on assista à une répétition du *coup d'État** de Staline en 1929, à savoir la prise du pouvoir par Khrouchtchev en 1957. Techniquement, le *coup d'État** de Khrouchtchev suivait de très près les méthodes de son maître défunt et décrié. Lui aussi avait besoin d'une force extérieure pour emporter le pouvoir dans la hiérarchie du parti, et il utilisa le soutien du maréchal Joukov et de l'armée exactement comme Staline avait utilisé ses relations avec la police secrète dans la lutte de succession, trente ans plus tôt[31]. Dans le cas de Staline, c'est le parti, non la police, qui continua à détenir le pouvoir suprême ; de même, dans le cas de Khrouchtchev, « à la fin de 1957, le parti communiste de l'Union soviétique en était venu à occuper une position de suprématie indiscutée dans tous les aspects de la vie soviétique[32] » ; car, de même que Staline n'avait jamais hésité à épurer les cadres de sa police et à liquider leur chef, de même Khrouchtchev avait poursuivi ses manœuvres en excluant Joukov du présidium et du comité central du parti, auxquels il avait été élu après le *coup d'État**, et en lui ôtant le poste de commandant suprême de l'armée.

Assurément, lorsque Khrouchtchev demanda à Joukov de lui venir en aide, la suprématie de l'armée sur la police était en Union soviétique un fait accompli. Cela avait été une des conséquences automatiques de la dislocation de l'empire policier, dont la maîtrise sur une énorme partie des industries, des mines et des terrains soviétiques avait été transférée au

31. John Armstrong, *The Politics of Totalitarianism*, p. 319, prétend que l'importance de l'intervention du maréchal Joukov dans la lutte interne du parti a été « fortement exagérée » et soutient que Khrouchtchev « triompha sans nul besoin d'une intervention militaire », parce qu'il était « soutenu par l'appareil du parti ». Il semble que tel n'ait pas été le cas. Il est vrai, au contraire, que « beaucoup d'observateurs étrangers », à cause du soutien que l'armée apporta à Khrouchtchev contre l'appareil du parti, en vinrent à la conclusion erronée que les militaires avaient durablement accru leur puissance aux dépens du parti, comme si l'Union soviétique était sur le point de se transformer de dictature du parti en dictature de l'armée.

32. John Armstrong, *The Politics of Totalitarianism*, p. 320.

groupe des administrateurs, lesquels s'étaient soudain vus débarrassés de leur rival économique le plus sérieux. La suprématie automatique de l'armée fut encore plus décisive : celle-ci avait maintenant le monopole évident des instruments de violence avec lesquels trancher les conflits internes du parti. Preuve de l'astuce de Khrouchtchev, il perçut les conséquences de ce qu'ils avaient sans doute accompli ensemble, plus vite que ses collègues. Mais, quels que fussent les mobiles de Khrouchtchev, les conséquences du transfert du pouvoir de la police aux militaires furent considérables. Certes, la suprématie de la police secrète sur l'appareil militaire est caractéristique de nombreuses tyrannies, non du seul régime totalitaire ; pourtant, dans ce dernier cas, la prépondérance de la police ne répond pas seulement au besoin de supprimer la population nationale, mais s'accorde avec la prétention idéologique à la domination planétaire. Car il est évident que ceux qui considèrent la terre entière comme leur territoire futur vont mettre l'accent sur l'organe de la violence intérieure et gouverner le territoire conquis avec des méthodes et du personnel policiers plutôt qu'avec l'armée. Ainsi les nazis utilisèrent-ils leurs troupes SS, qui étaient essentiellement une force de police, pour administrer et même conquérir des territoires étrangers, avec l'objectif ultime d'amalgamer l'armée et la police sous la direction des SS.

D'ailleurs, la signification de ce nouvel équilibre du pouvoir avait déjà été manifeste lors de la suppression par la force de la révolution hongroise. L'écrasement sanglant de la révolution, pour terrible et efficace qu'il fût, avait été accompli par des unités de l'armée régulière et non par des forces de police, si bien qu'il ne représenta nullement une solution typiquement stalinienne. Bien que l'opération militaire fût suivie par l'exécution des dirigeants et par des milliers d'emprisonnements, il n'y eut pas de déportations massives ; en fait, on n'essaya pas de dépeupler le pays. Et puisqu'il s'agissait d'une opération militaire et non de police, les Soviétiques purent se permettre d'envoyer au pays vaincu une aide suffisante pour prévenir la famine et pour empêcher un effondrement complet de l'économie pendant l'année qui suivit la révolution. Rien n'aurait été plus étranger aux préoccupations de Staline dans des circonstances comparables.

Le signe le plus clair que l'Union soviétique ne peut plus être qualifiée de totalitaire au sens strict du mot est, bien sûr, la renaissance étonnamment rapide et riche des arts pendant la dernière décennie. Certes, les efforts en vue de réhabiliter Staline et de faire taire l'aspiration à la liberté de parole et de pensée, de plus en plus déclarée parmi les étudiants, les écrivains et les artistes, ces efforts réapparaissent de temps à autre, mais aucun d'eux n'a eu beaucoup de succès ou ne saurait en avoir sans le rétablissement intégral de la terreur et du régime policier. Sans doute, on refuse aux Soviétiques toutes les formes de liberté politique, non seulement la liberté d'association, mais aussi la liberté de pensée, d'opinion et d'expression. Il semble que rien n'ait changé, alors qu'en fait tout a changé. À la mort de Staline, les tiroirs des écrivains et des artistes étaient vides ; aujourd'hui, il existe toute une littérature qui circule sous forme manuscrite, et toute sorte de peinture moderne s'élabore dans les ateliers des peintres et se diffuse bien qu'elle ne soit pas exposée. Il ne s'agit pas ici de minimiser la différence entre une censure tyrannique et la liberté de la culture, mais simplement de souligner que la différence entre une littérature clandestine et l'absence de littérature équivaut à la différence entre un et zéro.

De plus, le fait même que des membres de l'opposition intellectuelle puissent avoir un procès (quoique à huis clos), puissent se faire entendre dans l'enceinte du tribunal et compter sur un soutien extérieur, ne rien confesser mais au contraire plaider non coupable, démontre que nous n'avons plus affaire à la domination totale. Ce qui est arrivé à Siniavski et Daniel, les deux écrivains qui, en janvier 1966, furent jugés pour avoir publié à l'étranger des œuvres qu'ils n'auraient pu publier en Union soviétique, et qui furent condamnés respectivement à sept et cinq ans de travaux forcés, est certainement scandaleux selon tous les critères de la justice dans un régime constitutionnel ; mais ce qu'ils avaient à dire fut entendu dans le monde entier et n'est pas près d'être oublié. Ils n'ont pas disparu dans les oubliettes que les dirigeants totalitaires réservent à leurs opposants. Fait moins connu mais peut-être encore plus convaincant, la propre tentative très ambitieuse de Khrouchtchev de renverser le processus de détotalitarisation se solda par un échec complet. En 1957, il introduisit une nouvelle « loi contre les parasites sociaux », qui aurait permis au régime de réintroduire les déportations de masse, de rétablir une sorte de travail forcé sur une grande échelle, et – ce qui est capital pour la domination totale – de libérer un nouveau flot de dénonciations massives ; car les « parasites » étaient supposés être sélectionnés par les gens eux-mêmes lors de meetings de masse. La « loi », cependant, rencontra l'opposition des juristes soviétiques et fut abandonnée avant même de recevoir un début d'application[33]. En d'autres termes, le peuple de l'Union soviétique est sorti du cauchemar du règne totalitaire pour connaître les rigueurs, les dangers et les injustices multiples de la dictature du parti unique ; et s'il est entièrement vrai que cette forme moderne de tyrannie n'offre aucune des garanties du gouvernement constitutionnel, que « même en acceptant les présupposés de l'idéologie communiste, tout pouvoir en URSS est illégitime en dernière analyse[34] », et que d'un jour à l'autre le pays peut donc retomber dans le totalitarisme sans bouleversements majeurs, il est également vrai que la plus horrible de toutes les nouvelles formes de régime, dont j'ai entrepris d'analyser les éléments et les origines historiques, n'a pas moins connu sa fin en Russie avec la mort de Staline, qu'en Allemagne avec la mort de Hitler.

Ce livre traite du totalitarisme, de ses origines et des éléments qui le constituent, tandis que ses suites en Allemagne ou en Russie ne nous intéressent que dans la mesure où elles sont susceptibles d'éclairer ce qui les a précédées. Aussi n'est-ce pas la période qui suit la mort de Staline, mais plutôt son règne de l'après-guerre, qui importe dans notre contexte. Et ces huit années, de 1945 à 1953, confirment et

33. *Ibid.*, p. 325.
34. *Ibid.*, p. 339 et suiv.

développent, elles ne contredisent ni ne modifient ce qui était manifeste depuis le milieu des années 30. Les événements qui suivirent la victoire, les mesures qui furent prises pour réaffirmer la domination totale après la détente provisoire de la guerre, en Union soviétique, comme celles qui introduisirent le règne totalitaire dans les pays satellites, étaient toutes en accord avec les règles du jeu telles que nous avions appris à les connaître. La bolchevisation des satellites commença par une tactique de front populaire et une façade de système parlementaire, et passa rapidement à l'établissement avoué de dictatures du parti unique qui liquidèrent les dirigeants et les membres des partis tolérés auparavant. La dernière phase vit les dirigeants communistes nationaux, dont Moscou se défiait à tort ou à raison, brutalement chargés, humiliés dans des procès-spectacles, torturés et tués, sous la férule des éléments les plus corrompus et les plus méprisables du parti, à savoir ceux qui étaient d'abord, non des communistes, mais des agents de Moscou. On aurait dit que Moscou réitérait en grande hâte toutes les étapes de la révolution d'Octobre, jusqu'à la naissance de la dictature totalitaire. Tout en étant indiciblement horrible, cette histoire est donc sans grand intérêt propre et ne varie guère : ce qui s'est passé dans un pays satellite se passait presque au même moment dans tous les autres, de la Baltique à l'Adriatique. Le cours des événements fut différent dans les régions qui ne faisaient pas partie du système des satellites. Les États baltes furent directement incorporés à l'Union soviétique et leur sort fut bien pire que celui des satellites : plus de 500 000 personnes furent déportées de ces trois petits pays, et un « énorme afflux de colons russes » commença à menacer les populations autochtones de devenir minoritaires dans leur propre pays[35]. À l'inverse, c'est aujourd'hui seulement, depuis l'érection du mur de Berlin, qu'on commence à incorporer lentement l'Allemagne de l'Est dans le système des satellites : jusqu'à présent, on l'avait plutôt traitée comme un territoire occupé avec un gouvernement Quisling.

35. Voir V. Stanley Vardys, « How the Baltic Republics fare in the Soviet Union », *Foreign Affairs*, avril 1966.

Dans notre contexte, les développements internes de l'Union soviétique, spécialement après 1948 – année de la mort mystérieuse de Jdanov et de l'« affaire de Leningrad » –, ont plus d'importance. Pour la première fois depuis la grande purge, Staline fit exécuter un grand nombre de hauts et très hauts fonctionnaires, et nous savons avec certitude que ces exécutions devaient donner le signal d'une nouvelle purge à l'échelle nationale. Celle-ci aurait été déclenchée par le « complot des blouses blanches » si n'était intervenue la mort de Staline. Un groupe de médecins, en majorité juifs, était accusé d'avoir comploté « pour supprimer les cadres dirigeants de l'URSS[36] ». Tout ce qui se passa en Russie entre 1948 et janvier 1953, lorsqu'on « découvrit » le « complot des blouses blanches », ressemblait de façon frappante et sinistre aux préparatifs de la grande purge pendant les années 30 : la mort de Jdanov et la purge de Leningrad correspondaient à la mort non moins mystérieuse de Kirov en 1934, laquelle fut immédiatement suivie d'une sorte de purge préparatoire « de tout ce qu'il restait d'anciens opposants dans le parti[37] ». De plus, le contenu même de l'absurde accusation formulée contre les médecins, selon laquelle ils voulaient assassiner tous les dirigeants du pays, dut remplir de pressentiments funestes tous ceux qui connaissaient la méthode de Staline : accuser un ennemi fictif d'un crime que lui-même était sur le point de commettre. (L'exemple le plus célèbre est bien sûr celui de Toukhatchevski accusé de conspirer avec l'Allemagne, au moment précis où Staline songeait à une alliance avec les nazis.) Il est évident qu'en 1952 l'entourage de Staline était plus au courant du sens réel de ses paroles qu'il n'avait pu l'être dans les années 30, et le libellé même de l'accusation dut répandre la panique parmi tous les hauts fonctionnaires du régime. Peut-être cette panique est-elle l'explication la plus plausible de la mort de Staline, des circonstances mystérieuses qui l'entourèrent, et de la rapidité avec laquelle on serra les rangs aux plus hauts échelons d'un parti notoirement perclus de luttes et d'intrigues, aux premiers

36. John Armstrong, *The Politics of Totalitarianism*, p. 235 et suiv.
37. Merle Fainsod, *Smolensk...*, p. 56.

mois de la crise de succession. Si peu que nous sachions sur les détails de cette histoire, nous en savons plus qu'assez pour étayer ma conviction première que les « opérations de sabordage » telles que la grande purge ne furent pas des épisodes isolés, ni des excès du régime provoqués par des circonstances extraordinaires, mais qu'elles constituaient une institution de terreur et devaient reparaître à intervalles réguliers – à moins, bien entendu, que ne changeât la nature même du régime.

Le nouvel élément le plus dramatique de cette dernière purge, planifiée par Staline durant les dernières années de sa vie, fut un tournant idéologique décisif, l'introduction d'une conspiration juive mondiale. Depuis des années, le terrain avait été soigneusement préparé par différents procès dans les pays satellites : le procès Rajk en Hongrie, l'affaire Ana Pauker en Roumanie, et, en 1952, le procès Slansky en Tchécoslovaquie. Ces mesures préparatoires distinguèrent de hauts fonctionnaires du parti en raison de leurs « origines juives bourgeoises », et les accusèrent de sionisme ; l'accusation se transforma progressivement jusqu'à impliquer des organismes qui n'avaient notoirement rien de sioniste (spécialement l'American Jewish Joint Distribution Committee), ceci afin d'indiquer que tous les Juifs étaient sionistes et que toutes les organisations sionistes étaient « à la solde de l'impérialisme américain[38] ». Le « crime » de sionisme n'était bien sûr pas nouveau, mais, comme les attaques commençaient à se concentrer sur les Juifs de l'Union soviétique, un autre changement significatif eut lieu : les Juifs se voyaient maintenant accusés de « cosmopolitisme » plutôt que de sionisme, et les accusations qui se développèrent à partir de ce slogan suivirent d'encore plus près le schéma nazi d'une conspiration juive mondiale, au sens des Sages de Sion. On vit alors avec une surprenante clarté quelle impression profonde ce dogme de l'idéologie nazie devait avoir exercée sur Staline – les premières indications de cette influence étant apparues après le pacte Hitler-Staline. Cela s'explique d'abord

38. John Armstrong, *The Politics of Totalitarianism*, p. 236.

par la valeur évidente d'une telle propagande en Russie comme dans tous les pays satellites, où les sentiments anti-juifs étaient largement répandus et où la propagande anti-juive avait toujours joui d'une grande popularité. En outre, ce type de conspiration mondiale fictive fournissait aux ambitions totalitaires une toile de fond plus appropriée idéologiquement que Wall Street, le capitalisme et l'impérialisme. L'adoption ouverte et sans vergogne de ce qui était devenu aux yeux du monde entier le signe le plus évident du nazisme fut le dernier hommage que rendit Staline à son défunt collègue et rival en domination totale, avec lequel, à son grand dam, il n'avait pu parvenir à un accord durable.

Staline, comme Hitler, mourut au beau milieu d'une horrible tâche inachevée. Et quand survint cette mort, l'histoire que ce livre raconte, les événements qu'il essaie de comprendre et d'expliquer de l'intérieur connurent une fin au moins provisoire.

HANNAH ARENDT
Juin 1966 - novembre 1971

Les hommes normaux ne savent pas
que tout est possible.

David Rousset,
L'Univers concentrationnaire, 1946, p. 181.

Chapitre premier

Une société sans classes

1. Les masses

Rien ne caractérise mieux les mouvements totalitaires en général, et la gloire de leurs leaders en particulier, que la rapidité surprenante avec laquelle on les oublie et la facilité surprenante avec laquelle on les remplace. Ce que Staline accomplit laborieusement, sur de nombreuses années, à travers d'implacables luttes de factions et des concessions immenses, du moins au nom de son prédécesseur – afin, précisément, d'établir sa légitimité comme héritier politique de Lénine –, les successeurs de Staline essayèrent de le faire sans concession au nom de leur prédécesseur, même si Staline avait disposé d'une période de trente ans et avait pu manipuler, pour immortaliser son nom, un appareil de propagande inconnu du temps de Lénine. Il en va de même de Hitler qui, de son vivant, exerça une fascination contre laquelle, prétendait-on, personne n'était immunisé[1] et qui,

1. Le « charme magique » qui envoûtait l'auditoire de Hitler a été souvent souligné, et récemment par les éditeurs de *Hitlers Tischgespräche*, 1951 (*Hitler's Table Talks*, 1953 : je cite d'après l'édition allemande). Cette fascination – cet « étrange magnétisme que dégageait Hitler de façon si irrésistible » – reposait sur « la foi fanatique de cet homme en lui-même » (introduction de Gerhard Ritter, p. 14), sur ses jugements pseudo-autorisés sur tout ce qui existe sous le soleil, et sur le fait que ses opinions – qu'il s'agisse des effets nocifs du tabac ou de la politique de Napoléon – pouvaient toujours s'inscrire dans une idéologie globale. La fascination est un phénomène social, et il faut comprendre la fascination que Hitler exerçait sur son environnement d'après son entourage particulier. La société a toujours tendance à accepter d'abord quelqu'un pour ce qu'il prétend être, si bien qu'un fou qui pose au génie a toujours quelque chance d'être cru. Le manque

depuis sa défaite et sa mort, est si complètement oublié qu'il ne joue plus guère de rôle, même au sein des groupes néofascistes et néonazis de l'Allemagne d'après-guerre. Cette précarité a sans aucun doute un rapport avec l'inconstance proverbiale des masses et de toute célébrité qui repose sur elles ; mais elle s'explique davantage par l'obsession du mouvement perpétuel des mouvements totalitaires qui restent au pouvoir aussi longtemps qu'ils demeurent en mouvement et mettent en mouvement tout ce qui les entoure. Par conséquent, en un certain sens, cette précarité même constitue un témoignage plutôt flatteur pour les leaders disparus, puisqu'elle atteste qu'ils ont réussi à contaminer leurs sujets avec le virus spécifique du totalitarisme ; car, s'il est vrai qu'il existe une personnalité ou une mentalité totalitaires, cette capacité d'adaptation et cette absence de continuité extraordinaires en sont assurément les caractéristiques principales. On aurait donc tort de croire que l'inconstance et la capacité d'oubli des masses signifient qu'elles sont guéries de l'illusion totalitaire, qu'on identifie à l'occasion avec le culte de Hitler ou de Staline ; il se pourrait bien que le contraire fût vrai.

Une erreur encore plus grave consisterait, sous prétexte de cette précarité, à oublier que les régimes totalitaires, aussi longtemps qu'ils sont au pouvoir, et les dirigeants totalitaires, tant qu'ils sont en vie, « commandent et s'appuient

---

de discernement de la société moderne renforce cette tendance, si bien que quelqu'un qui présente ses opinions sur un ton de conviction inébranlable perdra difficilement son prestige, en dépit de la fréquence d'erreurs patentes. Hitler, qui connaissait bien le chaos moderne des opinions, découvrit que la meilleure façon d'éviter l'hésitation entre des opinions diverses et « la conviction [...] que tout est baliverne » (p. 281) était d'adhérer à *un seul* des nombreux courants d'opinion avec « une fermeté absolue ». Pareil fanatisme arbitraire fascine la société parce que, pendant le temps qu'il s'exprime, celle-ci est libérée de la diversité d'opinions qu'elle engendre continuellement. Mais ce « don » de fascination n'a de sens que social ; il est en évidence dans les *Tischgespräche* parce qu'alors Hitler jouait le jeu de la société et ne parlait pas à ses semblables, mais aux généraux de la Wehrmacht, dont la plupart appartenaient à la « société ». Il est complètement faux de croire que les succès de Hitler étaient dus à ses « pouvoirs de fascination » ; doté de ces seules qualités, il n'aurait jamais été plus qu'une célébrité de salon.

sur les masses » jusqu'au bout[2]. L'accession de Hitler au pouvoir fut légale selon la règle majoritaire[3], et ni lui ni Staline n'auraient pu maintenir leur autorité sur de vastes populations, survivre à de nombreuses crises intérieures et extérieures, et braver les dangers multiples d'implacables luttes internes au parti, s'ils n'avaient bénéficié de la confiance des masses. Ni les procès de Moscou ni la liquidation de la faction de Röhm n'auraient été possibles si ces masses n'avaient pas soutenu Staline et Hitler. Une croyance répandue veut que Hitler ait été un simple agent des industriels allemands, et que Staline ait triomphé dans la lutte pour la succession après la mort de Lénine par le seul biais d'une sinistre conspiration. Ce sont là deux légendes, que réfutent de nombreux faits, et d'abord l'indiscutable popularité des deux dirigeants[4]. Il n'est pas davantage possible d'attribuer leur popularité à la victoire d'une propagande mensongère et bien orchestrée sur l'ignorance et la stupidité. Car la propagande des mouvements totalitaires, qui précède et accompagne les régimes totalitaires, est invariablement aussi franche que trompeuse, et les candidats à la dictature totalitaire commencent généralement leur carrière en se vantant de leurs crimes passés et en annonçant en détail leurs crimes futurs.

---

2. Voir de Carlton J. H. Hayes les éclairantes « Remarks on "The Novelty of Totalitarianism in the History of Western Civilization" », *Symposion on the Totalitarian State*, 1939, Proceedings of the American Philosophical Society, vol. 82, 1940.

3. Ce fut en effet « la première révolution importante de l'histoire qui fut accomplie en appliquant la législation en vigueur au moment de la prise du pouvoir » (Hans Frank, *Recht und Verwaltung*, 1939, p. 8).

4. La meilleure étude sur Hitler et sur sa carrière est la nouvelle biographie d'Alan Bullock, *Hitler, a Study in Tyranny*, 1952. Dans la tradition britannique des biographies politiques, elle fait un usage méticuleux de toutes les sources disponibles et brosse un tableau d'ensemble de l'atmosphère politique de l'époque. Pour les détails, cette publication a supplanté les excellents livres de Konrad Heiden – surtout *Der Führer : Hitler's Rise to Power*, 1944 – mais ceux-ci demeurent importants pour l'interprétation générale des événements. Pour la carrière de Staline, Boris Souvarine, *Stalin : A Critical Survey of Bolshevism*, 1939 [*Staline. Aperçu historique du bolchévisme*, 1935], est toujours un classique. Isaac Deutscher, *Stalin : A Political Biography*, 1949 [*Staline*, 1953], est indispensable pour sa riche documentation et pour ses aperçus pénétrants sur les luttes internes du parti bolchevique ; le livre souffre d'une interprétation qui compare Staline à Cromwell, Napoléon et Robespierre.

Les nazis « étaient convaincus que le mal exerce à notre époque une force d'attraction morbide[5] » ; c'est devenu un lieu commun de la propagande communiste, en Russie et à l'étranger, d'affirmer que les Bolcheviks ne reconnaissent pas les critères moraux habituels, et l'expérience a prouvé à maintes reprises que l'impact, en termes de propagande, du crime et du mépris général des critères moraux est indépendant du simple intérêt, dont on suppose qu'il représente le facteur psychologique le plus puissant en politique.

L'attraction qu'exercent le mal et le crime sur la mentalité de la populace n'est nullement nouvelle. La populace n'a jamais manqué de saluer « les actes de violence en remarquant avec admiration : le geste a beau être méprisable, il est ingénieux[6] ». Le plus inquiétant, dans le succès du totalitarisme, est plutôt l'authentique désintéressement de ses adhérents : il est compréhensible qu'un nazi ou un Bolchevik ne soit pas ébranlé dans ses convictions lorsque des crimes sont commis contre des gens qui n'appartiennent pas au mouvement ou lui sont même hostiles ; mais l'étonnant est qu'il ne cille pas quand le monstre commence à dévorer ses propres enfants, ni s'il devient lui-même victime de la persécution, s'il est injustement condamné, expulsé du parti, envoyé aux travaux forcés ou dans un camp de concentration. Au contraire, à la stupeur de l'univers civilisé, il peut même être prêt à aider ses accusateurs et à fabriquer sa propre condamnation à mort, pourvu qu'on ne touche pas à son statut de membre du mouvement[7].

---

5. Franz Borkenau, *The Totalitarian Enemy*, 1940, p. 231.

6. Citation empruntée à l'édition allemande des *Protocoles des Sages de Sion. Die Zionistischen Protokolle mit einem Vor- und Nachwort von Theodor Fritsch*, 1924, p. 29.

7. Il s'agit d'une spécialité de la variété russe du totalitarisme. Dès les premiers procès d'ingénieurs étrangers en Union soviétique, des sympathies communistes étaient utilisées comme argument pour l'auto-accusation : « Si vous êtes favorable au gouvernement soviétique, comme vous prétendez l'être, prouvez-le par vos actions ; le gouvernement a besoin de votre confession. » Rapporté par Anton Ciliga, *Au pays du grand mensonge*, 1938 [H. Arendt se réfère à l'édition anglaise publiée en 1940 : *The Russian Enigma*, p. 153]. Trotski donna une justification théorique de cette conduite : « ... On ne peut avoir raison qu'avec et par le parti, car l'histoire n'a pas créé d'autres voies pour réaliser sa raison. Les Anglais ont un dicton historique : "*Right or wrong, my country.*" [...] Nous sommes bien plus

Il serait naïf de considérer cette conviction obstinée, qui survit à toutes les expériences réelles et abolit l'intérêt personnel le plus immédiat, comme la simple expression d'un idéalisme fervent. L'idéalisme, qu'il soit puéril ou héroïque, a toujours sa source dans une conviction et une décision individuelles, et reste soumis à l'expérience et à la contradiction[8]. Contrairement à toutes les formes d'idéalisme, le fanatisme des mouvements totalitaires s'effondre à l'instant où le mouvement laisse en rade ses partisans fanatisés, tuant en eux tout reste de conviction qui aurait pu survivre à la débâcle du mouvement lui-même[9]. Mais, à l'intérieur du cadre organisé du mouvement, aussi longtemps qu'il tient debout, les membres fanatisés ne peuvent être atteints ni par les épreuves, ni par l'argumentation ; l'identification avec le mouvement et le conformisme absolu semblent avoir détruit jusqu'à leur faculté d'être sollicités par une expérience, celle-ci fût-elle aussi extrême que la torture ou la peur de la mort.

---

fondés historiquement à dire : qu'il ait tort ou raison en certaines questions partielles concrètes, c'est mon parti » [les citations sont extraites de l'édition française d'origine (rééd. 1993) : *Staline. Aperçu historique du bolchévisme*, p. 316]. Inversement, il fallut juger à huis clos les officiers de l'armée Rouge qui n'appartenaient pas au mouvement.

8. L'écrivain nazi Andreas Pfenning rejette explicitement l'idée que les SA combattaient pour un « idéal » ou étaient animés par une « expérience idéaliste ». Leur « expérience fondamentale prenait naissance au cours du combat », « Gemeinschaft und Staatswissenschaft », *Zeitschrift für die gesamte Staatswissenschaft*, vol. 96. Traduction établie d'après Ernst Fraenkel, *The Dual State*, 1941. D'après l'abondante littérature éditée sous forme de brochures par le principal centre d'endoctrinement des SS (*SS Hauptamt-Schulungsamt*), il est bien évident que le mot « idéalisme » a été soigneusement évité. On exigeait des SS non de l'idéalisme, mais « une profonde cohérence logique sur tous les points d'idéologie, et la poursuite impitoyable du combat politique » (Werner Best, *Die deutsche Polizei*, 1941, p. 99).

9. À cet égard, l'Allemagne de l'après-guerre offre beaucoup d'exemples éclairants. Il était déjà étonnant que les soldats noirs américains ne fussent nullement reçus avec hostilité, en dépit de l'endoctrinement racial massif entrepris par les nazis. De façon également surprenante, « la *Waffen-SS*, aux derniers jours de la résistance allemande, ne combattit pas, "jusqu'au dernier homme" », et cette unité spéciale de combat, « après les sacrifices énormes des années précédentes, qui proportionnellement dépassaient de beaucoup les pertes de la Wehrmacht, se conduisit pendant les dernières semaines comme n'importe quelle unité composée de civils, et s'inclina devant le caractère désespéré de la situation » (Karl O. Paetel, « Die SS », *Vierteljahreshefte für Zeitgeschichte*, janvier 1954).

Les mouvements totalitaires visent et réussissent à organiser des masses – non pas des classes, comme les vieux partis d'intérêts des États-nations européens ; non pas des citoyens ayant des opinions sur, et des intérêts dans le maniement des affaires publiques, comme les partis des pays anglo-saxons. Si tous les groupes politiques dépendent d'une force relative, les mouvements totalitaires dépendent de la seule force du nombre, à tel point que des régimes totalitaires semblent impossibles, même dans des circonstances par ailleurs favorables, dans des pays à la population relativement réduite[10]. Après la Première Guerre mondiale, une vague de mouvements semi-totalitaires et totalitaires, profondément hostile à la démocratie et favorable à la dictature, déferla sur l'Europe ; des mouvements fascistes se répandirent, à partir de l'Italie, dans presque tous les pays de l'Europe centrale et orientale (la partie tchèque de la Tchécoslovaquie fut l'une des exceptions notables) ; pourtant, Mussolini lui-même, qui aimait tant l'expression d'« État totalitaire », n'essaya pas d'établir un régime complètement totalitaire[11] et se contenta de la dictature et du parti unique. Des dictatures analogues, non totalitaires, surgirent avant la guerre en Roumanie, en Pologne, dans les États baltes, en Hongrie, au Portugal et dans l'Espagne de Franco. Les nazis, qui avaient un instinct infaillible pour détecter de telles différences, faisaient des commentaires méprisants sur les insuffisances de leurs alliés

---

10. Les régimes d'Europe de l'Est gouvernent pour le bénéfice de Moscou et se conduisent en agents du Komintern ; ils représentent une extension du mouvement totalitaire dirigé par Moscou, et non des développements nationaux. La seule exception semble être Tito en Yougoslavie, qui a peut-être rompu avec Moscou parce qu'il a compris que les méthodes totalitaires d'inspiration russe lui coûteraient une part substantielle de la population yougoslave.

11. Ce qui prouve que la dictature fasciste est de nature non totalitaire, c'est que les condamnations politiques y furent très peu nombreuses et relativement légères. Pendant les années, particulièrement actives, qui vont de 1926 à 1932, les tribunaux spéciaux prononcèrent 7 condamnations à mort, 257 condamnations à dix ans de prison ou plus, 1 360 à moins de dix ans, et beaucoup plus de sentences d'exil ; 12 000 personnes furent arrêtées et déclarées innocentes, procédure totalement inconcevable sous la terreur nazie ou bolchevique. Voir Ernst Kohn-Bramstedt, *Dictatorship and Political Police : The Technique of Control by Fear*, 1945, p. 51 et suiv.

fascistes, tandis que leur authentique admiration du régime bolchevique en Russie (et du parti communiste en Allemagne) n'avait d'égal – et de limite – que leur mépris pour les races d'Europe orientale[12]. Le seul homme pour lequel

12. Les théoriciens nazis ont toujours emphatiquement souligné que « l'"État éthique" de Mussolini et l'"État idéologique" *(Weltanschauungsstaat)* de Hitler ne peuvent être mis sur le même plan » (Gottfried Neesse, « Die verfassungsrechtliche Gestaltung der Ein-Partei », *Zeitschrift für die gesamte Staatswissenschaft*, 1938, vol. 98). À propos de la différence entre fascisme et national-socialisme, Goebbels soutient : « [le fascisme] n'a [...] rien à voir avec le national-socialisme. Tandis que ce dernier va jusqu'aux racines, le fascisme n'est que superficiel » (*The Goebbels Diaries 1942-1943*, 1948, p. 71). « [Le Duce] n'est pas un révolutionnaire comme le Führer ou Staline. Il est si attaché à son peuple italien qu'il n'a pas les qualités du révolutionnaire et du rebelle de dimension mondiale » (*ibid.*, p. 468). Himmler exprima la même opinion dans un discours prononcé en 1943 devant une assemblée réunissant des officiers supérieurs : « Le fascisme et le national-socialisme sont fondamentalement différents [...] il n'y a absolument aucune comparaison entre eux en tant que mouvements spirituels et idéologiques. » Voir Ernst Kohn-Bramstedt, *Dictatorship and Political Police...*, 1945, annexe A. Dès le début des années 20, Hitler reconnut l'affinité entre les mouvements nazi et communiste : « Dans notre mouvement se rejoignent les deux extrêmes : les communistes venus de la gauche, et les officiers et les étudiants venus de la droite. Les uns et les autres ont toujours été les éléments les plus actifs [...]. Les communistes étaient les idéalistes du socialisme... » Voir Konrad Heiden, *Der Führer...*, 1944, p. 147. Röhm, le chef des SA, ne faisait que répéter une opinion répandue lorsqu'il écrivait, à la fin des années 20 : « Il y a beaucoup de choses entre les communistes et nous, mais nous respectons la sincérité de leur conviction et leur volonté de se sacrifier pour leur propre cause, ce qui nous unit à eux » (Ernst Röhm, *Die Geschichte eines Hochverräters*, 1933, p. 273). Durant la dernière guerre, les nazis reconnaissaient les Russes comme leurs égaux plus volontiers que n'importe quelle autre nation. Hitler, parlant en mai 1943 devant une conférence réunissant des *Reichsleiter* et des *Gauleiter*, « commença par dire que dans la présente guerre, la bourgeoisie et les États révolutionnaires se faisaient face. Il nous a été facile de mettre hors de combat les États bourgeois, car ils nous étaient très inférieurs du point de vue de leur éducation et de leur comportement. Les pays qui possèdent une idéologie ont plus de tranchant que les États bourgeois [...]. [À l'Est] nous avons rencontré un ennemi qui, lui aussi, patronne une idéologie, même si elle est mauvaise... » (*The Goebbels Diaries 1942-1943*, 1948, p. 355). Ce jugement se fondait sur des considérations idéologiques et non militaires. Gottfried Neesse, *Partei und Staadt*, 1936, a donné la version officielle de la lutte du mouvement pour le pouvoir : « Pour nous, le front uni du système s'étend du parti national du peuple allemand [c'est-à-dire de l'extrême droite] aux sociaux-démocrates. Le parti communiste était un ennemi extérieur au système. Par conséquent, pendant les premiers mois de 1933, alors que le sort du système était déjà réglé, il nous fallait encore livrer une bataille décisive contre le parti communiste » (p. 76).

Hitler eût « un respect sans borne » était « le génial Staline[13] », et si, dans le cas de Staline et du régime russe, nous n'avons pas (et n'aurons sans doute jamais) la riche documentation qui est disponible pour l'Allemagne, nous savons cependant, depuis le discours de Khrouchtchev devant le XXe congrès du parti, que Staline n'eut confiance qu'en un seul homme, et que cet homme était Hitler[14].

L'important est que dans tous ces petits pays européens, les dictatures non totalitaires furent précédées par des mouvements totalitaires : il sembla donc que le totalitarisme était un objectif trop ambitieux, et qu'une fois qu'il avait servi à organiser les masses jusqu'à ce que le mouvement s'emparât du pouvoir, la dimension absolue du pays forçait le candidat au pouvoir totalitaire de masse à se conformer aux schémas plus familiers d'une dictature de classe ou de parti. La vérité est que ces pays ne contrôlaient simplement pas suffisamment de matériel humain pour permettre la domination totale et les lourdes pertes de population qui en sont inséparables[15]. N'ayant pas grand espoir de conquérir des territoires à la population plus dense, les tyrans de ces petits pays furent contraints d'exercer une relative modération, à l'ancienne, de peur de perdre jusqu'à leurs der-

---

13. *Hitlers Tischgespräche*, 1951, p. 113. Nous y trouvons aussi de nombreux exemples qui montrent que, contrairement à certaines légendes de l'après-guerre, Hitler n'eut jamais l'intention de défendre « l'Occident » contre le bolchevisme, mais resta toujours prêt à s'allier aux « Rouges » pour la destruction de l'Occident, même au plus fort de la lutte contre la Russie soviétique. Voir particulièrement p. 95, 108, 113 et suiv., 158, 385.

14. Nous savons aujourd'hui que Staline fut averti à maintes reprises de l'attaque imminente de Hitler contre l'Union soviétique. Même lorsque l'attaché militaire soviétique à Berlin l'informa du jour de l'attaque nazie, Staline refusa de croire que Hitler violerait le pacte. (Voir le « discours de Khrouchtchev sur Staline », texte diffusé par le Département d'État, *New York Times*, 5 juin 1956.)

15. Ce qu'illustre l'information suivante, rapportée par Boris Souvarine, *Staline...* [rééd. 1993], p. 549 : « D'après W. Krivitsky, informé à l'excellente source confidentielle de la Guépéou, "au lieu des 171 millions d'habitants escomptés pour 1937, on en a trouvé moins de 145 millions ; il manque donc à l'URSS près de 30 millions d'individus". » Et il faut se rappeler que ceci se produisit après la dékoulakisation, qui avait coûté près de 8 millions de vies humaines. Voir *Communism in Action*, 1946, p. 140.

niers sujets. Pour la même raison, le nazisme, jusqu'au déclenchement de la guerre et son expansion à travers l'Europe, se montra beaucoup moins cohérent et impitoyable que son homologue russe ; même le peuple allemand n'était pas assez nombreux pour permettre le développement intégral de cette toute nouvelle forme de régime. C'est seulement si l'Allemagne avait gagné la guerre qu'elle aurait connu une domination totalitaire intégrale, et l'on peut se faire une idée des sacrifices que ceci aurait entraînés non seulement pour les « races inférieures », mais aussi pour les Allemands eux-mêmes, d'après les plans de Hitler qui nous sont parvenus[16]. Quoi qu'il en soit, ce fut seulement pendant la guerre, après que les conquêtes à l'Est eurent fourni de grandes masses humaines et rendu possibles les camps d'extermination, que l'Allemagne fut à

---

16. On peut trouver une grande partie de ces plans, fondée sur les documents originaux, dans le *Bréviaire de la haine* de Léon Poliakov, chap. 8 (le titre de l'édition américaine est *Harvest of Hate*, 1954, nos citations sont tirées de l'édition originale française), mais seulement dans la mesure où ils se rapportaient à l'extermination de peuples non germaniques, surtout ceux d'origine slave. L'appareil de destruction nazi ne se serait pas arrêté devant le peuple allemand, c'est évident d'après un projet de loi sur l'hygiène du Reich, rédigé par Hitler lui-même. Il propose d'« isoler » du reste de la population toutes les familles qui comportent des cas de maladies cardiaques ou pulmonaires, l'étape suivante du programme étant bien sûr leur liquidation physique. Cette mesure et d'autres projets pour une Allemagne victorieuse figurent dans une circulaire adressée aux chefs de district *(Kreisleiter)* de Hesse-Nassau ; ils se présentent comme le compte rendu d'une discussion ayant lieu au quartier général du Führer sur les mesures qui devraient être adoptées « avant [...] et après l'achèvement victorieux de la guerre ». Voir le choix de documents dans *Nazi Conspiracy and Aggression*, 1946, vol. VII, p. 175. De même, il était question de promulguer une « législation globale des étrangers » qui légaliserait et étendrait l'« autorité institutionnelle » de la police, c'est-à-dire à expédier dans des camps de concentration des gens innocents de tout délit. (Voir Paul Werner, « SS-Standartenführer », *Deutsches Jugendrecht*, n° 4, 1944.) Pour cette « politique négative des populations », qui a décidément les mêmes objectifs que les purges bolcheviques, il est important de se rappeler qu'« il ne saurait y avoir d'arrêt de ce processus de sélection » (Heinrich Himmler, « Die Schutzstaffel », *Grundlagen, Aufbau und Wirtschaftsordnung des nationalsozialistischen Staates*, n° 7 b). « La lutte du Führer et de son parti était une sélection jusqu'ici non réalisée [...]. Cette sélection et cette lutte furent ostensiblement accomplies le 30 janvier 1933 [...]. Le Führer et sa vieille garde savaient que la lutte véritable ne faisait que commencer » (Robert Ley, *Der Weg zur Ordensburg...* [1936]).

même d'établir un régime véritablement totalitaire. (Inversement, les risques de régime totalitaire sont effroyablement élevés dans les pays du despotisme oriental traditionnel, l'Inde et la Chine, où il y a une matière première presque inépuisable pour nourrir la machinerie de la domination totale, accumulatrice de pouvoir et destructrice d'hommes, et où ce sentiment d'inutilité, qui caractérise l'homme de masse – phénomène entièrement nouveau en Europe, où il découle du chômage massif et de la croissance démographique des cent cinquante dernières années –, prédomine depuis des siècles, dans le mépris pour la valeur de la vie humaine.) On ne pouvait guère attribuer ni la modération ni des méthodes moins meurtrières au fait que les gouvernements redoutaient une révolte populaire ; c'est la dépopulation du pays lui-même qui représentait une menace autrement sérieuse. C'est seulement là où de vastes masses sont superflues ou là où il est possible de s'en dispenser sans aboutir à une dépopulation désastreuse, que le régime totalitaire, distinct d'un mouvement totalitaire, est tout à fait possible.

Les mouvements totalitaires sont possibles partout où se trouvent des masses qui, pour une raison ou une autre, se sont découvert un appétit d'organisation politique. Les masses ne sont pas unies par la conscience d'un intérêt commun, elles n'ont pas cette logique spécifique des classes qui s'exprime par la poursuite d'objectifs précis, limités et accessibles. Le terme de masses s'applique seulement à des gens qui, soit du fait de leur seul nombre, soit par indifférence, soit pour ces deux raisons, ne peuvent s'intégrer dans aucune organisation fondée sur l'intérêt commun, qu'il s'agisse de partis politiques, de conseils municipaux, d'organisations professionnelles ou de syndicats. Les masses existent en puissance dans tous les pays, et constituent la majorité de ces vastes couches de gens neutres et politiquement indifférents qui n'adhèrent jamais à un parti et votent rarement.

Ce qui caractérisa l'essor du mouvement nazi en Allemagne et des mouvements communistes en Europe, après

1930[17], c'est qu'ils recrutèrent leurs adhérents dans cette masse de gens apparemment indifférents auxquels tous les autres partis avaient renoncé, les jugeant trop apathiques ou trop stupides pour mériter leur attention. Le résultat fut que la majorité de leurs adhérents étaient des gens qui n'avaient jamais paru sur la scène politique auparavant. Cela permit d'introduire des méthodes de propagande politique entièrement nouvelles, et aussi de rester indifférents aux arguments des opposants politiques ; ces mouvements ne se plaçaient pas seulement en dehors du système des partis dans son ensemble et contre lui, ils trouvaient une clientèle qui n'avait jamais été touchée, jamais « gâtée » par le système des partis. Par conséquent ils n'eurent pas besoin de réfuter les arguments qu'on leur opposait, et préférèrent systématiquement des méthodes qui conduisaient à la mort aux tentatives de persuasion, qui impliquaient la terreur plutôt que la conviction. Ils prétendaient que les désaccords proviennent toujours de sources profondes, naturelles, sociales ou psychologiques, qui échappent au contrôle de l'individu, donc à celui de la raison. Ce n'aurait été une faiblesse que s'ils avaient accepté une compétition sincère avec les autres partis ; cela devenait une force s'ils étaient sûrs d'avoir affaire à des gens qui avaient des raisons d'être également hostiles à tous les partis.

Le succès des mouvements totalitaires auprès des masses sonna le glas de deux illusions pour les démocraties en général, et pour les États-nations européens et leur système des partis en particulier. La première illusion voulait que le peuple, dans sa majorité, eût pris une part active au gouvernement, et que tous les individus se reconnaissent dans tel ou tel parti. Au contraire, ces mouvements montraient que les masses politiquement neutres et indifférentes pouvaient facilement constituer la majorité dans un pays gouverné

---

17. Franz Borkenau décrit correctement la situation : « Les communistes ne remportaient qu'un succès très modeste lorsqu'ils essayaient de gagner de l'influence parmi les masses de la classe ouvrière ; par conséquent, leur base de masse, s'ils en avaient une, était de plus en plus éloignée du prolétariat » (« Die neue Komintern », *Der Monat*, 1949, n° 4).

démocratiquement : par conséquent, une démocratie pouvait fonctionner selon des règles qui ne sont activement reconnues que par une minorité. Selon la seconde illusion démocratique détruite par les mouvements totalitaires, ces masses politiquement indifférentes étaient sans importance, réellement neutres, et ne constituaient que la toile de fond muette de la vie politique nationale. Les mouvements totalitaires faisaient maintenant apparaître ce qu'aucun autre organe de l'opinion publique n'avait jamais pu montrer : le régime démocratique avait reposé autant sur l'approbation et la tolérance silencieuses des couches indifférentes et indistinctes de la population, que sur les institutions et les organisations distinctes et visibles du pays. Aussi, lorsque les mouvements totalitaires envahirent les parlements, leur mépris du régime parlementaire sembla une pure incohérence : en fait, ils réussirent à convaincre une grande partie de la population que les majorités parlementaires étaient factices et ne correspondaient pas nécessairement aux réalités du pays, sapant ainsi le respect et la confiance en des régimes qui croyaient plutôt à la règle majoritaire qu'à leur propre constitution.

On a souvent souligné que les mouvements totalitaires usent et abusent des libertés démocratiques pour les abolir. Il ne s'agit pas là simplement d'habileté diabolique de la part des leaders ni de stupidité puérile de la part des masses. Il est vrai que les libertés démocratiques sont fondées sur l'égalité de tous les citoyens devant la loi ; pourtant elles n'acquièrent leur sens et leur fonction organique que lorsque les citoyens appartiennent à des groupes qui les représentent, ou forment une hiérarchie sociale et politique. L'effondrement du système de classe, seule stratification sociale et politique des États-nations européens, constitua certainement « l'un des événements les plus dramatiques de l'histoire récente de l'Allemagne[18] ». Il fut aussi favorable à l'essor du nazisme que l'absence de stratification sociale dans l'immense population rurale de la Russie (ce « grand corps flasque, sans aucune éducation politique, presque inaccessible à l'influence des

18. William Ebenstein, *The Nazi State*, 1943, p. 247.

idées susceptibles d'ennoblir les actes de volonté[19] ») le fut au renversement, par les Bolcheviks, du gouvernement démocratique de Kerenski. Les conditions prévalant dans l'Allemagne préhitlérienne sont révélatrices des dangers que court implicitement l'Occident depuis qu'avec la fin de la Seconde Guerre mondiale, le même effondrement dramatique du système de classes s'est répété dans presque tous les pays européens, tandis que les événements de Russie indiquent clairement la direction que les inévitables bouleversements révolutionnaires peuvent prendre en Asie. Pratiquement, il importera peu que les mouvements totalitaires adoptent le schéma du nazisme ou du bolchevisme, qu'ils organisent les masses au nom de la race ou de la classe, qu'ils fassent semblant de suivre les lois de la vie et de la nature ou de la dialectique et de l'économie.

L'indifférence aux affaires publiques, la neutralité en matière politique ne sont pas en elles-mêmes une cause suffisante pour l'essor de mouvements totalitaires. La société bourgeoise, fondée sur la compétition et l'acquisition, avait provoqué l'apathie et même l'hostilité envers la vie publique, non seulement – et pas même primordialement – dans les couches sociales qu'elle exploitait et qu'elle excluait de la participation active à la gestion du pays, mais avant tout dans sa propre classe. À la longue période de fausse modestie, pendant laquelle la bourgeoisie se contenta d'être la classe sociale dominante sans aspirer au pouvoir politique qu'elle abandonnait volontiers à l'aristocratie, succéda l'ère impérialiste : la bourgeoisie se déclara alors de plus en plus hostile aux institutions existantes, et commença à s'organiser en réclamant l'exercice du pouvoir politique. L'apathie première et l'exigence ultérieure d'un monopole dictatorial dans la conduite des affaires étrangères de la nation étaient toutes deux enracinées dans un mode de vie et une philosophie de la vie si constamment et exclusivement axés sur le succès ou l'échec de l'individu dans une compétition impitoyable, que les devoirs et les responsabilités du citoyen

19. Selon les mots de Maxime Gorki. Voir Boris Souvarine, *Staline*... [rééd. 1993], p. 258.

n'étaient ressentis que comme une vaine déperdition de temps et d'énergie. Ces attitudes bourgeoises sont très utiles à ces formes de dictature où un « homme fort » prend sur lui l'encombrante responsabilité de la conduite des affaires publiques ; elles représentent un obstacle réel pour les mouvements totalitaires, qui ne peuvent tolérer aucun individualisme, bourgeois ou non. Les éléments apathiques d'une société dominée par la bourgeoisie, quelle que soit leur répugnance à assumer leurs responsabilités civiques, conservent leur personnalité intacte, ne serait-ce que, parce qu'en la perdant, ils ne pourraient guère espérer survivre dans la compétition pour la vie.

Il est difficile de percevoir les différences décisives entre les organisations de la populace au XIXe siècle et les mouvements de masse du XXe. En effet, les leaders totalitaires modernes ne diffèrent guère, par leur psychologie et leur mentalité, des meneurs de foules précédents, dont les critères moraux et les procédés politiques ressemblaient de si près à ceux de la bourgeoisie. Pourtant, dans la mesure où l'individualisme caractérisait l'attitude de la bourgeoisie envers la vie comme celle de la populace, les mouvements totalitaires peuvent à juste titre prétendre qu'ils furent les premiers partis réellement antibourgeois ; aucun de leurs prédécesseurs du XIXe siècle – ni la Société du 10 décembre, qui aida Louis-Napoléon à s'emparer du pouvoir, ni les escouades de bouchers pendant l'affaire Dreyfus, ni les Cent-Noirs des pogroms russes, ni les mouvements annexionnistes – ne réussit jamais à embrigader leurs membres au point de leur faire perdre toute exigence et ambition individuelles, aucun d'eux n'avait jamais envisagé qu'une organisation puisse réussir à détruire l'identité individuelle de façon permanente, et pas seulement le temps de l'action collective et héroïque.

Le rapport entre la société de classe, dominée par la bourgeoisie, et les masses issues de son effondrement, diffère du rapport entre la bourgeoisie et la populace, laquelle était un sous-produit de la production capitaliste. Les masses ne partagent avec la populace qu'une seule caractéristique : elles sont étrangères à toutes les ramifications sociales et à toute représentation politique normale. Les masses n'héritent pas comme la populace – quoique sous une forme dénaturée – des critères et des attitudes de la classe dominante, mais elles reflètent et, d'une certaine façon, dénaturent les critères et les attitudes de toutes les classes à l'égard des affaires publiques. Les critères de l'homme de masse n'ont pas été uniquement, ni même originellement, déterminés par la classe à laquelle il avait appartenu, mais plutôt par la contagion d'influences et de convictions que partageaient également, de manière tacite et indistincte, toutes les classes de la société.

L'appartenance à une classe, quoiqu'elle fût plus lâche et moins strictement déterminée par l'origine sociale que dans les ordres et les états de la société féodale, dépendait généralement de la naissance, et seuls des dons ou une chance extraordinaires pouvaient la modifier. Le statut social décidait de la participation de l'individu à la politique et, sauf dans les cas de péril national où cet individu était censé agir uniquement en tant que *membre de la nation*, indépendamment de son appartenance à une classe ou à un parti, il n'était jamais directement confronté aux affaires publiques et ne se sentait jamais directement responsable de leur conduite. Lorsqu'une classe accédait à un rôle plus important dans la communauté, quelques-uns de ses membres étaient toujours éduqués et entraînés pour faire de la politique une profession, en étant payés (ou non, s'ils en avaient les moyens) comme dirigeants et représentants de leur classe au Parlement. La majorité du peuple demeurait en dehors de tout parti ou de toute autre organisation politique, ce qui n'importait à personne, et n'était pas plus vrai d'une classe que d'une autre. En d'autres termes, l'appartenance à une classe, avec ses obligations collectives et limitées, et ses attitudes traditionnelles envers le gouvernement, empêchait la multiplication de citoyens se sentant individuellement et personnellement responsables du gouvernement du pays. Ce caractère apolitique des populations des États-nations ne fut mis en lumière que lorsque le système de classe s'effondra en emportant dans sa chute tout le réseau de fils visibles et invisibles qui reliaient le peuple au corps politique.

L'effondrement du système de classe eut pour conséquence automatique l'effondrement du système des partis, principalement parce que ceux-ci, étant des partis d'intérêts, ne pouvaient plus représenter des intérêts de classe. Leur survivance avait une certaine importance aux yeux des membres des anciennes classes, qui espéraient contre tout espoir regagner leur statut social antérieur et restaient groupés, non plus parce qu'ils avaient des intérêts communs, mais parce qu'ils espéraient les recouvrer. En conséquence, les partis développèrent de plus en plus de psychologie et d'idéologie dans leur propagande, de plus en plus d'apologie et de nostalgie dans leur approche politique. En outre, ils avaient perdu, sans s'en apercevoir, l'appui de ces soutiens neutres qui ne s'étaient jamais intéressés à la politique parce qu'ils avaient l'impression que n'existait aucun parti qui s'occupât de leurs intérêts. Aussi, les premiers signes de l'effondrement du système européen des partis ne furent pas les désertions des vieux membres des partis, mais l'incapacité à recruter parmi la jeune génération, et la perte du consentement et du soutien muets des masses inorganisées : celles-ci secouèrent soudain leur apathie et allèrent partout où elles virent une occasion d'exprimer leur nouvelle et violente opposition.

La chute des murs protecteurs des classes transforma les majorités qui somnolaient à l'abri de tous les partis en une seule grande masse inorganisée et déstructurée d'individus furieux. Ils n'avaient rien en commun, sinon une vague conscience que les espoirs des adhérents des partis étaient vains, que, par conséquent, les membres les plus respectés, les plus organisés, les plus représentatifs de la communauté étaient des imbéciles, et que toutes les puissances établies étaient moins mauvaises moralement qu'également stupides et frauduleuses. Peu importait, pour la naissance de cette terrifiante solidarité négative, sous quelle forme étaient haïs le statu quo et les puissances établies : pour le chômeur, c'était le parti social-démocrate ; pour le petit propriétaire exproprié, un parti du centre ou de la droite ; et pour les anciennes classes moyennes et supérieures, l'extrême droite traditionnelle. La masse de ces hommes généralement déçus et désespérés augmenta rapidement en Allemagne et en Autriche, après la Première Guerre mondiale, lorsque l'inflation et le chômage aggravèrent la dislocation consécutive à la défaite militaire ; il s'en trouva une grande proportion dans tous les États successeurs, et ils ont soutenu les mouvements extrémistes, en France et en Italie, depuis la Seconde Guerre mondiale.

C'est dans cette atmosphère d'effondrement de la société de classes que s'est développée la psychologie de l'homme de masse européen. Le fait qu'avec une uniformité monotone mais abstraite le même sort avait frappé une masse d'individus n'empêcha pas ceux-ci de se juger eux-mêmes en termes d'échec individuel, ni de juger le monde en termes d'injustice spécifique. Cependant, cette amertume, ce repli sur soi, tout en se reproduisant dans de multiples cas individuels et isolés, ne constituait pas un trait commun : malgré sa tendance à effacer les différences individuelles, cela ne se fondait sur aucun intérêt commun, économique, social ou politique. Par conséquent, le repli sur soi alla de pair avec un affaiblissement décisif de l'instinct de conservation. Le désintérêt de soi, au sens où l'on n'a pas d'importance à ses propres yeux, le sentiment de pouvoir être sacrifié, n'était plus l'expression de l'idéalisme individuel mais un phénomène de masse. Le vieil adage selon lequel les pauvres et les opprimés n'ont rien à perdre que leurs chaînes ne s'appliquait plus aux hommes de masse, car ils perdirent bien davantage que leurs chaînes de misère lorsqu'ils cessèrent de s'intéresser à leur propre bien-être : la source de toutes les inquiétudes et de tous les soucis qui rendent la vie humaine pénible et angoissante était tarie. En comparaison de l'absence de matérialisme de ces hommes de masse, un moine chrétien semble absorbé dans les affaires de ce monde. Himmler, qui connaissait si bien la mentalité de ceux qu'il organisait, décrivit non seulement ses propres SS, mais aussi les larges couches dans lesquelles il les recrutait, en disant qu'ils ne s'intéressaient pas aux « problèmes quotidiens », mais seulement « aux questions idéologiques qui importeront pour des décennies et des siècles, si bien que l'homme [...] sait qu'il travaille à une grande tâche, comme il n'en apparaît que tous les deux mille ans[20] ». Cette gigantesque massification d'individus produisit une mentalité qui, tel Cecil Rhodes quelque quarante ans auparavant, pensait en continents et sentait en siècles.

D'éminents érudits et hommes d'État européens prédisaient, depuis le début du XIXe siècle, la naissance de l'homme de masse et l'avènement d'une ère de masse. Toute une littérature sur le comportement de masse et la psychologie de masse avait éclairé et popularisé l'idée, si familière aux anciens, de l'affinité entre démocratie et dictature, entre gouvernement de la populace et tyrannie. Ces auteurs avaient préparé certains intellectuels occidentaux, dont la conscience politique était développée, voire très développée, à l'apparition de démagogues, à la crédulité, à la superstition et à la brutalité. Pourtant, s'il est vrai qu'en un sens toutes ces prophéties se réalisèrent, elles perdirent beaucoup de leur signification lorsque apparurent des phénomènes aussi inattendus et imprévus que la perte radicale de l'intérêt personnel[21], l'indifférence cynique ou ennuyée en face de la mort ou d'autres catastrophes personnelles, la tendance passionnée à prendre les notions les plus abstraites comme règles de vie, et le mépris général pour les règles du sens commun, même les plus évidentes.

Contrairement aux prédictions, les masses ne furent pas le produit de l'égalité croissante des conditions, ni du développement de l'instruction générale, avec l'inévitable abaissement du niveau et la vulgarisation du contenu qu'il implique. (L'Amérique, exemple classique de l'égalité des conditions et de la diffusion de l'instruction générale avec toutes ses insuffisances, est peut-être moins représentative de la psychologie des masses qu'aucun autre pays au monde.) Il apparut bientôt que les gens hautement cultivés étaient particulièrement attirés par les mouvements de

20. Discours de Heinrich Himmler sur « L'organisation et les obligations des SS et de la police », publié dans *National-politischer Lehrgang der Wehrmacht von 15-23,* janvier 1937. Cité dans *Nazi Conspiracy and Aggression*, 1946, vol. IV, p. 616 et suiv.

21. Gustave Le Bon, *La Psychologie des foules*, 1895, mentionne le désintérêt de soi particulier aux masses. Voir chap. II, § 5.

masse, et que, en général, un individualisme extrêmement raffiné et sophistiqué n'empêchait pas, mais en fait encourageait quelquefois l'abandon de soi dans la masse auquel préparaient les mouvements de masse. Ce fait évident, en vertu duquel l'individualisation et la culture n'empêchent pas la naissance de phénomènes de masse, était si imprévu qu'on en a souvent rendu responsables le caractère morbide ou le nihilisme de l'intelligentsia moderne, une haine de soi qui serait typique des intellectuels, ou encore l'antagonisme entre l'esprit et l'élan vital, l'« hostilité de l'esprit à la vie ». Pourtant, ces intellectuels tant décriés furent seulement l'exemple le plus frappant et les porte-parole les plus visibles d'un phénomène beaucoup plus général. L'atomisation sociale et l'individualisation extrême précédèrent les mouvements de masse qui attirèrent les gens complètement inorganisés, les individualistes acharnés qui avaient toujours refusé de reconnaître les attaches et les obligations sociales, beaucoup plus facilement et plus vite que les membres, sociables et non individualistes, des partis traditionnels.

En réalité, les masses se développèrent à partir des fragments d'une société hautement atomisée, dont la structure compétitive et la solitude individuelle qui en résulte n'étaient limitées que par l'appartenance à une classe. La principale caractéristique de l'homme de masse n'est pas la brutalité et l'arriération, mais l'isolement et le manque de rapports sociaux normaux. Ces masses provenaient de la société de classes de l'État-nation, criblée de fissures que cimentait le sentiment nationaliste : il est naturel que, dans leur désarroi initial, elles aient penché vers un nationalisme particulièrement violent, auquel les leaders des masses ont cédé, contre leurs propres instincts et leurs propres objectifs, pour des raisons purement démagogiques[22].

22. Dès avant Hitler, les fondateurs du parti nazi en parlaient à l'occasion comme d'un « parti de gauche ». Cf. aussi l'incident qui se produisit après les élections législatives de 1932 : « Gregor Strasser montra avec amertume à son Chef qu'avant les élections, les nationaux-socialistes du Reichstag auraient pu former une majorité avec le Centre ; désormais, cette possibilité avait disparu, les deux partis représentant moins de la moitié du Parlement ; [...] Mais avec les communistes, ils constituaient toujours une majorité, répliqua Hitler ; personne ne peut gouverner contre nous. » (Konrad Heiden, *Der Führer...*, 1944, p. 94 et 495.)

Ni le nationalisme tribal ni le nihilisme révolté ne sont caractéristiques des masses ou ne leur conviennent d'un point de vue idéologique, comme c'était le cas pour la populace. Mais les leaders de masses les plus doués de notre temps étaient encore issus de la populace plutôt que des masses[23]. La biographie de Hitler est exemplaire à cet égard, et l'important, chez Staline, est qu'il soit issu de l'appareil de conspiration du parti bolchevique, mélange très particulier de déclassés et de révolutionnaires. À ses débuts, le parti de Hitler, presque exclusivement composé d'inadaptés, de ratés et d'aventuriers, constituait bien cette « armée de bohèmes[24] » qui n'était que l'envers de la société bourgeoise et que, par conséquent, la bourgeoisie allemande aurait dû savoir utiliser avec succès pour son propre compte. En fait, la bourgeoisie fut bernée par les nazis, exactement comme la faction Röhm-Schleicher de la Reichswehr : eux aussi pensaient que Hitler, qu'ils avaient utilisé comme indicateur, ou les SA, qu'ils avaient utilisés pour leur propagande militariste et leur entraînement paramilitaire, se conduiraient comme leurs agents et les aideraient à établir une dictature militaire[25]. Les uns et les autres considé-

23. Carlton J. H. Hayes, « Remarks on "The Novelty of Totalitarianism in the History of Western Civilization" », qui ne fait pas de distinction entre la populace et les masses, pense que les dictateurs totalitaires « étaient issus des masses plutôt que des classes ».

24. Telle est la théorie centrale de Konrad Heiden, dont les analyses du mouvement nazi restent remarquables. « Des décombres des classes mortes surgit la nouvelle classe des intellectuels, et à sa tête marchent les plus impitoyables, ceux qui ont le moins à perdre, donc les plus forts : une armée de bohèmes, pour qui la guerre est un pays et la guerre civile une patrie » (*Der Führer...*, p. 100).

25. L'accord secret entre le général Schleicher et Röhm, le chef des SA, visait à placer toutes les formations paramilitaires sous le contrôle de la Reichswehr, ce qui aurait immédiatement gonflé ses effectifs de millions d'hommes. Ceci aurait inévitablement conduit à une dictature militaire. En juin 1934, Hitler liquida Röhm et Schleicher. Les premières négociations furent conduites avec l'assentiment de Hitler, qui se servit des relations de Röhm avec la Reichswehr pour tromper les milieux militaires sur ses intentions. En avril 1932, Röhm témoigna, au cours d'un procès intenté à Hitler, que le statut militaire des SA était parfaitement admis par la Reichswehr. (Pour les documents sur le plan Röhm-Schleicher, voir *Nazi Conspiracy and Aggression*, 1946, vol. V, p. 456 et suiv. Voir aussi Konrad Heiden, *Der Führer...*, 1944, p. 450.) Röhm lui-même rapporte fièrement ses négociations avec Schleicher, qui, selon lui, commencèrent en 1931. Schleicher avait promis de mettre les SA sous le commandement d'officiers de la Reichswehr en cas d'urgence.

raient le mouvement nazi selon leurs propres termes, selon les termes d'une philosophie politique de la populace[26], et négligeaient à la fois le soutien indépendant et spontané qu'apportaient les masses aux nouveaux meneurs de foules et les aptitudes réelles de ces meneurs à créer de nouvelles formes d'organisation. En tant que leader de ces masses, la populace n'était plus l'agent de la bourgeoisie ni de personne d'autre, sinon des masses elles-mêmes.

Les mouvements totalitaires avaient moins besoin de l'absence de structure d'une société de masses, que des conditions spécifiques d'une masse atomisée et individualisée. On le voit très bien en comparant le nazisme et le bolchevisme, qui, dans leurs pays respectifs, prirent naissance dans des circonstances très différentes. Pour transformer la dictature révolutionnaire de Lénine en un régime complètement totalitaire, Staline fut d'abord obligé de créer artificiellement cette société atomisée que les circonstances historiques avaient déjà préparée en Allemagne pour les nazis.

La victoire étonnamment facile de la révolution d'Octobre eut lieu dans un pays où une bureaucratie despotique et centralisée gouvernait une masse de population dépourvue de toute structure, et que ni les vestiges des ordres ruraux de la féodalité, ni les classes capitalistes urbaines embryonnaires n'avaient réussi à organiser. Lorsque Lénine déclara que nulle part au monde il n'aurait été si facile de s'emparer du pouvoir et si difficile de le garder, il était conscient non seulement de la faiblesse de la classe ouvrière russe, mais aussi du caractère anarchique des conditions sociales en général, propices à des

---

(Voir *Die Memoiren des Stabschefs Röhm*, 1934, p. 170.) Le caractère militariste des SA, dû à Röhm et constamment combattu par Hitler, continua d'inspirer leur vocabulaire jusqu'à la liquidation de Röhm. À la différence des SS, les SA ont toujours prétendu être « les représentants de la volonté militaire de l'Allemagne » et, pour eux, le IIIe Reich était une « communauté militaire [reposant sur] deux piliers : le parti et la Wehrmacht » (voir *Handbuch der SA*, 1939, et Victor Lutze, « Die Sturmabteilungen » [« Les Sections d'Assaut »], dans *Grundlagen, Aufbau und Wirtschaftsordnung des nationalsozialistischen Staates*, n° 7 a).

26. L'autobiographie de Röhm, en particulier, est un véritable classique de ce genre de littérature.

changements soudains. Dépourvu des instincts d'un leader de masse – il n'était pas un orateur et tenait absolument à reconnaître et à analyser ses propres erreurs en public, ce qui est contraire aux règles mêmes de la banale démagogie –, Lénine perçut immédiatement toutes les différenciations possibles – sociales, nationales, professionnelles – qui pourraient introduire une certaine structure dans la population, et il sembla convaincu que le salut de la révolution résidait dans une telle stratification. Il légalisa l'expropriation anarchique des propriétaires terriens par les masses rurales et fonda ainsi, pour la première et probablement pour la dernière fois en Russie, cette classe de paysans émancipés qui, depuis la Révolution française, a constitué le plus ferme soutien des États-nations occidentaux. Il essaya de renforcer la classe ouvrière en encourageant les syndicats indépendants. Il toléra l'apparition timide d'une nouvelle classe moyenne, résultat de la NEP, après la fin de la guerre civile. Il introduisit des distinctions supplémentaires en organisant, et quelquefois en inventant, autant de nationalités que possible, développant le sentiment national et la conscience des différences historiques et culturelles jusque parmi les tribus les plus primitives de l'Union soviétique. Il semble clair que, sur ces points de politique purement pratique, Lénine écouta son brillant instinct d'homme d'État plutôt que ses convictions marxistes ; en tout cas, sa politique prouve qu'il redoutait davantage l'absence de structure, sociale ou autre, que le développement possible de tendances centrifuges au sein des nationalités récemment émancipées, ou même que l'apparition d'une nouvelle bourgeoisie issue des nouvelles classes moyennes et paysannes. Sans aucun doute, Lénine subit sa plus lourde défaite lorsque, au début de la guerre civile, le pouvoir suprême, qu'il avait d'abord prévu de concentrer entre les mains des soviets, passa dans les mains de la bureaucratie du parti ; mais même ce développement, aussi tragique qu'il fût pour le cours de la révolution, n'aurait pas conduit nécessairement au totalitarisme. Une dictature du parti unique ne faisait qu'ajouter une classe de plus à la stratification sociale déjà en cours dans le pays, à savoir la bureaucratie, qui, selon les critiques socialistes de la révolution, « possédait l'État comme sa propriété privée[27] » (Marx). Au moment de la mort de Lénine, aucune voie n'était fermée. Il n'était pas inévitable que la formation de classes ouvrière, paysanne et moyenne conduisît à la lutte des classes qui avait caractérisé le capitalisme européen. L'agriculture pouvait encore se développer sur une base collective, coopérative ou privée, et l'économie nationale demeurait libre de suivre le schéma du socialisme, du capitalisme d'État ou de la libre entreprise. Aucune de ces alternatives n'aurait automatiquement détruit la nouvelle structure du pays.

Toutes ces classes et ces nationalités nouvelles firent obstacle à Staline lorsqu'il commença de préparer le pays au régime totalitaire. Afin de fabriquer une masse atomisée et déstructurée, il fut d'abord obligé de liquider les vestiges du pouvoir des soviets, lesquels, en tant que principal organe de la représentation nationale, jouaient encore un certain rôle et empêchaient le développement d'une autorité absolue de la hiérarchie du parti. Aussi commença-t-il par saper les soviets nationaux en créant des cellules bolcheviques où se recrutaient exclusivement les hauts fonctionnaires des comités centraux[28]. Vers 1930, les derniers vestiges des anciennes

---

27. Il est bien connu que les fractions antistaliniennes ont fondé leurs critiques sur cette formule marxiste et ne l'ont jamais dépassée. Les « purges » répétées de la bureaucratie soviétique, qui ont équivalu à sa liquidation en tant que classe, ne les ont jamais empêchées de voir en elle la classe dominante et régnante de l'Union soviétique. Voici l'appréciation de Christian Rakovski, écrivant en 1930 de son exil sibérien : « Sous nos yeux s'est formée et se forme encore une grande classe de dirigeants qui a ses subdivisions intérieures, qui s'accroît par voie de cooptation calculée, par nominations directes ou indirectes […]. L'élément qui unit cette classe originale est une forme, originale aussi, de propriété privée, à savoir le pouvoir d'État » (cité dans Boris Souvarine, *Staline…* [rééd. 1993], p. 469). Cette analyse est tout à fait exacte pour l'ère préstalinienne. Sur le développement des relations entre le parti et les soviets, qui est d'une importance décisive pour le cours de la révolution d'Octobre, voir Isaac Deutscher, *The Prophet Armed : Trotsky, 1879-1921*, 1954.

28. En 1927, 90 % des membres des soviets de village et 75 % de leurs présidents n'appartenaient pas au parti ; les comités exécutifs des districts comprenaient 50 % de membres du parti, tandis qu'au comité central, la proportion passait à 75 %. Voir l'article « Bolchevisme » par Maurice Dobb dans l'*Encyclopedia of Social Sciences*. Arthur Rosenberg, *A History of Bolshevism*, 1934, chap. VI, montre en détail comment les membres de base du parti détruisirent le système des soviets de l'intérieur, en votant « conformément aux instructions qu'ils recevaient des dirigeants du parti ».

institutions collectives avaient disparu pour faire place à une bureaucratie du parti fortement centralisée, dont les tendances à la russification ne différaient guère de celles du régime tsariste, à ceci près que les nouveaux bureaucrates n'avaient plus peur d'un certain degré d'instruction.

Le régime bolchevique passa alors à la liquidation des classes et, pour des raisons d'idéologie et de propagande, commença par les classes possédantes, la nouvelle classe moyenne dans les villes, et les paysans à la campagne. À la fois par leur nombre et par leurs biens, les paysans avaient constitué jusque-là la classe potentiellement la plus puissante de l'Union ; en conséquence, leur liquidation fut plus complète et plus cruelle que celle de tous les autres groupes, et fut conduite au moyen de la famine provoquée et de la déportation, sous couvert d'expropriation des koulaks et de collectivisation. La liquidation des classes moyenne et paysanne fut achevée au début des années 30 ; ceux qui ne se trouvaient pas parmi les nombreux millions de morts ou les millions d'esclaves déportés avaient appris « qui était le maître », ils avaient compris que leur vie et celle de leur famille dépendaient non de leurs concitoyens, mais exclusivement de l'humeur d'un régime en face duquel ils étaient complètement isolés, sans aucune aide du groupe auquel ils se trouvaient appartenir. Ni les statistiques ni les sources documentaires ne permettent de déterminer le moment exact où la collectivisation produisit une nouvelle paysannerie liée par des intérêts communs qui, à cause de sa position privilégiée (numérique et économique), représentait de nouveau un danger virtuel pour la domination totalitaire. Mais, aux yeux de ceux qui savent lire les « sources d'information » totalitaires, ce moment était arrivé deux ans avant la mort de Staline, lorsqu'il proposa de dissoudre les kolkhozes et de les transformer en unités plus grandes. Il mourut sans exécuter ce plan ; cette fois-ci, les sacrifices auraient été encore plus grands, et les conséquences pour l'ensemble de l'économie encore plus catastrophiques que lors de la liquidation de la première classe paysanne, mais rien n'autorise à douter que Staline aurait pu réussir ; on peut toujours éliminer une classe en assassinant un nombre suffisant de ses membres.

La classe des ouvriers fut la suivante à être liquidée collectivement. En tant que classe, ils étaient beaucoup plus faibles et offrirent beaucoup moins de résistance que les paysans. En effet, à la différence des paysans lorsqu'ils expropriérent les propriétaires terriens, les ouvriers avaient été immédiatement spoliés de leur expropriation spontanée des propriétaires d'usines pendant la révolution : le gouvernement avait confisqué les usines comme propriété de l'État, sous prétexte que, de toute façon, l'État appartenait au prolétariat. Le système stakhanoviste, adopté au début des années 30, brisa toute solidarité et toute conscience de classe parmi les ouvriers, d'abord par la compétition féroce qu'il instaura, ensuite parce qu'il solidifia provisoirement une aristocratie stakhanoviste, dont la distance sociale par rapport à l'ouvrier ordinaire était ressentie de façon beaucoup plus aiguë que la distance entre les ouvriers et la direction. Le processus fut complété en 1938 par l'introduction du livret de travail, qui transforma officiellement l'ensemble de la classe ouvrière en une gigantesque armée de forçats.

Pour couronner toutes ces mesures vint la liquidation de cette bureaucratie qui avait contribué à exécuter les liquidations précédentes. Staline mit à peu près deux ans, de 1936 à 1938, à se débarrasser totalement de l'aristocratie administrative et militaire de la société soviétique ; presque tout, bureaux, usines, organismes économiques et culturels, gouvernement, parti, états-major, passa dans de nouvelles mains, une fois que « près de la moitié du personnel administratif, appartenant ou non au parti, eut été balayée », et qu'on eut liquidé 50 % de tous les membres du parti et « huit millions d'êtres humains, au moins[29] ». De plus, la création

29. Ces chiffres sont tirés du livre de Victor Kravchenko, *J'ai choisi la liberté. La vie publique et privée d'un haut fonctionnaire soviétique*, 1947 [H. Arendt se réfère à l'édition américaine parue en 1946, *I Chose Freedom. The Personal and Political Life of a Soviet Official*, p. 278 et 303 (p. 412 de l'édition française)]. Il s'agit bien entendu d'une source très discutable. Mais puisque, dans le cas de la Russie soviétique, nous ne pouvons avoir recours qu'à des sources discutables, autrement dit, nous devons nous appuyer entièrement sur des dépêches de presse, des estimations ou des reportages très divers. Tout ce que nous pouvons faire est donc d'utiliser toute information qui semble au moins posséder un degré élevé de

d'un passeport intérieur sur lequel devaient être enregistrés et autorisés tous les départs d'une ville pour une autre compléta la destruction de la bureaucratie du parti en tant que classe. Quant au statut juridique, la bureaucratie comme les fonctionnaires du parti se trouvaient maintenant au même niveau que les ouvriers ; elle aussi avait rejoint la vaste multitude des travailleurs forcés, et son statut en tant que classe privilégiée dans la société soviétique appartenait au passé. Et puisque cette purge générale se termina par la liquidation des plus hauts fonctionnaires de la police – ceux-là mêmes qui avaient commencé à organiser l'épuration –, même les cadres de la Guépéou qui avaient mené l'opération de terreur ne purent plus se bercer de l'illusion que leur groupe représentait quoi que ce soit, encore moins un certain pouvoir.

Aucun de ces immenses sacrifices en vies humaines ne fut motivé par une *raison d'État** au vieux sens du mot. Aucune des couches sociales liquidées n'était hostile au régime, ni susceptible de le devenir dans un avenir prévisible. L'opposition active et organisée avait cessé d'exister vers 1930, lorsque Staline, dans son discours devant le XVIe congrès du parti, mit hors la loi les déviations droitière et gauchiste, et même ces faibles oppositions n'avaient guère pu s'appuyer sur aucune des classes existantes[30]. La terreur dictatoriale – qui diffère de la terreur totalitaire dans la mesure où elle ne menace que les opposants authentiques, non les inoffensifs citoyens qui n'ont pas d'opinions politiques – avait été suffisamment sinistre pour étouffer toute vie politique, clandestine ou non, dès avant la mort de Lénine. L'intervention étrangère, qui pouvait faire alliance avec une des fractions

---

probabilité. Certains historiens pensent apparemment que la méthode inverse, consistant à utiliser exclusivement tout document fourni par le gouvernement russe, est plus sûre, mais tel n'est pas le cas. Ce sont précisément les documents officiels qui ne sont que propagande.

30. Dans son rapport au XVIe congrès [de 1930], Staline dénonça les déviations comme le « reflet » de la résistance des classes paysanne et petite-bourgoise au sein du parti. (Voir Staline, *Leninism*, 1933, vol. II, chap. III.) Devant cette attaque, l'opposition était singulièrement désarmée, car elle aussi, et spécialement Trotski, était « toujours attenti[ve] à découvrir une lutte de classes derrière toute lutte de cliques » (Boris Souvarine, *Staline*... [rééd. 1993], p. 375).

mécontentes de la population, n'était plus un danger lorsque, vers 1930, le régime soviétique avait été reconnu par une majorité de gouvernements et avait conclu avec de nombreux pays des accords internationaux, commerciaux et autres. (Non que le gouvernement de Staline ait éliminé une telle possibilité, du côté des peuples eux-mêmes : nous savons maintenant que Hitler, s'il avait été un conquérant ordinaire et non un rival en domination totalitaire, aurait pu avoir une chance unique de gagner à sa cause au moins le peuple de l'Ukraine.)

Politiquement absurde, la liquidation des classes fut littéralement catastrophique pour l'économie soviétique. Les conséquences de la famine provoquée en 1933 se firent sentir dans tout le pays pendant des années ; l'introduction du système stakhanoviste en 1935, avec son accélération arbitraire du rendement individuel et son mépris total des nécessités du travail d'équipe dans la production industrielle, eut pour résultat « une désastreuse rupture d'équilibre » de la jeune industrie[31]. La liquidation de la bureaucratie, c'est-à-dire de la classe des directeurs d'usine et des ingénieurs, priva les entreprises industrielles du peu d'expérience et de savoir-faire qu'avait pu acquérir la nouvelle élite technicienne russe.

L'égalité de condition parmi leurs sujets a été l'un des principaux soucis des despotismes et des tyrannies depuis l'Antiquité, mais la domination totalitaire ne se satisfait pas d'une telle égalisation, qui laisse plus ou moins subsister entre les sujets certains liens communautaires, non politiques, comme les liens familiaux et les intérêts culturels communs. Si le totalitarisme prend au sérieux ses propres exigences, il doit en venir au point où il lui faut « en finir une bonne fois pour toutes avec la neutralité du jeu d'échecs », c'est-à-dire avec l'existence autonome d'absolument n'importe quelle activité. Les amoureux du « jeu d'échecs pour lui-même », justement comparés par leur liquidateur aux amoureux de « l'art pour l'art[32] », sont les éléments

31. Victor Kravchenko, *J'ai choisi la liberté...*, 1947, p. 260 [H. Arendt se réfère à l'édition américaine parue en 1946, *I Chose Freedom...*, p. 187].

32. Boris Souvarine, *Staline...* [rééd. 1993], p. 477.

non encore absolument atomisés d'une société de masse dont l'uniformité complètement hétérogène est l'une des conditions originelles du totalitarisme. Du point de vue des dirigeants totalitaires, une société qui se consacre au jeu d'échecs pour l'amour du jeu d'échecs ne diffère qu'en degré d'une classe d'agriculteurs qui se consacre à l'agriculture pour l'amour de l'agriculture, et n'est guère moins dangereuse. Himmler définit très justement le SS comme un nouveau type d'homme qui en aucun cas ne fera jamais « une chose pour elle-même[33] ».

L'atomisation de masse de la société soviétique fut réalisée par l'usage habile de purges répétées qui précédaient invariablement la liquidation effective des groupes. Pour détruire tous les liens sociaux et familiaux, les purges sont conduites de manière à menacer du même sort l'accusé et toutes ses relations habituelles, des simples connaissances aux amis et aux parents les plus proches. Conséquence de la simple et ingénieuse technique de la « culpabilité par association », dès qu'un homme est accusé, ses anciens amis se transforment immédiatement en ses ennemis les plus acharnés ; afin de sauver leur peau, ils se font mouchards et se hâtent de corroborer par leurs dénonciations les preuves qui n'existent pas contre lui ; tel est évidemment le seul moyen qu'ils ont de prouver qu'ils sont dignes de confiance. Rétrospectivement, ils essaieront de prouver que leur relation ou leur amitié avec l'accusé n'était qu'un prétexte pour l'espionner et le dénoncer comme saboteur, trotskiste, agent étranger, ou fasciste. Puisque le mérite « se juge au nombre de dénonciations de proches camarades[34] », il est bien évi-

33. Le mot d'ordre des SS, tel qu'il a été formulé par Himmler lui-même, commence par les mots : « Il n'y a pas de tâche qui existe pour elle-même. » Voir Gunter d'Alquen, *Die SS Geschichte, Aufgabe und Organisation der Schutzstaffeln der NSDAP*, 1939. Les brochures diffusées par les SS pour leur seule consommation intérieure soulignent à maintes reprises « la nécessité absolue de comprendre la futilité de tout ce qui a une fin propre » (voir *Der Reichsführer SS und Chef der deutschen Polizei*, s.d., « réservé à l'usage interne de la police »).

34. La pratique est attestée par des documents multiples. Walter Krivitsky, dans son livre *In Stalin's Secret Service*, 1939 [*J'étais un agent de Staline*, 1940] en attribue l'origine à Staline lui-même.

dent que la plus élémentaire prudence exige que l'on évite tout contact personnel, si cela est possible : il ne s'agit pas d'empêcher qu'on découvre vos pensées secrètes, mais plutôt d'éliminer, dans l'hypothèse presque assurée d'ennuis à venir, toutes les personnes qui pourraient avoir non seulement un banal intérêt à vous dénoncer, mais aussi un besoin irrésistible de provoquer votre ruine, tout simplement parce que leur propre vie serait en danger. En dernière analyse, c'est en poussant cette technique jusqu'à ses limites les plus extrêmes et les plus fantastiques, que les dirigeants bolcheviques ont réussi à créer une société atomisée et individualisée comme on n'en avait jamais vue auparavant, et comme les événements et les catastrophes à eux seuls n'en auraient guère créée.

Les mouvements totalitaires sont des organisations de masse d'individus atomisés et isolés. Par rapport à tous les autres partis et mouvements, leur caractéristique la plus apparente est leur exigence d'une loyauté totale, illimitée, inconditionnelle et inaltérable, de la part de l'individu qui en est membre. Cette exigence est formulée par les leaders des mouvements totalitaires avant même qu'ils ne prennent le pouvoir. D'ordinaire, elle précède l'organisation totale du pays sous leur autorité effective et découle de la prétention de leurs idéologies à englober, en temps voulu, dans leur organisation, l'ensemble du genre humain. Cependant, là où la domination totalitaire n'a pas été préparée par un mouvement totalitaire (tel fut le cas de la Russie, par opposition à l'Allemagne nazie), il faut organiser le mouvement après coup, et créer artificiellement les conditions de son développement, afin de rendre tout à fait possible la loyauté totale – base psychologique de la domination totale. On ne peut attendre une telle loyauté que de l'être humain complètement isolé qui, sans autres liens sociaux avec la famille, les amis, les camarades ou de simples connaissances, ne tire le sentiment de posséder une place dans le monde que de son appartenance à un mouvement, à un parti.

La loyauté totale n'est possible que lorsque la fidélité est vidée de tout contenu concret duquel pourraient naturellement naître certains revirements. Les mouvements totalitaires, chacun à sa façon, ont fait de leur mieux pour se débarrasser des programmes qui spécifiaient un contenu concret, et qu'ils avaient hérités de phases antérieures, non totalitaires, de leur développement. Quelle que soit la forme radicale sous laquelle ils s'expriment, tous les objectifs politiques précis qui ne se contentent pas d'affirmer et de circonscrire le droit à la domination mondiale, tous les programmes politiques qui traitent de points plus spécifiques que « les questions idéologiques qui importent pour des siècles » font obstacle au totalitarisme. Lorsque, par étapes, Hitler organisa le mouvement nazi à partir des effectifs obscurs et un peu cinglés d'un petit parti typiquement nationaliste, son plus grand exploit consista à délester le mouvement du programme initial du parti, sans le changer ou l'abolir officiellement, mais simplement en refusant d'en parler ou d'en discuter les points, dont le contenu relativement modéré et la phraséologie furent bientôt passés de mode[35]. À cet égard comme à beaucoup d'autres, la tâche de Staline s'annonçait bien plus redoutable ; le programme socialiste du parti bolchevique était un fardeau autrement plus encombrant[36] que les 25 points d'un économiste amateur doublé d'un politicien cinglé[37]. Mais, après avoir détruit les factions du parti russe, Staline obtint finalement le même résultat, en faisant constamment zigzaguer la ligne du parti communiste, en réinterprétant et en appliquant constamment

35. Hitler déclara dans *Mein Kampf* (première éd. allemande, 2 vol., 1925 et 1927) qu'il valait mieux avoir un programme démodé que de permettre la discussion d'un programme (livre II, chap. V). Il devait bientôt proclamer publiquement : « Une fois que nous aurons pris le pouvoir, le programme viendra de lui-même [...]. Il faut d'abord une vague de propagande d'une ampleur inconcevable. C'est une action politique qui n'aurait pas grand-chose à voir avec les autres problèmes du moment. » Voir Konrad Heiden, *Der Führer...*, 1944, p. 203.

36. Boris Souvarine, à tort selon nous, suggère que Lénine avait déjà aboli le rôle du programme du parti : « Rien ne montre mieux l'inexistence d'un bolchevisme plus ou moins conséquent en dehors du cerveau de Lénine. Tout Bolchevik livré à lui-même s'écartait de la "ligne" propre à sa fraction [...] car la solidarité liait les hommes par leur tempérament et sous l'ascendant personnel de Lénine plus que par les idées » (*Staline...* [rééd. 1993], p. 95).

37. Le programme de Gottfried Feder pour le parti nazi, avec ses fameux 25 points, a joué un rôle plus important dans la littérature écrite sur le mouvement que dans le mouvement lui-même.

le marxisme d'une manière qui vidait la doctrine de tout son contenu, puisqu'il n'était plus possible de prévoir la direction ou le genre d'action qu'elle inspirerait. La connaissance la plus parfaite du marxisme et du léninisme ne servait nullement de guide en matière de conduite politique – au contraire, on ne pouvait suivre la ligne du parti qu'en répétant le matin ce que Staline avait annoncé la veille au soir –, et la conséquence naturelle en fut le même état d'esprit, la même obéissance compacte et imperméable au moindre effort pour comprendre ce qu'on faisait, qu'exprimait l'ingénieux mot d'ordre inventé par Himmler pour ses SS : « Mon honneur est ma loyauté[38]. »

L'absence ou le mépris d'un programme de parti n'est pas nécessairement un signe de totalitarisme. Le premier à considérer programmes et plates-formes comme d'inutiles chiffons de papier et comme des promesses gênantes contradictoires avec le style et l'élan d'un mouvement, fut Mussolini avec sa philosophie fasciste de l'activisme et de l'inspiration puisée au moment historique lui-même[39]. Un pur appétit de pouvoir, combiné au mépris du « bavardage » sur leurs intentions, caractérise tous les meneurs de foules, mais reste en deçà du totalitarisme. Le véritable objectif du fascisme consistait simplement à s'emparer du pouvoir et à donner à l'« élite » fasciste la direction incontestée du pays. Le totalitarisme ne se satisfait jamais de gouverner par des

---

38. L'effet de ce mot d'ordre, formulé par Himmler lui-même, est difficile à rendre. Sa forme allemande : *« Meine Ehre heisst Treue »* indique un dévouement et une obéissance absolue qui dépassent la signification de la simple discipline ou de la fidélité personnelle. Les traductions de documents allemands, dans *Nazi Conspiracy and Aggression*, constituent une source indispensable, mais sont malheureusement très inégales ; le mot d'ordre SS y est rendu par : « Mon honneur veut dire fidélité » (vol. V, p. 346).

39. Mussolini fut probablement le premier leader de parti à rejeter sciemment un programme précis et à le remplacer par les seuls principes issus de l'inspiration et de l'action du chef. Derrière ce choix, il y avait l'idée que l'immédiateté du moment, élément principal de l'inspiration, ne pourrait qu'être entravée par un programme de parti. Mieux que les « mythes » de Sorel, c'est l'« actualisme » de Gentile qui a exprimé la philosophie du fascisme italien. Cf. aussi l'article « Fascism », *Encyclopedia of the Social Sciences*. Le programme de 1921 fut formulé alors que le mouvement existait depuis deux ans. Il contenait, essentiellement, sa philosophie nationaliste.

moyens extérieurs, c'est-à-dire par l'intermédiaire de l'État et d'une machinerie de violence ; grâce à son idéologie particulière et au rôle assigné à celle-ci dans l'appareil de contrainte, le totalitarisme a découvert un moyen de dominer et de terroriser les êtres humains de l'intérieur. En ce sens, il élimine la distance entre gouvernants et gouvernés, et réalise un système dans lequel la puissance et la volonté de puissance, telles que nous les entendons, ne jouent aucun rôle ou, au mieux, qu'un rôle secondaire. Le leader totalitaire n'est, en substance, ni plus ni moins que le fonctionnaire des masses qu'il conduit ; ce n'est pas un individu assoiffé de pouvoir qui impose à ses sujets une volonté tyrannique et arbitraire. Étant un simple fonctionnaire, il peut être remplacé à tout moment, et il dépend de la « volonté » des masses qu'il incarne tout autant que ces masses dépendent de lui. Sans lui, elles n'auraient pas de représentation extérieure et demeureraient une horde amorphe ; sans les masses, le chef est une personne insignifiante. Hitler, qui était parfaitement conscient de cette interdépendance, l'exprima un jour dans un discours adressé aux SA : « Tout ce que vous êtes, vous l'êtes à travers moi ; tout ce que je suis, je le suis seulement à travers vous[40]. » Nous ne sommes que trop enclins à minimiser de telles déclarations ou à voir en elles, à tort, une définition de l'action en termes d'ordres qu'on donne et qu'on reçoit, comme il est arrivé trop souvent dans la tradition et l'histoire politiques de l'Occident[41]. Mais cette idée a toujours présupposé qu'au poste de commande se trouve quelqu'un qui, doué d'une pensée et d'une volonté, l'impose à un groupe dépourvu de pensée et de volonté, par la persuasion, l'autorité ou la violence. Hitler, cependant, estimait que même « la pensée [n'existe] qu'en vertu des ordres qu'on donne ou qu'on exécute[42] ». Il éliminait donc, même

40. Ernst Bayer, *Die SA*, 1938. Cité dans *Nazi Conspiracy and Aggression*, 1946, vol. IV, p. 783.

41. Pour la première fois dans *Le Politique* de Platon, 305, où l'action est interprétée en termes d'*archein* et de *prattein* – ordonner le début d'une action, et exécuter cet ordre.

42. *Hitlers Tischgespräche*, 1951, p. 198.

en théorie, la distinction entre la pensée et l'action d'une part, et celle entre les gouvernants et les gouvernés d'autre part.

Ni le national-socialisme ni le bolchevisme ne proclamèrent jamais qu'ils avaient établi un nouveau genre de régime, ni ne déclarèrent que leurs objectifs étaient atteints avec la prise du pouvoir et le contrôle de l'appareil étatique. Leur idée de la domination ne pouvait être réalisée ni par un État ni par un simple appareil de violence, mais seulement par un groupement animé d'un mouvement constant : à savoir, la domination permanente de chaque individu dans chaque sphère de sa vie[43]. La prise du pouvoir par la violence n'est jamais une fin en soi, mais seulement le moyen d'une fin et, dans n'importe quel pays, la prise du pouvoir n'est qu'une étape transitoire et bienvenue, mais jamais la fin du mouvement. L'objectif pratique du mouvement consiste à encadrer autant de gens que possible dans son organisation, et de les mettre et de les maintenir en mouvement ; quant à l'objectif politique qui constituerait la fin du mouvement, il n'existe tout simplement pas.

2. L'alliance provisoire entre la populace et l'élite

L'incontestable attrait qu'exercent les mouvements totalitaires sur l'élite de la société, et pas seulement sur la populace, est plus troublant pour notre tranquillité d'esprit que la loyauté inconditionnelle des membres des mouvements totalitaires et l'audience populaire des régimes totalitaires. Il serait téméraire d'ignorer, sous prétexte de caprice artistique ou de naïveté intellectuelle, la liste impressionnante d'hommes éminents que

43. Adolf Hitler, *Mein Kampf*, livre I, chap. XI. Voir également, par exemple, Dieter Schwarz, « Angriffe auf die nationalsozialistische Weltanschauung », *Aus dem Schwarzen Korps*, n° 2, 1936, qui répond à l'objection évidente que les nazis ont continué à parler d'une « lutte » après leur accession au pouvoir : « Le national-socialisme en tant qu'idéologie *(Weltanschauung)* n'abandonnera pas la lutte avant que [...] le mode de vie de chaque Allemand ait été modelé par ses valeurs fondamentales, et que celles-ci se réalisent chaque jour à nouveau. »

le totalitarisme compte parmi ses sympathisants, ses compagnons de route et ses membres régulièrement inscrits.

Pour la compréhension des mouvements (mais non des régimes) totalitaires, cet attrait exercé sur l'élite est un indice aussi important que leur rapport plus évident avec la populace. Il indique en effet l'atmosphère spécifique, le climat général dans lequel se situe l'émergence du totalitarisme. Il faut se rappeler que les leaders des mouvements totalitaires et leurs sympathisants sont, pour ainsi dire, plus âgés que les masses qu'ils organisent, si bien que, chronologiquement parlant, les masses n'ont pas à attendre désespérément l'émergence de leurs propres leaders au sein d'une société de classe en décomposition, dont ils sont le produit le plus remarquable. Ceux qui avaient volontairement quitté la société avant l'écroulement des classes étaient prêts à les accueillir en compagnie de la populace, qui était un sous-produit antérieur du règne de la bourgeoisie. Aujourd'hui encore, les dirigeants totalitaires et les leaders de mouvements totalitaires présentent les traits caractéristiques de la populace, dont nous connaissons assez bien la psychologie et la philosophie politique ; ce qui se passera lorsque l'homme de masse authentique prendra la relève, nous ne le savons pas encore, mais il est probable qu'il aura plus en commun avec la correction méticuleuse et calculée de Himmler qu'avec le fanatisme hystérique de Hitler, qu'il rappellera davantage la froideur têtue de Molotov que la cruauté sensuelle et vindicative de Staline.

À cet égard, la situation de l'Europe après la Seconde Guerre mondiale n'est pas essentiellement différente de ce qu'elle était après la Première Guerre ; tout comme, dans les années 20, les idéologies fasciste, bolchevique et nazie furent formulées, et les mouvements dirigés, par la génération dite du front, c'est-à-dire par des gens élevés avant la guerre qui se rappelaient encore distinctement cette époque, de même, aujourd'hui, le climat général, politique et intellectuel, du totalitarisme d'après-guerre est déterminé par une génération qui a connu intimement l'époque et le mode de vie précédents. C'est particulièrement vrai de la France, où l'effondrement du système de classes se produisit après la Seconde Guerre et non la Première. Comme les hommes issus de la populace et les aventuriers de l'ère impérialiste, les leaders des mouvements totalitaires ont ceci de commun avec leurs sympathisants intellectuels qu'ils s'étaient trouvés à l'extérieur du système national et du système de classe de la société européenne respectable dès avant la faillite du système.

Lorsque l'arrogance de la fausse respectabilité fit place au désespoir anarchique, cette faillite apparut comme une chance inouïe pour l'élite aussi bien que pour la populace. C'est manifeste pour les nouveaux leaders de masses, dont la carrière reproduit celle des meneurs de la populace du siècle précédent : échecs dans la vie professionnelle et sociale, perversion et désastre dans la vie privée. Le fait que leur vie, avant leur carrière politique, avait été un échec, était naïvement invoqué contre eux par les leaders plus respectables des vieux partis : or, c'était le facteur déterminant de leur succès auprès des masses. Par là, ils semblaient prouver qu'ils incarnaient individuellement la destinée de masse de l'époque, et que leur désir de tout sacrifier au mouvement, leurs promesses de se dévouer aux victimes de catastrophes, leur détermination à ne jamais se laisser séduire par un retour à la sécurité de la vie normale et leur mépris pour la respectabilité étaient tout à fait sincères et non dictés par de simples ambitions passagères.

D'un autre côté, l'élite de l'après-guerre était à peine plus jeune que la génération dont l'impérialisme avait usé et abusé moyennant de glorieuses carrières en marge de la respectabilité : joueurs, espions, aventuriers, chevaliers à l'armure étincelante et tueurs de dragons. Ils partageaient avec Lawrence d'Arabie le désir de « perdre leur moi » et un violent dégoût pour toutes les valeurs existantes, pour toutes les puissances établies. Ils se rappelaient encore l'« âge d'or de la sécurité », mais aussi la haine qu'il leur avait inspirée, et la réalité de leur enthousiasme lorsque éclata la Première Guerre mondiale. Hitler et les ratés ne furent pas les seuls à remercier Dieu à genoux quand la mobilisation balaya l'Europe en 1914[44]. Ils n'avaient même pas à se reprocher d'avoir été une proie facile

---

44. Voir la réaction de Hitler lorsque éclata la Première Guerre mondiale, réaction décrite dans *Mein Kampf*, livre I, chap. v.

pour la propagande chauvine ou les explications mensongères sur le caractère purement défensif de la guerre. L'élite partit pour la guerre avec l'espoir enivrant que tout ce qu'elle connaissait, la culture, la texture de la vie, se perdrait peut-être dans ses « orages d'acier » (Ernst Jünger). Dans le vocabulaire soigneusement choisi de Thomas Mann, la guerre était « pénitence » et « purification » ; « la guerre en elle-même, plutôt que la victoire, était source d'inspiration pour le poète ». Ou, selon les mots d'un étudiant de l'époque, « ce qui compte, c'est d'être toujours prêt à faire un sacrifice, et non l'objet pour lequel on fait le sacrifice » ; ou bien, selon ceux d'un jeune ouvrier, « peu importe qu'on vive quelques années de plus ou de moins, pourvu qu'on ait quelque chose à montrer en justification de sa vie[45] ». Et, bien avant qu'un intellectuel sympathisant des nazis n'ait annoncé : « Quand j'entends le mot culture, je sors mon revolver », les poètes avaient proclamé leur dégoût pour « cette saleté de culture » et poétiquement invité « Barbares, Scythes, Nègres, Indiens, ô vous tous, à la piétiner[46] ».

Si l'on se contente de qualifier d'accès de nihilisme ce mécontentement violent à l'égard de l'avant-guerre et des tentatives ultérieures pour y revenir (de Nietzsche et Sorel à Pareto, de Rimbaud et T. E. Lawrence à Jünger, Brecht et Malraux, de Bakounine et Netchaïev à Alexandre Blok), on oublie combien le dégoût peut être justifié dans une société entièrement saturée par l'idéologie et la morale bourgeoises. Mais il est non moins vrai que la « génération du front », contrairement aux pères spirituels qu'elle s'était choisis, était complètement absorbée par son désir de voir périr tout cet univers de fausse sécurité, de fausse culture, de fausse vie. Ce désir était si fort qu'il dépassait, en résonance et en clarté, toutes les tentatives antérieures visant à une « trans-

---

45. Voir le recueil de documents sur la « chronique intime de la Première Guerre mondiale » par Hannah Hafkesbrink, *Unknown Germany*, 1948, p. 43, 45, 81. La très grande valeur de ce recueil pour les impondérables de l'atmosphère historique rend d'autant plus déplorable l'absence d'études similaires pour la France, l'Angleterre et l'Italie.

46. *Ibid.*, p. 20-21.

formation des valeurs » telle que Nietzsche l'avait esquissée, à une réorganisation de la vie politique telle que les écrits de Sorel l'indiquaient, à une résurrection de l'authenticité humaine comme chez Bakounine, ou à un amour passionné de la vie dans la pureté des aventures exotiques comme chez Rimbaud. La destruction impitoyable, le chaos et la ruine en tant que tels revêtaient la dignité de valeurs suprêmes[47].

Ce qui atteste la sincérité de ces sentiments, c'est que très peu de représentants de cette génération furent guéris de leur enthousiasme pour la guerre par l'expérience réelle de ses horreurs. Les survivants des tranchées ne devinrent pas pacifistes. Ils chérirent une expérience qui, pensaient-ils, les couperait définitivement de l'odieux environnement de la respectabilité. Ils s'accrochèrent aux souvenirs de quatre années vécues dans les tranchées comme si elles constituaient un critère objectif pour la fondation d'une nouvelle élite. Et ils ne cédèrent pas à la tentation d'idéaliser ce passé ; au contraire, les adorateurs de la guerre furent les premiers à reconnaître qu'à l'ère du machinisme elle ne pouvait plus produire de vertus telles que l'esprit chevaleresque, le courage, l'honneur et la virilité[48], qu'elle n'apportait aux hommes que l'expérience de la destruction pure et simple, ainsi que l'humiliation de n'être que de minuscules rouages dans la majestueuse roue de l'abattoir.

Cette génération se remémorait la guerre comme le grand prélude à l'effondrement des classes et à leur transformation

---

47. Cela commença par un sentiment d'aliénation totale par rapport à la vie normale. Rudolf Binding écrivait par exemple : « De plus en plus, il faut nous compter parmi les morts, parmi les égarés – parce que la grandeur de l'événement nous égare et nous sépare – plutôt que parmi les bannis dont le retour est possible » (*Unknown Germany*, 1948, p. 160). La génération du front prétendant être une élite : on en trouve un curieux rappel dans le récit fait par Himmler de la façon dont il trouva finalement une « forme de sélection » pour réorganiser les SS : « … Le processus de sélection le plus sévère est produit par la guerre, la lutte pour la vie et la mort. Dans ce processus, l'aboutissement montre la valeur du sang […]. La guerre, cependant, est une circonstance exceptionnelle, et il fallait trouver un moyen de faire une sélection en temps de paix » (Heinrich Himmler, « Die Schutzstaffel », *Grundlagen, Aufbau und Wirtschaftsordnung des nationalsozialistischen Staates*).

48. Voir, par exemple, Ernst Jünger, *Orages d'acier*, 1930 [H. Arendt cite l'édition anglaise parue en 1929, *The Storm of Steel*].

en masses. Avec son arbitraire constant et meurtrier, la guerre devint le symbole de la mort, la « grande égalisatrice[49] » et, par conséquent, le véritable géniteur d'un nouvel ordre mondial. La passion de l'égalité et de la justice, le désir de transcender les frontières étroites et absurdes des classes, d'abandonner des privilèges et des préjugés stupides semblaient trouver dans la guerre un moyen d'échapper aux vieilles attitudes condescendantes de la pitié pour les opprimés et les déshérités. À une époque de misère croissante et de désespoir individuel, il semble aussi difficile de résister à la pitié lorsqu'elle devient une passion exclusive, que de ne pas réprouver son universalité même, qui semble tuer la dignité humaine encore plus sûrement que ne fait la misère.

Pendant les premières années de sa carrière, lorsqu'une restauration du statu quo européen demeurait la menace la plus sérieuse pour les ambitions de la populace[50], Hitler fit presque exclusivement appel à ces sentiments de la « génération du front ». Le désintérêt de soi propre à l'homme de masse apparaissait alors comme un désir d'anonymat, le désir d'être un simple numéro et de fonctionner comme un simple rouage, bref le désir de n'importe quelle transformation qui effacerait les identifications fallacieuses à des types spécifiques ou à des fonctions prédéterminées dans la société. La guerre avait été ressentie comme « la plus puissante de toutes les actions de masse », celle qui oblitérait les différences individuelles à tel point que même la souffrance, qui avait traditionnellement marqué des individus à la destinée unique, pouvait maintenant être interprétée comme « un instrument de progrès historique[51] ». Et les masses dans

49. Hannah Hafkesbrink, *Unknown Germany*, 1948, p. 156, 157.

50. Konrad Heiden, *Der Führer...*, 1944, montre avec quelle constance Hitler prit le parti de la catastrophe aux premiers jours du mouvement, combien il craignait un redressement possible de l'Allemagne. « Une demi-douzaine de fois [pendant l'occupation de la Ruhr] et en des termes différents, il déclara à ses sections d'assaut que l'Allemagne succombait. "Notre tâche est d'assurer le succès de notre mouvement" » (p. 167) – succès qui dépendait alors de l'échec du combat dans la Ruhr.

51. Hannah Hafkesbrink, *Unknown Germany*, 1948, p. 156-157.

lesquelles l'élite de l'après-guerre voulait être plongée ne furent pas limitées par les distinctions nationales. Non sans quelque paradoxe, la Première Guerre mondiale avait presque aboli les authentiques sentiments nationaux en Europe ; dans l'entre-deux-guerres, il était bien plus important d'avoir appartenu à la génération des tranchées, peu importe de quel côté, que d'être allemand ou français[52]. Les nazis fondèrent toute leur propagande sur cette camaraderie indistincte, sur cette « communauté de destin », et gagnèrent à leur cause un grand nombre d'organisations d'anciens combattants, dans tous les pays d'Europe, prouvant ainsi combien les slogans nationaux étaient devenus absurdes, jusque dans les rangs de ce qu'on appelle la droite qui les utilisait pour leur connotation de violence plutôt que pour leur contenu national spécifique.

Aucun des éléments de ce climat intellectuel général dans l'Europe d'après-guerre n'était très neuf. Bakounine avait déjà avoué : « Je ne veux pas être *Moi*, je veux être *Nous*[53] », et Netchaïev avait prêché l'évangile de l'« homme maudit » qui n'a « pas d'intérêts personnels, pas d'affaires, pas de sentiments, d'attaches, de propriété, pas même un nom qui lui appartienne[54] ». Tels étaient les instincts antihumanistes, antilibéraux, anti-individualistes et anticulturels de la génération du front, qui faisait un éloge brillant et spirituel de la

52. Ce sentiment était déjà largement répandu pendant la guerre, lorsque Rudolf Binding écrivait : « [Cette guerre] ne doit pas être comparée à une campagne, où un chef mesure sa volonté contre celle d'un autre. Mais dans cette Guerre, les deux adversaires gisent à terre, et seule la Guerre obtient ce qu'elle veut. » (Hannah Hafkesbrink, *Unknown Germany*, 1948, p. 67.)

53. Bakounine dans une lettre écrite le 7 février 1870. Voir Max Nomad, *Apostles of Revolution*, 1939, p. 180.

54. Le *Catéchisme du révolutionnaire* fut écrit soit par Bakounine lui-même, soit par son disciple Netchaïev. Pour la question de sa paternité et pour une traduction intégrale, voir Max Nomad, *Apostles of Revolution*, 1939, p. 227 et suiv. En tout cas, le « système de mépris complet pour tous les principes de la simple honnêteté dans l'attitude [du révolutionnaire] envers les êtres humains est entré dans l'histoire révolutionnaire russe sous le nom de "Netchaïevtchina" » (*Apostles of Revolution*, p. 224). [NdÉ. Selon les historiens actuels, il n'existe pas de preuves déterminantes permettant d'attribuer le *Catéchisme du révolutionnaire* à Bakounine. Michael Confino considère Netchaïev comme son auteur probable (*Violence dans la violence. Le débat Bakounine-Netchaïev*, 1973).]

violence, de la puissance et de la cruauté. Auparavant, l'élite impérialiste avait « scientifiquement » prouvé, de façon maladroite et pompeuse, que la lutte de tous contre tous est la loi de l'univers, que l'expansion est une nécessité psychologique avant d'être un moyen politique, et que l'homme doit se conduire conformément à de telles lois universelles[55]. Ce qui était nouveau dans les écrits de la génération du front, c'était leur qualité littéraire et la profondeur de leur passion. Les écrivains de l'après-guerre n'avaient plus besoin des démonstrations scientifiques de la génétique, et se référaient peu ou pas aux œuvres complètes de Gobineau ou de Houston Stewart Chamberlain, lesquelles appartenaient déjà à la famille culturelle des philistins. Ils ne lisaient pas Darwin mais le marquis de Sade[56]. À supposer qu'ils aient cru à des lois universelles, il est sûr qu'ils ne se souciaient guère de s'y conformer. Pour eux, la violence, la puissance, la cruauté étaient les qualités suprêmes de ces hommes qui avaient définitivement perdu leur place dans l'univers et qui étaient trop fiers pour appeler de leurs vœux une théorie du pouvoir qui les réintégrerait dans le monde, en toute sécurité. Ils se satisfaisaient d'être les partisans aveugles de tout ce que la société respectable avait banni, sans considération de théorie ou de contenu, et ils élevaient la cruauté au rang de vertu cardinale parce qu'elle contredisait l'hypocrisie humanitaire et libérale de la société.

---

55. Au premier rang de ces théoriciens de l'impérialisme figure Ernest Seillière : *Mysticisme et domination : essais de critique impérialiste*, 1913. Voir également Cargill Sprietsma, *We Imperialists. Notes on Ernest Seillière's Philosophy of Imperialism*, 1931 ; Gabriel Monod dans *La Revue historique*, janvier 1912 ; et Louis Estève, *Une nouvelle psychologie de l'impérialisme : Ernest Seillière*, 1913.

56. En France, depuis 1930, le marquis de Sade est devenu l'un des auteurs favoris de l'avant-garde littéraire. Jean Paulhan, dans son Introduction à une nouvelle édition des *Infortunes de la vertu*, 1946, remarque : « Je me demande, quand je vois tant d'écrivains, de nos jours, si consciemment appliqués à refuser l'artifice et le jeu littéraire au profit d'un événement indicible [...], et tout occupés à rechercher le sublime dans l'infâme, le grand dans le subversif [...], je me demande si notre littérature moderne, dans sa part qui nous semble la plus vivante – la plus agressive en tout cas – ne se trouve pas tout entière tournée vers le passé, et très précisément déterminée par Sade... » Voir aussi Georges Bataille, « Le Secret de Sade », *Critique*, n°s 15-16, 17, 1947.

Si nous comparons cette génération aux idéologues du XIXe siècle avec lesquels elle semble avoir tant en commun, la différence principale est le surcroît d'authenticité et de passion. Ils avaient été touchés plus profondément par la misère, ils se souciaient davantage des angoisses et étaient plus vivement blessés par l'hypocrisie que ne l'avaient été tous les apôtres de la bonne volonté et de la fraternité. Et ils ne pouvaient plus s'évader dans l'exotisme, ils ne pouvaient plus se permettre d'être des tueurs de dragon parmi des peuples étranges et passionnants. Il n'était pas possible d'échapper à la routine quotidienne de misère, de médiocrité, de frustration et de ressentiment, embellie par la fausse culture d'un langage distingué ; aucune conformité avec les coutumes de pays de contes de fées ne leur épargnerait la nausée croissante qu'une telle combinaison inspirait continûment.

Cette impuissance à s'évader dans le vaste monde, ce sentiment d'être pris sans cesse aux pièges multiples de la société – si différents des conditions qui avaient façonné le caractère impérialiste –, ajoutaient une tension constante et un désir de violence à la vieille passion de l'anonymat et de la perte de soi. Privée de la possibilité d'un changement radical de rôle et de caractère, comme l'identification au mouvement national arabe ou les rites d'un village indien, l'immersion volontaire dans les forces surhumaines de la destruction semblait à la fois sauver de l'identification automatique avec la banalité de fonctions sociales préétablies, et contribuer à détruire le fonctionnement même du système. Ces gens se sentaient attirés par l'activisme prononcé des mouvements totalitaires, et par l'accent que mettaient ceux-ci, de façon curieuse et en apparence seulement contradictoire, à la fois sur le primat de l'action pure et sur la force écrasante de la pure nécessité. C'est que cette combinaison correspondait précisément à l'expérience qu'avait de la guerre la « génération du front » : une activité incessante dans le cadre d'une fatalité écrasante.

De plus, l'activisme semblait fournir de nouvelles réponses à la vieille et encombrante question : « Qui suis-je ? », qui, en temps de crise, se pose toujours avec une insistance redoublée. Si la société maintenait : « Tu es ce que tu sembles être », l'activisme de l'après-guerre répliquait : « Tu es ce que tu as fait » – par exemple, l'homme qui, pour la première fois, avait traversé l'Atlantique en avion (comme dans *Le Vol de Lindbergh* de Brecht). Après la Seconde Guerre mondiale, Sartre reprit cette réponse en la modifiant légèrement : « Tu n'es rien d'autre que ta vie » (*Huis clos*, scène 5). La pertinence de ces réponses tient moins à leur justesse comme redéfinition de l'identité personnelle qu'à leur utilité lorsqu'on tente d'échapper à l'identification sociale, à la multiplicité de fonctions interchangeables imposées par la société. L'important était d'accomplir quelque chose d'héroïque ou de criminel, qui fût imprévisible et qui ne fût pas déterminé par qui que ce soit d'autre.

L'activisme prononcé des mouvements totalitaires, qui leur faisait préférer le terrorisme à toute autre forme d'activité politique, attirait autant l'élite intellectuelle que la populace, précisément parce que ce terrorisme différait radicalement de celui des groupes révolutionnaires précédents. On n'avait plus affaire à une politique délibérée, qui considérait les actes terroristes comme le seul moyen d'éliminer certaines personnalités de premier plan, devenues, à cause de leur politique ou de leur position, le symbole de l'oppression. Ce qui était si séduisant, c'est que le terrorisme était devenu une sorte de philosophie exprimant la frustration, le ressentiment et la haine aveugle, une sorte d'expressionnisme politique qui s'exprimait à travers les bombes, qui observait avec délice la publicité donnée à ses actions d'éclat et qui était entièrement prêt à payer de sa vie pour contraindre la société normale à reconnaître son existence. C'est ce même esprit, ce même jeu, qui poussèrent Goebbels, longtemps avant la défaite finale de l'Allemagne nazie, à annoncer avec un plaisir évident qu'en cas de défaite, les nazis sauraient claquer la porte derrière eux et laisser un souvenir pendant des siècles.

Pourtant, c'est peut-être ici que nous pouvons trouver un critère valable pour distinguer l'élite de la populace, dans l'atmosphère prétotalitaire. Ce que voulait la populace, ce que Goebbels exprima avec force détails, c'était accéder à l'histoire, même au prix de l'autodestruction. La conviction intime de Goebbels, selon laquelle « le plus grand bonheur que peut éprouver un de nos contemporains » est soit d'être un génie, soit d'en servir un[57], était caractéristique de la populace, non des masses ni de l'élite des sympathisants. Ces derniers, au contraire, croyaient sérieusement à l'anonymat au point de nier sérieusement l'existence du génie ; toutes les théories artistiques des années 20 essayaient désespérément de prouver que l'excellence est le produit de l'habileté technique, de la logique, qu'elle réalise les possibilités du matériau[58]. C'est la populace, non l'élite, qui était ensorcelée par « la force radieuse de la gloire » (Stefan Zweig) et qui acceptait avec enthousiasme le culte du génie, héritage du monde bourgeois. En cela, la populace du XXe siècle suivait fidèlement le modèle des parvenus du passé, qui avaient déjà découvert que la société bourgeoise ouvre ses portes à l'« anormal » fascinant, au génie, à l'homosexuel, ou au Juif, plus volontiers qu'au simple mérite. Le mépris de l'élite pour le génie et sa soif d'anonymat témoignaient encore d'un état d'esprit que ni les masses ni la populace n'étaient capables de comprendre, qui, selon les mots de Robespierre, s'efforçait d'affirmer la grandeur de l'homme contre la petitesse des grands.

Malgré cette différence entre l'élite et la populace, il est vrai que l'élite était heureuse chaque fois que la pègre réussissait, par la terreur, à se faire admettre sur un pied d'égalité par la société respectable. L'élite ne considérait pas que la destruction de la civilisation fût un prix trop élevé pour le plaisir de voir y accéder par la force ceux qui en avaient été injustement exclus dans le passé. Elle ne s'indignait pas particulièrement des monstrueux trucages historiographiques dont tous les régimes totalitaires se rendent coupables et que leur propagande totalitaire proclame avec suffisamment de clarté. Elle s'était convaincue que l'historiographie traditionnelle était un trucage de toute manière, puisqu'elle avait

57. [Joseph Goebbels,] *The Goebbels Diaries...*, 1948, p. 139.

58. Les théories artistiques du Bauhaus étaient caractéristiques à cet égard. Voir aussi les remarques de Bertolt Brecht sur le théâtre, dans *Gesammelte Werke*, 1938.

exclu les déshérités et les opprimés de la mémoire de l'humanité. Ceux que rejetait leur propre époque étaient généralement oubliés par l'histoire, et cette injustice doublée d'une insulte troublait toutes les consciences sensibles depuis qu'avait disparu la foi en un au-delà où les derniers seraient les premiers. Les injustices du passé comme celles du présent devinrent intolérables lorsqu'il n'y eut plus aucun espoir de redresser un jour la balance de la justice. La grande entreprise de Marx de récrire l'histoire universelle en termes de lutte des classes fascinait même ceux qui ne croyaient pas à la justesse de sa thèse, à cause de son intention originale de trouver un biais pour faire accéder à la mémoire de la postérité les destinées de ceux qu'avait exclus l'histoire officielle.

L'alliance provisoire entre l'élite et la populace reposait en grande partie sur le plaisir réel avec lequel la première observait la seconde détruire la respectabilité. Le résultat pouvait être obtenu lorsque les barons allemands de l'acier étaient forcés de traiter avec Hitler et d'inviter chez eux ce peintre en bâtiment, cette ancienne épave – de son propre aveu ; il pouvait être obtenu par le biais des trucages grossiers et vulgaires dont les mouvements totalitaires se rendaient coupables dans tous les domaines de la vie intellectuelle, dans la mesure où ces trucages regroupaient tous les éléments souterrains, non respectables, de l'histoire européenne pour en faire un tableau cohérent. De ce point de vue, il fut plutôt plaisant de voir le bolchevisme et le nazisme commencer par éliminer justement les sources de leur propre idéologie qui étaient tenues en quelque estime par les milieux officiels, académiques ou autres. Ceux qui récrivaient l'histoire cherchèrent l'inspiration non dans le matérialisme dialectique de Marx, mais dans la conspiration des deux cents familles ; non dans le scientisme pompeux de Gobineau et de Chamberlain, mais dans les *Protocoles des Sages de Sion* ; non dans l'influence vérifiable de l'Église catholique et dans le rôle joué par l'anticléricalisme dans les pays latins, mais dans la littérature de bas étage sur les jésuites et les francs-maçons. Le but de ces reconstitutions variées et d'ailleurs variables était toujours de dénoncer l'histoire officielle comme une farce, de mettre au jour une sphère d'influences secrètes dont la réalité historique visible, vérifiable et connue n'était qu'une façade explicitement plantée pour tromper le peuple.

À cette aversion de l'élite intellectuelle pour l'historiographie officielle, à sa conviction que l'histoire, de toute façon truquée, pouvait sans dommage devenir le terrain de jeu d'illuminés, il convient d'ajouter cette fascination terrible et démoralisante : des mensonges énormes, des contre-vérités monstrueuses peuvent en fin de compte être posés comme des faits incontestables, l'homme peut être libre de changer de passé à volonté, et la différence entre la vérité et le mensonge peut cesser d'être objective et devenir une simple affaire de puissance et d'astuce, de pression et de répétition infinie. La fascination naissait non de l'habileté de Staline et de Hitler dans l'art du mensonge, mais du fait qu'ils étaient capables d'organiser les masses en une unité collective qui soutenait leurs mensonges avec une impressionnante magnificence. Des trucages purs et simples du point de vue de la science semblaient recevoir la sanction de l'histoire elle-même lorsque toute la réalité en marche des mouvements les soutenait et prétendait tirer d'eux l'inspiration nécessaire à l'action.

L'attrait qu'exercent les mouvements totalitaires sur l'élite, aussi longtemps qu'ils n'ont pas pris le pouvoir, est une source de perplexité parce que les doctrines positives du totalitarisme, évidemment vulgaires et arbitraires, attirent davantage les regards d'un simple observateur extérieur que l'état d'esprit général qui règne dans l'atmosphère prétotalitaire. Ces doctrines différaient profondément des critères intellectuels, culturels ou moraux généralement acceptés. Aussi pouvait-on conclure que seuls une insuffisance fondamentale, inhérente au caractère de l'intellectuel, « *la trahison des clercs** » (J. Benda), ou un masochisme pervers de l'esprit expliquaient le plaisir avec lequel l'élite acceptait les « idées » de la populace. Amèrement déçus, manquant de familiarité avec les expériences contemporaines plus générales, les porte-parole de l'humanisme et du libéralisme oublient souvent une chose : dans une atmosphère d'où se sont évaporées toutes les valeurs et les propositions traditionnelles (après que les idéologies du XIXe siècle se furent réfutées l'une l'autre et qu'elles eurent épuisé leur intérêt vital), il était en un sens plus facile d'accepter, plutôt que de vieilles vérités devenues de pieuses banalités, des propositions manifestement absurdes, précisément parce que nul n'était censé prendre ces absurdités au sérieux. La vulgarité et son refus cynique des critères reçus et des théories admises s'accompagnaient d'une tranquille acceptation du pire et d'un mépris de tous les faux-semblants qu'il était facile de prendre pour un style de vie courageux et neuf. Comme prévalaient de plus en plus les attitudes et les convictions de la populace – qui n'étaient autres que les attitudes et les convictions de la bourgeoisie, lavées de leur hypocrisie –, ceux qui traditionnellement haïssaient la bourgeoisie et qui avaient volontairement quitté la société respectable ne virent que l'absence d'hypocrisie et de respectabilité, non le contenu lui-même[59].

Puisque la bourgeoisie prétendait être la garante des traditions occidentales et brouillait tous les problèmes moraux en faisant publiquement étalage de vertus que non seulement elle ne possédait pas dans la vie privée et dans celle des affaires, mais qu'en réalité elle méprisait, il parut révolutionnaire d'admettre la cruauté, le mépris des valeurs humaines et l'absence générale de moralité : cela détruisait au moins la duplicité sur laquelle semblait reposer la société existante. Comme il était tentant de prendre des poses extrêmes dans l'hypocrite clair-obscur d'une moralité réversible, de porter publiquement le masque de la cruauté quand tout le monde était d'évidence égoïste en faisant semblant d'être aimable, de faire étalage de méchanceté dans un monde, non de méchanceté, mais de mesquinerie ! Ignorant presque tout

59. Le texte de Röhm qui suit caractérise le sentiment de presque toute la jeune génération et pas seulement d'une élite : « Règne du pharisaïsme et de l'hypocrisie. Ce sont les traits les plus évidents de la société d'aujourd'hui […]. Rien ne saurait être plus mensonger que la soi-disant morale de la société. » Ces garçons « se perdent dans le monde philistin de la morale bourgeoise double, et ne savent plus comment distinguer entre la vérité et l'erreur » (*Die Geschischte eines Hochverräters*, p. 267 et 269). L'homosexualité de ces milieux était elle aussi – au moins en partie – une expression de protestation contre la société.

des rapports antérieurs entre populace et bourgeoisie, l'élite intellectuelle des années 20 était persuadée qu'on pouvait jouer à la perfection le jeu ancien qui consiste à *épater le bourgeois** si l'on commençait par choquer la société avec une caricature ironique de son propre comportement.

À cette époque, personne ne prévoyait que la véritable victime d'une telle ironie serait l'élite plus que la bourgeoisie. L'avant-garde ignorait qu'elle enfonçait non des murs, mais des portes ouvertes, et qu'un succès unanime démentirait sa prétention à être une minorité révolutionnaire, en prouvant au contraire qu'elle était sur le point d'exprimer un nouvel état d'esprit de masse, l'état d'esprit de l'époque. À cet égard, il est particulièrement significatif de voir l'accueil réservé à l'*Opéra de quat'sous* de Brecht par l'Allemagne préhitlérienne. La pièce présentait des gangsters comme de respectables hommes d'affaires, et de respectables hommes d'affaires comme des gangsters. L'ironie fut un peu perdue de vue lorsque des hommes d'affaires respectables, dans le public, considérèrent qu'il s'agissait d'une vue pénétrante des réalités du monde, et que la populace salua dans la pièce une consécration artistique du gangstérisme. Le refrain de la pièce, « *Erst Kommt das Fressen, dann kommt die Moral*[60] », souleva les applaudissements frénétiques d'absolument tout le monde, quoique pour des raisons différentes. La populace applaudissait parce qu'elle prenait l'argument à la lettre ; la bourgeoisie, parce que, trompée depuis si longtemps par sa propre hypocrisie, elle était lasse de cette tension et trouvait une sagesse profonde dans l'expression de la banalité qui était sa règle de vie ; l'élite, parce que la mise à nu de l'hypocrisie était un merveilleux spectacle. L'œuvre eut un effet exactement contraire à ce qu'avait cherché Brecht. Il n'était plus possible de choquer les bourgeois ; ils applaudirent la révélation de leur philosophie cachée, dont la popularité prouvait qu'ils avaient raison depuis toujours, si bien que le seul résultat politique de la « révolution » brechtienne fut d'encourager tout un chacun à jeter le masque encombrant

60. NdÉ. « D'abord la bouffe, ensuite la morale. »

de l'hypocrisie et à accepter ouvertement les critères de la populace.

Quelque dix ans plus tard, en France, une réaction pareillement ambiguë fut suscitée par *Bagatelles pour un massacre*, où Céline proposait de massacrer tous les Juifs. André Gide se dit publiquement ravi dans les pages de la *Nouvelle Revue française*, non qu'il voulût tuer les Juifs de France, mais parce qu'il appréciait l'aveu brutal d'un tel désir, ainsi que la contradiction fascinante entre la brutalité de Céline et la politesse hypocrite dont tous les milieux respectables enrobaient la question juive. Le désir de démasquer l'hypocrisie était irrésistible parmi l'élite : on peut en juger en voyant qu'un tel plaisir ne pouvait même pas être gâté par la persécution très réelle des Juifs par Hitler, laquelle battait déjà son plein au moment où Céline écrivait. Pourtant, cette réaction était due à l'aversion pour le philosémitisme des libéraux, bien plus qu'à la haine des Juifs. La même disposition d'esprit explique un phénomène remarquable : les opinions artistiques, largement répandues, de Hitler et Staline, et leur persécution des artistes modernes n'ont jamais réussi à détruire l'attrait que les mouvements totalitaires exerçaient sur les artistes d'avant-garde ; cela dénote chez l'élite un manque de sens des réalités, ainsi qu'un désintérêt de soi perverti, deux traits qui ne ressemblent que trop au monde fictif et à l'absence d'intérêt personnel parmi les masses. Occasion unique pour les mouvements totalitaires, qui explique que fût possible une alliance provisoire entre l'élite intellectuelle et la populace : de façon élémentaire et indifférenciée, leurs problèmes étaient devenus semblables et préfiguraient les problèmes et la mentalité des masses.

En rapport étroit avec l'attrait qu'exerçaient sur l'élite l'absence d'hypocrisie de la populace et le désintéressement des masses pour elles-mêmes, les mouvements totalitaires exerçaient une séduction également irrésistible ; ils prétendaient à tort avoir aboli la distinction entre vie privée et vie publique, et avoir rendu à l'homme une plénitude mystérieuse et irrationnelle. Depuis que Balzac avait mis au jour la vie privée des personnages publics de la société française, et que la dramatisation par Ibsen des « Piliers de la société » avait conquis les scènes européennes, le problème de la moralité double était devenu l'un des principaux sujets de tragédies, de comédies et de romans. La moralité double, telle que la pratiquait la bourgeoisie, devint le signe essentiel de l'*esprit de sérieux**, toujours pompeux, jamais sincère. La distinction entre vie privée et vie publique ou sociale n'avait rien à voir avec la séparation justifiée entre les sphères personnelle et publique, elle était plutôt le reflet psychologique de la lutte entre le *bourgeois** et le *citoyen** au XIXe siècle, entre l'homme qui jugeait et utilisait toutes les institutions publiques à l'aune de ses intérêts privés, et le citoyen responsable qui se préoccupait des affaires publiques comme étant les affaires de tous. À cet égard, la philosophie politique des libéraux, selon laquelle la somme des intérêts individuels aboutit au miracle du bien commun, ne semblait être qu'une rationalisation de l'insouciance avec laquelle on poussait les intérêts privés sans considération du bien commun.

Contre l'esprit de classe des partis européens qui avaient toujours admis représenter certains intérêts, et contre l'« opportunisme » qui résultait de leur vision d'eux-mêmes comme simples éléments d'un tout, les mouvements totalitaires posèrent leur « supériorité », dans la mesure où ils étaient porteurs d'une *Weltanschauung* qui leur permettait de prendre possession de l'homme comme un tout[61]. Avec cette exigence de totalité, les meneurs de la populace à la tête des mouvements ne faisaient, une fois de plus, que formuler à rebours la philosophie politique de la bourgeoisie. La classe bourgeoise avait fait son chemin grâce à la pression sociale et, souvent, grâce au chantage économique exercé sur les institutions politiques ; elle avait toujours cru que les organes publics et visibles du pouvoir étaient mus par leurs propres intérêts et leur propre influence, secrets et non publics. En ce sens, la philosophie politique de la bourgeoisie avait toujours

61. Le rôle de la *Weltanschauung* [« vision du monde »] dans la formation du mouvement nazi a été souligné à maintes reprises par Hitler lui-même. Dans *Mein Kampf*, il est intéressant de noter qu'il prétend avoir compris la nécessité de fonder un parti sur une *Weltanschauung*, grâce à la supériorité des partis marxistes (livre II, chap. I : « *Weltanschauung* et parti »).

été « totalitaire » ; elle avait toujours cru à une identité de la politique, de l'économie et de la société, au sein de laquelle les institutions politiques n'étaient que la façade des intérêts privés. La dualité de la morale bourgeoise, sa distinction entre vie publique et vie privée, était une concession à l'État-nation, qui avait désespérément essayé de maintenir les deux sphères séparées.

Ce qui séduisait l'élite, c'était l'extrémisme en tant que tel. Les prédictions optimistes de Marx, selon lesquelles l'État disparaîtrait pour faire place à une société sans classes, n'étaient plus assez extrémistes, plus assez messianiques. Si Berdiaev a raison de dire que « les révolutionnaires russes [...] ont toujours été totalitaires », alors l'attrait que la Russie soviétique exerça presque également sur les intellectuels, compagnons de route du nazisme et du communisme, venait précisément du fait qu'en Russie, « la révolution était une religion et une philosophie, et non simplement un conflit concernant le côté social et politique de la vie[62] ». En réalité, la transformation des classes en masses et l'effondrement du prestige et de l'autorité des institutions politiques avaient créé dans les pays d'Europe occidentale des conditions proches de celles qui régnaient en Russie. Aussi n'était-ce pas par accident que les révolutionnaires occidentaux commencèrent à leur tour à adopter ce fanatisme révolutionnaire, typiquement russe, qui appelait de ses vœux, non le changement des conditions sociales ou politiques, mais la destruction radicale de toute croyance, valeur, institution existantes. La populace ne fit que profiter de ce nouvel état d'esprit en réalisant une alliance éphémère de révolutionnaires et de criminels, qui avait déjà existé au sein de nombreuses sectes révolutionnaires de la Russie tsariste, mais qui était manifestement inconnue de la scène européenne.

La troublante alliance conclue entre la populace et l'élite et la coïncidence étrange de leurs aspirations s'expliquent parce

62. Nicolas Berdiaev, *Les Sources et le Sens du communisme russe*, 1938 [H. Arendt se réfère à l'édition anglaise parue en 1937, *The Origin of Russian Communism*, p. 124-125].

que les couches qu'elles représentaient avaient été, les premières, éliminées de la structure de l'État-nation et du cadre de la société de classes. Elles se rencontrèrent si facilement, bien que provisoirement, parce qu'elles sentaient l'une et l'autre qu'elles incarnaient le destin de l'époque, qu'elles étaient suivies par des masses innombrables, que tôt ou tard la majorité des peuples européens pourraient être à leurs côtés – prêts, pensaient-elles, à faire leur révolution.

L'une et l'autre se trompaient. La populace, les bas-fonds de la classe bourgeoise, espérait que les masses impuissantes l'aideraient à prendre le pouvoir et l'appuieraient lorsqu'elle ferait prévaloir leurs intérêts privés, puis qu'il lui suffirait de renouveler les couches anciennes de la société bourgeoise en leur insufflant l'esprit plus entreprenant de la pègre. Cependant, une fois au pouvoir, le totalitarisme apprit bientôt que l'esprit d'initiative n'était pas l'apanage des couches populacières de la population et qu'en tout cas, un tel esprit d'initiative ne pouvait que menacer la domination totale de l'homme. D'un autre côté, l'absence de scrupules n'était pas non plus l'apanage de la populace, et pouvait, en tout cas, être inculquée en un temps relativement bref. Pour les impitoyables machines de domination et d'extermination, les masses de philistins bien organisées constituaient un matériau bien meilleur et capable de crimes bien plus grands que les criminels soi-disant professionnels, pourvu que ces crimes fussent soigneusement organisés et eussent l'apparence de besognes de routine.

Ce n'est donc pas un hasard si les rares protestations contre les atrocités de masse commises par les nazis contre les Juifs et les peuples d'Europe orientale furent émises, non par des militaires ni par aucune autre partie des masses de respectables philistins bien organisées, mais précisément par ces compagnons de la première heure de Hitler, qui étaient des représentants typiques de la populace[63]. Quant à Himmler,

63. Il y a, par exemple, la curieuse intervention de Wilhelm Kube, commissaire général à Minsk [Biélorussie], et l'un des plus anciens membres du parti, qui, en 1941, c'est-à-dire au début des massacres de masse, écrivait à son chef : « Je ne suis certainement pas un mou, et je suis prêt à aider à résoudre la question juive, mais les gens qui ont été élevés dans notre culture sont, après tout, différents des hordes

l'homme le plus puissant d'Allemagne après 1936, il n'appartenait nullement à cette « armée de bohèmes » (Heiden) qui ressemblait de façon si troublante à l'élite intellectuelle. Himmler était lui-même « plus normal », c'est-à-dire plus philistin qu'aucun des chefs initiaux du mouvement nazi[64]. Ce n'était pas un bohème comme Goebbels, ni un criminel sexuel comme Streicher, un illuminé comme Rosenberg, un fanatique comme Hitler ou un aventurier comme Goering. Il démontra sa capacité supérieure à organiser la domination totale des masses en assurant que la plupart des gens ne sont ni des bohèmes, ni des fanatiques, ni des aventuriers, ni des maniaques sexuels ou des illuminés, ni des ratés, mais d'abord et avant tout des employés consciencieux et de bons pères de famille.

---

bestiales locales. Devrons-nous assigner la tâche de les massacrer aux Lituaniens et aux Lettons, qui sont méprisés même par la population indigène ? Je ne le pourrais pas. Je vous demande des instructions précises pour régler la question de la façon la plus humaine, pour le prestige de notre Reich et de notre parti. » Cette lettre a été publiée dans Max Weinreich, *Hitler's Professors*, 1946, p. 153-154. L'intervention de Kube fut vite rejetée ; cependant, la tentative presque identique de Werner Best, plénipotentiaire du Reich au Danemark, et nazi notoire, pour sauver les vies des Juifs danois, fut plus heureuse. Voir *Nazi Conspiracy and Aggression*, 1946, vol. V, p. 2. De même, Alfred Rosenberg, qui avait prêché l'infériorité des peuples slaves, ne s'était jamais rendu compte que ses théories pourraient un jour signifier leur liquidation. Chargé de l'administration de l'Ukraine, il écrivit des rapports indignés sur les conditions qui régnaient pendant l'automne 1942, non sans avoir tenté auparavant d'obtenir une intervention directe de Hitler. Voir *Nazi Conspiracy and Aggression*, 1946, vol. III, p. 83 et suiv., et vol. IV, p. 62. Il y a bien sûr quelques exceptions à cette règle. L'homme qui sauva Paris de la destruction était le général von Choltitz qui, cependant, « craignait toujours d'être privé de son commandement pour ne pas avoir exécuté les ordres », alors même qu'il savait que « la guerre était perdue depuis des années ». Aurait-il eu le courage de résister à l'ordre « de faire de Paris un amas de ruines » sans l'appui énergique de l'ambassadeur Otto Abetz, un nazi de longue date ? Cela semble douteux, d'après son propre témoignage lors du procès d'Abetz à Paris. Voir le *New York Times* du 21 juillet 1949.

64. Un Anglais, Stephen H. Roberts, décrit Himmler comme « un homme d'une exquise courtoisie, qui s'intéresse encore aux choses simples de la vie. Il n'a rien de la pose de ces nazis qui agissent comme des demi-dieux [...]. Nul homme ne ressemble moins à sa fonction que ce dictateur policier de l'Allemagne, et je suis persuadé que personne, parmi les gens que j'ai rencontrés dans ce pays, n'est plus normal que lui... » (*The House that Hitler Built*, 1939, p. 89-90). Cela rappelle curieusement la remarque de la mère de Staline, qui, selon la propagande bolchevique, disait de lui : « Un fils exemplaire. J'en souhaite à tous un pareil. » (Boris Souvarine, *Staline...* [rééd. 1993], p. 538.)

Le philistin qui se retire dans sa vie privée, qui se consacre exclusivement à sa famille et à sa carrière : tel fut le dernier produit, déjà dégénéré, de la croyance bourgeoise au primat de l'intérêt privé. Le philistin est un bourgeois coupé de sa propre classe, un individu atomisé, produit de l'effondrement de la classe bourgeoise elle-même. L'homme de masse, que Himmler conditionna pour lui faire commettre les crimes de masse les plus monstrueux de l'histoire, ressemblait au philistin plutôt qu'à l'homme de la populace ; il était le bourgeois qui, dans les décombres de son univers, se souciait avant tout de sa sécurité personnelle, prêt à tout sacrifier – croyance, honneur, dignité – à la moindre provocation. Rien ne s'avéra plus facile à détruire que l'intimité et la moralité privée de gens qui ne pensaient qu'à sauvegarder leur vie privée. Après quelques années de pouvoir et de mise au pas systématique, les nazis pouvaient proclamer avec raison : « La seule personne qui soit encore un individu privé en Allemagne, c'est celui qui dort[65]. »

D'un autre côté, il faut être juste envers les membres de l'élite qui, à un moment ou à un autre, se sont laissés séduire par les mouvements totalitaires, et qui, à cause de leurs capacités intellectuelles, sont même accusés quelquefois d'avoir inspiré le totalitarisme : ce que ces désespérés du XXe siècle ont fait ou non n'eut absolument aucune influence sur le totalitarisme. Ils ne jouèrent de rôle qu'au début, lorsque les mouvements contraignirent le monde extérieur à prendre leurs doctrines au sérieux. Partout où les mouvements totalitaires s'emparèrent du pouvoir, tout ce groupe de sympathisants fut balayé avant même que les régimes passent à leurs crimes les plus monstrueux. L'initiative intellectuelle, spirituelle et artistique est aussi dangereuse pour le totalitarisme que l'initiative criminelle de la populace, et l'une et l'autre sont plus dangereuses que la simple opposition politique. La persécution systématique de toutes les formes supérieures d'activité intellectuelle par les nouveaux dirigeants de masse a des raisons plus profondes que leur ressentiment naturel pour tout ce qu'ils ne peuvent comprendre. La domination

65. La remarque fut faite par Robert Ley. Voir Ernst Kohn-Bramstedt, *Dictatorship and Political Police...*, 1945, p. 178.

totale ne tolère la libre initiative dans aucun domaine de l'existence ; elle ne tolère aucune activité qui ne soit pas entièrement prévisible. Le totalitarisme, une fois au pouvoir, remplace invariablement tous les vrais talents, quelles que soient leurs sympathies, par ces illuminés et ces imbéciles dont le manque d'intelligence et de créativité reste la meilleure garantie de leur loyauté[66].

66. La politique bolchevique, étonnamment cohérente à cet égard, est bien connue et se passe d'autres commentaires. Picasso, pour prendre l'exemple le plus célèbre, n'est guère apprécié en Russie, bien qu'il soit devenu communiste. Il est possible que le brusque revirement d'André Gide après avoir vu la réalité bolchevique *(Retour de l'URSS)* en 1936 ait définitivement convaincu Staline de l'inutilité des créateurs, même comme compagnons de route. La politique nazie fut la même, à ceci près qu'elle n'alla pas jusqu'à tuer leurs talents de premier ordre. Il serait intéressant d'étudier en détail les carrières des intellectuels allemands, relativement peu nombreux, qui allèrent au-delà de la simple coopération, et proposèrent leurs services parce qu'ils étaient des nazis convaincus (Max Weinreich, *Hitler's Professors*, la seule étude existante, est une source de confusion, parce qu'elle ne fait pas de distinction entre les universitaires qui adoptèrent le credo nazi et ceux qui durent leur carrière exclusivement au régime, qu'il passe sous silence la carrière antérieure des intellectuels en question, et place ainsi des hommes de grande valeur dans la même catégorie que les illuminés). Un cas extrêmement intéressant est celui du juriste Carl Schmitt, dont les ingénieuses théories sur la fin de la démocratie et du gouvernement légal se lisent encore avec profit ; dès le milieu des années 30, il fut remplacé par la variété purement nazie de théoriciens politiques et juridiques, comme Hans Frank, le futur responsable du *Generalgouvernement* de Pologne, Gottfried Neesse et Reinhard Höhn. Le dernier à tomber en disgrâce fut l'historien Walter Frank, antisémite convaincu et membre du parti nazi avant son accession au pouvoir qui, en 1933, devint directeur du nouveau *Reichsinstitut für Geschichte des Neuen Deutschlands*, avec sa fameuse *Forschungsabteilung Judenfrage*, et éditeur des 9 volumes de *Forschungen zur Judenfrage* (1937-1944). Au début des années 40, Walter Frank dut céder sa place et son influence au tristement célèbre Alfred Rosenberg, dont le livre *Der Mythos des 20. Jahrhunderts* [1930] ne manifeste certainement aucune aspiration à l'« érudition ». On se méfia de Walter Frank uniquement parce qu'il n'était pas un charlatan. Ce que ni l'élite ni la populace, qui « embrassèrent » le national-socialisme avec tant de ferveur, ne pouvaient comprendre, c'est qu'« on ne peut embrasser cet Ordre [...] par accident. Au-dessus et au-delà du désir de servir, se trouve l'implacable nécessité de la sélection, qui ne connaît ni circonstances atténuantes ni pitié » (*Der Weg der SS*, diffusé par le *SS Hauptamt-Schulungsamt*, s.d., p. 4). En d'autres, termes, pour sélectionner leurs candidats, les nazis entendaient prendre leurs propres décisions, indépendamment de l'« accident » d'opinions, quelles qu'elles soient. Il semble qu'il en allait de même de la sélection des Bolcheviks pour la police secrète. Friedrich Beck et W. Godin rapportent, dans *Russian Purge and the Extraction of Confession*, 1951, p. 160, que les membres du NKVD sont choisis dans les rangs du parti, sans avoir eu la moindre occasion de se porter volontaires pour cette « carrière ».

Chapitre II

Le mouvement totalitaire

1. La propagande totalitaire

Seules la populace et l'élite peuvent être attirées par l'élan même du totalitarisme ; il faut gagner les masses par la propagande. Dans les conditions d'un régime constitutionnel et de liberté d'opinion, les mouvements totalitaires qui luttent pour le pouvoir ne peuvent utiliser la terreur que dans une mesure relative, et ils partagent avec les autres partis la nécessité de gagner des adhérents et d'apparaître crédibles à un public qui n'est pas encore coupé de toutes les autres sources d'information.

On a reconnu de bonne heure et souvent affirmé que, dans les pays totalitaires, propagande et terreur sont les deux faces d'une même médaille[1]. Mais ce n'est vrai qu'en partie. Partout où le totalitarisme détient le contrôle absolu, il remplace la propagande par l'endoctrinement et utilise la violence

1. Voir, par exemple, Ernst Kohn-Bramstedt, *Dictatorship and Political Police...*, 1945, p. 164 et suiv. L'explication est que « sans la propagande, la terreur perdrait la plus grande partie de son effet psychologique, tandis que sans la terreur, la propagande n'a pas toute son efficacité » (p. 175). Ce que négligent de telles affirmations, qui tournent en rond, c'est que non seulement la propagande politique, mais toute la publicité de masse moderne contiennent un élément de menace ; que, d'un autre côté, la terreur peut être parfaitement efficace sans la propagande, aussi longtemps qu'il s'agit de la terreur politique conventionnelle de la tyrannie. C'est seulement lorsque la terreur vise à contraindre non simplement de l'extérieur, mais pour ainsi dire de l'intérieur, lorsque le régime politique veut plus que le pouvoir, que la terreur a besoin de la propagande. En ce sens, le théoricien nazi Eugen Hadamovsky a pu dire dans *Propaganda und nationale Macht*, 1933 : « La propagande et la violence ne sont jamais contradictoires. L'usage de la violence peut faire partie de la propagande » (p. 22).

moins pour effrayer les gens (ce qu'il fait seulement au début, lorsque subsiste une opposition politique) que pour réaliser constamment ses doctrines idéologiques et ses mensonges pratiques. Le totalitarisme ne se contentera pas d'affirmer contre l'évidence que le chômage n'existe pas ; sa propagande lui fera supprimer les indemnités de chômage[2]. Ce qui est également important, c'est que le refus d'admettre l'existence du chômage réalisait – quoique de façon plutôt inattendue – la vieille doctrine socialiste : qui ne travaille pas n'aura pas de pain. Prenons un autre exemple : lorsque Staline décida de récrire l'histoire de la révolution russe, la propagande en faveur de la nouvelle version consista à détruire, en même temps que les livres et documents anciens, leurs auteurs et leurs lecteurs. La publication, en 1938, d'une nouvelle histoire officielle du parti communiste marqua la fin de la grande purge qui avait décimé toute une génération d'intellectuels soviétiques. De même, dans les territoires occupés de l'Est, les nazis commencèrent par utiliser une propagande principalement antisémite pour s'assurer un contrôle plus ferme de la population. Ils n'avaient pas besoin de la terreur pour appuyer cette propagande, et ne l'utilisèrent pas. Lorsqu'ils liquidèrent la majeure partie de l'intelligentsia polonaise, ils le firent non parce qu'elle s'opposait à eux, mais parce que, selon leur doctrine, les Polonais étaient dépourvus d'intelligence, et, lorsqu'ils projetèrent de kidnapper les enfants aux yeux bleus et aux cheveux blonds, leur intention n'était pas d'effrayer la population, mais de sauvegarder « le sang germanique[3] ».

---

2. « À cette époque, on annonça officiellement que le chômage avait été "liquidé" en Russie soviétique. Le résultat de cette déclaration fut que toutes les indemnités de chômage furent également "liquidées" », Anton Ciliga, *Au pays du grand mensonge*, 1938 [H. Arendt se réfère à l'édition anglaise parue en 1940, *The Russian Enigma*, p. 109].

3. La prétendue « Opération foin » commença par un décret de Himmler, daté du 16 février 1942, « concernant [les individus] de souche allemande en Pologne » et stipulant que leurs enfants devraient être envoyés dans des familles « prêtes [à les accepter] sans réserve, par amour du bon sang qui est en eux » (document de Nuremberg R 135, photocopié par le Centre de documentation juive contemporaine à Paris). Il semble qu'en juin 1944 la 9e armée ait kidnappé entre 40 000 et

Puisque les mouvements totalitaires existent dans un monde lui-même non totalitaire, ils sont contraints de recourir à ce que nous considérons communément comme de la propagande. Mais une telle propagande s'adresse toujours à une sphère extérieure – qu'il s'agisse des couches non totalitaires de la population nationale ou des pays étrangers non totalitaires. Cette sphère extérieure, à l'égard de laquelle la propagande totalitaire exerce son pouvoir de séduction, est très variable ; même après la prise du pouvoir, la propagande totalitaire peut se tourner vers les fractions de sa propre population dont la mise au pas n'a pas été suivie par un endoctrinement suffisant. À cet égard, les discours de Hitler à ses généraux, pendant la guerre, sont des modèles de propagande, surtout caractérisés par les mensonges monstrueux dont le Führer gratifiait ses hôtes pour essayer de les gagner à sa cause[4]. La sphère extérieure peut également être un groupe

---

50 000 enfants et les ait envoyés en Allemagne. Un rapport sur la question, adressé au Haut Commandement de la Wehrmacht à Berlin par un nommé Brandenburg, mentionne des plans semblables pour l'Ukraine (document PS 031, publié par Léon Poliakov dans son *Bréviaire de la haine*, 1951, p. 317). Himmler lui-même a fait plusieurs fois allusion à ce plan. (Cf. *Nazi Conspiracy and Aggression*, 1946, vol. III, p. 640, qui contient des extraits du discours de Himmler à Cracovie en mars 1942 ; voir aussi les commentaires sur le discours de Himmler à Bad Schachen en 1943, dans Ernst Kohn-Bramstedt, *Dictatorship and Political Police...*, 1945, p. 244.) On peut voir comment ces enfants étaient sélectionnés, par des certificats médicaux établis par la deuxième section médicale de Minsk, le 10 août 1942 : « L'examen racial de Natalie Harpf, née le 14 août 1922, a montré une jeune fille normalement développée, de type balte oriental, avec des traits nordiques. » « L'examen d'Arnold Cornies, né le 19 février 1930, a montré un garçon normalement développé, âgé de 12 ans de type oriental, avec des traits nordiques. » Signé : N. Wc. (Document figurant dans les archives du Yiddish Scientific Institute à New York, n° Occ E 3a-17.) Sur l'extermination de l'intelligentsia polonaise, qui, selon Hitler, pouvait être « liquidée sans scrupule », voir Léon Poliakov, *Bréviaire de la haine*, 1951, p. 321, et le document n° 2472.

4. Voir *Hitlers Tischgespräche*, 1951. Pendant l'été 1942, il parle encore de « [flanquer] jusqu'au dernier Juif à la porte de l'Europe » (p. 113) et de réinstaller les Juifs en Sibérie ou en Afrique (p. 311) ou à Madagascar, alors qu'en réalité il s'était déjà décidé pour la « Solution finale » avant l'invasion de la Russie, probablement en 1940, et avait donné l'ordre de mettre en œuvre les installations de gazage à l'automne 1941 (voir *Nazi Conspiracy and Aggression*, 1946, vol. II, p. 265 et suiv. ; vol. III, p. 783 et suiv. Document PS 1104 ; vol. V, p. 322 et suiv. Document PS 2605). Himmler le savait dès le printemps 1941 : « Les Juifs [doivent être] exterminés jusqu'au dernier avant la fin de la guerre. C'est le désir sans équivoque et l'ordre du Führer » (dossier Kersten, Centre de documentation juive contemporaine).

de sympathisants qui hésitent encore à accepter les véritables objectifs du mouvement ; enfin, il arrive souvent que le cercle le plus proche du Führer ou les membres des formations d'élite considèrent même certains membres du parti comme appartenant à cette sphère extérieure : en pareil cas, eux aussi ont encore besoin de subir la propagande, avant de pouvoir être dominés en toute confiance. De peur de surestimer l'importance de la propagande mensongère, il convient de se rappeler les cas, beaucoup plus nombreux, où Hitler fut complètement sincère et écarta brutalement toute équivoque en définissant les objectifs véritables du mouvement. Mais de tels cas furent ignorés par un public qui n'était pas préparé à pareille cohérence[5]. Fondamentalement, la domination totalitaire s'efforce de restreindre les méthodes de propagande à sa seule politique étrangère ou aux relais du mouvement à l'étranger, pour leur fournir le matériel adéquat. Chaque fois qu'à l'intérieur l'endoctrinement totalitaire entre en conflit avec la ligne de la propagande destinée à la consommation à l'étranger (cela s'est produit en Russie pendant la guerre, non pas lorsque Staline eut conclu son alliance avec Hitler, mais lorsque la guerre contre Hitler le plaça dans le camp des démocraties), on explique, à l'intérieur, que la propagande est une « manœuvre tactique provisoire[6] ». Autant que possible,

5. À ce sujet, il y a un rapport très intéressant, daté du 16 juillet 1940, sur une discussion qui eut lieu au quartier général du Führer, en présence de Rosenberg, Lammers et Keitel. Hitler commença par affirmer les « principes de base » suivants : « Il était désormais essentiel de ne pas faire étalage de notre objectif final devant le monde entier […]. Il ne doit pas être trop visible que [les décrets sur le maintien de l'ordre dans les territoires occupés] tendent à un règlement final. Toutes les mesures nécessaires – exécutions, nouvelles colonisations – peuvent être et seront poursuivies envers et contre tout. » Suit une discussion qui ne fait aucune allusion aux paroles de Hitler et à laquelle Hitler ne participe plus. Il est évident qu'il n'avait pas été « compris » (document L 221, Centre de documentation juive contemporaine).

6. Staline était convaincu que Hitler n'attaquerait pas la Russie, voir à ce sujet Isaac Deutscher, *Stalin : A Political Biography*, 1949, p. 454 et suiv. [*Staline*, 1953], en particulier la note de la p. 458 : « C'est seulement en 1948 que le président du Gosplan, le vice-président du Conseil des ministres N. Voznessenski, révéla que les plans économiques pour le troisième trimestre de 1941 avaient été établis en comptant sur la paix, et qu'un nouveau plan, adapté à la guerre, n'avait été rédigé qu'après l'ouverture des hostilités. » L'opinion de Deutscher est maintenant solidement confirmée par le rapport de Khrouchtchev sur les réactions de Staline à

la distinction entre la doctrine idéologique à l'usage des initiés du mouvement, qui n'ont plus besoin de propagande, et la propagande brute à l'usage du monde extérieur, est établie dès avant que les mouvements ne prennent le pouvoir. Généralement, le rapport entre propagande et endoctrinement dépend de la dimension des mouvements d'un côté et de la pression extérieure de l'autre. Plus le mouvement est petit, plus il dépensera d'énergie en propagande pure ; quant à la pression du monde extérieur – qui ne peut être ignorée entièrement, même derrière un rideau de fer –, plus elle est forte, plus les dictateurs totalitaires s'engageront dans une propagande active. Le point essentiel est que les nécessités de la propagande sont toujours dictées par le monde extérieur et que les mouvements eux-mêmes ne font pas, en réalité, de la propagande mais de l'endoctrinement. Inversement, celui-ci, inéluctablement accompagné de la terreur, augmente avec la force des mouvements ou l'isolement et la protection des régimes totalitaires contre une ingérence extérieure.

La propagande est à coup sûr une part, un élément de la « guerre psychologique » ; mais la terreur est davantage. Les régimes totalitaires continuent à utiliser la terreur même lorsque ses objectifs psychologiques sont atteints : sa véritable horreur consiste en ce qu'elle règne sur une population complètement soumise. Là où le règne de la terreur est porté à sa perfection, comme dans les camps de concentration, la propagande disparaît complètement ; elle était même expressément interdite dans l'Allemagne nazie[7]. En d'autres termes, la propagande n'est qu'un des instruments, peut-être le plus important, dont se sert le totalitarisme dans sa manière d'agir avec le monde non totalitaire ; *a contrario*, la terreur est l'essence même de cette forme de régime. Son existence ne dépend pas plus de facteurs subjectifs, psychologiques ou

l'attaque allemande. Voir son « Discours sur Staline » devant le XXe congrès, diffusé par le Département d'État, *New York Times*, 5 juin 1956.

7. « L'éducation [dans les camps de concentration] consiste dans la discipline, sans aucune sorte d'instruction idéologique, car les prisonniers ont pour la plupart une âme d'esclaves » (Heinrich Himmler, dans *Nazi Conspiracy and Aggression*, 1946, vol. IV, p. 616 et suiv.).

autres, que l'existence de lois, dans un régime constitutionnel, ne dépend du nombre de gens qui les enfreignent.

En tant que contrepartie de la propagande, la terreur joua un rôle plus important dans le nazisme que dans le communisme. Les nazis ne s'attaquèrent pas aux personnalités, comme cela avait été le cas lors d'une première vague de crimes politiques en Allemagne (assassinat de Rathenau et d'Erzberger) ; au lieu de quoi, en assassinant de petits fonctionnaires socialistes ou des membres influents des partis adverses, ils montraient à la population le danger qu'il y avait à être un simple militant. Ce genre de terreur de masse, qui fonctionnait sur une échelle relativement réduite, grandit régulièrement car ni la police ni les tribunaux ne poursuivaient sérieusement les délits politiques commis par ce qu'on appelle la droite. Cette terreur était précieuse en tant que « propagande de puissance[8] », selon la juste expression d'un essayiste nazi : l'ensemble de la population se rendait bien compte que les nazis étaient plus puissants que les autorités, et qu'il était plus sûr d'être membre d'une organisation paramilitaire nazie que d'être un républicain loyal. Une telle impression était largement renforcée par l'usage spécifique que faisaient les nazis de leurs crimes politiques. Ils les reconnaissaient toujours publiquement, ne s'excusaient jamais des « excès commis par la base » – seuls les sympathisants s'en excusaient – et ils impressionnaient la population en apparaissant très différents des « désœuvrés bavards » des autres partis.

Les ressemblances entre ce type de terreur et le pur gangstérisme sont trop évidentes pour avoir besoin d'être soulignées. Cela ne veut pas dire que le nazisme était du gangstérisme, comme on l'a quelquefois conclu, mais simplement que les nazis, sans l'admettre, apprirent autant des organisations de

8. De toute la littérature consacrée à la propagande totalitaire, l'ouvrage d'Eugen Hadamovsky, *Propaganda und nationale Macht* (1933) est le plus remarquable. Sans le déclarer explicitement, il offre une interprétation pronazie avérée, intelligente, du propre exposé de Hitler sur le sujet dans « Propagande et organisation », au livre II, chap. XI de *Mein Kampf*. Voir également Franz Alfred Six, *Die politische Propaganda der NSDAP im Kampf um die Macht*, 1936, p. 21 et suiv.

gangsters américaines que leur propagande, ce qu'ils admettaient, apprit de la publicité commerciale américaine.

Il est cependant une chose qui, plus que les menaces directes et les crimes contre les individus, est spécifique de la propagande totalitaire : c'est l'usage de suggestions indirectes, voilées et lourdes de menaces, contre tous ceux qui n'écoutent pas son enseignement, suivi du meurtre de masse perpétré aussi bien contre l'« innocent » que le « coupable ». La propagande communiste menace les gens de rater le train de l'histoire, de rester désespérément en retard sur leur époque, et de mener une vie inutile, de même que les nazis les menaçaient de vivre en désaccord avec les lois éternelles de la nature et de la vie, en détériorant leur sang d'irréparable et mystérieuse façon. On a comparé la manière dont la propagande totalitaire souligne fortement la nature « scientifique » de ses assertions à certaines techniques publicitaires qui s'adressent également aux masses. Il est bien vrai que les pages publicitaires de n'importe quel journal donnent des exemples de cette « scientificité », qui permet à un fabricant de prouver, à l'aide de faits, de chiffres et d'un service « recherche », que son savon est « le meilleur du monde[9] ». Il est non moins vrai qu'il y a un certain élément de violence dans les débordements d'imagination des publicitaires : derrière l'affirmation que les femmes qui n'utilisent pas cette marque particulière de savon resteront à vie boutonneuses et célibataires, se cache le rêve fou du monopole, le rêve qu'un jour le fabricant du « seul savon qui empêche l'acné » aura le pouvoir de priver de mari toutes les femmes qui n'utilisent pas son savon. Dans le cas de la publicité comme de la propagande totalitaire, la science n'est qu'un produit de remplacement de la puissance. Les mouvements totalitaires cessent d'être obsédés par les preuves « scientifiques » dès qu'ils sont au pouvoir. Les nazis se séparèrent même des savants

9. L'analyse de Hitler de la « Propagande de guerre » (*Mein Kampf*, livre I, chap. XI) met l'accent sur l'aspect commercial de la propagande, et utilise l'exemple de la publicité pour le savon. Son importance a généralement été surestimée, tandis qu'on a négligé ses idées ultérieures (et positives) sur « la propagande et l'organisation ».

qui étaient prêts à les servir, et les Bolcheviks utilisent la réputation des leurs à des fins absolument non scientifiques et les forcent à jouer le rôle de charlatans.

Mais là s'arrêtent les ressemblances souvent surestimées entre la publicité de masse et la propagande de masse. En général, les hommes d'affaires ne posent pas en prophètes et ne cherchent pas constamment à démontrer la justesse de leurs prédictions. La scientificité de la propagande totalitaire se caractérise par l'accent qu'elle met presque exclusivement sur la prophétie scientifique, par opposition à la référence plus traditionnelle au passé. L'origine idéologique du socialisme comme du racisme ne se montre jamais plus clairement que lorsque leurs porte-parole assurent avoir découvert les forces cachées qui, dans la chaîne de la fatalité, leur seront providentielles. Les masses se sentent fortement attirées par « des systèmes absolus, qui font dépendre tous les événements de l'histoire de grandes causes premières reliées les unes aux autres par une chaîne fatale, et qui suppriment, pour ainsi dire, les hommes de l'histoire du genre humain » (selon les mots de Tocqueville[10]). Mais il n'est pas douteux que les dirigeants nazis croyaient réellement aux doctrines suivantes, qu'ils ne se contentaient pas d'utiliser pour leur propagande : « Mieux nous reconnaissons et observons les lois de la nature et de la vie [...] plus nous nous conformons à la volonté du Tout-Puissant. Mieux nous connaîtrons la volonté du Tout-Puissant, plus grands seront nos succès[11]. » Il est bien évident qu'au prix de très légères modifications, ces deux phrases pourraient exprimer le credo de Staline : « Mieux nous reconnaissons et

10. NdÉ. Tocqueville, *Souvenirs*, rééd. 1964, IIe partie, chap. I, p. 84.

11. Voir l'important mémorandum de Martin Bormann sur « les rapports entre le national-socialisme et le christianisme », dans *Nazi Conspiracy and Aggression*, 1946, vol. VI, p. 1036 et suiv. On trouve à plusieurs reprises des formules similaires dans les brochures rédigées par les SS pour l'« endoctrinement idéologique » de leurs cadets. « Les lois de la nature sont soumises à une volonté immuable qui ne saurait être influencée. Il est donc nécessaire de reconnaître ces lois. » (*SS-Mann und Blutsfrage...*, 1942). Il ne s'agit que de variantes de certaines phrases prises dans *Mein Kampf*, comme celle qui sert d'épigraphe à la brochure en question : « Lorsque l'homme essaie de lutter contre la logique de fer de la nature, il entre en conflit avec les principes fondamentaux auxquels il doit son existence même en tant qu'homme. »

observons les lois de l'histoire et de la lutte des classes, plus nous nous conformons au matérialisme dialectique. Mieux nous connaîtrons le matérialisme dialectique, plus grand sera notre succès. » En tout cas, il n'est pas de meilleure illustration de la notion stalinienne d'« art de la direction[12] ».

La propagande totalitaire a élevé la scientificité idéologique et sa technique prédictive à un degré inconnu d'efficacité dans la méthode et d'absurdité dans le contenu. En effet, d'un point de vue démagogique, il n'est pas de meilleur moyen d'éviter la discussion que de déconnecter un argument du contrôle du présent et de dire que seul l'avenir peut en révéler les mérites. Cependant, les idéologies totalitaires n'ont pas inventé ce procédé et ne furent pas seules à l'utiliser. En fait, la scientificité de la propagande de masse est d'un usage tellement universel dans la politique moderne qu'on l'a interprété comme un signe plus général de cette obsession de la science qui caractérise le monde occidental depuis l'essor des mathématiques et de la physique au XVIe siècle ; ainsi, le totalitarisme semble n'être que la dernière étape d'un processus en vertu duquel « la science [est devenue] une idole qui guérira magiquement les maux de l'existence et transformera la nature de l'homme[13] ». Il est vrai qu'il y eut, très tôt, un rapport entre le progrès scientifique et l'essor des masses. Le « collectivisme » des masses fut salué par ceux qui souhaitaient l'apparition de « lois naturelles du développement historique », susceptibles d'éliminer le caractère imprédictible des actions et des conduites individuelles[14]. On a cité l'exemple d'Enfantin qui, déjà, « voyait venir l'heure où l'"art d'émouvoir les masses" sera si parfaitement développé que le peintre, le musicien et le poète auront le pouvoir de plaire et d'émouvoir avec la même certitude que le mathématicien résout un problème de géométrie ou le chimiste analyse une substance quelconque »,

---

12. Joseph Staline, *Leninism*, 1933, vol. II, chap. III.

13. Eric Voegelin, « The Origins of Scientism », *Social Research*, décembre 1948.

14. Voir Friedrich A. von Hayek, « The Counter-Revolution of Science », *Economica*, vol. VIII, février-mai-août 1941, p. 13.

et on en a conclu que la propagande moderne était née là et à ce moment-là[15].

Mais, quelles que soient les insuffisances du positivisme, du pragmatisme et du béhaviorisme et quelle qu'ait été leur influence sur la formation du sens commun au XIXe siècle, ce n'est nullement « la croissance cancéreuse du secteur utilitaire de l'existence[16] » qui caractérise les masses séduites par la propagande totalitaire et le scientisme. Telle que nous la connaissons par Comte, la conviction positiviste que l'avenir est en fin de compte prévisible de façon scientifique repose sur un jugement de l'intérêt comme force omniprésente dans l'histoire, et sur le postulat qu'on peut découvrir les lois objectives du pouvoir. Au cœur de l'utilitarisme moderne, qu'il soit positiviste ou socialiste, se trouve la théorie politique traditionnelle de Rohan – « les rois commandent les peuples et l'intérêt commande le roi » : l'intérêt objectif est la règle « qui seule est infaillible », et, « selon qu'il est bien ou mal compris, l'intérêt fait vivre ou périr les gouvernements ». Mais aucune de ces théories ne pose qu'il est possible de « transformer la nature de l'homme », comme le totalitarisme en a effectivement l'intention. Au contraire, elles supposent toutes, implicitement ou explicitement, que la nature humaine est toujours la même, que l'histoire est le récit de circonstances objectives qui changent et des réactions humaines à celles-ci, et que l'intérêt bien compris peut amener un changement dans les circonstances, mais non dans les réactions humaines en tant que telles. En matière politique, le « scientisme » continue à présupposer qu'il a pour objet le bien-être de l'humanité, concept profondément étranger au totalitarisme[17].

15. *Ibid.*, p. 137. La citation est tirée de la revue saint-simonienne *Le Producteur* [1825-1826], I, p. 399.

16. Eric Voegelin, « The Origins of Scientism ».

17. William Ebenstein, *The Nazi State*, 1943, discutant « l'Économie de guerre permanente » du régime nazi, est presque le seul critique à avoir compris que « l'interminable discussion [...] sur la nature socialiste ou capitaliste de l'économie allemande sous le régime nazi est largement superficielle [car elle] tend à négliger le fait que le capitalisme et le socialisme sont des catégories qui se rapportent à des économies occidentales du bien-être » (p. 239).

C'est justement parce que le noyau utilitariste des idéologies allait de soi que la conduite anti-utilitariste des régimes totalitaires, leur indifférence complète à l'intérêt des masses a constitué un tel choc. Cette attitude introduisait dans la politique contemporaine un élément imprévisible inouï. Pourtant, bien avant que le totalitarisme ne s'empare du pouvoir, sa propagande indique – quoique de façon voilée – combien les masses s'étaient éloignées du simple souci de leur intérêt. Ainsi, lorsque les Alliés attribuèrent l'ordre donné par Hitler, au début de la guerre, de supprimer les fous, au désir de se débarrasser de bouches inutiles, ils avaient complètement tort[18]. Ce n'est pas la guerre qui contraignit Hitler à jeter par-dessus bord toute considération morale, c'est Hitler qui considérait que le massacre de masse occasionné par la guerre était une occasion incomparable pour entamer un programme de meurtres qui, comme tous les autres points de son programme, était calculé en termes de millénaires[19]. Depuis de nombreux siècles, presque toute l'histoire européenne avait appris aux gens à juger chaque action politique par son *cui bono*, et tous les événements politiques par leurs intérêts particuliers sous-jacents : aussi se trouvèrent-ils soudain aux prises avec un élément imprévisible sans précédent. À cause de son caractère démagogique, on ne prit pas au sérieux la propagande totalitaire qui, longtemps avant la prise du pouvoir, avait clairement indiqué

---

18. Le témoignage de Karl Brandt, l'un des médecins chargés par Hitler d'exécuter le programme d'euthanasie, est caractéristique dans ce contexte. (*Medical Trial*. US against Karl Brandt *et al.*, audience du 14 mai 1947). Brandt protesta avec véhémence contre le soupçon que le projet avait été lancé pour éliminer les bouches inutiles ; il souligna que les membres du parti qui se servaient de tels arguments avaient toujours été durement réprimandés. À son avis, les mesures n'étaient dictées que par des « considérations éthiques ». Il en va de même des déportations. Les dossiers sont remplis de notes émanant des militaires et se plaignant que la déportation de millions de Juifs et de Polonais ne tienne aucun compte de toutes les « nécessités militaires et économiques ». Voir Léon Poliakov, *Bréviaire de la haine*, 1951, p. 321, ainsi que les documents qu'il reproduit.

19. Le décret décisif, qui déclencha tous les meurtres de masse qui suivirent, fut signé par Hitler le 1er septembre 1939 – le jour où la guerre éclata. Il concernait non seulement les aliénés (comme on le croit souvent), mais tous les « incurables ». Les fous ne furent que les premiers à être liquidés.

combien les masses étaient peu guidées par le fameux instinct de conservation. Mais cette propagande doit son succès moins à la démagogie qu'à la conscience que l'intérêt, en tant que force collective, ne se fait sentir que si des corps sociaux stables fournissent les nécessaires courroies de transmission entre l'individu et le groupe ; une propagande fondée sur le simple intérêt ne saurait être efficace auprès de masses dont la première caractéristique est de n'appartenir à aucun corps social ou politique, et qui présentent donc un véritable chaos d'intérêts individuels. Le fanatisme des membres des mouvements totalitaires, d'une qualité si clairement différente de la très grande loyauté des membres des partis ordinaires, provient du désintéressement des masses prêtes à se sacrifier. Les nazis ont prouvé qu'on peut conduire un peuple entier à la guerre avec le slogan « sinon, c'est la catastrophe » (slogan que la propagande guerrière de 1914 aurait soigneusement évité), et cela à une époque sans misère, ni chômage ni ambitions nationales frustrées. Le même esprit se manifesta pendant les derniers mois d'une guerre qui, à l'évidence, était perdue, lorsque la propagande nazie consola une population déjà passablement effrayée en lui promettant que le Führer, « dans sa sagesse, avait préparé une mort facile pour le peuple allemand, en le gazant en cas de défaite[20] ».

Les mouvements totalitaires se servent du socialisme et du racisme en les vidant de leur contenu utilitaire, les intérêts d'une classe ou d'une nation. La forme de prédiction infaillible sous laquelle étaient présentés ces concepts est devenue plus importante que leur contenu[21]. La qualification

20. Voir Friedrich Percyval Reck-Malleczewen, *Tagebuch eines Verzweifelten*, 1947, p. 190.

21. Hitler fondait la supériorité des mouvements idéologiques sur les partis politiques sur le fait que les idéologies *(Weltanschauungen)* toujours « proclament leur infaillibilité » (*Mein Kampf*, livre II, chap. v, « *Weltanschauung* et organisation »). Les premières pages du manuel officiel de la Jeunesse hitlérienne (*The Nazi Primer*, 1938) soulignent en conséquence que toutes les questions de *Weltanschauung*, autrefois jugées « irréalistes » et « incompréhensibles », « sont devenues si claires, si simples et si *définies* [c'est moi qui souligne] que tout camarade peut les comprendre et coopérer à leur solution ».

majeure d'un leader de masses est désormais une infaillibilité éternelle ; il ne peut jamais admettre d'erreur[22]. De plus, la prétention à l'infaillibilité est fondée moins sur une intelligence supérieure que sur une interprétation correcte des forces essentiellement fiables de l'histoire ou de la nature, forces que ni la défaite ni la ruine ne peuvent démentir, puisqu'elles doivent nécessairement s'affirmer à long terme[23]. Une fois au pouvoir, les leaders de masses n'ont qu'un souci, qui passe outre à toutes les considérations utilitaires : réaliser leurs prédictions. À la fin de la guerre, les nazis n'hésitèrent pas à concentrer toute la force encore intacte de leur organisation pour provoquer une destruction de l'Allemagne aussi complète que possible, afin de réaliser leur prédiction que le peuple allemand serait en ruine en cas de défaite.

En termes de propagande, l'effet de l'infaillibilité, le succès frappant de cette attitude qui consiste à se poser en simple interprète de forces qu'on peut prédire, a encouragé chez les dictateurs totalitaires l'habitude d'annoncer leurs intentions politiques sous une forme prophétique. L'exemple le plus célèbre en est la déclaration de Hitler au Reichstag, en janvier 1939 : « Aujourd'hui encore, je veux faire une prophétie : si la finance juive internationale [...] devait parvenir encore une fois à précipiter les peuples dans une guerre mondiale, alors le résultat [...] serait l'anéantissement de la race juive en Europe[24]. » Traduit en langage non totalitaire,

22. Le premier des « serments du membre du parti », énumérés dans *Organisationsbuch der NSDAP*, est : « le Führer a toujours raison » (édition de 1936, p. 8). Mais la *Dienstvorschrift für die PO der NSDAP* (1932, p. 38) l'exprime de cette façon : « La décision de Hitler est définitive ! » Notez la différence de phraséologie. « [Staline et Trotski] : leur prétention d'être infaillibles. L'un et l'autre n'ont jamais convenu sincèrement d'une erreur », telle est à cet égard la différence décisive entre Staline et Trotski d'une part, et Lénine de l'autre. Voir Boris Souvarine, *Staline*... [rééd. 1993], p. 483.

23. Il est évident que la dialectique hégélienne fournit un merveilleux instrument pour avoir toujours raison, car elle permet d'interpréter toutes les défaites comme le commencement de la victoire. L'un des plus beaux exemples de ce genre de sophisme fut fourni après 1933, lorsque les communistes allemands, pendant près de deux ans, refusèrent d'admettre que la victoire de Hitler avait été une défaite pour le parti communiste allemand.

24. Cité d'après J. Goebbels : *The Goebbels Diaries, 1942-1943*, 1948, p. 148.

cela voulait dire : j'ai l'intention de faire la guerre et j'ai l'intention de tuer les Juifs d'Europe. De même, Staline, dans son grand discours devant le comité central du parti communiste, en 1930, dans lequel il préparait la liquidation physique des déviationnistes de droite et de gauche au sein du parti, les décrivit comme les représentants de « classes moribondes[25] ». Cette définition ne donnait pas seulement à l'argument son acuité particulière, elle annonçait aussi, en style totalitaire, la destruction physique de ceux dont on venait de prophétiser l'« extinction ». Dans les deux cas, le même objectif est atteint : la liquidation s'inscrit dans un processus historique où l'homme n'accomplit ou ne souffre que ce qui doit arriver de toute façon, en vertu de lois immuables. Dès que les victimes ont été exécutées, la « prophétie » devient un alibi rétrospectif : rien n'est arrivé qui n'ait été auparavant prédit[26]. Peu importe que ce soient les « lois de l'histoire » qui « sonnent le glas » des classes et de leurs représentants, ou les « lois de la nature » qui « exterminent » tous ces éléments – démocraties, Juifs, sous-hommes *(Untermenschen)* de l'Est, ou incurables – qui de toute façon ne sont pas « adaptés à la vie ». Incidemment, Hitler a lui aussi parlé de « classes moribondes » qui devraient être « éliminées sans faire d'histoires[27] ».

Comme toutes les autres méthodes de propagande totalitaire, celle-ci ne fonctionne parfaitement que lorsque les mouvements ont pris le pouvoir. Dès lors, il devient aussi absurde de discuter la vérité des prédictions d'un dictateur totalitaire que de se disputer avec un meurtrier en puis-

---

25. Joseph Staline, *Leninism*, 1933 [NdÉ. *Discours sur le plan quinquennal*, 1931].

26. Dans un discours qu'il prononça en septembre 1942, alors que l'extermination des Juifs battait son plein, Hitler se référa explicitement à son discours du 30 janvier 1939 (publié en brochure sous le titre *Der Führer vor dem ersten Reichstag Grossdeutschlands*, 1939) et à la séance du Reichstag du 1er septembre 1939, où il avait proclamé que « si la juiverie devait provoquer une guerre mondiale pour exterminer les peuples aryens d'Europe, ce ne serait pas les peuples aryens mais la juiverie qui [reste de la phrase couvert par les applaudissements] ». Voir *Der Führer zum Kriegswinterhilfswerk*, Schriften NSV, n° 14, p. 33.

27. Dans le discours du 30 janvier 1939, p. 19, cité plus haut.

sance pour savoir si sa future victime est morte ou vivante – puisqu'en la tuant, le meurtrier peut promptement fournir une preuve de la véracité de ses dires. Le seul argument qui vaille dans de telles conditions consiste à se porter immédiatement au secours de la personne dont la mort est prédite. Avant que les leaders de masses prennent le pouvoir pour plier la réalité à leurs mensonges, leur propagande se distingue par un complet mépris pour les faits en tant que tels[28] : c'est qu'à leur avis les faits dépendent entièrement du pouvoir de celui qui peut les fabriquer. Affirmer que le métro de Moscou est le seul qui existe au monde n'est un mensonge qu'aussi longtemps que les Bolcheviks n'ont pas le pouvoir de détruire tous les autres. En d'autres termes, mieux que toutes les autres techniques de propagande totalitaire, celle de la prédiction infaillible trahit son objectif ultime de conquête du monde, puisque c'est seulement dans un monde entièrement sous contrôle que le dirigeant totalitaire a la possibilité de réaliser tous ses mensonges et d'avérer toutes ses prophéties.

Le langage de la scientificité prophétique répondait aux besoins des masses qui, ayant perdu leur point d'attache dans le monde, étaient prêtes, dès lors, à être réintégrées au sein de forces éternelles et universellement contraignantes qui, à elles seules, porteraient l'homme, ce nageur, sur les vagues de l'adversité, jusqu'aux rivages de la sécurité. « Nous façonnons la vie de notre peuple et notre législation conformément aux verdicts de la génétique[29] », disaient les nazis, de même que les Bolcheviks assurent leurs fidèles que les forces économiques ont le poids d'un

---

28. Konrad Heiden, *Der Führer...*, 1944, souligne la « fausseté phénoménale » de Hitler, « le manque de réalité démontrable de presque toutes ses déclarations », son « indifférence aux faits qu'il ne considère pas comme d'une importance vitale » (p. 368, 374). En termes presque identiques, Khrouchtchev décrit « la répugnance de Staline à considérer les réalités de la vie » et son indifférence à « la situation réelle des affaires » *(Rapport au XXe congrès)*. L'opinion de Staline sur l'importance des faits s'exprime à merveille dans ses révisions périodiques de l'histoire russe.

29. *The Nazi Primer.*

verdict de l'histoire. Par là, ils promettent une victoire indépendante des défaites et des échecs « provisoires » d'entreprises spécifiques. En effet, les masses, contrairement aux classes, veulent la victoire et le succès en tant que tels, sous leur forme la plus abstraite ; elles ne sont pas liées par ces intérêts spéciaux et collectifs qu'elles sentent nécessaires à leur survie en tant que groupe et que, par conséquent, elles peuvent défendre, même en ayant toutes les chances contre elles. Ce qui leur importe, ce n'est pas la cause qui peut être victorieuse, ou l'entreprise particulière qui peut être un succès mais, bien davantage, la victoire de n'importe quelle cause et le succès dans n'importe quelle entreprise.

La propagande totalitaire perfectionne les techniques de la propagande de masse, mais elle ne les invente pas et ne crée pas leurs thèmes. Ceux-ci ont été préparés par les cinquante années qui virent l'essor de l'impérialisme et la désintégration de l'État-nation, une fois la populace entrée sur la scène politique européenne. Tels auparavant les meneurs de foules, les porte-parole des mouvements totalitaires avaient un flair infaillible pour tous les sujets que la propagande habituelle des partis ou l'opinion publique négligeaient ou craignaient d'aborder. Tout ce qui était caché, tout ce qui était passé sous silence devenait hautement significatif, indépendamment de son importance intrinsèque. La populace croyait réellement que la vérité était tout ce que la société respectable avait hypocritement passé sous silence, ou couvert par la corruption.

Dans le choix d'un sujet, le premier critère devint le mystère en tant que tel. L'origine du mystère n'avait pas d'importance : ce pouvait être un désir raisonnable et politiquement compréhensible de garder le secret, comme dans le cas des services secrets britanniques ou du *Deuxième Bureau** français ; ou les exigences de la conspiration pour les groupes révolutionnaires, comme dans le cas des anarchistes et autres sectes terroristes ; ou encore la structure de sociétés dont le contenu, secret à l'origine, était bien connu depuis longtemps, et dont seul l'aspect formel du rituel conservait quelque chose du mystère d'antan, comme dans le cas des francs-maçons ; ou des superstitions séculaires qui avaient brodé des légendes autour de certains groupes, comme dans le cas des jésuites et des Juifs. Si les nazis étaient sans nul doute plus doués pour choisir de tels sujets pour la propagande de masse, les Bolcheviks ont progressivement maîtrisé cet art. Mais ils s'appuient moins sur les mystères traditionnellement acceptés, et préfèrent leurs propres inventions – depuis le milieu des années 30, une mystérieuse conspiration mondiale succède à l'autre dans la propagande bolchevique : ce fut d'abord le complot des trotskistes, puis le règne des deux cents familles, enfin les sinistres machinations impérialistes (c'est-à-dire planétaires) des services secrets britanniques ou américains[30].

L'efficacité de ce genre de propagande met en lumière l'une des principales caractéristiques des masses modernes. Elles ne croient à rien de visible, à la réalité de leur propre expérience ; elles ne font confiance ni à leurs yeux ni à leurs oreilles, mais à leur seule imagination, qui se laisse séduire par tout ce qui est à la fois universel et cohérent en soi. Les masses se laissent convaincre non par les faits, même inventés, mais seulement par la cohérence du système dont ils sont censés faire partie. La répétition – dont on surestime quelque peu l'importance parce qu'on croit les masses peu capables de comprendre et de se souvenir – n'est importante que parce qu'elle les convainc d'une cohérence dans le temps.

Ce que les masses refusent de reconnaître, c'est le caractère fortuit dans lequel baigne la réalité. Elles sont

30. Il est intéressant de noter que, sous Staline, les Bolcheviks accumulèrent en quelque sorte les conspirations, que la découverte d'une nouvelle ne signifiait pas qu'ils renonçaient à la précédente. La conspiration trotskiste commença vers 1930, les deux cents familles s'y ajoutèrent pendant la période de Front populaire, à partir de 1935 ; l'impérialisme britannique devint une véritable conspiration pendant l'alliance entre Staline et Hitler, les « services secrets américains » suivirent peu après la fin de la guerre ; la dernière, le cosmopolitisme juif [NdÉ. lors de la campagne déclenchée en URSS en 1948], ressemblait de façon évidente et troublante à la propagande nazie.

prédisposées à toutes les idéologies parce que celles-ci expliquent les faits comme étant de simples exemples de lois et éliminent les coïncidences en inventant un pouvoir suprême et universel qui est censé être à l'origine de tous les accidents. La propagande totalitaire fleurit dans cette fuite de la réalité vers la fiction, de la coïncidence vers la cohérence.

La principale infirmité de la propagande totalitaire, c'est qu'elle ne peut satisfaire le désir qu'ont les masses d'un monde complètement cohérent, compréhensible et prévisible, sans heurter gravement le sens commun. Si, par exemple, toutes les « confessions » des opposants politiques, en Union soviétique, sont rédigées dans les mêmes termes et reconnaissent les mêmes mobiles, les masses avides de cohérence accepteront cette fiction comme preuve suprême de leur sincérité ; tandis que le sens commun nous dit que c'est précisément leur cohérence qui n'est pas de ce monde et qui prouve qu'elles sont fabriquées. Pour prendre une image, tout se passe comme si les masses réclamaient une répétition constante du miracle des Septante, lorsque, selon une légende ancienne, soixante-dix traducteurs isolés produisirent une version grecque identique de l'Ancien Testament. Le sens commun ne peut accepter ce récit que comme une légende ou un miracle ; pourtant, on pourrait aussi l'alléguer comme preuve de la fidélité absolue de chacun des mots de la traduction.

En d'autres termes, s'il est vrai que les masses sont obsédées par le désir d'échapper à la réalité parce que, dans leur déracinement essentiel, elles ne peuvent plus en supporter les aspects accidentels et incompréhensibles, il est également vrai que leur soif de fiction a un certain rapport avec ces qualités de l'esprit humain dont la cohérence structurelle domine le simple hasard. La fuite des masses devant la réalité est une condamnation du monde dans lequel elles sont contraintes de vivre et ne peuvent subsister, puisque la coïncidence en est devenue la loi suprême et que les êtres humains ont besoin de transformer constamment les conditions chaotiques et accidentelles en un schéma humain d'une relative cohérence. La révolte des masses contre le

« réalisme », le sens commun et toutes « les plausibilités du monde » (Burke) résultait de leur atomisation, de leur perte de statut social. En même temps que celui-ci, elles avaient perdu tout ce champ de relations communautaires qui donne sens au sens commun. Dans leur déracinement spirituel et social, un aperçu mesuré de l'interdépendance de l'arbitraire et de l'intentionnel, de l'accidentel et du nécessaire, n'avait plus de place. La propagande totalitaire ne peut insulter outrageusement le sens commun que lorsque celui-ci n'a plus de valeur. De l'alternative : faire face à la croissance anarchique et à l'arbitraire total de la décadence, ou s'incliner devant une idéologie à la cohérence extrêmement rigide et fantastiquement fictive, les masses choisiront probablement toujours le second terme, prêtes à en payer le prix par leurs sacrifices individuels – non qu'elles soient stupides ou perverses, mais parce qu'au milieu du désastre général, cette évasion leur accorde un minimum de respect de soi.

Alors que la spécialité de la propagande nazie consista à exploiter la soif de cohérence des masses, les méthodes bolcheviques ont démontré, comme dans un laboratoire, leur impact sur l'homme de masse isolé. La police secrète soviétique, si soucieuse de convaincre ses victimes de leur culpabilité pour des crimes qu'elles n'avaient jamais commis et qu'en bien des cas elles étaient incapables de commettre, isole et élimine complètement tous les facteurs réels, si bien que la logique même, la cohérence même du « récit » que contient la confession préparée, deviennent écrasantes. Une situation, où la frontière entre la fiction et la réalité est brouillée par la monstruosité et la cohérence interne de l'accusation, requiert non seulement une force de caractère pour résister à des menaces constantes, mais aussi une grande confiance dans l'existence d'autres êtres humains – parents, amis, voisins – qui ne croiront jamais au « récit », pour résister à la tentation de céder à la possibilité tout abstraite de la culpabilité.

Sans aucun doute, on ne peut atteindre ce cas extrême d'une folie artificiellement fabriquée que dans un monde totalitaire. Il fait cependant partie de l'appareil de propagande des régimes totalitaires auxquels les confessions ne sont pas indispensables pour punir. Les « confessions » sont la spécialité de la propagande bolchevique, comme celle de la propagande nazie était ce curieux pédantisme, qui consistait à légaliser les crimes au moyen d'une législation rétrospective et rétroactive. Dans les deux cas, le but est d'être cohérent.

Avant de prendre le pouvoir et d'établir un monde conforme à leurs doctrines, les mouvements totalitaires suscitent un monde mensonger et cohérent qui, mieux que la réalité elle-même, satisfait les besoins de l'esprit humain ; dans ce monde, par la seule vertu de l'imagination, les masses déracinées se sentent chez elles et se voient épargner les coups incessants que la vie réelle et les expériences réelles infligent aux êtres humains et à leurs attentes. La force de la propagande totalitaire – avant que les mouvements aient le pouvoir de faire tomber un rideau de fer pour empêcher qui que ce soit de troubler, par la moindre parcelle de réalité, la tranquillité macabre d'un monde entièrement imaginaire – repose sur sa capacité à couper les masses du monde réel. Les seuls signes que le monde réel offre encore à l'entendement des masses non intégrées et en voie de désintégration – et que chaque nouveau coup du sort rend plus crédules – sont, pour ainsi dire, ses lacunes : les questions qu'il dédaigne de discuter en public, ou les rumeurs qu'il n'ose pas contredire parce qu'elles touchent, quoique de façon exagérée et déformée, un point sensible.

Ces points sensibles fournissent aux mensonges de la propagande totalitaire l'élément de véracité et d'expérience réelle dont ils ont besoin pour combler le fossé qui sépare la réalité de la fiction. Seule la terreur pourrait s'appuyer sur la pure fiction, et même les fictions mensongères des régimes totalitaires, soutenues par la terreur, ne sont pas encore devenues complètement arbitraires, quoiqu'elles soient généralement plus grossières, plus impudentes et, pour ainsi dire, plus originales que celles des mouvements. (Il faut être puissant, et non pas un propagandiste habile, pour faire circuler une nouvelle version de la Révolution russe dans laquelle aucun individu du nom de Trotski n'a jamais été commandant en chef de l'armée Rouge.) D'un autre côté, les mensonges des mouvements sont plus subtils. Ils s'attachent à tous les aspects de la vie sociale et politique cachés aux yeux du public. Ils réussissent au mieux lorsque les autorités officielles se sont entourées d'une atmosphère de secret. Aux yeux des masses, ils acquièrent alors la réputation d'être supérieurement « réalistes », puisqu'ils abordent des conditions réelles dont l'existence est cachée. Les révélations de scandales dans la haute société, de la corruption d'hommes politiques, tout ce qui appartient au journalisme à sensation devient dans leurs mains une arme dont l'importance dépasse le sensationnel.

La fiction la plus efficace de la propagande nazie fut l'invention d'une conspiration juive mondiale. Insister sur la propagande antisémite était un procédé courant des démagogues depuis la fin du XIXe siècle, fréquent dans l'Allemagne et l'Autriche des années 20. Plus l'ensemble des partis et des organes de l'opinion publique évitaient de manière systématique de discuter la question juive, plus la populace devenait convaincue que les Juifs étaient les véritables représentants des puissances établies, et le problème juif le symbole de l'hypocrisie et de la malhonnêteté du système dans son ensemble.

Le contenu même de la propagande antisémite de l'après-guerre n'était ni un monopole nazi ni quelque chose de particulièrement neuf et original. Les mensonges concernant une conspiration juive mondiale étaient courants depuis l'affaire Dreyfus et se fondaient sur les rapports internationaux d'interdépendance existant au sein d'un peuple juif dispersé à travers le monde entier. Les notions excessives sur le pouvoir mondial des Juifs sont encore plus anciennes ; on peut les faire remonter à la fin du XVIIIe siècle, lorsque était devenu visible le lien étroit entre la finance juive et les États-nations. La représentation *du* Juif comme incarnation du mal est généralement imputée à des vestiges et à des souvenirs superstitieux datant du Moyen Âge ; en fait, elle est étroitement reliée au rôle plus récent et ambigu que les Juifs ont joué dans la société européenne depuis leur émancipation. Il est indéniable que, dans la période de l'après-guerre, les Juifs étaient plus en vue que jamais auparavant.

Quant aux Juifs eux-mêmes, l'important est qu'ils devinrent plus en vue et plus « voyants » en raison inversement proportionnelle de leur influence réelle et de leur degré de puissance. Toute diminution de la stabilité et de la force des États-nations portait un coup direct aux positions juives. La conquête, partiellement réussie, de l'État par la nation interdisait à la machine gouvernementale de maintenir sa position au-dessus des classes et des partis, et par là rendait vaines les alliances avec la fraction juive de la population qui, elle aussi, était censée se trouver en dehors des rangs de la société et se montrer indifférente à la politique des partis. L'intérêt grandissant de la bourgeoisie impérialiste pour la politique étrangère et son influence grandissante sur la machinerie étatique s'accompagnèrent d'un refus obstiné de la majeure partie de la fortune juive d'abandonner la tradition du commerce bancaire pour s'engager dans des entreprises industrielles. L'ensemble de ces facteurs mit presque un terme à l'utilité économique, pour l'État, des Juifs en tant que groupe, et aux avantages qu'eux-mêmes tiraient de la ségrégation sociale. Après la Première Guerre mondiale, les communautés juives d'Europe centrale devinrent aussi assimilées et firent autant leur entrée dans la communauté nationale que la communauté juive française l'avait fait dans les premières décennies de la IIIe République.

Les États concernés étaient conscients du changement de situation : on le vit bien lorsqu'en 1917 le gouvernement allemand, suivant une tradition très ancienne, essaya d'utiliser ses Juifs d'Allemagne pour tenter des négociations de paix avec les Alliés. Au lieu de s'adresser lui-même aux chefs reconnus de la communauté juive allemande, il se tourna vers la petite et comparativement peu influente minorité sioniste, à qui l'on faisait encore confiance, comme autrefois, précisément parce qu'elle croyait à l'existence d'un peuple juif indépendamment de la citoyenneté, et qu'elle était donc susceptible de rendre des services qui dépendaient de relations internationales et d'un point de vue international. Il s'avéra, cependant, que ce geste était une faute de la part du gouvernement allemand. Les sionistes firent une chose qu'aucun banquier juif n'avait jamais faite auparavant ; ils fixèrent leurs propres conditions et dirent au gouvernement qu'ils ne négocieraient qu'une paix sans annexions ni réparations[31]. C'en était fini de la vieille indifférence juive en matière politique ; on ne pouvait plus utiliser la majorité, puisqu'elle n'était plus à l'écart de la nation, et la minorité sioniste était inutile parce qu'elle avait ses propres idées politiques.

En Europe centrale, le remplacement des régimes monarchiques par des Républiques compléta la désintégration des communautés juives d'Europe centrale, tout comme l'établissement de la IIIe République l'avait fait en France quelque cinquante ans plus tôt. Les Juifs avaient déjà perdu beaucoup de leur influence lorsque les nouveaux régimes s'installèrent, dans des conditions où il n'était ni en leur pouvoir ni de leur intérêt de protéger leurs Juifs. Pendant les négociations de paix de Versailles, on utilisa surtout les Juifs comme experts, et les antisémites eux-mêmes durent admettre que les petits escrocs juifs de l'après-guerre, de nouveaux arrivants pour la plupart, n'avaient pas de liens avec les représentants d'une prétendue Internationale juive[32]. (Ces nouveaux arrivants cachaient, derrière leurs activités frauduleuses qui les distinguaient nettement de leurs coreligionnaires de même patrie, une attitude ressemblant curieusement à la vieille indifférence pour les règles en vigueur dans leur entourage.)

Au milieu d'une cohorte de groupes antisémites rivaux et dans une atmosphère lourde d'antisémitisme, la propagande nazie élabora à ce sujet une méthode différente de toutes les autres et supérieure à elles. Pourtant, pas un seul slogan nazi n'était nouveau – pas même l'habile image

31. Voir l'autobiographie de Chaim Weizmann, *Trial and Error*, 1949, p. 185.

32. Voir, par exemple, Otto Bonhard, *Jüdische Geld- und Weltherrschaft ?*, 1926, p. 57.

hitlérienne d'une lutte des classes causée par l'homme d'affaires juif qui exploite ses ouvriers, tandis qu'en même temps, dans la cour de l'usine, son frère les incite à faire grève[33]. Seul élément nouveau, le parti nazi exigeait de ses adhérents une preuve d'ascendance non juive, et demeurait, malgré le programme de Feder, extrêmement vague quant aux mesures effectives contre les Juifs qu'il prendrait une fois au pouvoir[34]. Les nazis placèrent le problème juif au centre de leur propagande, en ce sens que l'antisémitisme n'était plus une question d'opinions concernant des gens différents de la majorité, ou un souci de politique nationale[35], mais la préoccupation intime de chaque individu dans son existence personnelle ; nul ne pouvait être membre du parti si son « arbre généalogique » n'était pas en ordre, et plus le rang dans la hiérarchie nazie était élevé, plus l'arbre généalogique devait

33. Hitler utilisa cette image pour la première fois en 1922 : « D'un côté, Moïse Kohn encourage son organisation à refuser les exigences des ouvriers, tandis qu'à l'usine, son frère Isaac invite les masses [...] à faire grève » (*Hitler's Speeches, 1922-1939*, 1942, p. 29). Il est à remarquer qu'aucun recueil complet des discours de Hitler n'a jamais été publié dans l'Allemagne nazie, si bien qu'on est obligé d'avoir recours à l'édition anglaise. Il ne s'agit pas d'un accident, comme on le voit par la bibliographie établie par Philipp Bouhler, *Die Reden des Führers nach der Machtübernahme*, 1940 : seuls les discours publics étaient reproduits textuellement dans le *Völkischer Beobachter* ; quant aux discours prononcés devant le *FührerKorps* et les autres unités du parti, on se contentait de les « signaler » dans ce journal. À aucun moment, ils ne furent destinés à la publication.

34. Les 25 points de Gottfried Feder ne contiennent que les mesures classiques réclamées par tous les groupes antisémites : expulsion des Juifs naturalisés et traitement des Juifs nationaux comme des étrangers. Chez les nazis, l'éloquence antisémite fut toujours beaucoup plus radicale que le programme. Waldemar Gurian, « Antisemitism in Modern Germany », *Essays on Antisemitism*, 1946, p. 243, souligne le manque d'originalité de l'antisémitisme nazi : « Toutes ces exigences et ces opinions ne brillaient pas par l'originalité – elles allaient de soi dans tous les milieux nationalistes ; ce qui était remarquable, c'est l'habileté démagogique et oratoire avec laquelle on les présentait. »

35. Un exemple d'antisémitisme simplement nationaliste à l'intérieur du mouvement nazi est celui de Röhm, qui écrit : « Et ici encore, mon opinion diffère de celle du philistin national. Non pas : tout est la faute des Juifs ! Mais : c'est notre faute si le Juif peut régner aujourd'hui » (Ernst Röhm, *Die Geschichte eines Hochverräters*, 1933, p. 284).

remonter loin[36]. De même, mais avec une cohérence moindre, le bolchevisme transforma la doctrine marxiste de l'inéluctable victoire finale du prolétariat en faisant de ses membres des « prolétaires de naissance » et en rendant honteuses et scandaleuses toutes les autres origines de classe[37].

La propagande nazie eut l'ingéniosité de transformer l'antisémitisme en un principe d'autodéfinition, le soustrayant ainsi aux fluctuations de la simple opinion. Elle utilisa la persuasion de la démagogie de masse uniquement comme une étape préliminaire et n'en surestima jamais l'influence durable, que ce soit dans les discours ou dans les journaux[38]. Cela procura aux masses d'individus atomisés, indéfinissables, instables et futiles, un moyen d'autodéfinition et d'identification qui restaurait en partie le respect de soi que leur conférait autrefois leur fonction dans la société, et créait aussi une sorte de stabilité factice qui faisait d'eux de meilleurs candidats pour une organisation. Grâce à ce genre de propagande, le mouvement pouvait se présenter comme une extension artificielle du rassemblement de masse et rationaliser les sentiments, essentiellement futiles, de sa propre importance et de la

36. Les candidats SS devaient faire remonter leur arbre généalogique jusqu'à 1750. Les candidats aux postes de responsabilité dans le parti ne devaient répondre qu'à trois questions : 1.« Qu'avez-vous fait pour le parti ? » 2.« Êtes-vous absolument sain, physiquement, mentalement, moralement ? » 3.« Votre arbre généalogique est-il en ordre ? » Voir *The Nazi Primer*. Caractéristique de l'affinité des deux systèmes, le fait que l'élite et les organismes de la police bolcheviques, le NKVD, exigeaient des preuves sur les ascendants de leurs membres. Voir Friedrich Beck et W. Godin, *Russian Purge and the Extraction of Confession*, 1951.

37. C'est ainsi que les tendances totalitaires du maccarthysme, aux États-Unis, étaient le plus flagrantes dans la tentative non seulement de persécuter les communistes, mais de contraindre tout citoyen à fournir la preuve qu'il n'était pas communiste.

38. « On ne devrait pas surestimer l'influence de la presse [...] elle décroît, en général, lorsque s'accroît l'influence de l'organisation » (Eugen Hadamovsky, *Propaganda und nationale Macht*, 1933, p. 64). « Les journaux sont impuissants lorsqu'il s'agit de lutter contre la force agressive d'une organisation vivante » (*ibid.*, p. 65). « Les pouvoirs établis par la seule propagande sont flottants, et peuvent disparaître rapidement, à moins que la violence d'une organisation ne soutienne la propagande » (*ibid.*, p. 21).

sécurité hystérique qu'il offrait aux individus isolés d'une société atomisée[39].

La même utilisation ingénieuse de slogans, forgés par d'autres et déjà expérimentés, était manifeste dans le traitement par les nazis d'autres questions pertinentes. Lorsque l'attention du public se concentrait de manière égale entre le nationalisme d'un côté et le socialisme de l'autre, lorsqu'on pensait que ces deux doctrines étaient incompatibles et constituaient en fait la ligne de partage idéologique entre la droite et la gauche, le « parti national-socialiste des travailleurs allemands » (nazi) offrit une synthèse censée mener à l'unité nationale, une solution sémantique dont la double étiquette d'« allemand » et de « travailleur » reliait le nationalisme de la droite à l'internationalisme de la gauche. Le nom même du mouvement nazi s'appropriait le contenu politique de tous les autres partis et prétendait implicitement les incorporer tous. On avait déjà essayé auparavant, et avec succès, de combiner des doctrines politiques prétendument antagonistes (national-socialiste, chrétien-social, etc.) ; mais les nazis réalisèrent leur propre combinaison de telle façon que toutes les luttes parlementaires entre socialistes et nationalistes, entre ceux qui prétendaient être d'abord des travailleurs et ceux qui étaient d'abord allemands, semblèrent un paravent destiné à cacher de sinistres arrière-pensées pour l'avenir – car un membre du parti nazi n'était-il pas tout cela en même temps ?

Il est intéressant de constater que, même à leurs débuts, les nazis eurent la prudence de ne jamais utiliser de slogans comme démocratie, république, dictature ou monarchie qui indiquaient une forme de régime spécifique[40]. Tout se passe

---

39. « Le rassemblement de masse est la meilleure forme de propagande [...] [parce que] chaque individu se sent plus assuré et plus puissant dans l'unité d'une masse » (Eugen Hadamovsky, *Propaganda und nationale Macht*, 1933, p. 47). « L'enthousiasme du moment devient un principe et une attitude spirituelle grâce à l'organisation, à l'entraînement systématique et à la discipline » (*ibid.*, p. 21-22).

40. Dans les rares occasions où Hitler s'est intéressé à cette question, il soulignait : « Incidemment, je ne suis pas le chef d'un État au sens d'un dictateur ou d'un monarque, je suis un guide du peuple allemand » (voir *Ausgewählte Reden des Führers*, 1939, p. 114). Hans Frank s'exprime dans le même esprit : « Le Reich

comme si, sur ce seul point, ils avaient toujours su qu'ils seraient entièrement originaux. Toute discussion sur la forme réelle de leur futur régime pouvait être écartée comme un bavardage creux sur de simples formalités – l'État, selon Hitler, n'étant qu'un « moyen » pour conserver la race, de même que l'État, selon la propagande bolchevique, n'est qu'un instrument dans la lutte des classes[41].

Pourtant, de façon curieuse et détournée, à la question de savoir quel serait leur rôle futur, les nazis fournirent une réponse de propagande lorsqu'ils utilisèrent les *Protocoles des Sages de Sion* comme modèle pour l'organisation future des masses allemandes en vue de l'« empire mondial ». L'utilisation des *Protocoles* n'était pas l'apanage des nazis ; des centaines de milliers d'exemplaires en furent vendus en Allemagne après la guerre, et le fait même de les adopter ouvertement comme manuel politique n'était pas nouveau[42]. Néanmoins, ce faux était surtout utilisé afin de dénoncer les

---

national-socialiste est un régime qui n'est pas dictatorial, et encore moins arbitraire. Bien plutôt, le Reich national-socialiste repose sur la loyauté mutuelle du Führer et du peuple » (*Recht und Verwaltung*, 1939, p. 15).

41. Hitler a répété maintes fois : « L'État est uniquement le moyen d'une fin. La fin est : la conservation de la race » (*Ausgewählte Reden des Führers*, 1939, p. 125). Il soulignait aussi que son mouvement « ne repose pas sur l'idée d'État, mais qu'il est avant tout fondé sur une *Volksgemeinschaft* fermée » (*ibid.*, 1933, p. 125, et le discours devant la nouvelle génération de dirigeants politiques *[Führernachwuchs]*, 1937, publié en annexe à *Hitlers Tischgespräche*, 1951, p. 446). Ceci, *mutatis mutandis*, est aussi au cœur du langage à double sens que constitue ce qu'on a appelé la « théorie de l'État » de Staline : « Nous sommes en faveur de l'extinction de l'État, et en même temps nous sommes pour le renforcement de la dictature du prolétariat, qui représente l'autorité la plus puissante parmi toutes les formes d'État qui ont existé jusqu'à ce jour. Le plus grand développement possible du pouvoir de l'État, avec comme objectif la préparation des conditions du dépérissement de l'État : telle est la formule marxiste » (Joseph Staline, *Leninism, op. cit.*).

42. Alexander Stein, *Adolf Hitler, Schüler der « Weisen von Zion »*, 1936, fut le premier à analyser, par comparaison philologique, l'identité idéologique des doctrines nazies et des *Sages de Sion*. Voir aussi Ruben Blank, *Adolf Hitler et les « Protocoles des Sages de Sion »*, 1938. Le premier à reconnaître sa dette envers les doctrines des *Protocoles* fut Theodor Fritsch, le « patriarche » de l'antisémitisme allemand de l'après-guerre. Il écrit dans la postface de son édition des *Protocoles*, 1924 : « Nos futurs hommes d'État et diplomates devront apprendre des experts orientaux en infamie jusqu'à l'ABC du gouvernement, et, pour ce faire, les *Protocoles sionistes* offrent un excellent enseignement préparatoire. »

Juifs et d'alerter la populace sur les dangers de la domination juive[43]. En termes de pure propagande, la découverte nazie consista à voir que les masses étaient moins effrayées par le règne mondial des Juifs qu'intéressées par la façon dont il pouvait être établi : la popularité des *Protocoles* se fondait sur l'admiration et la soif d'apprendre plus que sur la haine, et la sagesse conseillait de rester aussi près que possible de certaines de leurs formules frappantes. Par exemple, le fameux slogan : « Est juste ce qui est bon pour le peuple allemand », était copié sur celui des *Protocoles* : « Tout ce qui est bénéfique pour le peuple juif est moralement juste et sacré[44]. »

Les *Protocoles* constituent un document très curieux et remarquable à maints égards. En dehors de leur machiavélisme à bon marché, leur caractéristique politique essentielle est qu'à leur manière délirante, ils abordent tous les problèmes politiques importants de l'époque. Ils sont antinationaux par principe et décrivent l'État-nation comme un colosse aux pieds d'argile. Ils rejettent la souveraineté nationale et croient, comme Hitler le formula un jour, à un empire mondial sur une base nationale[45]. Ils ne se contentent pas de la révolution dans un pays donné, mais visent à la conquête et à la domination du monde. Ils promettent au peuple qu'indé-

---

43. Sur l'histoire des *Protocoles*, voir John S. Curtiss, *An Appraisal of the Protocols of Zion*, 1942. Que les *Protocoles* fussent un faux n'avait pas d'importance sur le plan de la propagande. Le publiciste russe Serge A. Nilus, qui en publia la deuxième édition russe en 1905, était déjà conscient du caractère douteux de ce « document », et ajoutait cette observation évidente : « Mais s'il était possible de prouver son authenticité par des documents ou des témoignages dignes de foi, s'il était possible de démasquer les personnes qui sont à la tête du complot mondial [...] alors [...] "l'iniquité secrète" pourrait être brisée... » Traduction dans John S. Curtiss. Hitler n'eut pas besoin de Nilus pour procéder au même escamotage : la meilleure preuve de leur authenticité, c'est qu'on a prouvé qu'il s'agissait d'un faux. Il ajoute l'argument de leur « plausibilité » : « Ce que de nombreux Juifs font peut-être inconsciemment s'exprime ici consciemment en toute clarté. Et c'est cela qui compte » (*Mein Kampf*, livre I, chap. XI).

44. [Theodor Fritsch] *Die Zionistischen Protokolle mit einem Vor-und Nachwort von Theodor Fritsch : « [Der Juden] oberster Grundsatz lautet : "Alles, was dem Volke Juda nützt, ist moralisch und ist heilig." »*

45. « Les empires mondiaux partent d'une base nationale, ils ont tôt fait de s'étendre bien au-delà. » *(Ausgewählte Reden des Führers.)*

le régentaient sans posséder d'instruments de violence, et qui constituaient donc une proie facile, une fois leur secret percé à jour et leur méthode imitée sur une plus grande échelle.

La propagande nazie rassembla toutes ces perspectives nouvelles et prometteuses en un seul concept, qu'elle appela *Volksgemeinschaft*. Cette nouvelle communauté, ébauchée par le mouvement nazi durant la période prétotalitaire, se fondait sur l'égalité absolue de tous les Allemands, une égalité non de droits, mais de nature, et sur leur différence absolue par rapport à tous les autres peuples[52]. Après la prise du pouvoir, ce concept perdit progressivement de son importance et fit place, d'une part[53], à un mépris général pour le peuple allemand (mépris que les nazis avaient toujours nourri, mais qu'auparavant ils ne pouvaient guère exprimer publiquement), et, d'autre part, à un vif désir d'ouvrir leurs rangs à des « Aryens » d'autres nations, idée qui n'avait joué qu'un rôle insignifiant dans la phase précédente de la

---

52. La promesse faite très tôt par Hitler (Philipp Bouhler, *Ausgewählte Reden des Führer*) « Je ne reconnaîtrai jamais aux autres nations le même droit qu'à la nation allemande », devint la doctrine officielle : « La vision nationale-socialiste de la vie est la perception de la dissemblance des hommes » *(The Nazi Primer)*.

53. Par exemple, Hitler en 1923 : « Le peuple allemand est constitué d'un tiers de héros, d'un tiers de poltrons et d'un tiers de traîtres » (*Hitler's Speeches*, 1942, p. 76). Après la prise du pouvoir, cette tendance se donna libre cours. Voir, par exemple, Joseph Goebbels en 1934 : « Qui a le droit de critiquer ? Les membres du parti ? Non. Le reste des Allemands ? Ils devraient se considérer heureux d'être encore en vie. Ce serait un peu trop beau, si ceux qui vivent à notre merci avaient le droit de critiquer. » Cité d'après Ernst Kohn-Bramstedt, *Dictatorship and Political Police...*, 1945, p. 178-179. Pendant la guerre, Hitler déclara : « Je ne suis qu'un aimant qui se déplace constamment à travers la nation allemande pour en extraire l'acier. Et j'ai souvent dit que le jour viendrait où tous les Allemands de valeur seraient dans mon camp. D'ailleurs, ceux qui ne veulent pas être dans mon camp sont sans valeur » (voir [A. Hitler], *Der grossdeutsche Freiheitskampf. Reden Hitlers vom 1.9.1939 bis 10.3.1940*, p. 174). Dès cette époque, le sort de ceux qui « sont sans valeur » ne faisait pas de doute pour l'entourage immédiat de Hitler. Himmler exprimait le même sentiment lorsqu'il disait : « Le Führer pense en termes non pas allemands, mais germaniques » (dossier Kersten [Centre de documentation juive contemporaine]). Mais nous savons par les *Hitlers Tischgespräche* (1951, p. 315 et suiv.) qu'à cette époque il se moquait déjà de la « clameur » germanique elle-même et pensait en « termes aryens ».

propagande nazie[54]. La *Volksgemeinschaft* n'était que la préparation par la propagande d'une société raciale, « aryenne », qui finalement aurait voué à leur perte tous les peuples, y compris les Allemands.

Dans une certaine mesure, la *Volksgemeinschaft* était la tentative nazie de contrer la promesse communiste d'une société sans classes. Le pouvoir de séduction d'une propagande par rapport à l'autre semble évident si nous faisons abstraction de toutes les implications idéologiques. Si l'une et l'autre promettaient de niveler toutes les différences sociales et économiques, la société sans classes supposait évidemment que tout le monde serait rabaissé au niveau d'un ouvrier d'usine, tandis que la *Volksgemeinschaft*, qui supposait une conspiration en vue de la conquête mondiale, permettait d'espérer raisonnablement qu'un jour tous les Allemands pourraient devenir propriétaires d'usine. La *Volksgemeinschaft* présentait cependant un avantage encore supérieur : son établissement ne devait pas attendre un futur hypothétique et ne dépendait pas de conditions objectives ; elle pouvait être réalisée immédiatement dans le monde fictif du mouvement.

L'objectif véritable de la propagande totalitaire n'est pas la persuasion, mais l'organisation – l'« accumulation du pouvoir sans la possession de moyens de violence[55] ». À cette fin, l'originalité du contenu idéologique ne peut qu'être considérée comme un obstacle superflu. Ce n'est pas par hasard que les deux mouvements totalitaires de notre temps, si effroyablement « neufs » dans leurs méthodes de domination et ingénieux dans leurs formes d'organisation, n'ont jamais prêché de doctrine nouvelle, n'ont jamais inventé d'idéologie qui ne fût déjà popu-

---

54. Heinrich Himmler, dans un discours aux officiers SS, à Kharkov, en avril 1943 : « Je constituai très vite des SS germaniques dans les différents pays... » (*Nazi Conspiracy and Aggression...*, vol. IV, p. 572 et suiv.). Dès avant la prise du pouvoir, Hitler avait fourni une indication de cette politique non nationale (*Adolf Hitlers Reden*, 1933) : « Parmi la nouvelle classe des maîtres, nous admettrons certainement aussi des représentants d'autres nations, à savoir ceux qui le méritent en raison de leur participation à notre combat. »

55. Eugen Hadamovsky, *Propaganda und nationale Macht*, 1933.

laire[56]. Les masses ne se laissent pas gagner par les succès passagers de la démagogie, mais par la réalité et la puissance visibles d'une « organisation vivante[57] ». Ce ne sont pas les dons éclatants de Hitler comme orateur de masse qui lui assurèrent sa position dans le mouvement ; au contraire, ils conduisirent ses adversaires à le sous-estimer comme un simple démagogue, et Staline fut capable de vaincre le meilleur orateur de la révolution russe[58]. Ce qui différencie les leaders totalitaires des dictateurs, c'est plutôt la détermination simpliste et exclusive avec laquelle ils choisissent les éléments d'idéologies existantes les plus propres à devenir les fondements d'un autre monde entièrement fictif. La fiction des *Protocoles* était aussi appropriée que la fiction d'une conspiration trotskiste : l'une et l'autre contenaient un élément plausible – influence occulte des Juifs dans le passé ; lutte pour le pouvoir entre Trotski et Staline – dont même le monde fictif du totalitarisme ne peut impunément se passer. Tout l'art consiste à utiliser, et en même temps à transcender les éléments du réel, d'expériences vérifiables empruntées à la fiction choisie, puis à les généraliser pour les rendre définitivement

56. Konrad Heiden, *Der Führer...*, 1944, p. 139 : la propagande n'est pas « l'art de répandre une opinion parmi les masses. En fait, c'est l'art d'emprunter une opinion aux masses ».

57. Eugen Hadamovsky, *Propaganda und nationale Macht*, 1933, *passim*. Le terme est emprunté à Hitler, *Mein Kampf* (livre II, chap. XI), où l'« organisation vivante » d'un mouvement est opposée au « mécanisme mort » d'un parti bureaucratique.

58. Ce serait une grave erreur d'interpréter les chefs totalitaires selon le concept d'« autorité charismatique » (Max Weber). Voir Hans Gerth, « The Nazi Party », dans *American Journal of Sociology*, 1940, vol. 45. C'est une telle méprise qui fausse la biographie de Konrad Heiden, *Der Führer...* Gerth décrit Hitler comme le chef charismatique d'un parti bureaucratique. Cela seul explique pour lui que « malgré les contradictions flagrantes entre les actes et les paroles, rien ne pouvait ébranler l'organisation fermement disciplinaire ». (Cette contradiction caractérisait bien davantage Staline, qui « avait soin de dire le contraire de ce qu'il fait, de faire le contraire de ce qu'il dit ». Boris Souvarine, *Staline...* [rééd. 1993], p. 369.) Pour la source de cette méprise, voir Alfred von Martin, « Zur Soziologie der Gegenwart », *Zeitschrift für Kulturgeschichte*, vol. 27, et Arnold Koettgen, « Die Gesetzmässigkeit der Verwaltung im Führerstaat », *Reichsverwaltungsblatt*, 1936. L'un et l'autre caractérisent l'État nazi comme une bureaucratie à autorité charismatique.

inaccessibles à tout contrôle de l'expérience individuelle. Grâce à de telles généralisations, la propagande totalitaire établit un monde capable de concurrencer le monde réel, dont le principal désavantage est de ne pas être logique, cohérent et organisé. La cohérence de la fiction et la rigueur de l'organisation permettent finalement à la généralisation de survivre alors que sont anéantis les mensonges plus spécifiques – le pouvoir des Juifs, après qu'ils furent massacrés sans défense ; la sinistre conspiration mondiale des trotskistes après leur liquidation en Russie soviétique et l'assassinat de Trotski.

L'entêtement avec lequel les dictateurs totalitaires ont absurdement maintenu leurs premiers mensonges ne s'explique pas seulement par une gratitude superstitieuse pour un procédé qui a marché. Au moins dans le cas de Staline, on ne peut expliquer cet entêtement par la psychologie du menteur dont le succès même fait de lui sa dernière victime. Une fois que ces slogans de propagande sont intégrés à une « organisation vivante », ils ne peuvent être éliminés sans risquer de ruiner la structure dans son ensemble. La propagande totalitaire transforma l'affirmation d'une conspiration juive mondiale : d'un sujet objectif et ouvert à la discussion, elle fit l'élément clé de la réalité nazie. L'important, c'est que les nazis *agissaient* comme si le monde était dominé par les Juifs et avait besoin d'une contre-conspiration pour se défendre. Pour eux, le racisme n'était plus une théorie contestable à la valeur scientifique douteuse, il était mis en œuvre quotidiennement dans les fonctionnements de la hiérarchie d'une organisation politique dans le cadre de laquelle il aurait été « irréaliste » de le mettre en question. De même, le bolchevisme n'a plus besoin de l'emporter dans une discussion sur la lutte des classes, l'internationalisme et le rapport inconditionnel entre l'intérêt du prolétariat et celui de l'Union soviétique ; le fonctionnement de l'organisation du Komintern est plus convaincant que ne saurait l'être n'importe quel argument purement idéologique.

La raison fondamentale de la supériorité de la propagande totalitaire sur la propagande des autres partis et mouvements est que son contenu, au moins pour les membres du mouve-

ment, n'est plus un problème objectif à propos duquel les gens peuvent avoir une opinion, mais est devenu dans leur vie un élément aussi réel et intangible que les règles de l'arithmétique. L'organisation de la texture entière de la vie conformément à une idéologie ne peut être complètement menée à bien que sous un régime totalitaire. Dans l'Allemagne nazie, mettre en question la validité du racisme et de l'antisémitisme, quand rien n'importait que l'origine raciale, quand une carrière dépendait d'une physionomie « aryenne » (Himmler sélectionnait les candidats SS sur photographies) et que l'on recevait plus ou moins à manger selon le nombre de grands-parents juifs qu'on avait, c'était comme si on mettait en question l'existence du monde.

Il est inutile de démontrer les avantages d'une propagande qui, constamment, « ajoute la puissance de l'organisation[59] » à la voix faible et peu fiable de l'argumentation et réalise, pour ainsi dire instantanément, tout ce qu'elle avance. Inattaquable par des arguments fondés sur une réalité que les mouvements promettaient de changer, inattaquable par une contre-propagande disqualifiée du seul fait qu'elle relève ou prend la défense d'un monde que les masses désemparées ne peuvent ni ne veulent accepter, elle ne peut être réfutée que par une réalité autre, plus forte ou meilleure.

C'est à l'heure de la défaite que la faiblesse inhérente à la propagande totalitaire devient visible. Privés de la force du mouvement, ses membres cessent immédiatement de croire au dogme pour lequel hier encore ils étaient prêts à sacrifier leur vie. Au moment où le mouvement, c'est-à-dire le monde fictif qui les abritait, est détruit, les masses retournent à leur ancien statut d'individus isolés qui, ou bien sont heureux d'accepter une nouvelle fonction dans un monde changé, ou bien retombent dans leur ancien caractère superflu et désespéré. Les membres de mouvements totalitaires,

59. Eugen Hadamovsky, *Propaganda und nationale Macht*, 1933, p. 21. Pour les objectifs totalitaires, c'est une faute de propager leur idéologie par l'enseignement ou la persuasion. Selon les mots de Robert Ley, elle ne peut être ni « enseignée » ni « apprise », mais seulement « exercée » et « pratiquée » (voir *Der Weg zur Ordensburg* [1936]).

profondément fanatiques aussi longtemps qu'existe le mouvement, ne suivront pas l'exemple du fanatisme religieux pour mourir en martyrs (même s'ils n'ont été que trop enclins à mourir en robots[60]). Ils abandonneront tranquillement le mouvement comme un mauvais pari et se mettront en quête d'une nouvelle fiction prometteuse, ou bien attendront que l'ancienne fiction recouvre assez de force pour lancer un nouveau mouvement de masse.

Les Alliés essayèrent vainement de trouver un seul nazi avoué et convaincu parmi le peuple allemand, dont 90 % avaient probablement été des sympathisants sincères à un moment ou à un autre ; ce fait ne doit pas être interprété simplement comme un signe de faiblesse humaine ou d'opportunisme grossier. Le nazisme, en tant qu'idéologie, avait été si complètement « réalisé » que son contenu cessait d'exister comme ensemble autonome de doctrines, qu'il perdait, pour ainsi dire, son existence intellectuelle : la destruction de la réalité n'a donc presque rien laissé derrière elle, à commencer par le fanatisme des croyants.

2. L'organisation totalitaire

Les formes de l'organisation totalitaire, contrairement à leur contenu idéologique et aux slogans de la propagande, sont complètement nouvelles[61]. Elles sont destinées à traduire les mensonges de la propagande, ourdis à partir d'une fiction centrale – la conspiration des Juifs, ou des trot-

60. Reinhard Höhn, un des principaux théoriciens politiques nazis, interprétait ainsi cette absence de doctrine ou même d'un ensemble d'idéaux et de croyances, à l'intérieur du mouvement : « Du point de vue de la communauté du peuple, toute communauté de valeurs est destructrice » (*Reichsgemeinschaft und Volksgemeinschaft*, 1935, p. 83).

61. Hitler, discutant le rapport entre *Weltanschauung* et organisation, admet comme allant de soi que les nazis héritèrent d'autres groupes et d'autres partis l'« idée raciale » *(die volkische Idee)* et agirent comme s'ils en étaient les seuls représentants, parce qu'ils furent les premiers à fonder sur elle une organisation combattante et à la formuler dans un but pratique (Adolf Hitler, *Mein Kampf*, livre II, chap. V).

skistes, ou des deux cents familles, etc. –, en une réalité agissante ; à édifier, même dans des circonstances non totalitaires, une société dont les membres agissent et réagissent conformément aux règles d'un monde fictif. Contrairement aux partis et aux mouvements apparemment similaires, à tendance fasciste ou socialiste, nationaliste ou communiste, qui tous étayent leur propagande par le terrorisme dès qu'ils ont atteint un certain degré d'extrémisme (qui dépend surtout du degré de désespoir de leurs membres), le mouvement totalitaire prend vraiment sa propagande au sérieux, sérieux qui s'exprime de façon beaucoup plus effrayante par l'organisation de ses partisans que par la liquidation physique de ses adversaires. Organisation et propagande (plutôt que terreur et propagande) représentent les deux faces de la médaille[62].

Dans la phase qui précède la prise du pouvoir, la technique la plus originale consiste à créer des organisations de façade et à faire une distinction entre membres du parti et sympathisants. Comparés à cette invention, d'autres traits typiquement totalitaires, comme la nomination des fonctionnaires par le sommet et la monopolisation finale des nominations par un seul homme, sont d'importance secondaire. Le prétendu « principe du chef » n'est pas totalitaire en soi ; il a emprunté à l'autoritarisme et à la dictature militaire certains traits qui ont puissamment contribué à obscurcir et à minimiser le phénomène d'essence totalitaire. Si les fonctionnaires nommés par le sommet possédaient une autorité et une responsabilité réelles, nous aurions affaire à une structure hiérarchique dans laquelle l'autorité et le pouvoir sont délégués et régis par des lois. En gros, il en va de même pour l'organisation d'une armée et pour la dictature militaire calquée sur le même modèle ; dans ce cas, le pouvoir absolu de commandement, du sommet à la base, et l'obéissance absolue, de la base au sommet, correspondent à la situation du danger extrême dans le combat, et c'est précisément pour cette raison qu'ils ne sont pas totalitaires. Une chaîne de

62. Voir Adolf Hitler, « Propagande et organisation », *Mein Kampf*, livre II, chap. XI.

commandement hiérarchiquement organisée signifie que le pouvoir de celui qui commande dépend de l'ensemble du système hiérarchique dans lequel il opère. Toute hiérarchie, si autoritaire qu'en soit la direction, toute chaîne de commandement, si arbitraire ou dictatorial que soit le contenu de ses ordres, tend à stabiliser, et aurait limité le pouvoir total du chef d'un mouvement totalitaire[63]. Dans le langage nazi, c'est la « volonté du Führer », jamais en repos, dynamique, qui devient la « loi suprême » dans un État totalitaire – et non pas ses ordres, expression qui pourrait impliquer une autorité fixée et circonscrite[64]. Le principe du chef ne développe son caractère totalitaire qu'à partir de la position où le mouvement totalitaire, grâce à son organisation unique, place le chef – à partir de l'importance fonctionnelle du chef pour le mouvement. D'ailleurs, dans le cas de Hitler comme dans celui de Staline, le principe du chef proprement dit ne s'est cristallisé qu'assez lentement, parallèlement à la « totalitarisation » progressive du mouvement[65].

---

63. La demande impérative de Himmler « de ne pas promulguer de décret définissant le terme de "Juif" » est un cas d'espèce ; car « avec tous ces engagements stupides, nous ne ferons que nous lier les mains » (document de Nuremberg n° 626, lettre à Berger datée du 28 juillet 1942, photocopie au Centre de documentation juive contemporaine).

64. La formulation « la volonté du Führer est la loi suprême » se trouve dans tous les règlements officiels gouvernant la conduite du parti et des SS. La meilleure source sur le sujet est Otto Gauweiler, *Rechtseinrichtungen und Rechtsaufgaben der Bewegung*, 1939.

65. Konrad Heiden, *Der Führer...*, 1944, p. 292, rapporte la différence suivante entre la première édition de *Mein Kampf* et celles qui suivirent. La première édition propose l'élection de fonctionnaires du parti qui, seulement après leur élection, sont investis d'« un pouvoir et d'une autorité illimités » ; toutes les éditions suivantes établissent la nomination des cadres du parti par le chef de rang immédiatement plus élevé. Naturellement, pour la stabilité des régimes totalitaires, la nomination par le sommet est un principe bien plus important que l'« autorité illimitée » du fonctionnaire désigné à ce poste. En pratique, l'autorité des sous-chefs était limitée de façon décisive par la souveraineté absolue du chef. Voir ci-dessous. Staline, issu de l'appareil de conspiration du parti bolchevique, ne pensa probablement jamais qu'il y avait là un problème. Pour lui, les nominations, dans la machine du parti, étaient une question d'accumulation de pouvoir personnel. (Pourtant, ce n'est que dans les années 30, après qu'il eut étudié l'exemple de Hitler, qu'il permit qu'on l'appelât « chef ».) Il faut cependant admettre qu'il pouvait facilement justifier de telles méthodes en citant la théorie de Lénine, selon laquelle « l'histoire de tous les pays montre que, par ses seuls efforts, la

La naissance de cette nouvelle structure organisationnelle est obscurcie par un anonymat qui contribue grandement à la bizarrerie du phénomène dans son ensemble. Nous ne savons pas qui décida le premier d'organiser les compagnons de route au sein d'organisations de façade, qui vit le premier dans les masses vaguement sympathisantes – sur lesquelles tous les partis comptaient le jour des élections, mais qu'ils considéraient comme trop flottantes pour devenir des membres du parti – non seulement un réservoir où puiser des membres pour le parti, mais une force décisive en elle-même. Les premières organisations de sympathisants d'inspiration communiste, comme les Amis de l'Union soviétique ou les associations du Secours rouge, devinrent des organisations de façade, mais n'étaient à l'origine ni plus ni moins que ce que leur nom indiquait : un rassemblement de sympathisants destiné à fournir une aide financière ou autre (par exemple, juridique). Hitler fut le premier à déclarer que chaque mouvement devrait diviser les masses gagnées par la propagande en deux catégories, sympathisants et membres du parti. La chose est assez intéressante en elle-même ; ce qui est encore plus significatif, c'est que Hitler fondait cette division sur une philosophie plus générale, suivant laquelle, la plupart des gens étant trop paresseux et lâches pour dépasser le pur aperçu théorique, seule une minorité est prête à se battre pour ses convictions[66]. Par conséquent, Hitler fut le premier à imaginer la politique délibérée consistant à grossir constamment les rangs des sympathisants, tout en maintenant le

---

classe ouvrière n'est capable de développer qu'une conscience syndicale » : la direction en vient donc nécessairement de l'extérieur. (Voir Lénine, *What is to be done [Que faire ?]*, publié pour la première fois en 1902, dans *Collected Works*, vol. IV, livre II [« The Iskra Period »].) En fait, Lénine considérait le parti communiste comme la partie « la plus progressiste » de la classe ouvrière, et en même temps comme « le levier de l'organisation politique » qui « dirige toute la masse du prolétariat », c'est-à-dire comme une organisation extérieure et supérieure à la classe. (Voir William Henry Chamberlin, *The Russian Revolution, 1917-1921*, 1935, II, p. 361.) Néanmoins, Lénine ne mettait pas en question la validité de la démocratie interne au parti, quoiqu'il eût tendance à limiter la démocratie à la classe ouvrière elle-même.

66. Adolf Hitler, *Mein Kampf*, livre II, chap. XI.

nombre des membres du parti à l'intérieur de limites strictes[67]. Cette idée d'une minorité de membres du parti entourée d'une majorité de sympathisants est très proche de la réalité ultérieure des organisations de façade – un terme qui exprime leur fonction ultime de manière très appropriée, et indique le rapport qui existe entre membres du parti et sympathisants, à l'intérieur même du mouvement. Car les organisations de façade, regroupant les sympathisants, ne sont pas moins essentielles au fonctionnement du mouvement que ses membres proprement dits.

Les organisations de façade entourent les membres du mouvement d'un mur protecteur qui les sépare du monde extérieur, du monde normal ; en même temps, elles constituent avec cette normalité un trait d'union sans lequel les membres, avant la prise du pouvoir, sentiraient de façon trop aiguë les différences qui séparent leurs croyances et celles des gens normaux, leurs propres fictions mensongères et la réalité du monde normal. L'ingéniosité de cette technique, tout au long de la lutte du mouvement pour conquérir le pouvoir, tient à ce que les organisations de façade ne se contentent pas d'isoler les membres, mais leur offrent un semblant de normalité extérieur qui atténue le choc de la vraie réalité plus efficacement que le simple endoctrinement. C'est la différence entre sa propre attitude et celle du compagnon de route qui confirme un nazi ou un Bolchevik dans sa croyance à l'explication fictive du monde : après tout, le compagnon de route a les mêmes convictions, quoique d'une façon plus « normale », c'est-à-dire moins fanatique et plus confuse. Aussi le membre du parti a-t-il l'impression que quiconque ne lui a pas été désigné expressément comme un ennemi (un Juif, un capitaliste, etc.) est de son côté, que le monde est plein d'alliés secrets qui, simplement, n'ont pas encore la force

---

67. Adolf Hitler, *Mein Kampf*. Ce principe fut strictement appliqué dès que les nazis s'emparèrent du pouvoir. Des 7 millions de membres de la Jeunesse hitlérienne, seuls 50 000 furent acceptés comme membres du parti, en 1937. Voir Gottfried Neesse, « Die verfassungrechtliche Gestaltung der Ein-Partei », *Zeitschrift für die gesamte Staatswissenschaft*, 1938, vol. 98, p. 678 : « Même le parti unique ne doit jamais se développer jusqu'au point d'embrasser l'ensemble de la population. Il est "total" à cause de son influence idéologique sur la nation. »

d'esprit ou de caractère nécessaire pour tirer les conclusions logiques de leurs propres convictions[68].

D'un autre côté, le reste du monde a généralement un premier aperçu de ce qu'est un mouvement totalitaire via les organisations de façade de celui-ci. Les sympathisants, qui selon toute apparence sont encore d'inoffensifs citoyens dans une société non totalitaire, ne peuvent guère être qualifiés de fanatiques obstinés ; grâce à eux, les mouvements rendent acceptables leurs mensonges les plus fantastiques, et peuvent répandre leur propagande sous des formes atténuées et plus respectables, jusqu'à ce que toute l'atmosphère soit empoisonnée d'éléments totalitaires qu'on ne peut guère reconnaître comme tels, mais qui semblent être des réactions ou des opinions politiques normales. Les organisations de compagnons de route entourent les mouvements totalitaires d'un brouillard de normalité et de respectabilité qui trompe les adhérents sur le vrai caractère du monde extérieur, et le monde extérieur sur le vrai caractère du mouvement. L'organisation de façade a une double fonction : façade du mouvement totalitaire aux yeux du monde non totalitaire, et façade de ce monde aux yeux de la hiérarchie interne du mouvement.

Encore plus frappant que cette relation est le fait qu'elle se répète à différents niveaux, à l'intérieur même du mouvement. Tout comme les membres du parti sont liés aux compagnons de route et séparés d'eux, les formations d'élite du mouvement sont liées aux membres ordinaires et séparées d'eux. Si le compagnon de route semble être un habitant normal du monde extérieur, qui a adopté la croyance totalitaire comme on peut adopter le programme d'un parti ordinaire, le membre ordinaire du mouvement nazi ou bolchevique appartient encore, à maints égards, au monde environnant : ses rapports professionnels et sociaux ne sont pas encore complètement déterminés par son

68. Voir la distinction hitlérienne entre les « extrémistes », qui seuls étaient prêts à devenir membres du parti, et les centaines de milliers de sympathisants, qui étaient trop « poltrons » pour faire le sacrifice nécessaire. Adolf Hitler, *Mein Kampf*.

appartenance au parti, quoiqu'il sache peut-être – contrairement au simple sympathisant – qu'en cas de conflit entre son allégeance au parti et sa vie privée, c'est la première qui est censée l'emporter. D'un autre côté, le membre d'un groupe militant s'identifie absolument au mouvement ; il n'a pas de profession ni de vie privée qui en soient indépendantes. Et de même que les sympathisants constituent autour des membres un mur protecteur et représentent le monde extérieur à leurs yeux, de même les membres ordinaires entourent les groupes militants et représentent pour eux le monde normal.

Avantage précis de cette structure : elle amortit le choc d'un des dogmes totalitaires fondamentaux selon lequel, l'univers étant divisé en deux gigantesques camps dont l'un est le mouvement, le mouvement peut et doit combattre le monde entier – exigence qui ouvre la voie à l'agressivité aveugle des régimes totalitaires. Grâce à une hiérarchie soigneusement graduée du militantisme, dans laquelle chaque échelon représente pour l'échelon supérieur l'image du monde non totalitaire, parce qu'il est moins militant et que ses membres sont moins totalement organisés, le choc de la terrifiante et monstrueuse dichotomie totalitaire est dévié et l'on n'en prend jamais complètement conscience ; ce genre d'organisation empêche ses membres d'être jamais directement confrontés avec le monde extérieur, dont l'hostilité demeure pour eux une pure présomption idéologique. Ils sont si bien protégés contre la réalité du monde non totalitaire qu'ils sous-estiment constamment les risques énormes de la politique totalitaire.

Il ne fait pas de doute que les mouvements totalitaires attaquent le statu quo plus radicalement qu'aucun des précédents partis révolutionnaires. Ils peuvent se permettre cet extrémisme, apparemment si impropre aux organisations de masse, parce que leur organisation offre un substitut provisoire à la vie ordinaire, située en dehors de la politique, que le totalitarisme cherche en fait à abolir. Tout l'univers des rapports sociaux apolitiques, dont le « révolutionnaire professionnel » devait se couper ou qu'il devait accepter tel quel, existe à l'intérieur du mouvement sous la forme des groupes les moins militants ; dans ce monde hiérarchiquement organisé, les combattants de la conquête et de la révolution mondiales ne sont jamais exposés au choc que produit immanquablement le contraste entre les croyances « révolutionnaires » et le monde « normal ». La raison pour laquelle les mouvements, dans la phase révolutionnaire qui précède la prise du pouvoir, peuvent attirer tant de philistins, est que leurs membres vivent dans un paradis de normalité trompeur ; les membres du parti sont entourés par le monde normal des sympathisants, et les formations d'élite par le monde normal des membres ordinaires.

Autre avantage du schéma totalitaire : il peut se répéter indéfiniment et maintient l'organisation dans un état de fluidité qui lui permet d'insérer constamment de nouvelles couches et de définir de nouveaux degrés de militantisme. Toute l'histoire du parti nazi peut se résumer à celle des formations nouvelles à l'intérieur du mouvement nazi. Les SA, les Sections d'assaut (créées en 1922), furent la première formation nazie censée être plus militante que le parti lui-même[69] ; en 1926, les SS furent créés en tant que formation d'élite des SA ; trois ans plus tard, les SS étaient séparés des SA et placés sous le commandement de Himmler ; il ne fallut à Himmler que quelques années de plus pour répéter le même manège à l'intérieur des SS. L'un après l'autre, chaque corps étant plus militant que son prédécesseur, on vit naître, d'abord les troupes de choc[70], puis les unités SS *Totenkopf* (« troupes chargées de la garde des camps de concentration »), qui furent plus tard fusionnées pour former les *Waffen-SS*, enfin le Service de sécurité (« service de renseignement idéologique du parti », chargé d'exécuter la « politique de peuplement négatif ») et le Bureau pour les questions de race et de colonisation *(Rasse und Siedlungswesen)*, dont les tâches étaient d'« ordre positif » – tous ces corps s'étant développés à partir de la SS-Générale, dont les membres,

69. Voir Adolf Hitler : chap. sur les SA, *Mein Kampf*, livre II, chap. IX, 2e partie.

70. En traduisant *Verfügungstruppe*, c'est-à-dire les unités spéciales des SS qui, à l'origine, étaient censées être spécialement à la disposition de Hitler, par troupes de choc, je suis la traduction de O. C. Giles, *The Gestapo*, 1940.

sauf le *FührerKorps*, de rang plus élevé, conservaient leurs occupations civiles. Par rapport à toutes ces formations nouvelles, le membre de la SS-Générale se trouvait maintenant dans la situation du SA par rapport au SS, du membre du parti par rapport au SA, ou du membre d'une organisation de façade par rapport au membre du parti[71]. La SS-Générale était désormais chargée non seulement de « sauvegarder les [...] incarnations de l'idée nationale-socialiste », mais aussi de « protéger les membres de tous les cadres des SS spéciaux pour qu'ils ne se coupent pas du mouvement lui-même[72] ».

---

71. Pour l'organisation et l'histoire des SS, la source la plus importante est Himmler, « Wesen und Aufgabe der SS und der Polizei », *Sammelhefte ausgewählter Vorträge und Reden*, 1939. Pendant la guerre, lorsque les rangs de la *Waffen-SS* durent être remplis d'engagés en raison des pertes subies sur le front, la *Waffen-SS* perdit son caractère d'élite à l'intérieur des SS, à tel point que désormais la SS-Générale, c'est-à-dire le plus élevé des *FührerKorps*, représenta de nouveau le véritable noyau, la véritable élite du mouvement. Des documents très révélateurs sur cette dernière phase des SS se trouvent dans les archives de la Hoover Library, dossier Himmler, liasse 278. Ils montrent que les SS recrutèrent à la fois parmi les travailleurs étrangers et parmi les autochtones, en imitant délibérément les méthodes et les règles de la Légion étrangère. L'engagement des Allemands était fondé sur un ordre de Hitler (jamais publié) daté de décembre 1942, selon lequel « la classe 1925 [devrait] être affectée à la *Waffen-SS* » (Heinrich Himmler dans une lettre à Martin Bormann). Enrôlement et engagement se passaient soi-disant sur la base du volontariat. Ce que cela voulait dire exactement apparaît par les nombreux rapports des officiers SS chargés de ces tâches. Un rapport daté du 21 juillet 1943 décrit comment la police entoure la salle où les ouvriers français doivent être enrôlés, comment ceux-ci chantent *La Marseillaise* et essaient de sauter par les fenêtres. Les tentatives faites auprès de la jeunesse allemande ne furent guère plus encourageantes. Quoiqu'ils fussent soumis à une pression extraordinaire et qu'on leur dît qu'« ils ne voudraient certainement pas rejoindre les "sales hordes grises" de l'armée », seuls 18 sur 220 membres de la Jeunesse hitlérienne répondirent à l'appel (rapport du 30 avril 1943, présenté par Haüssler, chef du Centre de recrutement sud-ouest de la *Waffen-SS*) ; tous les autres préférèrent rejoindre la Wehrmacht. Il est possible que les pertes des SS, plus lourdes que celles de la Wehrmacht, aient pesé sur leur décision (voir Karl O. Paetel, « Die SS », *Vierteljahreshefte für Zeitgeschichte*, janvier 1954). Mais ce facteur n'aurait pas été décisif à lui seul : dès janvier 1940, Hitler avait donné l'ordre d'affecter des SA à la *Waffen-SS*, et les résultats pour Königsberg, d'après un rapport qui nous est parvenu, furent les suivants : 1 807 SA appelés pour « service dans la police », dont 1 094 ne se présentèrent pas à l'appel, 631 furent déclarés inaptes et 82 aptes au service dans les SS.

72. Werner Best, *Die deutsche Polizei*, 1941, p. 99.

Cette hiérarchie fluctuante, insérant constamment de nouvelles couches et déplaçant l'autorité, nous est bien connue par l'exemple des organismes secrets, police secrète ou services d'espionnage, où de nouveaux contrôles sont toujours nécessaires pour contrôler les contrôleurs. Dans la phase qui précède la prise du pouvoir, l'espionnage total n'est pas encore possible ; mais la hiérarchie fluctuante, analogue à celle des services secrets, permet, même sans pouvoir effectif, de rétrograder tout échelon ou groupe qui vacille ou donne des signes de relâchement, simplement en intercalant une nouvelle couche plus extrémiste, ce qui pousse automatiquement le groupe ancien vers l'organisation de façade et l'éloigne du centre du mouvement. Ainsi, les formations d'élite nazies étaient avant tout des organisations internes du parti : les SA accédèrent à la position de super-parti lorsque le parti sembla perdre de sa radicalité, et furent à leur tour, et pour des raisons similaires, coiffés par les SS.

La valeur militaire des formations d'élite totalitaires, notamment des SA et des SS, est fréquemment exagérée, tandis que leur signification purement interne au parti a été quelque peu négligée[73]. Aucune des organisations fascistes (Chemises noires, etc.) ne fut créée dans un but spécifiquement défensif ou agressif, bien qu'on alléguât généralement comme prétexte la défense des chefs ou des membres ordinaires du parti[74]. La forme paramilitaire de ces groupes d'élite nazis et fascistes venait de leur création comme « instruments de la lutte idéologique du mouvement[75] »

73. Pourtant, ce n'était pas la faute de Hitler qui ne manquait jamais de souligner que le nom même de la SA *(Sturmabteilung)* indiquait qu'elle n'était qu'« une section du mouvement », au même titre que d'autres formations du parti tels que le département de la propagande, le journal, les instituts scientifiques, etc. Il essaya aussi de dissiper les illusions sur la possible valeur militaire d'une formation paramilitaire, et voulait que l'entraînement s'effectuât selon les besoins du parti et non selon les principes d'une armée. *Mein Kampf*, livre II, chap. IX, 2e partie.

74. Les SA furent officiellement créés pour protéger les réunions nazies, tandis que la tâche des SS était à l'origine de protéger les chefs nazis.

75. Adolf Hitler, *Mein Kampf*, livre II, chap. IX, 2e partie.

contre le pacifisme répandu en Europe après la Première Guerre mondiale. Dans un but totalitaire, il était beaucoup plus important d'établir, comme « expression d'une attitude agressive[76] », une fausse armée qui ressemblait d'aussi près que possible à l'armée fantôme des pacifistes (incapables de comprendre la place constitutionnelle d'une armée à l'intérieur du corps politique, les pacifistes avaient dénoncé toutes les formations militaires comme étant des bandes d'assassins volontaires), plutôt que d'avoir une troupe de soldats bien entraînés. Si les SA et les SS étaient des organisations exemplaires pour la violence et le meurtre arbitraires, elles étaient loin d'être aussi bien entraînées que la Reichswehr noire[77], et n'étaient pas équipées pour combattre des troupes régulières. Dans l'Allemagne de l'après-guerre, la propagande militariste était plus populaire que l'entraînement militaire, et les uniformes n'augmentaient pas la valeur militaire des troupes paramilitaires, quoiqu'ils fussent utiles pour indiquer clairement qu'étaient abolis critères et morale civils ; apparemment, ces uniformes soulageaient considérablement la conscience des meurtriers, et les rendaient encore plus réceptifs à l'obéissance sans contestation et à l'autorité incontestée. En dépit de cet attirail militariste, la faction interne du parti nazi, qui était d'abord nationaliste et militariste et considérait donc les troupes paramilitaires, non comme de simples formations du parti, mais comme une extension illégale de la Reichswehr (laquelle avait été limitée, aux termes du traité de Versailles), fut la première à être liquidée. Röhm, qui commandait les Sections d'assaut, avait effectivement rêvé d'incorporer ses SA dans la Reichswehr après que les nazis eurent pris le pouvoir, et négocié à cet effet. Il fut supprimé par Hitler parce qu'il essayait de transformer le nouveau régime nazi en dictature mili-

76. Ernst Bayer, *Die SA*, 1938.

77. NdÉ. « Reichswehr noire » : organisation militaire clandestine, forte de plusieurs milliers d'hommes, qui tenta en octobre 1923 de renverser la République de Weimar.

taire[78]. Hitler avait clairement montré, plusieurs années auparavant, que le mouvement nazi ne désirait pas une telle évolution, lorsqu'il destitua Röhm – un vrai soldat, que son expérience dans la guerre et dans l'organisation de la Reichswehr noire aurait rendu indispensable à un programme sérieux de préparation militaire – de sa fonction de chef des SA, et choisit Himmler, qui ignorait tout des problèmes militaires, pour réorganiser les SS.

En dehors de l'importance des formations d'élite pour l'organisation du mouvement (elles renfermaient le noyau changeant du militantisme), leur caractère paramilitaire doit être compris en rapport avec d'autres organisations professionnelles du parti, comme celles des enseignants, des avocats, des médecins, des étudiants, des universitaires, des techniciens et des ouvriers. Toutes ces organisations étaient avant tout des répliques d'associations professionnelles, non totalitaires, existantes : elles étaient paraprofessionnelles, comme les sections d'assaut étaient paramilitaires. De manière caractéristique, plus les partis

---

78. L'autobiographie de Ernst Röhm montre clairement combien ses convictions politiques s'accordaient mal avec celles des nazis. Il désira toujours un « *Soldatenstaat* » et souligna toujours le « *Primat des Soldaten vor dem Politiker* » (*Die Geschichte eines Hochverräters*, p. 349). Le passage qui suit est particulièrement révélateur de son attitude non totalitaire, ou plutôt de son incapacité même à comprendre le totalitarisme et son exigence « totale » : « Je ne vois pas pourquoi ne seraient pas compatibles les trois choses suivantes : ma loyauté envers le prince héréditaire de la maison de Wittelsbach, héritier de la couronne de Bavière ; mon admiration pour l'intendant général de la guerre mondiale [c'est-à-dire Ludendorff], qui incarne aujourd'hui la conscience du peuple allemand ; et ma camaraderie avec le héraut de la lutte politique, Adolf Hitler » (*ibid.*, p. 348). Ce qui lui coûta finalement la vie est qu'après la prise du pouvoir, il rêva d'une dictature fasciste modelée sur le régime italien, dans laquelle le parti nazi « [briserait] les chaînes du parti [et] deviendrait lui-même l'État », ce que Hitler entendait justement éviter à tout prix. Voir Ernst Röhm, *Warum SA ?*, discours prononcé devant le corps diplomatique, décembre 1933. À l'intérieur du parti nazi, la possibilité d'un complot des SA et de la Reichswehr contre la domination des SS et de la police ne fut apparemment jamais tout à fait oubliée. En 1942, soit huit ans après le meurtre de Röhm et du général Schleicher, Hans Frank, responsable du *Generalgouvernement* en Pologne, fut soupçonné de souhaiter « [après la guerre] inaugurer le grand combat pour la justice [contre les SS], avec l'assistance des Forces armées et des SA » (*Nazi Conspiracy and Aggression*, 1946, vol. VI, p. 747).

communistes européens devenaient clairement des branches d'un mouvement bolchevique dirigé par Moscou et plus, eux aussi, ils utilisaient leurs organisations de façade pour concurrencer les groupes purement professionnels existants. À cet égard, la seule différence entre les nazis et les Bolcheviks était que les nazis avaient une tendance prononcée à considérer ces formations paraprofessionnelles comme appartenant à l'élite du parti, tandis que les communistes préféraient y recruter les effectifs de leurs organisations de façade. Pour les mouvements, l'important consiste, avant même qu'ils s'emparent du pouvoir, à donner l'impression que tous les éléments de la société sont représentés dans leurs rangs. (L'objectif ultime de la propagande nazie était d'organiser l'ensemble du peuple allemand en autant de sympathisants[79].) Les nazis poussèrent ce petit jeu encore plus loin, créant une série de faux ministères modelés sur l'administration normale de l'État, tels que leur propre ministère des Affaires étrangères, de l'Éducation, de la Culture, du Sport, etc. Aucune de ces institutions n'avait plus de valeur professionnelle que l'imitation de l'armée représentée par les sections d'assaut, mais elles créaient ensemble un monde parfait d'apparences, dans lequel chaque réalité du monde non totalitaire avait sa réplique servile et charlatanesque.

Cette technique de duplication, certainement sans valeur pour renverser directement le régime, s'avérait extrêmement fructueuse pour miner l'activité des institutions existantes, et pour cette « décomposition du statu quo[80] » que les organisations totalitaires préfèrent toujours à une démonstration de force ouverte. Si la tâche des mouvements est bien de « forer leur chemin, comme des polypes, vers toutes les positions de pouvoir[81] », alors ils doivent se

79. Adolf Hitler, *Mein Kampf*, livre II, chap. XI, déclare que la propagande entreprend d'imposer une doctrine à l'ensemble du peuple, tandis que l'organisation n'incorpore qu'une proportion relativement réduite de ses membres les plus militants. Cf. aussi Gottfried Neesse, *Partei und Staat*, 1936.

80. Adolf Hitler, *Mein Kampf*, livre II, chap. XI.

81. Eugen Hadamovsky, *Propaganda und nationale Macht*, 1933, p. 28.

tenir prêts à occuper n'importe quelle position sociale ou politique spécifique. En accord avec leur revendication de la domination totale, chaque groupe organisé de la société non totalitaire est ressenti comme un défi spécifique au mouvement, qui doit le détruire ; chacun requiert, pour ainsi dire, un instrument de destruction spécifique. La valeur pratique des fausses organisations fut mise en lumière lorsque les nazis s'emparèrent du pouvoir et se montrèrent immédiatement prêts à détruire les organisations d'enseignants existantes au moyen d'une autre organisation d'enseignants, les cercles d'avocats existants au moyen d'un cercle d'avocats patronné par les nazis, etc. Ils pouvaient changer, du jour au lendemain, toute la structure de la société allemande – et non la seule vie politique – précisément parce qu'ils en avaient préparé la contrepartie exacte dans leurs propres rangs. À cet égard, la tâche des formations paramilitaires fut achevée lorsque, dans la dernière phase de la guerre, il fut possible de placer la hiérarchie militaire régulière sous l'autorité de généraux SS. Cette technique de « coordination » se révéla aussi ingénieuse et irrésistible que la détérioration du niveau professionnel fut rapide et radicale, quoique ces résultats se fissent plus immédiatement sentir dans le domaine hautement technique et spécialisé de la guerre que nulle part ailleurs.

Si l'importance des formations paramilitaires pour les mouvements totalitaires ne se situe pas dans leur douteuse valeur militaire, elle ne réside pas non plus complètement dans leur imitation factice de l'armée régulière. En tant que formation d'élite, elles sont plus nettement coupées du monde extérieur que n'importe quel autre groupe. Les nazis comprirent très tôt qu'il existait un lien étroit entre le militantisme total et la séparation totale d'avec la normalité ; les sections d'assaut n'étaient jamais affectées près de leur lieu de résidence, et les cadres en activité des SA, avant la prise du pouvoir, et des SS, sous le régime nazi, étaient si mobiles et si fréquemment permutés qu'il leur était absolument impossible de s'habituer à aucune autre partie du monde ordinaire et de s'y enraciner[82]. Ils étaient organisés sur le modèle des gangs criminels, et utilisés pour le meurtre organisé[83]. On faisait étalage de ces meurtres en public, et la haute hiérarchie nazie les reconnaissait officiellement si bien que la complicité ouverte interdisait presque aux membres du mouvement de quitter celui-ci, même sous le régime non totalitaire et même s'ils n'avaient pas été menacés, comme c'était le cas, par leurs anciens camarades. À cet égard, la fonction des formations d'élite est exactement opposée à celle des organisations de façade : tandis que ces dernières prêtent au mouvement un air de respectabilité et inspirent confiance, les premières, en étendant la complicité, rendent chaque membre du parti conscient qu'il a quitté pour de bon le monde normal, qui met le meurtre hors la loi, et qu'on le tiendra responsable de tous les crimes commis par l'élite[84]. Ceci se réalise même avant la prise du pouvoir, lorsque les dirigeants revendiquent systématiquement la responsabilité de tous les crimes et affirment

82. Les unités *Totenkopf* des SS obéissaient aux règles suivantes : 1. Aucune brigade n'effectue son service dans son district d'origine. 2. Toutes les unités doivent être relevées au bout de trois semaines de service. 3. Les membres ne doivent jamais se promener seuls dans la rue, ni arborer leurs insignes *Totenkopf* en public. Voir *Secret Speech by Himmler to the German Army General Staff*, 1938 (en fait, le discours fut prononcé en 1937, voir *Nazi Conspiracy and Aggression*, 1946, vol. IV, p. 616, qui n'en donne que des extraits).

83. Heinrich Himmler, « Die Schutzstaffel als antibolschewistische Kampf-organisation », *Aus dem Schwarzen Korps*, n° 3, 1936, déclara publiquement : « Je sais qu'il y a en Allemagne des gens que la vue de ce manteau noir rend malades. Nous le comprenons et nous ne nous attendons pas à être aimés par trop de gens. »

84. Dans ses discours aux SS, Himmler mettait toujours l'accent sur les crimes déjà commis, en en soulignant la gravité. À propos de la liquidation des Juifs, par exemple, il déclarait : « Je veux aussi vous parler en toute franchise de ce très grave problème. Entre nous, nous devrions y faire allusion en toute franchise, mais nous n'en parlerons jamais en public. » Sur la liquidation de l'intelligentsia polonaise : « ...il faut que vous appreniez ceci mais aussi que vous l'oubliiez immédiatement... » (*Nazi Conspiracy and Aggression*, 1946, vol. IV, respectivement p. 558 et 553). [Joseph Goebbels], *The Goebbels Diaries...*, 1948, p. 266, note dans la même veine : « Sur la question juive, spécialement, nous avons adopté une position d'où il n'y a pas d'échappatoire. [...] L'expérience enseigne qu'un mouvement et un peuple qui ont brûlé leurs vaisseaux combattent avec une détermination beaucoup plus grande que ceux qui peuvent encore battre en retraite. »

sans aucune ambiguïté qu'ils sont commis pour le bien suprême du mouvement.

La création artificielle de conditions de guerre civile, qui permit aux nazis de parvenir au pouvoir par le chantage, a plus que l'avantage évident de fomenter des troubles. Pour le mouvement, la violence organisée est le plus efficace des nombreux murs protecteurs qui entourent son univers fictif, dont la « réalité » est prouvée une fois qu'un membre craint de quitter le mouvement plus qu'il ne craint les conséquences de sa complicité dans des actions illégales, et se sent plus en sécurité en tant que membre qu'en tant qu'opposant. Ce sentiment de sécurité, résultant de la violence organisée au moyen de laquelle les formations d'élite protègent du monde extérieur les membres du parti, est aussi important pour l'intégrité du monde fictif de l'organisation que la crainte de sa terreur.

Au centre du mouvement, tel le moteur qui lui donne l'impulsion, se trouve le Chef. Il est coupé de la formation d'élite par le cercle intérieur des initiés qui répandent autour de lui une aura de mystère impénétrable correspondant à sa « prépondérance intangible[85] ». Sa position à l'intérieur de ce cercle intime dépend de son habileté à ourdir des intrigues parmi ses membres et de son adresse à changer sans cesse de personnel. Il doit son ascension au sommet à son extrême habileté à manipuler les luttes de pouvoir internes du parti, plutôt qu'à des qualités de démagogie ou d'organisation bureaucratique. Il se distingue des types antérieurs de dictateurs en ce qu'il l'emporte rarement par la simple violence. Hitler n'avait besoin ni des SA ni des SS pour assurer sa

85. Boris Souvarine, *Staline...* [rééd. 1993], p. 532. La façon dont les mouvements totalitaires ont gardé le secret absolu sur la vie privée de leurs chefs (Hitler et Staline) contraste avec la publicité que recherchent toutes les démocraties, en faisant étalage de la vie privée de leurs présidents, rois, Premiers ministres, etc. en public. Les méthodes totalitaires ne permettent pas d'identification fondée sur la conviction : même le plus haut placé d'entre nous est simplement humain. Boris Souvarine, *Staline...* [rééd. 1993], p. 22-23, cite les clichés les plus souvent utilisés pour décrire Staline : « Staline, l'hôte mystérieux du Kremlin » ; « Staline, personnalité impénétrable » ; « Staline, Sphinx du communisme » ; « Staline, énigme » ; « Mystère insoluble », etc.

position de chef du mouvement nazi ; au contraire, Röhm, chef des SA et à même de compter sur leur loyauté à sa personne, était l'un des ennemis de Hitler à l'intérieur du parti. Staline l'emporta sur Trotski, qui non seulement jouissait d'une popularité bien plus grande auprès des masses, mais détenait aussi, en tant que chef de l'armée Rouge, la puissance potentielle la plus importante de la Russie soviétique de l'époque[86]. De plus, ce n'était pas Staline, mais Trotski, qui avait le plus grand talent d'organisateur, qui était le bureaucrate le plus habile de la révolution russe[87]. D'un autre côté, Hitler comme Staline étaient des maîtres du détail et se consacrèrent, au début de leur carrière, presque exclusivement aux questions de personnel, si bien qu'au bout de quelques années il ne resta guère d'homme en vue qui ne leur dût sa place[88].

Bien qu'elles soient un préalable absolu au début d'une carrière de ce genre et soient loin d'être sans signification par la suite, de telles qualités personnelles cessent d'être décisives lorsqu'un mouvement totalitaire a été édifié, a établi le principe que « la volonté du Führer est la loi du parti », et lorsque toute sa hiérarchie a été efficacement entraînée à une seule fin – communiquer rapidement la volonté du Chef à tous les échelons. Cela accompli, le Chef est irremplaçable parce que toute la structure compliquée du mouvement perdrait sa *raison d'être** sans ses ordres. Désormais, en dépit des éternelles cabales de la clique intérieure et des incessantes mutations de personnel, en dépit de ce qu'elles accumulent en fait de haine, d'amertume et de ressentiment

86. « S'il [Trotski] avait décidé de faire un coup d'État militaire, il aurait peut-être battu les triumvirs. Mais il quitta son poste sans la moindre tentative pour rallier à lui l'armée qu'il avait créée et dirigée pendant sept ans » (Isaac Deutscher, *Staline*, 1953, p. 238 [H. Arendt se réfère à l'édition parue en 1949, p. 297]).

87. Sous Trotski, le commissariat à la Guerre « passait pour une institution exemplaire », et on faisait appel à Trotski chaque fois que le désordre régnait dans d'autres commissariats. Boris Souvarine, *Staline*... [rééd. 1993], p. 257-258.

88. Les circonstances qui entourèrent la mort de Staline semblent contredire l'infaillibilité de ces méthodes. Il est possible que Staline qui, avant sa mort, projetait sans aucun doute une nouvelle purge générale, ait été assassiné par quelqu'un de son entourage mais, en dépit de nombreuses preuves indirectes, il est impossible de l'affirmer.

personnel, la position du Chef demeure assurée contre des révolutions de palais chaotiques, non pas en vertu de ses dons supérieurs, à propos desquels, souvent, son entourage immédiat ne se fait guère d'illusions, mais à cause de la conviction sincère et raisonnable de ce même entourage que, sans lui, tout serait aussitôt perdu.

La tâche suprême du Chef est d'incarner la double fonction qui caractérise toutes les couches du mouvement – d'agir comme le défenseur magique du mouvement contre le monde extérieur ; et, en même temps, d'être le pont qui relie le mouvement à celui-ci. Le Chef représente le mouvement d'une façon complètement différente de tous les dirigeants ordinaires de partis ; il revendique personnellement la responsabilité de tous les actes, faits ou méfaits commis par n'importe quel membre ou fonctionnaire dans l'exercice de ses fonctions. Cette responsabilité totale constitue, sur le plan de l'organisation, l'aspect le plus important de ce qu'on appelle le principe du Chef, selon lequel chacun des cadres, non content d'être nommé par le Chef, en est la vivante incarnation, et chacun des ordres est censé émaner de cette unique source toujours présente. Cette identification complète du Chef avec tous les sous-chefs qu'il a nommés, et ce monopole de la responsabilité pour tout ce qui se fait, sont aussi les signes les plus évidents de la différence décisive entre un dirigeant totalitaire et un dictateur ou un despote ordinaire. Un tyran ne s'identifierait jamais à ses subordonnés, encore moins à chacun de leurs actes[89] ; il se pourrait qu'il les utilise comme boucs émissaires et qu'il soit heureux de les voir critiqués afin de s'épargner à lui-même la colère populaire, mais il maintiendrait toujours une distance absolue à l'égard de tous ses subordonnés et de tous ses sujets. Le Chef, au contraire, ne peut tolérer qu'on critique ses subordonnés, puisqu'ils agissent toujours en son nom ; s'il

89. Ainsi, pour le meurtre de Potempa, en 1932, Hitler envoya un câble aux SA qui l'avaient assassiné pour les couvrir, quoiqu'il n'y fût vraisemblablement pour rien. L'important était d'établir un principe d'identification, ou, dans le langage nazi, « la loyauté mutuelle du Chef et du peuple » sur laquelle « repose le Reich » (Hans Frank, *Recht und Verwaltung*, 1939).

veut corriger ses propres erreurs, il doit liquider ceux qui les exécutèrent ; s'il veut imputer ses fautes à d'autres, il doit les tuer[90]. Car, dans le cadre de cette organisation, une faute ne peut être qu'une fraude : l'incarnation du Chef par un imposteur.

Cette responsabilité totale pour tout ce qu'accomplit le mouvement et cette identification totale avec chacun de ses responsables ont une conséquence très pratique : jamais personne n'a l'expérience d'une situation où il doit être responsable de ses propres actes ou peut en expliquer les raisons. Puisque le Chef a monopolisé le droit et la possibilité de l'explication, il apparaît au monde extérieur comme la seule personne qui sait ce qu'elle fait, c'est-à-dire comme le seul représentant du mouvement avec lequel on peut encore parler en termes non totalitaires et qui, critiqué ou contesté, ne peut dire : Ne vous adressez pas à moi, adressez-vous au Chef. Étant au centre du mouvement, le Chef peut agir comme s'il était au-dessus de lui. Il est donc parfaitement compréhensible (et parfaitement futile) que les gens de l'extérieur placent leurs espoirs, à diverses reprises, dans une conversation personnelle avec le Chef lui-même lorsqu'ils doivent traiter avec des mouvements ou des gouvernements totalitaires. Le véritable mystère du Chef totalitaire réside dans une organisation qui lui permet d'assumer la responsabilité totale de tous les crimes commis par les formations d'élite du mouvement *et* de revendiquer simultanément la respectabilité honnête et innocente du plus naïf de ses compagnons de route[91].

---

90. « En revanche, un des traits distinctifs de Staline [...] est de rejeter systématiquement ses propres méfaits et forfaits, comme ses erreurs politiques [...] sur ceux dont il poursuit le discrédit et la perte » (Boris Souvarine, *Staline...* [rééd. 1993], p. 538). Il est évident qu'un chef totalitaire peut choisir librement celui dont il veut qu'il personnifie ses propres erreurs, puisque tous les actes accomplis par les sous-chefs sont censés être inspirés par lui, si bien que n'importe qui peut être contraint de jouer le rôle d'imposteur.

91. C'est Hitler lui-même – et non Himmler, ou Bormann, ou Goebbels – qui fut toujours à l'origine des mesures réellement « radicales » ; celles-ci étaient toujours plus radicales que les propositions de son entourage immédiat ; Himmler lui-même

On a appelé les mouvements totalitaires « des sociétés secrètes établies au grand jour[92] ». En effet, si peu que nous connaissions la structure sociologique et l'histoire récente des sociétés secrètes, la structure des mouvements, sans précédent si on la compare aux partis et aux factions, nous rappelle

---

fut épouvanté lorsqu'on lui confia la « solution finale » de la question juive – tout ceci est maintenant prouvé par des documents innombrables. On ne croit plus non plus au conte de fées selon lequel Staline était plus modéré que les factions gauchistes du parti bolchevique. Il est donc d'autant plus important de se rappeler que les chefs totalitaires essaient toujours d'apparaître plus modérés aux yeux du monde extérieur, et que leur rôle réel – à savoir, faire avancer le mouvement à tout prix et même en augmenter la vitesse – demeure soigneusement caché. Voir, par exemple, de l'amiral Erich Raeder, « Mes rapports avec Adolf Hitler et avec le parti », *Nazi Conspiracy and Aggression*, 1946, vol. VIII, p. 707 et suiv. : « Lorsque filtraient des informations ou des rumeurs sur des mesures radicales prises par le parti et la Gestapo, on pouvait, d'après la conduite du Führer, en venir à la conclusion que de telles mesures n'émanaient pas de lui personnellement [...]. Au fil des années, j'arrivai progressivement à la conclusion que le Führer lui-même penchait toujours vers la solution la plus radicale, sans le dire ouvertement. » Dans la lutte interne qui précéda son ascension vers le pouvoir absolu, Staline eut toujours soin de poser à « l'homme du juste milieu » (voir Isaac Deutscher, *Stalin*, 1949, p. 295 et suiv.) ; quoiqu'il ne fût certainement pas un « homme de compromis », il n'abandonna jamais ce rôle complètement. Par exemple, lorsqu'en 1936 un journaliste étranger l'interrogea sur l'objectif du mouvement, la révolution mondiale, il répliqua : « Nous n'avons jamais eu de tels plans et de telles intentions [...]. Il s'agit d'un malentendu [...] comique, ou plutôt tragi-comique » (*ibid.*, p. 422).

92. Voir Alexandre Koyré, « The Political Function of the Modern Lie », *Contemporary Jewish Record*, juin 1945. Adolf Hitler, *Mein Kampf*, livre II, chap. IX, discute longuement les avantages et les inconvénients des sociétés secrètes comme modèles pour les mouvements totalitaires. Ses considérations le conduisirent en fait à la conclusion de Koyré, c'est-à-dire à adopter les principes des sociétés secrètes sans la dissimulation, et à les établir « au grand jour ». Avant la prise du pouvoir, les nazis ne gardaient vraiment le secret sur presque rien. Ce n'est que pendant la guerre, lorsque le régime fut complètement totalitarisé et que la direction du parti se trouva entourée de tous côtés par la hiérarchie militaire, de laquelle elle dépendait pour la conduite de la guerre, que les formations d'élite reçurent l'ordre sans équivoque de garder le secret absolu sur tout ce qui concernait les « solutions finales » – c'est-à-dire les déportations et les exterminations de masse. C'est à la même époque que Hitler commença à agir comme le chef d'une bande de conspirateurs, non sans annoncer et répandre la chose personnellement et explicitement. Pendant une discussion avec le Haut Commandement, en mai 1939, Hitler posa les règles suivantes, que l'on dirait recopiées d'un manuel de société secrète : « 1. N'informer personne qui n'en ait besoin. 2. Personne ne doit en savoir plus que de besoin. 3. Que personne ne sache plus tôt qu'il n'est besoin » (cité dans Heinz Holldack, *Was wirklich geschah*, 1949, p. 378).

avant tout certains caractères saillants des sociétés secrètes[93]. Les sociétés secrètes, elles aussi, forment des hiérarchies suivant les degrés d'« initiation », règlent la vie de leurs membres selon une croyance secrète et fictive qui fait que toutes choses semblent être autres, adoptent une stratégie de mensonge cohérent pour tromper les masses extérieures non initiées, exigent une obéissance aveugle de leurs membres, unis par l'allégeance à un chef souvent inconnu et toujours mystérieux, lui-même entouré ou censé être entouré d'un petit groupe d'initiés, eux-mêmes entourés par les semi-initiés qui créent une « zone tampon » contre l'hostilité du monde profane[94]. Avec les sociétés secrètes, les mouvements totalitaires ont aussi en commun la division dualiste du monde entre les « frères de sang jurés » et une masse indistincte, inarticulée, d'ennemis jurés[95]. Cette distinction, fondée sur l'hostilité absolue au monde environnant, est très différente de la tendance des partis ordinaires qui consiste à distinguer ceux qui en font partie et les autres. Les partis et les sociétés ouvertes, en général, ne considèrent comme leurs ennemis que ceux qui

93. Mon analyse suit de près Georg Simmel, « Sociology of Secrecy and of Secret Societies », *The American Journal of Sociology*, vol. 11, n° 4, janvier 1906, qui forme le chap. V de sa *Soziologie*, 1908, dont des extraits ont été traduits par Kurt H. Wolff sous le titre *The Sociology of Georg Simmel*, 1950.

94. « Précisément parce que les échelons inférieurs de la société constituent une transition qui sert de lien avec le centre réel du secret, ils provoquent une compression progressive de la sphère de répulsion qui entoure ce centre, ce qui assure une protection plus efficace que ne le ferait une distinction radicale entre l'extérieur et l'intérieur » (Georg Simmel cité dans Kurt H. Wolff, *The Sociology of Georg Simmel*, 1950, p. 489).

95. Les termes de « frères jurés », « camarades jurés », « communauté jurée », etc., sont répétés *ad nauseam* à travers la littérature nazie parce qu'ils recourent au romantisme juvénile, fréquent dans les mouvements de jeunesse allemands. C'est surtout Himmler qui leur donna une signification plus précise, les introduisit dans le « mot d'ordre central » des SS (« Ainsi, nous formons les rangs et nous avançons vers un avenir lointain, suivant les lois intangibles d'un ordre national-socialiste d'hommes du Nord, et comme une communauté jurée de leurs tribus *[Sippen]* », voir Gunter d'Alquen, *Die SS...*, 1939) et leur donna le sens explicite d'« hostilité absolue » à tous les autres (voir Georg Simmel cité dans Kurt H. Wolff, *The Sociology of Georg Simmel*, 1950, p. 489) : « Lorsque la masse de l'humanité, 1 ou 1,5 milliard d'hommes *[sic !]*, sera alignée contre nous, le peuple germanique... » Voir le discours de Himmler lors de la réunion des généraux de brigade SS à Posen, le 4 octobre 1943, *Nazi Conspiracy and Aggression*, 1946, vol. IV, p. 558.

s'opposent expressément à eux, alors que le principe des sociétés secrètes a toujours été « quiconque n'est pas expressément inclus, est exclu[96] ». Ce principe ésotérique ne semble nullement convenir aux organisations de masse ; pourtant, les nazis donnèrent à leurs membres l'équivalent, au moins psychologique, du rituel d'initiation des sociétés secrètes lorsque, au lieu d'interdire simplement le parti aux Juifs, ils exigèrent de leurs membres une preuve d'ascendance non juive et construisirent une machine compliquée pour faire la lumière sur la ténébreuse origine de quelque 80 millions d'Allemands. On assista bien entendu à une comédie, d'ailleurs coûteuse, lorsque 80 millions d'Allemands se mirent en quête d'un grand-père juif ; mais chacun sortit de l'examen avec le sentiment d'appartenir à un groupe d'inclus qui se détachait sur une multitude imaginaire d'exclus. Le même principe se voit confirmé dans le mouvement bolchevique par les purges à répétition dans le parti, qui réaffirment son sentiment d'inclusion à quiconque n'est pas exclu.

Peut-être la ressemblance la plus frappante entre les sociétés secrètes et les mouvements totalitaires réside-t-elle dans le rôle du rituel. À cet égard, les défilés sur la place Rouge à Moscou ne sont pas moins caractéristiques que les cérémonies pompeuses des journées du parti à Nuremberg. Au centre du rituel nazi se trouvait la prétendue « bannière du sang », et au centre du rituel bolchevique se trouve le cadavre momifié de Lénine, l'une comme l'autre introduisant dans la cérémonie

---

96. Georg Simmel cité dans Kurt H. Wolff, *The Sociology of Georg Simmel*, 1950, p. 490. Comme tant d'autres, ce principe fut adopté par les nazis après qu'ils eurent soigneusement réfléchi aux implications des *Protocoles des Sages de Sion*. Hitler déclara dès 1922 : « [Les messieurs de la droite] n'ont jamais compris qu'il n'est pas nécessaire d'être un ennemi des Juifs pour être traîné un jour [...] à l'échafaud [...] il est bien suffisant [...] *de ne pas être Juif* : cela vous garantit l'échafaud » (*Hitler's Speeches*, 1942, p. 12). À l'époque, personne ne pouvait deviner le sens réel de cette forme particulière de propagande : un jour, il ne sera pas nécessaire d'être notre ennemi pour être traîné à l'échafaud ; il sera bien suffisant d'être Juif, ou, en fin de compte, d'appartenir à quelque autre peuple, pour être déclaré « inapte racialement » par quelque commission sanitaire. Himmler croyait et prêchait que toute la SS était fondée sur le principe que « nous devons agir avec honnêteté, loyauté et camaraderie envers nos frères de sang et personne d'autre » (dans *Nazy Conspiracy and Aggression*, 1946, vol. IV, p. 558).

un puissant élément d'idolâtrie. Une telle idolâtrie n'est guère une preuve – comme on le dit quelquefois – de tendances pseudo-religieuses ou hérétiques. Les « idoles » sont de simples procédés d'organisation, rendus familiers par le rituel des sociétés secrètes, qui effrayaient aussi leurs membres afin qu'ils gardent le secret, au moyen de symboles terrifiants qui imposaient le respect. Il est évident que l'expérience commune d'un rituel secret unit plus solidement que la connaissance commune du secret lui-même. Le fait que le secret des mouvements totalitaires soit exposé au grand jour ne change pas nécessairement la nature de cette expérience[97].

Bien entendu, ces ressemblances ne sont pas accidentelles ; elles ne peuvent simplement s'expliquer par le fait que Hitler et Staline avaient tous deux appartenu à des sociétés secrètes modernes avant de devenir des chefs totalitaires – Hitler au service secret de la Reichswehr, et Staline à l'appareil de conspiration du parti bolchevique. Dans une certaine mesure, elles sont le résultat naturel de la conspiration fictive du totalitarisme, dont les organisations ont été théoriquement fondées pour contrer des sociétés secrètes – la société secrète des Juifs ou la « société conspiratrice » des trotskistes. Ce qui est remarquable, c'est plutôt que les organisations totalitaires aient pu emprunter tant de procédés d'organisation aux sociétés secrètes, sans jamais essayer de garder secret leur propre objectif. Les nazis voulaient conquérir le monde, déporter les peuples « étrangers par la race » et exterminer ceux qui avaient un « héritage biologique inférieur », les Bolcheviks, eux, travaillent à la révolution mondiale : ce ne fut jamais un secret ; ces buts, au contraire, firent toujours partie de leur propagande. En d'autres termes, les mouvements totalitaires imitent tout l'attirail des sociétés secrètes, mais le vident de la seule chose qui pouvait excuser, ou était censée excuser, leurs méthodes – la nécessité de sauvegarder un secret.

À cet égard comme à tant d'autres, le nazisme et le bolchevisme parvinrent au même résultat, dans leur organisa-

---

97. Voir Kurt H. Wolff, *The Sociology of Georg Simmel*, 1950, p. 480-481.

tion, à partir de prémisses historiques très différentes. Les nazis commencèrent par une fiction de conspiration et se modelèrent, plus ou moins consciemment, sur l'exemple de la société secrète des Sages de Sion, tandis que les Bolcheviks, issus d'un parti révolutionnaire dont l'objectif était la dictature du parti unique, passèrent d'une phase où le parti était « tout à fait à part et au-dessus de tout », au moment où le Politburo était « entièrement à part et au-dessus de tout[98] » ; finalement, Staline imposa à cette structure du parti la rigidité des règles totalitaires de son appareil et ne découvrit qu'alors le besoin d'une fiction centrale pour maintenir la discipline de fer d'une société secrète dans les conditions d'une organisation de masse. Le développement nazi est peut-être plus logique, plus cohérent en lui-même, mais l'histoire du parti bolchevique illustre mieux le caractère essentiellement fictif du totalitarisme, précisément parce que les conspirations planétaires fictives contre lesquelles, et sur le modèle desquelles, la conspiration bolchevique est théoriquement organisée, n'ont pas été déterminées idéologiquement. Elles ont changé – des trotskistes aux deux cents familles, puis aux divers « impérialismes » et récemment au « cosmopolitisme sans attaches » – et ont été ajustées aux besoins du moment ; pourtant, à aucun instant et dans aucune des circonstances les plus variées, le bolchevisme n'a pu se passer d'une fiction de ce genre.

Pour transformer la dictature russe du parti unique en régime totalitaire, et les partis communistes révolutionnaires du monde entier en mouvements totalitaires, Staline liquida les factions, abolit la démocratie à l'intérieur du parti, et transforma les partis communistes nationaux en branches du Komintern, dirigées de Moscou. Les sociétés secrètes en général et l'appareil de conspiration des partis révolutionnaires en particulier ont toujours été caractérisés par l'absence de factions, la suppression des opinions dissidentes, et la centralisation absolue du commandement. Toutes ces mesures ont pour fin utilitaire évidente de protéger les

98. Boris Souvarine, *Staline...* [rééd. 1993], p. 281, reprend une formule de Boukharine.

membres contre la persécution, et la société contre la trahison ; l'obéissance totale exigée de chaque membre et le pouvoir absolu détenu par le chef n'étaient que les inévitables conséquences de nécessités pratiques. L'ennui, cependant, est que les conspirateurs ont une tendance compréhensible à penser que les méthodes les plus efficaces, dans la politique en général, sont celles des sociétés de conspirateurs, et que, si l'on peut les appliquer au grand jour et les appuyer sur les instruments de violence d'une nation entière, les possibilités d'accumuler le pouvoir deviennent absolument illimitées[99]. L'appareil de conspiration d'un parti révolutionnaire peut, tant que le parti lui-même est intact, être comparé au rôle de l'armée à l'intérieur d'un corps politique indemne : quoique ses propres règles de conduite diffèrent radicalement de celles du corps civil, il le sert, lui demeure assujetti, et est contrôlé par lui. De même que le risque d'une dictature militaire naît lorsque l'armée ne sert plus le corps politique, mais veut le dominer, de même le risque de totalitarisme naît lorsque l'appareil de conspiration d'un parti révolutionnaire s'émancipe du contrôle du parti et aspire au commandement. C'est ce qu'il advint des partis communistes sous le régime stalinien. Les méthodes de Staline furent toujours typiques d'un homme issu de l'appareil de conspiration du parti : attachement au détail, accent mis sur le côté personnel de la politique, utilisation et liquidation sans scrupules de camarades et d'amis. Son principal appui dans la lutte de succession qui suivit la mort de Lénine vint de la police secrète[100] qui, à cette époque, était déjà devenue l'un des secteurs les plus

---

99. *Ibid.*, p. 115, remarque : « Lui en imposaient toujours les gens d'une réelle "affaire". La politique, il la considérait comme une "affaire" qu'il faut savoir "faire" et "parfaire". »

100. Dans les luttes internes des années 30, « les collaborateurs de la Guépéou étaient presque sans exception des adversaires fanatiques de la droite et des partisans de Staline. Les différents services de la Guépéou étaient alors les bastions de la faction stalinienne » (Anton Ciliga, *Au pays du grand mensonge*, 1938 [H. Arendt se réfère à l'édition anglaise parue en 1940, *The Russian Enigma*, p. 48]). Boris Souvarine, *Staline*... [rééd. 1993], p. 257, rappelle que Staline avait continué « son activité policière commencée pendant la guerre civile » et représenté le Politburo au sein de la Guépéou.

importants et les plus puissants du parti[101]. Il était tout naturel que les sympathies de la Tchéka[102] aillent au représentant de l'appareil de conspiration, à l'homme qui la considérait déjà comme une sorte de société secrète et était donc susceptible d'en préserver et d'en étendre les privilèges.

Cependant, la mainmise de l'appareil de conspiration sur les partis communistes ne fut que la première étape de leur transformation en mouvements totalitaires. Il n'était pas suffisant que la police secrète russe et ses agents dans les partis communistes étrangers jouent dans le mouvement le même rôle que les formations d'élite que les nazis avaient transformées en troupes paramilitaires. Il fallait transformer les partis eux-mêmes, si l'on voulait maintenir la stabilité de la police secrète. En conséquence, la liquidation des factions et de la démocratie à l'intérieur du parti s'accompagna en Russie de l'enrôlement de vastes masses, « neutres » et sans éducation politique, procédé bientôt imité par les partis communistes étrangers après que la politique de Front populaire l'eut inauguré.

Le totalitarisme nazi débuta par une organisation de masse qui ne fut dominée que progressivement par les formations d'élite, tandis que les Bolcheviks débutèrent par les

101. Immédiatement après la guerre civile, la *Pravda* déclara que « la formule : "Tout le pouvoir aux soviets" était remplacée par : "Tout le pouvoir aux Tchékas". [...] La fin des hostilités à main armée réduisit l'influence militaire [...] mais laissait un système de Tchéka ramifiée qui se perfectionnait sans cesse en se simplifiant » (Boris Souvarine, *Staline*... [rééd. 1993], p. 224).

102. NdÉ. La Commission panrusse extraordinaire de lutte contre la contre-révolution, la spéculation et le sabotage (en abrégé Vétchéka puis Tchéka) a été créée par décret le 7 décembre 1917. Sa direction est confiée à Feliks Dzerjinsky, membre du comité central du parti bolchevique. Bientôt, à ses pouvoirs d'investigation s'ajoutent ceux de juger, d'exécuter ou d'interner en camp de concentration. Le 6 février 1922, un décret la transforme en Direction politique de l'État (acronyme GPU), rattachée au Commissariat du peuple à l'Intérieur puis en novembre 1923 en O-GPU (GPU unifié). L'OGPU, police politique, étend vite son pouvoir sur le parti. En juillet 1934, elle devient l'Administration principale de la sécurité d'État (GUBG) intégrée au Commissariat à l'Intérieur. La nouvelle structure contrôle désormais la milice, la police des frontières et les autres services de police, les organes d'instruction criminelle, les camps de travail (Goulag), dirigeant de fait le Commissariat du peuple à l'Intérieur (NKVD) en liaison avec les plus hautes instances du parti.

formations d'élite et organisèrent les masses en conséquence. Le résultat fut le même dans les deux cas. De plus, les nazis, à cause de leur tradition et de leurs préjugés militaristes, modelèrent d'abord leurs formations d'élite sur l'armée, tandis que les Bolcheviks confièrent dès le début l'exercice du pouvoir suprême à la police secrète. Pourtant, au bout de quelques années cette différence disparut également : le chef des SS devint chef de la police secrète, et les formations SS furent progressivement incorporées à la Gestapo, dont elles remplacèrent le personnel en place, bien qu'il fût déjà constitué de nazis sur qui l'on pouvait compter[103].

C'est à cause de l'affinité fondamentale entre le fonctionnement d'une société secrète de conspirateurs et celui de la police secrète organisée pour la combattre que les régimes totalitaires, fondés sur une fiction de conspiration planétaire visant à la domination planétaire, concentrent finalement tout le pouvoir entre les mains de la police. Cependant, avant la prise du pouvoir, les « sociétés secrètes au grand jour » offrent d'autres avantages en termes d'organisation. La contradiction évidente entre une organisation de masse et une société exclusive qui, seule, peut se voir confier un secret, est sans importance : la structure même des sociétés secrètes de conspirateurs permettait de traduire la dichotomie idéologique totalitaire – cette hostilité aveugle des masses à l'égard du monde existant, sans considération de ses divergences et de ses différences – en principe organisateur. Pour une organisation qui fonctionne selon le principe que quiconque n'est pas inclus est exclu, quiconque n'est pas avec moi est contre moi, le monde perd les nuances, les différenciations et les aspects pluralistes qui, de toute manière,

103. La Gestapo fut créée par Goering en 1933 ; Himmler fut nommé chef de la Gestapo en 1934 et commença immédiatement à en remplacer le personnel par ses SS ; à la fin de la guerre, 75 % de tous les agents de la Gestapo étaient des SS. Il faut se rappeler que les unités SS étaient particulièrement qualifiées pour ce travail puisque dès avant la prise du pouvoir, Himmler les avait organisées afin d'espionner les membres du parti (Konrad Heiden, *Der Führer...*, 1944, p. 308). Pour l'histoire de la Gestapo, voir O. C. Giles, *The Gestapo*, et aussi *Nazi Conspiracy and Aggression*, 1946, vol. II, chap. XII.

étaient devenus une source de confusion insupportable pour les masses qui y ont perdu leur place et leur repère[104]. Ce qui leur insufflait la loyauté jamais démentie des membres des sociétés secrètes était moins le secret que la dichotomie entre Nous et tous les autres. Pour conserver cela, il fallait imiter la structure des sociétés secrètes en la vidant de sa fin rationnelle, la sauvegarde d'un secret. Peu importait qu'une idéologie de la conspiration fût à l'origine de ce développement comme dans le cas des nazis, ou une croissance parasitaire de l'appareil de conspiration d'un parti révolutionnaire, comme dans le cas des Bolcheviks. L'affirmation inhérente à l'organisation totalitaire est que tout ce qui est en dehors du mouvement « se meurt », affirmation qui se réalise de façon radicale dans les conditions meurtrières de la domination totalitaire, mais qui, avant même la prise du pouvoir, paraît plausible aux masses qui fuient la désintégration et la désorientation pour la patrie fictive du mouvement.

Les mouvements totalitaires ont prouvé à plusieurs reprises qu'ils peuvent inspirer la même loyauté totale, dans la vie et dans la mort, que celle qui avait été la prérogative des sociétés secrètes de conspirateurs[105]. L'absence complète de résistance de la part d'une troupe parfaitement entraînée et armée comme les SA, en face du meurtre d'un chef aimé (Röhm) et de centaines de proches camarades, fut un curieux spectacle. À ce moment-là, c'est probablement Röhm, et non Hitler, qui avait le pouvoir de la Reichswehr derrière lui. Mais ces incidents qui affectèrent le mouvement nazi ont été éclipsés depuis par le spectacle sans cesse répété des « criminels » des partis bolcheviques confessant leurs crimes. Les procès fondés sur des confessions absurdes sont devenus

104. Ce fut probablement une des erreurs idéologiques décisives de Rosenberg, qui perdit la faveur du Führer et dont l'influence sur le mouvement fut supplantée par celle d'hommes comme Himmler, Bormann et même Streicher, d'admettre dans son *Mythe du XXe siècle* un pluralisme racial dont seuls les Juifs étaient exclus. Par là, il violait le principe selon lequel quiconque n'est pas inclus (« le peuple germanique ») est exclu (« la masse de l'humanité »). Cf. note 89.

105. Kurt H. Wolff, *The Sociology of Georg Simmel*, 1950, p. 492, énumère des sociétés criminelles secrètes dont les membres désignent volontairement un commandant auquel ils obéissent désormais sans objection et sans restriction.

partie intégrante d'un rituel essentiel à l'intérieur, et incompréhensible à l'extérieur. Mais, quelle que soit la façon dont on prépare aujourd'hui les victimes, ce rituel doit son existence aux confessions, probablement non fabriquées, de la vieille garde bolchevique en 1936. Bien avant l'époque des procès de Moscou, les condamnés à mort apprenaient la sentence avec un grand calme, attitude « qui prévalait particulièrement parmi les membres de la Tchéka[106] ». Aussi longtemps que le mouvement existe, sa forme particulière d'organisation fait en sorte qu'au moins les formations d'élite ne puissent plus concevoir d'existence extérieure à la poignée d'hommes qui, même condamnés, se sentent encore supérieurs au reste du monde non initié. Et puisque l'objectif exclusif de cette organisation a toujours été de tromper, de combattre et, finalement, de conquérir le monde extérieur, ses membres font volontiers le sacrifice de leur vie pourvu que cela contribue à tromper le monde une fois encore[107].

Néanmoins, le principal avantage de la structure organisationnelle des sociétés secrètes et de conspirateurs et de leurs critères moraux, à des fins d'organisation de masse, ne réside pas même dans la garantie d'une appartenance et d'une loyauté inconditionnelles, dans la manifestation par l'organisation d'une hostilité absolue envers le monde extérieur, mais plutôt dans leur capacité inégalée à établir et à sauvegarder le monde fictif grâce au mensonge cohérent. Toute la structure hiérarchique des mouvements totalitaires, des naïfs compagnons de route jusqu'aux membres du parti, aux formations d'élite, au cercle rapproché qui entoure le Chef, et au Chef lui-même, peut se décrire comme un mélange curieusement variable de crédulité et de cynisme,

---

106. Anton Ciliga, *Au pays du grand mensonge*, 1938 [H. Arendt se réfère à l'édition anglaise parue en 1940, *The Russian Enigma*, p. 96-97]. Il décrit aussi comment, dans les années 20, même des détenus ordinaires de la prison de la Guépéou à Leningrad, condamnés à mort, se laissaient conduire à l'exécution « sans un mot, sans un cri de révolte contre le gouvernement qui les mettait à mort » (p. 183).

107. Anton Ciliga rapporte que les membres du parti condamnés « pensaient que si ces exécutions devaient sauver la dictature bureaucratique dans son ensemble, si elles devaient calmer (ou plutôt tromper) la paysannerie en révolte, le sacrifice de leur vie n'aurait pas été vain » (*ibid.*, p. 96-97).

avec lequel chacun des membres, selon son rang et sa position dans le mouvement, est censé réagir aux déclarations mensongères et changeantes des chefs, ainsi qu'à la fiction idéologique centrale immuable du mouvement.

Ce mélange de crédulité et de cynisme avait caractérisé la mentalité de la populace avant de devenir un phénomène quotidien chez les masses. Dans un monde toujours changeant et incompréhensible, les masses avaient atteint le point où elles croyaient simultanément tout et rien, où elles pensaient que tout était possible et que rien n'était vrai. Le mélange était déjà remarquable en soi, puisqu'il sonnait le glas de l'illusion qui veut que la crédulité soit une faiblesse des âmes primitives et sans méfiance, et le cynisme le vice des esprits supérieurs et raffinés. La propagande de masse découvrit que son auditoire était prêt à tout moment à croire le pire, quelle qu'en fût l'absurdité, et ne répugnait pas particulièrement à être trompé, puisqu'il pensait que, de toute manière, toute affirmation était mensongère. Les leaders de masse totalitaires fondèrent leur propagande sur le principe psychologiquement exact que, dans de telles conditions, on pouvait faire croire aux gens les déclarations les plus fantastiques un jour, et être sûr que, si le lendemain on leur donnait la preuve irréfutable de leur fausseté, ils se réfugieraient dans le cynisme ; au lieu d'abandonner les chefs qui leur avaient menti, ils protesteraient qu'ils avaient toujours su que la déclaration était mensongère, et admireraient les chefs pour leur intelligence tactique supérieure.

Ce qui avait été une réaction démontrable des auditoires de masse devint un principe hiérarchique important pour les organisations de masse. Un mélange de crédulité et de cynisme prévaut à tous les échelons des mouvements totalitaires, et plus l'échelon est élevé, plus le cynisme l'emporte sur la crédulité. La conviction essentielle que partagent tous les échelons, du compagnon de route au leader, est que la politique est un jeu où l'on triche, et que le « premier commandement » du mouvement, « le Führer a toujours raison », est aussi nécessaire pour les objectifs de la politique mondiale, c'est-à-dire de la tricherie à l'échelle mondiale, que les règles de la discipline militaire le sont pour les objectifs de la guerre[108].

La machine qui produit, organise et répand les faussetés monstrueuses des mouvements totalitaires dépend encore de la position du Chef. À l'affirmation de la propagande, selon laquelle tous les événements sont scientifiquement prévisibles selon les lois de la nature ou de l'économie, l'organisation totalitaire ajoute la position d'un homme unique qui a monopolisé cette connaissance et dont la principale qualité est qu'« il a toujours eu raison et qu'il aura toujours raison[109] ». Pour le membre d'un mouvement totalitaire, cette connaissance n'a rien à voir avec la vérité, et le fait d'avoir raison rien à voir avec la véracité objective des déclarations du Chef, qui ne peuvent être démenties par les événements, mais seulement par le succès ou l'échec futurs. Le Chef a toujours raison dans ses actes, et puisque ceux-ci sont planifiés pour les siècles à venir, le jugement ultime sur ce qu'il fait échappe à l'expérience de ses contemporains[110].

Le seul groupe qui est censé croire loyalement et textuellement les paroles du Chef est celui des sympathisants, dont la confiance entoure le mouvement d'une atmosphère d'honnêteté et de simplicité et aide le Chef à remplir la moitié de sa tâche, c'est-à-dire à rendre le mouvement digne de confiance. Les membres du parti ne croient jamais les déclarations publiques et ne sont pas censés les croire, mais la propagande totalitaire leur fait compliment de cette intelligence supérieure qui est *censée* les distinguer du monde extérieur non

108. La conception qu'avait Goebbels du rôle de la diplomatie est caractéristique : « Il n'y a pas de doute que le mieux est de laisser les diplomates dans l'ignorance des dessous de la politique [...]. Lorsqu'on joue un rôle de conciliation, la sincérité est quelquefois l'argument le plus convaincant de la crédibilité politique » (*The Goebbels Diaries...*, 1948, p. 87).

109. Rudolf Hess dans une déclaration radiodiffusée de 1934. *Nazi Conspiracy and Aggression*, 1946, vol. I, p. 193.

110. Werner Best, *Die deutsche Polizei*, 1941, expliquait : « Que la volonté du gouvernement fixe les règles "justes" [...] n'est plus une question de loi, mais de destin. Car les abus réels [...] seront punis plus sûrement devant l'histoire par un destin d'infortune, de chaos et de ruine, à cause de la violation des "lois de la vie", que par une Haute Cour de justice. » Traduction tirée de *Nazi Conspiracy and Aggression*, 1946, vol. IV, p. 490.

totalitaire, qu'à leur tour ils ne connaissent que par l'anormale crédulité des sympathisants. Seuls les sympathisants nazis crurent Hitler lorsqu'il prêta son fameux serment de respecter la légalité devant la Cour suprême de la République de Weimar ; les membres du mouvement savaient très bien qu'il mentait, et lui faisaient plus que jamais confiance parce qu'il était apparemment capable de tromper l'opinion publique et les autorités. Des années plus tard, lorsque Hitler répéta l'exploit face au monde entier, protestant de ses bonnes intentions tout en préparant ses crimes de la façon la plus ouverte, l'admiration des membres du parti nazi ne connut naturellement plus de bornes. De même, seuls les compagnons de route du bolchevisme crurent à la dissolution du Komintern, et seuls les masses inorganisées du peuple russe et les compagnons de route étrangers étaient censés prendre à la lettre les déclarations pro-démocratiques de Staline pendant la guerre. Les membres du parti bolchevique étaient explicitement avertis de ne pas se laisser tromper par des manœuvres tactiques et priés d'admirer avec quelle ruse leur Chef trahissait ses alliés[111].

Si le mouvement n'avait pas une organisation divisée en formations d'élite, membres et sympathisants, les mensonges du Chef ne prendraient pas. Les degrés de cynisme qu'exprime une hiérarchie du mépris sont au moins aussi nécessaires, pour faire obstacle à la réfutation constante, que la crédulité pure et simple. L'important, c'est que les sympathisants des organisations de façade méprisent l'absence complète d'initiation de leurs concitoyens, que les membres du parti méprisent la crédulité et le manque de radicalisme des compagnons de route, que les formations d'élite méprisent, pour des raisons identiques, les membres du parti et, qu'à l'intérieur des formations d'élite, une identique

---

111. Voir Victor Kravchenko, *J'ai choisi la liberté. La vie publique et privée d'un haut fonctionnaire soviétique*, 1947, p. 561 : « Aucun communiste bon teint n'avait l'impression que le parti "mentait" lorsqu'il préconisait publiquement une politique donnée et qu'il soutenait exactement le contraire dans le privé. » [Arendt se réfère à l'édition américaine parue en 1946, *I Chose Freedom. The Personal and Political Life of a Soviet Official*, p. 422].

hiérarchie du mépris accompagne chaque nouvelle création et chaque développement[112]. Le résultat de ce système est que la crédulité des sympathisants rend les mensonges crédibles pour le monde extérieur, en même temps que les graduations dans le cynisme des membres et des formations d'élite éliminent le risque que le Chef soit jamais forcé par l'impact de sa propre propagande de mettre en application ses propres déclarations et sa respectabilité feinte. Cela a été l'un des principaux handicaps du monde extérieur lorsqu'il a eu affaire aux systèmes totalitaires : comme il ignorait le système en question, il croyait, d'une part, que l'énormité même des mensonges totalitaires les dénoncerait et, d'autre part, qu'il serait possible de prendre le Chef au mot et de le forcer, sans considération de ses intentions premières, à tenir ce qu'il disait. Le système totalitaire, hélas, est à l'abri de conséquences si normales ; son ingéniosité consiste précisément à éliminer cette réalité qui soit démasque le menteur, soit le force à mettre son mensonge en pratique.

Si les membres ne croient pas aux déclarations destinées à la consommation publique, ils croient avec d'autant plus de ferveur aux clichés classiques de l'explication idéologique, aux clés de l'histoire passée et future, que les mouvements totalitaires ont empruntés aux idéologies du XIXe siècle, et transformés, par leur organisation, en réalité agissante. De toute manière, ces éléments idéologiques auxquels les masses en étaient venues à croire, quoique de façon plutôt vague et abstraite, furent transformés en mensonges objectifs d'une portée universelle (la domination du monde par les Juifs, au lieu d'une théorie générale des races ; la conspiration de Wall Street, au lieu d'une théorie générale des classes), et intégrés dans un plan général d'action où seuls les « moribonds » – classes moribondes des pays capitalistes ou des nations décadentes – sont censés barrer la route du mouvement. Contrairement aux mensonges tactiques

112. « Le national-socialiste méprise son compatriote allemand, le SA méprise les autres nationaux-socialistes, le SS méprise le SA » (Konrad Heiden, *Der Führer...*, 1944, p. 308).

des mouvements, qui changent littéralement de jour en jour, ces mensonges idéologiques sont censés être crus comme des vérités sacrées et intangibles. Ils sont assortis d'un système soigneusement élaboré de preuves « scientifiques » qui n'ont pas besoin d'être convaincantes pour ceux qui sont complètement « non initiés », mais qui répondent encore à une certaine soif de vulgarisation en « démontrant » l'infériorité des Juifs ou la misère des gens qui vivent sous un système capitaliste.

Les formations d'élite se distinguent des membres ordinaires du parti en ce qu'elles n'ont pas besoin de telles démonstrations et ne sont même pas censées croire à la vérité littérale des clichés idéologiques. Ces derniers sont fabriqués pour répondre à une recherche de la vérité par les masses, recherche qui, par son exigence d'explications et de démonstrations, a encore beaucoup en commun avec le monde normal. L'élite ne se compose pas d'idéologues ; toute l'éducation de ses membres vise à abolir leur capacité à distinguer le vrai du faux, la réalité de la fiction. Leur supériorité consiste à savoir immédiatement diluer toute affirmation objective en déclaration d'intention. Contrairement à la masse des membres du parti qui, par exemple, a besoin d'une certaine démonstration de l'infériorité de la race juive avant qu'on puisse lui demander à coup sûr de tuer des Juifs, les formations d'élite comprennent que l'affirmation « tous les Juifs sont inférieurs » veut dire « il faut tuer tous les Juifs » ; elles savent que lorsqu'on leur dit que seul Moscou a un métro, cela signifie en réalité qu'il faut détruire tous les métros, et elles ne sont pas surprises outre mesure lorsqu'elles découvrent le métro à Paris. Le terrible choc de désillusion que subit l'armée Rouge lors de son voyage victorieux à travers l'Europe ne pouvait être guéri que par les camps de concentration et l'exil forcé pour une grande partie des troupes d'occupation ; mais les formations de police qui accompagnaient l'armée étaient préparées à subir le choc, non pas grâce à une information meilleure et différente – il n'y a pas en Russie soviétique d'institut secret qui divulgue des faits authentiques sur la vie à l'étranger – mais simplement parce qu'elles étaient, de manière générale, entraînées à mépriser suprêmement tous les faits et toute réalité.

Cette mentalité de l'élite n'est pas un simple phénomène de masse, ni une simple conséquence du déracinement social, du désastre économique et de l'anarchie politique ; elle exige d'être soigneusement préparée et entretenue et tient, dans le cursus des écoles supérieures totalitaires – *Ordensburgen* nazis pour les SS et centres d'entraînement bolcheviques pour les agents du Komintern – une part plus importante, quoique moins facilement reconnaissable, que l'endoctrinement racial ou les techniques de la guerre civile. Sans l'élite, sans son incapacité, artificiellement générée, à admettre les faits en tant que faits, à distinguer le vrai du faux, le mouvement ne pourrait jamais progresser vers la réalisation de sa fiction. La qualité négative qui prédomine chez l'élite totalitaire, c'est qu'elle ne se prend jamais à penser au monde tel qu'il est réellement, et ne confronte jamais les mensonges à la réalité. Parallèlement, la vertu qu'elle cultive par-dessus tout est la loyauté au Chef qui, tel un talisman, assure la victoire finale du mensonge et de la fiction sur la vérité et la réalité.

Dans l'organisation des mouvements totalitaires, l'échelon le plus élevé est le cercle des intimes qui entoure le Chef. Il peut s'agir d'une institution officielle, comme le Politburo bolchevique, ou d'une clique changeante d'hommes qui n'ont pas nécessairement de poste, comme l'entourage de Hitler. Pour eux, les clichés idéologiques sont de simples procédés pour organiser les masses, et ils n'ont pas de scrupules à les changer selon les besoins des circonstances, pourvu que le principe organisateur reste intact. À cet égard, le principal mérite de la réorganisation des SS par Himmler consista à trouver une méthode très simple pour « résoudre le problème du sang par l'action », c'est-à-dire de sélectionner les membres de l'élite d'après la « qualité de leur sang » et de les préparer à « mener une lutte raciale impitoyable » contre quiconque ne pouvait faire remonter son ascendance « aryenne » jusqu'à 1750, ou mesurait moins de 1,72 m. (« Je sais que les gens qui ont atteint une certaine taille doivent avoir le sang requis dans une certaine mesure ») ou n'avait pas les yeux bleus et les cheveux blonds[113]. L'importance de ce racisme en action était que l'organisation devenait indépendante de presque tous les enseignements concrets d'une « science » raciale quelle qu'elle fût, indépendante aussi de l'antisémitisme, dans la mesure où il s'agissait d'une doctrine spécifique concernant la nature et le rôle des Juifs, et dont l'utilité aurait disparu avec leur extermination[114]. Le racisme était à l'abri et indépendant de la « scientificité » de la propagande, une fois qu'une élite avait été sélectionnée par une « commission raciale » et placée sous l'autorité d'une « législation du mariage » spéciale[115], tandis qu'à l'autre extrémité, et relevant de la compétence de cette « élite raciale », il existait des camps de concentration « pour mieux démontrer les lois de l'hérédité

113. Himmler sélectionna d'abord les candidats SS sur photographies. Plus tard, une commission raciale, devant laquelle le postulant devait se présenter personnellement, ratifia ou non son apparence raciale. Voir Himmler sur « l'Organisation et les obligations des SS et de la police », *Nazi Conspiracy and Aggression*, 1946, vol. IV, p. 616 et suiv.

114. Himmler était parfaitement conscient qu'une de ses « réalisations les plus importantes et les plus durables » était d'avoir transformé le problème racial d'« un concept négatif, fondé sur un antisémitisme qui allait de soi » en « une tâche d'organisation pour le renforcement des SS ». (*Der Reichsführer SS und Chef der deutschen Polizei*, « pour l'usage exclusif de la police », s.d.). Ainsi, « pour la première fois, le problème racial avait été placé au centre, ou, mieux encore, était devenu le centre, allant bien au-delà du concept négatif sous-jacent à la haine naturelle pour les Juifs. L'idée révolutionnaire du Führer avait reçu le sang chaud de la vie » (*Der Weg der SS. Der Reichsführer SS*, SS-Hauptamt-Schulungsamt, s.d., p. 25).

115. Dès qu'il fut nommé chef des SS en 1929, Himmler introduisit le principe de la sélection raciale et la législation du mariage, ajoutant : « Le SS sait très bien que cet ordre est d'une grande signification. Les sarcasmes, les ricanements et les malentendus ne nous touchent pas ; l'avenir nous appartient. » (Cité dans Gunter d'Alquen, *Die SS...*, 1939.) De nouveau, quatorze ans plus tard, dans son discours de Kharkov (*Nazi Conspiracy and Aggression*, 1946, vol. IV, p. 572 et suiv.), Himmler rappelle à ses officiers SS : « Nous fûmes les premiers à réellement résoudre le problème du sang par l'action [...] et par problème du sang, nous n'entendons évidemment pas l'antisémitisme. L'antisémitisme, c'est la même chose que l'épouillage. Se débarrasser de poux n'est pas une question d'idéologie, mais de propreté [...]. Mais pour nous, le problème du sang nous rappelait notre propre valeur, il nous rappelait la base réelle qui donne son unité au peuple allemand. »

et de la race[116] ». Forts de cette « organisation vivante », les nazis pouvaient se dispenser de dogmatisme et offrir leur amitié à des peuples sémites, comme les Arabes, ou conclure une alliance avec les représentants mêmes du Péril jaune, les Japonais. La réalité d'une société de race, la création d'une élite sélectionnée d'un point de vue prétendument racial, auraient effectivement constitué pour la doctrine du racisme une meilleure sauvegarde que les plus fines preuves scientifiques ou pseudo-scientifiques.

Ceux qui déterminent la politique bolchevique font preuve de la même supériorité envers les dogmes qu'ils proclament. Ils sont parfaitement capables d'interrompre toutes les luttes de classe existantes par une soudaine alliance avec le capitalisme, sans porter atteinte à la foi de leurs cadres ni trahir leur croyance à la lutte des classes. Comme le principe dualiste de la lutte des classes est devenu un procédé d'organisation, comme il s'est, pour ainsi dire, pétrifié en hostilité radicale à l'égard de l'univers entier par l'intermédiaire des cadres de la police secrète en Russie et des agents du Komintern à l'étranger, la politique bolchevique est devenue remarquablement exempte de « préjugés ».

Cette liberté qu'il prend par rapport à sa propre idéologie caractérise l'échelon supérieur de la hiérarchie totalitaire. Ces hommes considèrent toutes choses et tout le monde en termes d'organisation, ce qui inclut le Chef qui, pour eux, n'est ni un talisman inspiré, ni celui qui a infailliblement raison, mais la simple conséquence de ce type d'organisation ; on a besoin non de sa personne, mais de sa fonction, et, comme tel, il est indispensable au mouvement. Cependant, contrairement aux autres formes despotiques de gouvernement, où règne souvent une clique tandis que le despote joue seulement le rôle représentatif d'un souverain fantoche, les dirigeants totalitaires sont réellement libres de faire tout ce qui leur plaît et peuvent compter sur la loyauté de leurs proches, même s'ils décident de les assassiner.

---

116. [Heinrich Himmler], *Nazi Conspiracy and Aggression*, 1946, vol. IV, p. 616 et suiv.

La raison plus technique de cette loyauté suicidaire, c'est que la succession à la charge suprême n'est réglée ni par l'hérédité ni par d'autres lois. Une révolution de palais réussie aurait, pour le mouvement dans son ensemble, des résultats aussi désastreux qu'une défaite militaire. Il est dans la nature du mouvement qu'une fois que le Chef a assumé sa charge, toute l'organisation s'identifie à lui d'une manière si absolue que tout aveu d'une faute, ou tout changement de titulaire, dissiperait le charme d'infaillibilité qui entoure la charge du Chef, et signifierait la perte de tous ceux qui sont liés au mouvement. Le fondement de la structure n'est pas la véracité des paroles du Chef, mais l'infaillibilité de ses actes. Sans celle-ci, et dans l'échauffement d'une discussion qui sous-entend la faillibilité, tout l'univers fictif du totalitarisme s'effondre, immédiatement écrasé par l'objectivité du monde réel, que seul pouvait esquiver le mouvement dirigé par la main infaillible du Chef.

Cependant, la loyauté de ceux qui ne croient ni aux clichés idéologiques ni à l'infaillibilité du Chef, a aussi des raisons plus profondes, d'ordre non technique. Ce qui lie ces hommes est une croyance ferme et sincère à la toute-puissance humaine. Leur cynisme moral, leur croyance que tout est permis, repose sur la conviction solide que tout est possible. Il est vrai que ces hommes, peu nombreux, ne se laissent pas facilement prendre à leurs propres mensonges et qu'ils ne croient pas nécessairement au racisme ou à l'économie, à la conspiration des Juifs ou à celle de Wall Street. Pourtant, eux aussi sont dupes, dupes de leur suffisance, de leur idée impudente qu'on peut tout faire et de leur conviction méprisante que tout ce qui existe n'est qu'un obstacle provisoire que détruira certainement l'organisation supérieure. Assurés que le pouvoir de l'organisation peut détruire le pouvoir de la réalité, comme la violence d'un gang bien organisé pourrait dérober à un riche ses trésors mal gardés, ils sous-estiment constamment le pouvoir substantiel des communautés stables et surestiment la force d'attraction du mouvement. Puisque, en outre, ils ne croient pas réellement à l'existence objective d'une conspiration mondiale dirigée contre eux, mais s'en servent uniquement comme d'un moyen pour s'organiser, ils ne parviennent pas à comprendre que leur propre conspiration peut, finalement, inciter le monde entier à s'unir contre eux.

Pourtant, quelle que soit la manière dont l'illusion de la toute-puissance humaine, fondée sur l'organisation, est finalement vaincue, sa conséquence pratique, à l'intérieur du mouvement, veut que les proches du Chef, en cas de désaccord avec lui, ne soient jamais très sûrs de leurs propres opinions, puisqu'ils croient sincèrement que leurs désaccords n'ont pas vraiment d'importance, que le procédé, même le plus fou, a de bonnes chances de réussir s'il est convenablement organisé. L'important, dans leur loyauté, n'est pas leur croyance en l'infaillibilité du Chef, mais leur conviction que quiconque utilise les instruments de la violence avec les méthodes supérieures de l'organisation totalitaire peut devenir infaillible. Cette illusion est encore renforcée lorsque les régimes totalitaires ont le pouvoir de démontrer la relativité du succès et de l'échec, et de prouver qu'une perte de substance peut être un gain pour l'organisation. (L'effroyable gestion de l'industrie en Russie soviétique mena à l'atomisation de la classe ouvrière, et le traitement épouvantable des prisonniers civils, dans les territoires de l'Est sous occupation nazie, eut beau causer une « déplorable perte de main-d'œuvre », il « ne (devait) pas être regretté si l'on pensait en termes de générations[117] ».) Le succès ou l'échec, dans des circonstances totalitaires, est dans une très large mesure une question d'opinion publique organisée et terrorisée. Dans un monde totalement fictif, les échecs n'ont pas à être enregistrés, admis et rappelés. Pour continuer à exister, la réalité des faits en elle-même dépend de l'existence du monde non totalitaire.

---

117. Heinrich Himmler dans son discours de Posen [Poznan], *Nazi Conspiracy and Aggression*, 1946, vol. IV, p. 558.

Chapitre III

Le totalitarisme au pouvoir

Quand un mouvement, international dans son organisation, universel dans sa visée idéologique, et planétaire dans ses aspirations politiques, prend le pouvoir dans un pays, il se met manifestement dans une situation paradoxale. Le mouvement socialiste évita une telle crise, premièrement parce que la question nationale – c'est-à-dire le problème stratégique qu'impliquait la révolution – avait été curieusement négligée par Marx et Engels ; et, deuxièmement, parce que celui-ci n'eut à faire face aux problèmes de gouvernement qu'après que la Première Guerre mondiale eut privé la IIe Internationale de son autorité sur ses sections nationales, qui avaient partout reconnu comme un fait inaltérable la primauté des sentiments nationaux sur la solidarité internationale. En d'autres termes, quand vint pour les mouvements socialistes le moment de prendre le pouvoir dans leurs pays respectifs, ils s'étaient déjà transformés en partis nationaux.

Cette transformation ne s'est jamais produite pour les mouvements totalitaires, bolchevique et nazi. Au moment où ils s'emparèrent du pouvoir, le danger pour eux résidait en ceci : d'une part, en prenant à charge l'appareil étatique, ils risquaient de se scléroser, de se geler en une forme de gouvernement absolu[1] ; d'autre part, leur liberté de mouvement pouvait

1. Les nazis furent pleinement conscients du fait que la prise du pouvoir pouvait conduire à l'instauration de l'absolutisme. « Toutefois le national-socialisme n'a pas été le fer de lance du combat contre le libéralisme pour s'enliser dans l'absolutisme et ainsi de suite à l'infini » (Werner Best, *Die deutsche Polizei*, 1940, p. 20). Cette mise en garde, parmi d'innombrables autres, est dirigée contre la prétention de l'État à être absolu.

se trouver bornée aux frontières du territoire dans lequel ils avaient pris le pouvoir. Pour un mouvement totalitaire, les deux dangers sont également mortels : une évolution vers l'absolutisme mettrait un terme à la poussée du mouvement sur le plan intérieur, une évolution vers le nationalisme le frustrerait de l'expansion à l'extérieur, sans laquelle il ne peut survivre. De la forme de gouvernement qu'engendrèrent les deux mouvements ou, plutôt, qui se développa presque automatiquement à partir de leur double prétention à une domination totale et à un empire planétaire, nous trouvons dans le slogan de Trotski « révolution permanente » la caractérisation la plus adéquate, bien que la théorie de Trotski ne fût rien d'autre que la prédiction socialiste d'une série de révolutions depuis celle de la bourgeoisie antiféodale jusqu'à celle du prolétariat antibourgeois qui se propageraient d'un pays à l'autre[2]. Il reste que la formule évoque en elle-même une « permanence », avec toutes les implications semi-anarchistes qu'elle comporte et qu'elle est, au sens strict, inadéquate ; néanmoins, Lénine lui-même fut plus impressionné par elle que par son contenu théorique. En Union soviétique tout au moins, les révolutions devinrent, sous la forme de purges générales, une institution permanente du régime stalinien après 1934[3]. Ici comme en d'autres occasions, Staline

---

2. La théorie de Léon Trotski, affirmée pour la première fois en 1905, ne diffère évidemment pas de la stratégie révolutionnaire de tous les léninistes, aux yeux desquels « la Russie elle-même n'était que le premier domaine, le premier rempart de la révolution internationale : ses intérêts devaient être subordonnés à la stratégie supranationale du socialisme militant. Pour l'heure, cependant, les frontières autant de la Russie que du socialisme victorieux étaient les mêmes » (Isaac Deutscher, *Stalin. A Political Biography*, 1949, p. 243 [*Staline*, 1953]).

3. L'année 1934 est significative à cause des nouveaux statuts du parti, proclamés lors du XVIIe congrès : il y est précisé que « des purges périodiques [...] doivent être opérées pour l'assainissement systématique du parti ». (Extrait d'Abdurakhan Avtorkhanov, « Social Differentiation and Contradictions in the Party », *Bulletin of the Institute for the Study of the USSR*, février 1956.) Les purges du parti durant les premières années de la révolution russe n'ont rien à voir avec leur perversion totalitaire ultérieure en instrument d'instabilité permanente. Les premières purges étaient dirigées par des commissions de contrôle locales devant une assemblée ouverte où tout le monde, membre ou non du parti, avait accès. Celles-ci étaient conçues comme un organisme de contrôle démocratique pour lutter contre la corruption bureaucratique dans le parti et « devaient servir de

concentra ses attaques sur le slogan à demi oublié de Trotski, précisément parce qu'il avait décidé d'utiliser la même technique[4]. Dans l'Allemagne nazie, une tendance similaire à la révolution permanente était clairement discernable, bien que les nazis n'aient pas eu le temps de la rendre effective au même degré. Il est assez significatif que leur « révolution permanente », ait, elle aussi, commencé par la liquidation de la faction du parti qui avait osé annoncer ouvertement « la prochaine étape de la révolution[5] », et précisément parce que le

substitut à de réelles élections » (Isaac Deutscher, *Stalin*, 1949, p. 233-234 [*Staline*, 1953]). On peut trouver un excellent aperçu de l'histoire des purges dans le récent article d'Avtorkhanov, qui réfute également la légende selon laquelle l'assassinat de Kirov aurait donné le signal d'une nouvelle politique. La purge générale avait commencé avant la mort de Kirov qui n'était rien de plus qu'un « prétexte commode pour lui donner plus d'ampleur ». À considérer le nombre des circonstances « inexplicables et mystérieuses » qui entourent l'assassinat de Kirov, on se doute que le « prétexte commode » fut soigneusement conçu et fabriqué par Staline en personne. Voir Nikita Khrouchtchev : « Speech on Stalin », *The New York Times*, 5 juin 1956 [NdÉ. : les travaux les plus récents réalisés à l'aide des archives soviétiques contredisent l'hypothèse d'Hannah Arendt ; voir Alla Kirilina, *L'Assassinat de Kirov. Destin d'un stalinien*, 1888-1934, 1995].

4. Isaac Deutscher, *Staline*, 1953, p. 227 [H. Arendt se réfère à l'édition parue en 1949, *Stalin*, p. 282], décrit la première attaque contre la « révolution permanente » de Trotski et la contre-formulation stalinienne du « socialisme dans un seul pays » comme un accident de manœuvre politique. En 1924, « le but immédiat [de Staline] était de discréditer Trotski. [...] En fouillant le passé de Trotski, les triumvirs découvrirent la théorie de la "révolution permanente" qu'il avait formulée en 1905 [...]. [Et c'est] au cours de cette polémique que Staline arriva à sa formule [du] "socialisme dans un seul pays"... ».

5. La liquidation de la faction Röhm en juin 1934, fut précédée d'une courte période de stabilisation. Au début de l'année, Rudolf Diels, chef de la police politique à Berlin, pouvait rapporter que la SA ne procédait plus à des arrestations illégales (« révolutionnaires »). On menait une enquête sur les arrestations de ce type qui avaient eu lieu antérieurement. (*Nazi Conspiracy and Aggression*, 1946, vol. V, p. 205). En avril 1934, le ministre de l'Intérieur du Reich, Wilhelm Frick, un vieux membre du parti nazi, promulgua un décret qui restreignait l'exercice de la « détention protectrice » (*ibid.*, vol. III, p. 555), compte tenu de la « stabilisation de la situation nationale » (Voir *Das Archiv*, avril 1934, p. 31). Ce décret ne fut toutefois jamais rendu public (*Nazi Conspiracy and Aggression*, 1946, vol. VII, p. 1099 ; vol. II, p. 259). La police politique de Prusse avait préparé en 1933 un rapport spécial pour Hitler sur les excès des SA ; elle y suggérait que soient poursuivis les chefs de la SA dont elle citait les noms. Hitler résolut le problème en les faisant tuer sans procédures légales *et* en destituant tous ces officiers de police qui s'étaient opposés à la SA (Voir la déposition sous serment de Rudolf Diels, *ibid.*,

« Führer et sa vieille garde savaient que le combat réel venait juste de commencer[6] ». Ici, au lieu de l'idée bolchevique de révolution permanente, nous trouvons la notion de « sélection [raciale] qui ne connaîtra jamais de trêve » ; ce qui requiert, en conséquence, une radicalisation constante des normes par lesquelles s'opère la sélection, c'est-à-dire l'extermination de ceux qui ne leur sont pas conformes[7]. Hitler et Staline, il faut le souligner, ont l'un et l'autre fait miroiter des promesses de stabilité afin de masquer leur intention de créer un état d'instabilité permanente.

Aux difficultés inhérentes à la coexistence d'un gouvernement et d'un mouvement, d'une prétention totalitaire et d'un pouvoir limité en un territoire limité, d'une feinte appartenance à un concert de nations où chacune respecte la souveraineté de l'autre et de l'aspiration à gouverner le monde, il n'était de meilleure solution que cette formule dépouillée de son contenu originel. Car le dirigeant totalitaire doit affronter une double tâche qui, d'abord, semble contradictoire jusqu'à l'absurde : il doit, d'une part, donner au monde fictif du mouvement une réalité tangible, et un

---

vol. V, p. 224). De cette manière, lui-même s'était prémuni complètement contre toute légalisation et toute stabilisation. Parmi les nombreux juristes qui se mirent avec enthousiasme au service de « l'idée nationale-socialiste », bien peu comprirent de quoi il retournait vraiment. De ceux-là fait partie, au premier chef, Theodor Maunz, dont l'essai *Gestalt und Recht der Polizei* (1943) est cité avec approbation même par ces auteurs qui, comme Paul Werner, appartenaient à ce *FührerKorps* supérieur que formaient les SS.

6. Robert Ley, *Der Weg zur Ordensburg*, 1936. « Édition spéciale pour le *FührerKorps* du parti, […] n'est pas en vente libre. »

7. Heinrich Himmler, « Die Schutzstaffel », *Grundlagen, Aufbau und Wirtschaftsordnung des nazionalsozialistischen Staates*, n° 7b. On retrouve cette radicalisation constante du principe de la sélection raciale dans toutes les phases de la politique nazie. Ainsi, les premiers à être exterminés furent les Juifs à part entière, puis vinrent le tour des « demi-Juifs » et des « quarts de Juifs » ; ou bien d'abord les aliénés, que devaient suivre les malades incurables, et, éventuellement, toutes les familles où il y avait un « malade incurable ». « La sélection qui ne connaît jamais de trêve » n'épargnait pas non plus les SS eux-mêmes. Un décret du Führer, daté du 19 mai 1943, ordonnait que tous les hommes liés à des étrangers par la famille, le mariage ou l'amitié, soient éliminés de l'État, du parti, de la Wehrmacht, et de l'économie ; cette mesure affecta 1 200 chefs SS (voir les archives de la Hoover Library, dossier Himmler, liasse 330).

fonctionnement perceptible dans la vie quotidienne ; il doit, d'autre part, prévenir la résurgence d'une stabilité nouvelle dans ce monde nouveau, car la stabilisation de ses lois et institutions aboutirait, sans nul doute, à la liquidation du mouvement lui-même et, avec lui, de son espoir de conquérir un jour le monde. Le dirigeant totalitaire doit, à tout prix, éviter que la normalisation devienne telle qu'un nouveau mode de vie puisse apparaître – mode de vie qui serait susceptible, le temps aidant, de perdre son caractère bâtard et de s'assimiler aux modes de vie des autres nations de la terre, si profondément différenciés et opposés. À partir du moment où les institutions révolutionnaires deviendraient un mode de vie national (c'est-à-dire dès le moment où l'affirmation par Hitler que le nazisme n'est pas une marchandise exportable et celle, par Staline, que le socialisme peut être bâti dans un seul pays, seraient davantage qu'une tentative pour mystifier le monde non totalitaire), le totalitarisme perdrait son caractère « total » et s'assujettirait aux lois qui régissent les rapports entre les nations, lois selon lesquelles chacune possède un territoire, un peuple, et une tradition historique spécifiques qui l'apparentent aux autres nations – pluralité qui réfute, *ipso facto*, toute prétention à soutenir qu'une forme particulière de gouvernement, quelle qu'elle soit, est valable dans l'absolu.

La possession, dans un seul pays, de tous les instruments du pouvoir gouvernemental et de ceux de la violence ne va pas, pour un mouvement totalitaire, sans quelques inconvénients : tel est, dans la pratique, le paradoxe du totalitarisme au pouvoir. Son mépris des faits, son adhésion exclusive aux règles d'un monde fictif, deviennent constamment plus difficiles à maintenir, mais demeurent aussi essentiels qu'auparavant. Le pouvoir implique une confrontation directe avec la réalité, et ce défi permanent doit être constamment relevé par le totalitarisme au pouvoir. Propagande et organisation ne suffisent plus pour prétendre que l'impossible est possible, que l'incroyable est vrai, qu'une cohérence insane régit le monde ; le support psychologique principal de la fiction totalitaire – le vif ressentiment des masses à l'égard du statu quo qu'elles refusaient d'accepter comme le seul monde possible – n'est plus là ; la moindre parcelle d'information véritable qui filtre à travers le rideau de fer élevé pour endiguer le flux toujours menaçant de la réalité qui vient de l'autre bord, du bord non totalitaire, constitue pour la domination totalitaire une menace plus grande que ne l'avait été la contre-propagande pour les mouvements totalitaires.

La lutte pour la domination totale de toute la population vivant sur terre, l'élimination de toute réalité non totalitaire concurrente, est inhérente aux régimes totalitaires eux-mêmes ; s'ils ne s'assignent pas pour but ultime la domination planétaire, c'est qu'ils sont bien près de perdre tout le pouvoir dont ils ont déjà pu s'emparer. Même un individu isolé ne peut être dominé de manière absolument certaine que dans un contexte totalitaire global. La conquête du pouvoir, pour le mouvement, suppose donc en premier lieu l'établissement d'un quartier général (ou de ramifications dans le cas des pays satellites) officiel et officiellement reconnu, et l'acquisition d'une sorte de laboratoire où poursuivre l'expérience sur ou plutôt contre la réalité : expérience d'organisation d'un peuple suivant une finalité qui ne tient aucun compte de l'individu ou de la nation, dans des conditions imparfaites, certes, mais suffisantes pour obtenir des résultats partiels importants. Pour la conquête du monde, son objectif à long terme, et pour l'orientation des branches du mouvement, le totalitarisme au pouvoir se sert de l'administration d'État ; il fait alors de la police secrète l'exécutant et le gardien de ses expériences à l'intérieur pour transformer continuellement la réalité en fiction ; et finalement, il érige des camps de concentration, laboratoires spécialement conçus pour poursuivre l'expérience de domination totale.

1. Ce qu'on appelle l'État totalitaire

L'histoire enseigne que l'accès au pouvoir et à la responsabilité modifie profondément la nature des partis révolutionnaires. L'expérience et le sens commun laissaient à bon droit prévoir que le totalitarisme au pouvoir perdrait peu à peu sa vigueur révolutionnaire et son caractère utopique, que la tâche quotidienne du gouvernement et la possession d'un pouvoir réel ne manqueraient pas de modérer les prétentions des mouvements avant leur accession au pouvoir, et de détruire petit à petit le monde fictif de leurs organisations. Après tout, c'est semble-t-il dans la nature même des choses, privées ou publiques, que des exigences et des objectifs extrêmes soient freinés par des conditions objectives ; et la réalité, prise comme un tout, n'est qu'à un faible degré déterminée par la tendance à la fiction d'une société de masse composée d'individus atomisés.

Il est clair que bien des erreurs commises par le monde non totalitaire dans ses relations diplomatiques avec les gouvernements totalitaires (les plus manifestes étant la confiance dans le pacte de Munich avec Hitler et dans les accords de Yalta avec Staline) peuvent être mises au compte d'une impuissance soudaine de l'expérience et du bon sens à avoir prise sur la réalité. Contrairement à toute attente, ni l'importance des concessions faites, ni l'accroissement de leur prestige international ne contribuèrent à la réintégration des pays totalitaires dans le concert des nations, ou à l'abandon du grief mensonger selon lequel le monde entier serait ligué contre eux. Loin de l'empêcher, les victoires diplomatiques précipitèrent manifestement leur recours aux instruments de la violence et accrurent leur hostilité à l'égard des puissances qui s'étaient montrées favorables à un compromis.

Ces déceptions qu'hommes d'État et diplomates ressentirent évoquent les désillusions antérieures des observateurs bienveillants et des sympathisants des nouveaux gouvernements révolutionnaires. Leurs objectifs avaient été la mise en place d'institutions nouvelles et la création d'un nouveau code juridique qui, si révolutionnaire qu'il fût, devait conduire à une stabilisation et, par là, freiner l'élan des mouvements totalitaires, du moins dans les pays où ils s'étaient emparés du pouvoir. Ce qui se produisit à la place, tant en Union soviétique que dans l'Allemagne nazie, fut un accroissement de la terreur inversement proportionnel à l'existence d'une opposition politique intérieure, si bien que celle-ci ne semble pas avoir été le prétexte de la terreur (comme les accusateurs libéraux du régime avaient coutume de l'affirmer), mais le dernier obstacle à son déchaînement total[8].

Encore plus troublante fut la manière dont les régimes totalitaires traitèrent la question constitutionnelle. Durant leurs premières années d'exercice du pouvoir, les nazis firent pleuvoir une avalanche de lois et de décrets, mais ne se soucièrent jamais d'abolir officiellement la Constitution de Weimar. Ils maintinrent même, à peu de choses près, les administrations en place, ce qui induisit bien des observateurs nationaux et étrangers à espérer une limitation de l'activité du parti et une normalisation rapide du nouveau régime. Cependant, lorsque la promulgation des lois de Nuremberg mit un terme à cette évolution, il apparut que les nazis eux-mêmes ne se sentaient nullement concernés par leur propre législation. Bien plutôt, seule comptait pour eux

---

8. Il est de notoriété publique qu'en Russie « la répression des socialistes et des anarchistes s'est accentuée en raison égale de la pacification du pays » (Anton Ciliga, *Au pays du grand mensonge*, 1938 [H. Arendt se réfère à l'édition anglaise parue en 1940, *The Russian Enigma*, p. 244]). Isaac Deutscher, *Stalin*, 1949, p. 218 [*Staline*, 1953], pense que la raison de l'évanouissement de « l'esprit libertaire de la révolution », au moment de la victoire, pourrait se trouver dans un changement d'attitude des paysans : ils se retournèrent contre le bolchevisme « d'autant plus résolument qu'ils acquéraient la certitude que le pouvoir des propriétaires et des généraux blancs avait été brisé ». Cette explication semble bien faible, eu égard à l'ampleur que la terreur devait prendre après 1930. De plus, elle omet de prendre en considération le fait que la terreur se déchaîna pleinement, non pas dans les années 20, mais dans les années 30, quand l'opposition des classes paysannes ne représentait plus un facteur déterminant de la situation. Khrouchtchev aussi (« Speech on Stalin », *The New York Times*, 5 juin 1956) remarque que « les mesures répressives extrêmes ne furent pas utilisées » contre l'opposition lors de la lutte contre les trotskistes ou les boukhariniens, mais que « la répression contre eux ne commença » que bien après leur défaite. Sous le régime nazi, la terreur atteignit son comble pendant la guerre, quand la nation allemande était véritablement « unifiée ». Sa préparation remonte à 1936, lorsque toute résistance organisée avait disparu à l'intérieur et que Himmler proposa une extension des camps de concentration. Caractéristique de cet esprit d'oppression en l'absence de toute résistance est le discours de H. Himmler à Kharkov devant les chefs SS en 1943 : « Nous n'avons qu'une seule tâche, [...] mener le combat racial sans merci [...]. Nous ne laisserons jamais cette excellente arme, cette réputation terrible et redoutée qui nous a précédés dans les batailles de Kharkov, se flétrir ; nous ne cesserons au contraire de vouloir lui donner une nouvelle signification » (*Nazi Conspiracy and Aggression*, vol. IV, p. 572 et suiv.).

« la constante marche en avant vers des objectifs sans cesse nouveaux » ; si bien que, finalement, « le but et le champ d'action de la police secrète d'État » comme de toutes les autres institutions de l'État et du parti créées par les nazis ne pouvaient « en aucune manière rentrer dans le cadre des lois et des règlements édictés pour elles[9] ». En pratique, cet état permanent d'anarchie se traduisit dans le fait que « nombre de règlements en vigueur ne furent plus rendus publics[10] ». Sur le plan théorique, cela répondait à la maxime de Hitler selon laquelle « l'État total doit ignorer toute différence entre la loi et l'éthique[11] » ; car si l'on pose en principe que la loi en vigueur est identique à l'éthique commune, telle qu'elle jaillit de la conscience de tous, il n'est assurément plus nécessaire de rendre publics les décrets. L'Union soviétique, où l'administration prérévolutionnaire avait été exterminée sous la révolution, et où le régime n'avait porté qu'un intérêt minime aux questions constitutionnelles à l'époque du changement révolutionnaire, ne négligea pas cependant de promulguer en 1936 une Constitution très élaborée, entièrement nouvelle (« voile de phrases et de promesses libérales

9. Voir Theodor Maunz, *Gestalt und Recht der Polizei*, 1943, p. 5 et 49. Combien les nazis faisaient peu de cas des lois et des règlements qu'ils avaient eux-mêmes promulgués – et qui furent régulièrement rendus publics par Werner Hoche sous le titre *Die Gesetzgebung des Kabinetts Hitler* (1933 et suiv.), on peut le déduire d'une remarque faite en passant par l'un de leurs spécialistes en droit constitutionnel. Celui-ci sentit qu'en dépit de l'absence d'un nouvel ordre légal d'ensemble, une « réforme d'ensemble » s'était néanmoins produite (voir Ernst R. Huber, « Die deutsche Polizei », *Zeitschrift für die gesamte Staatswissenschaft*, vol. 101, 1940-1941, p. 273 et suiv.).

10. Theodor Maunz, *Gestalt und Recht der Polizei*, 1943, p. 49. À ma connaissance, Maunz est le seul parmi les auteurs nazis à avoir mentionné ce fait et à l'avoir souligné suffisamment. La seule lecture des cinq volumes des *Verfügungen, Anordnungen, Bekanntgaben*, qui furent rassemblés et imprimés pendant la guerre par la chancellerie du parti selon les instructions de Martin Bormann, permet d'avoir une vision précise de cette législation secrète par laquelle l'Allemagne nazie était, en fait, gouvernée. D'après la préface, les volumes étaient « destinés au seul travail interne du parti, et ils devaient être tenus pour confidentiels ». Quatre de ces volumes, évidemment très rares et en comparaison desquels l'ouvrage de Werner Hoche *(Die Gesetzgebung des Kabinetts Hitler)* fait presque figure de paravent, se trouvent à la Hoover Library.

11. C'était là « l'avertissement » du Führer aux juristes en 1933, cité par Hans Frank, *Nationalsozialistische Leitsätze für ein neues deutsches Strafrecht*, 1936, p. 8.

jeté sur la guillotine qui se trouvait à l'arrière-plan[12] ») ; événement qui fut salué, en Russie et à l'étranger, comme la conclusion de la phase révolutionnaire. Pourtant, la promulgation de la Constitution fut le signal de la gigantesque purge qui, en presque deux ans, liquida l'administration en place, effaça toute trace de vie normale et annula le redressement économique opéré au cours des quatre années qui avaient suivi l'élimination des koulaks et la collectivisation forcée de la population rurale[13]. À compter de ce moment, la Constitution de 1936 joua exactement le même rôle que la Constitution de Weimar sous le régime nazi : on n'en tint aucun compte mais on ne l'abolit jamais. La seule différence fut que Staline put se permettre une absurdité de plus : à l'exception de Vychinski, tous ceux qui avaient rédigé la Constitution toujours en vigueur furent exécutés comme traîtres.

Pour un observateur, la structure monolithique de l'État totalitaire n'est certes pas ce qu'il y a de plus frappant. Bien au contraire, tous ceux qui ont sérieusement étudié la question s'accordent au moins sur la coexistence (ou le conflit) d'une autorité duale, le parti et l'État. Beaucoup ont, en

---

12. Isaac Deutscher, *Staline*, 1953, p. 300 [H. Arendt se réfère à l'édition anglaise parue en 1949, *Stalin*, p. 381]. Il y eut des tentatives antérieures pour instaurer une Constitution, en 1918 et en 1924. La réforme constitutionnelle de 1944, selon laquelle certaines Républiques soviétiques devaient avoir leurs propres représentants à l'étranger et leurs propres armées, était une manœuvre tactique destinée à assurer quelques votes supplémentaires à l'Union soviétique aux Nations unies.

13. Voir Isaac Deutscher, *Stalin*, 1949, p. 375 [*Staline*, 1953]. À lire de près le discours de Staline sur la Constitution (son rapport au VIIIe congrès extraordinaire du 25 novembre 1936), il devient évident qu'elle ne fut jamais destinée à être définitive. Staline affirmait explicitement : « Telles sont les lignes de notre Constitution à un moment historique donné. Ainsi, le projet de la nouvelle Constitution représente la totalité du chemin déjà parcouru, la totalité de l'œuvre déjà accomplie. » En d'autres termes, la Constitution datait déjà au moment où elle était proclamée, et son intérêt était purement historique. Il ne s'agit pas là d'une interprétation arbitraire : Molotov le prouve qui, dans son discours sur la Constitution, reprend le thème stalinien et souligne le caractère provisoire de toute l'affaire : « Nous n'en sommes qu'au premier stade, qu'au stade inférieur du communisme. Et même cette première phase du communisme, le socialisme, n'est pas achevée ; elle n'existe encore qu'à l'état de squelette » (voir *Die Verfassung des Sozialistischen Staates der Arbeiter und Bauern*, 1937, p. 42 et 84).

outre, mis l'accent sur l'étrange « informité[14] » du gouvernement totalitaire[15]. Thomas Masaryk fut l'un des premiers à remarquer que « le prétendu système bolchevique n'a jamais été qu'une absence complète de système[16] », et il est parfaitement vrai que « même un expert deviendrait fou s'il essayait de démêler les relations entre le parti et l'État[17] » dans le IIIe Reich. On a souvent noté aussi que les rapports entre les deux sources d'autorités, État et parti, sont ceux d'une autorité apparente et d'une autorité réelle, de sorte que l'appareil gouvernemental est généralement décrit comme la façade dénuée de tout pouvoir qui dissimule et protège le pouvoir réel exercé par le parti[18].

À tous les niveaux, la machine administrative du IIIe Reich était sujette à un curieux dédoublement des services. Avec une extraordinaire minutie, les nazis s'assurèrent que chaque fonction de l'administration étatique fût doublée

14. NdÉ. Hannah Arendt use du mot « shapelessness » (absence de forme), que nous rendons par informité, état de ce qui est informe.

15. « Par opposition à l'Italie, la vie constitutionnelle allemande est donc caractérisée par une totale absence de forme » (Franz Neumann, *Behemoth. The Structure and the Practice of National-Socialism*, 1942 [*Béhémoth. Structure et pratique du national-socialisme*, 1987], annexe, p. 521).

16. Extrait de Boris Souvarine, *Staline. Aperçu historique du bolchévisme*, rééd. 1993, p. 545.

17. Stephen H. Roberts, *The House that Hitler Built*, 1939, p. 72.

18. Le juge Robert H. Jackson, dans son discours d'ouverture au procès de Nuremberg, a fondé sa description de la structure politique de l'Allemagne nazie sur la coexistence de « deux gouvernements en Allemagne – le réel et l'apparent. Les formes de la République allemande furent maintenues un temps, et c'était là le gouvernement que l'on voyait de l'extérieur. Mais l'autorité réelle dans l'État se trouvait en dehors et au-dessus de la loi : elle résidait dans les instances dirigeantes du parti nazi » (*Nazi Conspiracy and Aggression*, 1946, vol. I, p. 125). Voir aussi la distinction que Stephen H. Roberts (*The House that Hitler Built*, 1939, p. 101) fait entre le parti et un État fantôme : « Hitler avait visiblement tendance à multiplier les dédoublements de fonctions. » Ceux qui ont étudié l'Allemagne nazie semblent s'accorder pour dire que l'État ne possédait qu'une autorité fictive. Pour l'unique exception, voir Ernst Fraenkel, *The Dual State*, 1941 : celui-ci prétend qu'il y avait coexistence d'un « État normatif et d'un État à prérogative », vivant en perpétuelle friction en tant qu'« éléments rivaux et non complémentaires du Reich allemand ». Selon Fraenkel, l'État normatif fut maintenu par les nazis afin de protéger l'ordre capitaliste et la propriété privée ; son autorité s'étendait à toutes les questions économiques, tandis que l'État à prérogative formé par le parti détenait l'autorité suprême sur toutes les affaires politiques.

de quelque organe du parti[19] : la division weimarienne de l'Allemagne en États et en provinces fut doublée de la division nazie en *Gaue* : les frontières de l'une ne coïncidaient toutefois pas avec celles de l'autre, si bien que chaque localité donnée relevait, même au point de vue géographique, de deux circonscriptions administratives tout à fait différentes[20]. Après 1933, lorsque des personnalités marquantes du parti nazi occupèrent les ministères officiels de l'État, le dédoublement des fonctions ne fut pas abandonné pour autant : quand Frick, par exemple, devint ministre de l'Intérieur, ou Guertner ministre de la Justice. Ces vieux hommes de confiance du parti, du jour où ils se laissèrent embarquer dans des carrières officielles hors du parti, perdirent leur pouvoir et devinrent aussi peu influents que les autres fonctionnaires. Tous deux tombèrent sous l'autorité réelle de Himmler, chef de la police en pleine ascension qui, normalement, aurait dû être le subordonné du ministre de l'Intérieur[21]. Mieux connu à l'étranger fut le sort du vieux

19. « Pour ces postes du pouvoir d'État qu'ils ne pouvaient pourvoir avec leurs propres hommes, les nationaux-socialistes créèrent à l'intérieur de leur propre organisation du parti, des "services fantômes" leur correspondant ; ils mirent ainsi en place un second État derrière l'État... » (Konrad Heiden, *Der Führer...*, 1944, p. 616).

20. O. C. Giles, *The Gestapo*, Oxford Pamphlets on World Affairs, n° 36, 1940, décrit le perpétuel chevauchement des services du parti et de l'État.

21. Voir, par exemple, un mémorandum caractéristique du ministre de l'Intérieur Frick : celui-ci s'offensait du fait que Himmler, le chef des SS, possédât un pouvoir supérieur au sien (voir *Nazi Conspiracy and Aggression*, 1946, vol. III, p. 547). Remarquables sont aussi à cet égard les notes d'Alfred Rosenberg sur un entretien qu'il eut avec Hitler en 1942 : Rosenberg n'avait jamais, avant la guerre, occupé de position officielle mais appartenait au premier cercle entourant Hitler. Maintenant qu'il était devenu ministre du Reich pour les territoires occupés de l'Est, il ne cessait d'être confronté aux « actions directes » d'autres plénipotentiaires (principalement des SS) qui le coiffaient parce qu'il appartenait à l'appareil visible de l'État (voir *ibid.*, vol. IV, p. 65 et suiv.). De même pour Hans Frank, responsable du *Generalgouvernement* en Pologne. Il n'y eut que deux cas où l'élévation à la dignité ministérielle n'entraîna aucune perte de pouvoir et de prestige : celui du ministre de la Propagande Joseph Goebbels, et du ministre de l'Intérieur Himmler. En ce qui concerne Himmler, nous possédons un mémorandum, probablement de l'année 1935, qui illustre la façon simpliste et systématique dont les nazis réglaient les relations entre le parti et l'État. Ce mémorandum, émanant apparemment de l'entourage immédiat de Hitler et que l'on retrouva dans la correspondance de la

ministère des Affaires étrangères allemand de la Wilhelmstrasse. Les nazis épargnèrent presque tout son personnel et ne le supprimèrent évidemment jamais, malgré le maintien simultané du bureau des Affaires étrangères du parti qui datait d'avant la prise du pouvoir, à la tête duquel se trouvait Rosenberg[22]. Comme ce service s'était spécialisé dans le maintien des contacts avec les organisations fascistes en Europe orientale et dans les Balkans, ils créèrent un autre organisme pour concurrencer les services de la Wilhelmstrasse, le bureau Ribbentrop, qui eut la haute main sur les affaires étrangères pour l'ouest et survécut au départ de son patron comme ambassadeur en Angleterre, c'est-à-dire à son incorporation dans l'appareil officiel de la Wilhelmstrasse. Enfin, en plus de ces institutions du parti, les Affaires étrangères se virent encore doublées d'un Bureau SS, chargé « des négociations avec les groupes de race germanique du Danemark, de Norvège, de Belgique et des Pays-Bas[23] ». Ces exemples prouvent que, pour les nazis, le dédoublement des services était une question de principe et non un simple expédient pour fournir des emplois aux membres du parti.

La même division entre gouvernement réel et gouvernement apparent s'instaura en Russie soviétique sur des bases très différentes[24]. Le gouvernement apparent fut, à

Reichsadjudantur du Führer et de la Gestapo, contient un avertissement : il ne faut pas faire de Himmler le secrétaire d'État du ministère de l'Intérieur car, dans ce cas, il ne pourrait plus « être un chef politique » et « deviendrait étranger au parti ». Ici aussi nous trouvons mention du principe technique qui gouverne les relations entre le parti et l'État : « Un *Reichsleiter* [un haut fonctionnaire du parti] ne doit pas être subordonné à un *Reichsminister* [un haut fonctionnaire de l'État]. » (Le mémorandum, non daté et non signé, intitulé *Die geheime Staatspolizei*, se trouve dans les archives de la Hoover Library, dossier P. Wiedemann.)

22. Voir « Brief Report on Activities of Rosenberg's Foreign Affairs Bureau of the Party from 1933 to 1943 », dans *Nazi Conspiracy and Aggression*, 1946, vol. III, p. 27 et suiv.

23. D'après un décret du Führer du 12 août 1942. Voir *Verfügungen, Anordnungen, Bekanntgaben*, n° A 54/42.

24. « Derrière le gouvernement apparent il y avait un gouvernement réel », que Victor Kravchenko voyait dans « l'appareil de la police secrète » (*J'ai choisi la liberté. La vie publique et privée d'un haut fonctionnaire soviétique*, 1947, p. 160 [H. Arendt se réfère à l'édition américaine parue en 1946, *I Chose Freedom. The Personal and Political Life of a Soviet Official*]).

l'origine, l'émanation du Congrès des soviets de toutes les Russies qui, pendant la guerre civile, perdit son influence et son pouvoir au profit du parti bolchevique. Ce processus commença lorsque l'armée Rouge se vit accorder l'autonomie et que la police secrète fut rétablie comme organe du parti et non du Congrès des soviets[25] ; enfin, il se renforça en 1923, pendant la première année où Staline occupa les fonctions de secrétaire général[26]. Dès lors, les soviets devinrent le gouvernement fantôme au sein duquel, par l'intermédiaire des cellules formées par les membres du parti bolchevique, agissaient les représentants du pouvoir réel désignés par le comité central, à Moscou, et responsables devant lui. Le point crucial, dans cette dernière évolution, n'était pas la conquête des soviets par le parti mais ce fait : « quoique cela n'eût présenté aucune difficulté, les Bolcheviks n'abolirent pas les soviets et s'en servirent en guise d'ornement et de symbole de leur autorité pour l'extérieur[27]».

Cette coexistence de deux gouvernements, l'un apparent, l'autre réel, était donc, en partie, une conséquence de la révolution elle-même et précéda la dictature totalitaire de Staline. Néanmoins, tandis que les nazis se contentaient de maintenir en place l'administration en la privant de tout pouvoir, Staline eut à ressusciter son gouvernement fantôme qui, au début des années 30, avait perdu toutes ses fonctions et était à demi oublié en Russie ; il présenta la Constitution

25. Voir Arthur Rosenberg, *A History of Bolshevism*, 1934, chap. XI. « Il existe en réalité deux édifices politiques en Russie, qui se dressent parallèlement : le gouvernement fantôme des soviets et le gouvernement *de facto* du parti bolchevique. »

26. Isaac Deutscher, *Staline*, 1953, p. 207 [H. Arendt se réfère à l'édition anglaise parue en 1949, *Stalin*, p. 255-256], résume ainsi le rapport de Staline au XIIe congrès concernant le travail du service du personnel pendant la première année où il fut au poste de secrétaire général : « L'année précédente, 27 % seulement des dirigeants régionaux des syndicats étaient membres du parti. À présent 57 % d'entre eux étaient communistes. Le pourcentage des communistes, dans la direction des coopératives, était passé de 5 à 50 ; et dans les services centraux des forces armées, de 16 à 24. Il en était de même pour toutes les autres institutions que Staline appelait les "courroies de transmission" reliant le parti au peuple. »

27. Arthur Rosenberg, *A History of Bolshevism*.

soviétique comme le symbole de l'existence aussi bien que de l'impuissance des soviets. (Aucun de ses paragraphes n'a jamais eu la moindre signification pratique dans la vie et le droit en Russie.) Manquant totalement du prestige que la tradition confère, prestige si nécessaire à un gouvernement de façade, le soi-disant gouvernement russe avait besoin en apparence de l'auréole sacrée de la loi écrite. La défiance totalitaire à l'égard de la loi et de la légalité (qui « en dépit des plus grands changements [...] demeure toujours l'expression d'un constant désir d'ordre[28] »), trouvait dans la Constitution écrite soviétique comme dans celle, jamais abolie, de Weimar, un arrière-plan de stabilité pour sa propre anarchie, défi lancé en permanence au monde non totalitaire et à ses normes, dont on pouvait démontrer quotidiennement le vide et l'impuissance[29].

Le dédoublement des services, la division de l'autorité, la coexistence d'un pouvoir réel et d'un pouvoir apparent suffisent à créer la confusion mais non à expliquer l'« informité » de la structure tout entière. On ne devrait jamais oublier que seul un édifice peut avoir une structure, mais qu'un mouvement – à prendre le terme aussi sérieusement, aussi littéralement que le faisaient les nazis – ne peut avoir qu'une direction, et que toute espèce de structure légale ou gouvernementale ne peut qu'être un handicap pour un mouvement qui va se propageant à une vitesse croissante dans une direction déterminée. Même avant la prise du pouvoir, les mouvements totalitaires représentaient ces masses qui ne voulaient plus vivre dans aucune structure, quelle qu'en soit la nature ; des masses qui avaient entrepris de balayer les frontières légales et

---

28. Theodor Maunz, *Gestalt und Recht der Polizei*, 1943, p. 12.

29. Le professeur Reinhard Höhn, juriste et *Obertsturmbannführer*, a exprimé cette idée dans les termes suivants : « Et il y avait encore autre chose à quoi les étrangers, mais aussi les Allemands, devaient s'habituer : à savoir que la tâche de la police secrète [...] était assumée par une communauté de personnes issues du mouvement, et qui continuait d'y avoir leurs racines. L'expression de police d'État ne rend en réalité pas compte de ce fait, car il ne sera mentionné ici qu'en passant » (*Grundfragen der deutschen Polizei*, 11 octobre 1936, 1937, avec des contributions de Frank, Himmler et Höhn).

géographiques fermement définies par le gouvernement. C'est pourquoi, si nous nous référons à nos conceptions de la structure de l'État et du gouvernement, ces mouvements, aussi longtemps qu'ils voient leur champ d'action physiquement borné à un territoire donné, doivent nécessairement tenter de détruire toute structure, et pour qu'une telle volonté de destruction s'accomplisse, un simple dédoublement de tous les services entre parti et institutions étatiques ne saurait suffire. Puisque le dédoublement implique une relation entre la façade de l'État et le noyau du parti, il pourrait également en résulter un certain type de structure, où la relation entre le parti et l'État finirait automatiquement par se fixer en une réglementation codifiée qui délimiterait et stabiliserait l'autorité de chacun[30].

De fait, le dédoublement des services, apparente solution à la question parti-État dans toutes les dictatures à parti unique, n'est que la manifestation la plus visible d'un phénomène plus complexe auquel, mieux que celui de dédoublement, convient le terme de multiplication des services. Non contents d'instaurer des *Gaue* en plus des vieilles provinces, les nazis introduisirent bien d'autres divisions géographiques, correspondant aux différentes organisations du parti : les unités territoriales relevant de la SA ne recouvrirent jamais ni celles des *Gaue* ni celles des provinces ; qui plus est, elles différaient de celles des SS et aucune d'entre elles ne correspondait aux zones entre lesquelles était répar-

30. Une telle tentative pour délimiter les responsabilités respectives et lutter contre « l'anarchie de l'autorité » fut faite par exemple par Hans Frank à deux reprises : dans *Recht und Verwaltung* en 1939 et dans une adresse intitulée *Technik des Staates*, en 1940. Celui-ci exprime l'opinion que « les garanties légales » ne sont pas le « privilège des systèmes libéraux de gouvernement ». L'administration devrait continuer d'être, comme par le passé, gouvernée par les lois du Reich, selon l'inspiration et l'orientation que leur donnait à présent le programme du parti national-socialiste. C'est précisément parce qu'il ne voulait à aucun prix d'un nouvel ordre légal que Hitler ne reconnut jamais le programme du parti nazi. Il parlait habituellement avec mépris des membres du parti qui formulaient de telles propositions : c'étaient pour lui des gens « éternellement liés au passé », des gens qui « étaient incapables de sauter par-dessus leur ombre » (Felix Kersten, *Totenkopf und Treue : Heinrich Himmler ohne Uniform* [1952]).

tie la Jeunesse hitlérienne[31]. À cette confusion géographique on doit ajouter le fait que la relation d'origine entre pouvoir réel et pouvoir apparent se répétait partout, bien que d'une manière toujours changeante. L'habitant du IIIe Reich hitlérien ne vivait pas seulement sous les autorités simultanées – et souvent en conflit – des pouvoirs concurrents, tels que les administrations, le parti, la SA et les SS ; il ne pouvait jamais savoir avec certitude, et on ne lui disait jamais explicitement, quelle autorité il était censé placer au-dessus de toutes les autres. Il devait développer une sorte de sixième sens pour savoir, à un moment donné, à qui obéir et de qui se moquer.

Ceux qui, d'un autre côté, étaient chargés d'exécuter les ordres que les dirigeants jugeaient, dans l'intérêt du mouvement, réellement nécessaires – ordres dont l'exécution, à l'inverse des mesures gouvernementales, était exclusivement confiée aux formations d'élite du parti – n'étaient guère mieux lotis. Pour la plupart, ces ordres « intentionnellement vagues, étaient donnés avec le ferme espoir que le destinataire reconnaîtrait l'intention du donneur d'ordre, et qu'il agirait en conséquence[32] » ; car les formations d'élite

---

31. « Les 32 *Gaue* [...] ne coïncidaient pas avec les régions militaires ou administratives, ni même avec les 21 divisions de la SA, les 10 régions des SS, les 23 zones de la Jeunesse hitlérienne [...]. Ces chevauchements sont d'autant plus remarquables qu'ils n'ont aucune raison d'être » (Stephen H. Roberts, *The House that Hitler Built*, 1939, p. 98).

32. Documents de Nuremberg, PS 3063, Centre de documentation juive contemporaine. Le document est un rapport du tribunal suprême du parti sur les « événements et les agissements du tribunal du parti ayant trait aux manifestations antisémites du 9 novembre 1938 ». Sur la base des enquêtes menées par la police et le bureau du ministre de la Justice, le tribunal suprême en vint à la conclusion que les « instructions verbales du *Reichspropagandleiter* devaient avoir été comprises de tous les dirigeants du parti : pour l'extérieur, le parti ne souhaitait pas apparaître comme l'instigateur de la manifestation, mais, en réalité, c'était lui qui devait en assurer l'organisation et le déroulement [...]. Le réexamen des échelons du commandement a montré [...] que le national-socialiste aguerri au combat avant la prise du pouvoir *[Kampfzeit]* tient pour acquis que les actions où le parti ne souhaite pas apparaître dans le rôle d'organisateur ne sont pas ordonnées avec une parfaite clarté, ni réglées dans le moindre détail. Il est donc habitué à comprendre qu'un ordre peut signifier plus que son contenu verbal ; de même, il était devenu habituel pour celui qui donne les ordres que, dans l'intérêt du parti [...] il ne dise

n'étaient pas uniquement tenues d'obéir à la lettre aux ordres du Führer (c'était, de toute façon, une obligation pour toutes les organisations existantes), mais « d'exécuter la *volonté* de la direction[33] ». Et, comme on peut en juger d'après la foule des procédures pour « excès » devant les tribunaux du parti, ce n'était nullement là une seule et même chose. La seule différence résidait en ce que les formations d'élite, grâce à leur endoctrinement spécialement conçu pour ce genre de tâches, avaient été exercées à comprendre que certaines « suggestions signifiaient plus que leur simple contenu verbal[34] ».

Techniquement, le mouvement à l'intérieur de l'appareil de domination totalitaire tire sa mobilité du fait que la direction ne cesse de déplacer le centre effectif du pouvoir, souvent à d'autres organisations, sans dissoudre, ni même révéler publiquement, les groupes qui ont été ainsi privés de leur pouvoir. Durant la première phase du régime nazi, immédiatement après l'incendie du Reichstag, la SA exerçait l'autorité réelle et le parti l'autorité apparente ; par la suite le pouvoir passa de la SA aux SS, et, pour finir, des

---

pas tout mais qu'il intime seulement le but qu'il veut voir atteint par son ordre [...]. Ainsi, les [...] ordres – par exemple : ce n'est pas le Juif Grynszpan mais toute la Juiverie qui doit être accusée de la mort du camarade du parti von Rath [...] on devrait porter des pistolets [...] tout SA devrait savoir ce qu'il a à faire dorénavant – furent compris par un certain nombre de subordonnés comme signifiant que le sang juif devrait maintenant être versé pour le sang du camarade du parti von Rath... » Particulièrement significative est la fin du rapport, où le tribunal suprême du parti blâme tout à fait ouvertement ces méthodes : « C'est une autre question de savoir si, dans l'intérêt de la discipline, l'ordre qui est intentionnellement vague, et qui est donné, en escomptant que le destinataire reconnaîtra l'intention du donneur d'ordre et agira en conséquence, ne doit pas être relégué dans le passé. » Là aussi, il y avait des personnes qui, selon l'expression de Hitler, « étaient incapables de sauter par-dessus leur ombre » et qui insistaient sur les mesures législatives parce qu'ils ne comprenaient pas que c'était la *volonté* et non l'ordre du Führer qui constituait la loi suprême. Ici, la différence entre la mentalité des formations d'élite et celle des services du parti est particulièrement claire.

33. Werner Best, *Die deutsche Polizei*, 1941, dit cela de la manière suivante : « Aussi longtemps que la police exécute cette volonté de la direction, elle agit dans le cadre de la loi ; si la volonté de la direction est transgressée, alors, ce n'est pas la police, mais un membre de la police qui a commis une violation. »

34. Voir note 31.

SS au Service de sécurité[35]. L'important est que jamais aucun des organes du pouvoir ne fut privé de son droit à prétendre incarner la volonté du Chef[36]. Mais ce n'était pas seulement la volonté du Chef qui était d'une instabilité telle qu'en comparaison les caprices des despotes orientaux sont un éclatant exemple de constance ; la cohérente et perpétuelle division entre l'autorité secrète réelle et la prétendue représentation publique faisait du siège effectif du pouvoir par définition un mystère, et ce à un tel degré que même les membres de la clique dirigeante ne pouvaient jamais savoir avec une absolue certitude quelle était leur propre position dans la hiérarchie secrète du pouvoir. Alfred Rosenberg, par exemple, malgré sa longue carrière dans le parti, malgré l'impressionnant pouvoir qu'il détenait en apparence et le nombre de charges qu'il avait accumulées dans la hiérarchie du parti, continuait à parler de la création d'une série d'États d'Europe orientale comme d'un mur défensif contre Moscou, à une époque où ceux qui étaient investis du pouvoir réel avaient déjà décidé qu'aucune structure étatique ne serait mise en place après la défaite de l'Union soviétique, que les populations des territoires occupés de l'Est étaient définitivement devenues apatrides et qu'en conséquence on pouvait les exterminer[37].

---

35. En 1933, après l'incendie du Reichstag, « les chefs de la SA avaient plus de pouvoir que les *Gauleiter*. Ils refusaient aussi obéissance à Goering ». Voir la déposition sous serment de Rudolf Diels dans *Nazi Conspiracy and Aggression*, 1946, vol. V, p. 224. Diels était le chef de la police politique sous Goering.

36. Les SA s'offensèrent manifestement de ce déclassement et de cette perte de pouvoir dans la hiérarchie nazie ; ils essayèrent désespérément de sauver les apparences. Dans leurs magazines – *Der SA-Mann, Das Archiv*, etc. – on peut trouver, voilées ou non voilées, maintes indications de leur vaine rivalité avec les SS. Plus intéressant est le fait qu'en 1936 encore, alors que les SA avaient déjà perdu leur pouvoir, Hitler ait voulu dans un discours les rassurer : « Tout ce que vous êtes, vous l'êtes à travers moi ; tout ce que je suis, je le suis à travers vous seuls. » Voir Ernst Bayer, *Die SA*, 1938. Traduction extraite de *Nazi Conspiracy and Aggression*, 1946, vol. IV, p. 782.

37. Comparer le discours d'Alfred Rosenberg de juin 1941 : « Je crois que notre tâche politique consistera à [...] organiser ces peuples en certains types de corps politiques [...] et à les dresser contre Moscou » avec le « Mémorandum non daté pour l'administration des territoires occupés de l'Est » : « Avec la dissolution de l'URSS après sa défaite, aucun corps politique n'est laissé dans les territoires de l'Est et

En d'autres termes, comme le fait de savoir à qui obéir et la mise en place d'une hiérarchie relativement permanente auraient introduit un élément de stabilité par essence absent de la domination totalitaire, les nazis désavouaient systématiquement l'autorité réelle chaque fois que celle-ci sortait de l'ombre et créaient de nouveaux organes de gouvernement en comparaison desquels les précédents devenaient un gouvernement fantôme – jeu qui manifestement pouvait ne jamais prendre fin. Une des différences techniques les plus importantes entre les systèmes soviétique et national-socialiste est que, chaque fois qu'à l'intérieur de son propre mouvement Staline déplaçait l'accent du pouvoir d'un appareil à un autre, il avait tendance à liquider le personnel en même temps que l'appareil ; alors que Hitler, malgré ses propos méprisants à l'égard de ces gens qui « sont incapables de sauter par-dessus leur ombre[38] », entendait bel et bien continuer à utiliser ces ombres, même si c'était pour une autre fonction.

La multiplication des services était extrêmement utile au constant déplacement du pouvoir. Au reste, plus longtemps un régime totalitaire demeure au pouvoir, plus sont nombreux les services et les postes qui dépendent exclusivement du mouvement, puisque aucun service n'est supprimé alors même que son autorité est liquidée. Le régime nazi engagea ce processus de multiplication en coordonnant initialement toutes les associations, sociétés et institutions existantes. Dans cette manipulation à l'échelle nationale, il était remarquable que coordination ne signifiât pas incorporation aux organes respectifs du parti déjà existants. Il en résulta que jusqu'à la fin du régime, il n'y eut pas une, mais deux organisations des étudiants nationaux-socialistes, deux organisations nazies des femmes, deux organisations nazies des

---

donc [...] aucune citoyenneté pour leur population » (*The Trial of the Major War Criminals*, Nuremberg, 1947-1948, vol. XXVI, respectivement p. 616 et 604).

38. *Hitlers Tischgespräche*, 1951, p. 213. Hitler désignait généralement par là des hauts fonctionnaires nazis qui émettaient des réserves sur le fait de tuer sans scrupule tous ceux qu'ils qualifiaient de « déchet humain *[Gesox]* » (voir p. 248 et *passim*).

professeurs d'Université, des avocats, des médecins, etc.[39]. On n'avait cependant jamais la certitude que, dans tous les cas, le premier organe du parti serait plus puissant que celui qui lui faisait pendant[40]. Personne n'était d'ailleurs à même de montrer plus d'assurance pour prédire quel organe du parti gravirait les échelons de la hiérarchie interne de celui-ci[41].

Exemple classique de cette informité planifiée : l'organisation de l'antisémitisme scientifique. En 1933, un institut pour l'étude de la question juive (*Institut zur Erforschung der Judenfrage*) fut fondé à Munich. Comme on pensait que la question juive avait été déterminante pour l'histoire tout entière de l'Allemagne, celui-ci s'élargit rapidement en un institut de recherche d'histoire moderne de l'Allemagne. Dirigé par le célèbre historien Walter Frank, celui-ci transforma les universités traditionnelles en sièges d'un savoir apparent, autrement dit en façades. En 1940 fut créé à Francfort un autre institut d'étude de la question juive, dirigé par Alfred Rosenberg, dont le prestige en tant que membre du parti était considérablement plus grand. L'institut de Munich fut, en conséquence, relégué dans l'ombre ; c'était l'institut de

39. Sur la diversité et le chevauchement des organisations du parti, voir *Rang- und Organisationsliste der NSDAP*, 1947, et *Nazi Conspiracy and Aggression*, 1946, vol. I, p. 178, qui distingue quatre grandes catégories : 1. *Gliederungen der NSDAP*, qui avait existé avant l'arrivée au pouvoir ; 2. *Angeschlossene Verbände der NSDAP*, englobant ces sociétés qui avaient été coordonnées ; 3. *Betreute Organisationen der NSDAP* et 4. *Weitere nationalsozialistische Organisationen.* Dans presque toutes les catégories, on trouve une organisation différente des étudiants, des femmes, des professeurs et des ouvriers.

40. La gigantesque organisation des travaux publics, dirigée par Todt puis par Albert Speer, fut créée par Hitler en dehors de toutes les hiérarchies du parti et de toutes ses affiliations. Cette organisation peut avoir été utilisée contre l'autorité du parti ou même contre les organisations de la police. Il est remarquable que Speer ait pu oser faire observer à Hitler (lors d'une conférence en 1942) qu'il était impossible d'organiser la production sous l'autorité de Himmler, et qu'il soit allé jusqu'à demander que le travail forcé et les camps de concentration relèvent de sa compétence. Voir *Nazi Conspiracy and Aggression*, 1946, vol. I, p. 916-917.

41. Une société aussi anodine que le NSKK (corps national-socialiste des automobilistes fondé en 1930) se vit soudainement promue en 1933 au rang d'une formation d'élite partageant avec la SA et les SS le privilège d'être une unité indépendante affiliée au parti. Rien ne découla de cette promotion dans les rangs de la hiérarchie nazie ; rétrospectivement, celle-ci a l'air d'une menace inutile pour la SA et les SS.

Francfort, non celui de Munich, qui était censé recevoir les trésors provenant du pillage des collections juives d'Europe et devenir le siège d'une bibliothèque complète en matière de judaïsme. Pourtant, lorsque ces collections arrivèrent effectivement en Allemagne quelques années plus tard, ce n'est pas à Francfort qu'allèrent les pièces les plus précieuses, mais à Berlin, où le bureau spécial de la Gestapo de Himmler pour la liquidation (et pas seulement l'étude) de la question juive, dirigé par Eichmann, les accueillit. Aucune des institutions plus anciennes ne fut jamais supprimée, si bien qu'en 1944 la situation était la suivante : derrière la façade qu'étaient les départements d'histoire des universités se tenait, menaçant, le pouvoir plus réel de l'institut de Munich ; derrière ce dernier pointait, à son tour, l'institut de Rosenberg à Francfort ; et c'est seulement derrière ces trois façades que, caché et protégé par elles, se trouvait le véritable centre de l'autorité, le *Reichssicherheitshauptamt* [RSHA : Office central de sécurité], division spéciale de la Gestapo.

La façade du gouvernement soviétique, érigée plus exclusivement encore à l'intention des observateurs étrangers, est, en dépit de sa Constitution écrite, encore plus inconsistante que l'administration d'État héritée de la République de Weimar et conservée par les nazis. Les services que les nazis avaient accumulés pendant la période initiale de coordination lui faisant défaut, le régime soviétique compta encore davantage sur la création continuelle de nouveaux services pour rejeter dans l'ombre les anciens centres du pouvoir. La gigantesque inflation de l'appareil bureaucratique, inhérente à une telle méthode, est enrayée grâce à cette liquidation périodique au moyen des purges. Toujours est-il qu'en Russie également, nous pouvons distinguer au moins trois organisations nettement séparées : le soviet ou appareil d'État, l'appareil du parti et l'appareil du NKVD, chacun d'eux possédant son propre département d'économie indépendant, un département politique, un ministère de l'éducation et de la culture, un département militaire, etc.[42].

---

42. Friedrich Beck et W. Godin, *Russian Purge and the Extraction of Confession*, 1951, p. 153.

En Russie, l'opposition entre le pouvoir apparent de la bureaucratie du parti et le pouvoir réel de la police secrète correspond au dédoublement originel du parti et de l'État tel qu'on le connut en Allemagne nazie. La multiplication ne devient évidente que dans la police secrète elle-même, avec son réseau d'agents extrêmement complexe et tentaculaire, dont un département est toujours chargé de surveiller et d'espionner l'autre. Il n'est pas d'entreprise en Union soviétique qui n'ait son département spécial de la police secrète, lequel espionne les membres du parti aussi bien que le personnel ordinaire. Coexiste avec ce département une autre division de la police du parti lui-même qui, à son tour, surveille tout le monde, y compris les agents du NKVD, et dont les membres ne sont pas connus de ceux du corps rival. À ces deux organisations d'espionnage, il faut ajouter les syndicats qui, dans les usines, ont pour mission de veiller à ce que les travailleurs remplissent bien les quotas prescrits. Le « département spécial » du NKVD, beaucoup plus important encore que tous ces appareils, constitue « un NKVD à l'intérieur du NKVD », c'est-à-dire une police secrète à l'intérieur de la police secrète[43]. Tous les rapports produits par ces corps de police concurrents parviennent finalement au comité central, à Moscou et au Politburo. C'est là qu'on décide lequel est décisif et, parmi les divisions de la police, celle qui sera chargée d'exécuter les mesures. Bien entendu, ni le citoyen moyen, ni aucun des départements de la police ne sait quelle décision sera prise ; aujourd'hui, ce peut être la division spéciale du NKVD, demain, le réseau des agents du parti ; le jour suivant, ce peuvent être les comités locaux ou l'un des organes régionaux. Entre tous ces départements, il n'existe aucune hiérarchie du pouvoir ou de l'autorité qui soit légalement fondée. La seule certitude est qu'en fin de

---

43. *Ibid.*, p. 159 et suiv. Selon d'autres rapports, il y a des exemples différents de la multiplication chaotique des appareils policiers soviétiques, principalement des associations locales et régionales du NKVD, qui travaillent indépendamment les unes des autres et qui ont leurs pendants dans les réseaux locaux et régionaux des agents du parti. Il est naturel que nous en sachions bien moins long sur la situation en Russie que sur celle de l'Allemagne nazie, en particulier lorsqu'il s'agit des détails de l'organisation.

compte, l'un d'entre eux pourra être choisi pour incarner la « volonté de la direction ».

La seule règle sûre, dans un État totalitaire, est que plus les organes de gouvernement sont visibles, moins le pouvoir dont ils sont investis est grand ; que moins est connue l'existence d'une institution, plus celle-ci finira par s'avérer puissante. C'est conformément à cette règle que les soviets, reconnus par une Constitution écrite comme la plus haute autorité de l'État, ont un pouvoir moindre que le parti bolchevique ; que le parti bolchevique, qui recrute ouvertement ses membres et qui est censé former la classe dirigeante, a moins de pouvoir que la police secrète. Le pouvoir réel commence où le secret commence. À cet égard, les États nazi et bolchevique furent tout à fait semblables ; la principale différence réside dans le fait que, d'un côté, les services de la police secrète étaient monopolisés et centralisés par Himmler, alors que de l'autre, en Russie, c'était un dédale d'activités de police sans relations ni liens apparents.

Si nous considérons l'État totalitaire seulement en tant qu'instrument du pouvoir, c'est-à-dire en faisant abstraction des questions d'efficacité administrative, de capacité industrielle et de productivité économique, son informité s'avère alors l'instrument idéal pour la réalisation du soi-disant principe du Chef. La continuelle concurrence entre les services, dont non seulement les fonctions se chevauchent, mais dont les tâches sont identiques[44], ne laisse à l'opposition ou au sabotage pratiquement aucune chance de se traduire en actes. Un prompt déplacement d'inflexion qui relègue un service dans l'ombre, tout en donnant l'autorité à un autre, peut résoudre tous les problèmes, sans que personne prenne conscience du changement ou de la manifestation d'une opposition. Ce système présente, en outre, un avantage : le service en opposition n'apprend jamais rien de sa défaite, soit qu'on ne le supprime jamais (comme dans le cas du régime nazi), soit qu'on le liquide beaucoup plus tard, sans

---

44. Selon le témoignage de l'un de ses anciens employés (*Nazi Conspiracy and Aggression*, vol. VI, p. 461), c'était « une spécialité de Himmler que de confier une seule tâche à deux personnes différentes ».

liaison apparente avec ce qui en fut la cause réelle. Cette manière d'agir est d'autant plus facile que personne, hormis de rares initiés, ne connaît les rapports exacts des autorités entre elles. C'est seulement de temps à autre que le monde non totalitaire perçoit cet état de choses : quand, par exemple, un haut fonctionnaire à l'étranger confesse qu'un obscur secrétaire d'ambassade avait été son supérieur hiérarchique immédiat. Souvent, on peut déterminer rétrospectivement les causes d'une telle perte de pouvoir ou plutôt qu'elle a eu lieu. Par exemple, il n'est pas difficile de comprendre aujourd'hui pourquoi, lorsque la guerre éclata, des gens comme Alfred Rosenberg ou Hans Frank furent mutés à des fonctions officielles et du même coup évincés du véritable centre du pouvoir, c'est-à-dire du premier cercle entourant le Führer[45]. L'important est que non seulement ils n'ont pas connu les raisons de ces mutations mais, apparemment, n'ont même pas soupçonné que des postes aussi élevés, semble-t-il, que ceux de gouverneur général de la Pologne, ou de ministre du Reich pour tous les territoires de l'Est, loin de marquer l'apogée de leur carrière nationale-socialiste, en marquaient la fin.

Le principe du Chef n'établit pas plus une hiérarchie dans l'État totalitaire qu'il ne le fait dans le mouvement totalitaire ; l'autorité de haut en bas du corps politique n'est pas filtrée par toute une série de niveaux intermédiaires, comme c'est le cas dans les régimes autoritaires. La vraie raison en est qu'il n'y a pas de hiérarchie sans autorité et que, malgré les nombreux malentendus au sujet de la « personnalité autoritaire », le principe d'autorité est, pour l'essentiel, diamétralement opposé à celui de la domination totalitaire. Pour ne pas parler de son origine dans l'histoire romaine,

45. Dans l'adresse mentionnée ci-dessus (voir note 30), Hans Frank a montré à quel point il voulait stabiliser le mouvement. Ses nombreuses doléances en tant que responsable du *Generalgouvernement* en Pologne témoignent de sa totale incompréhension des tendances anti-utilitaires de la politique nazie. Il ne peut comprendre pourquoi les peuples soumis sont exterminés et non exploités. Rosenberg, aux yeux de Hitler, n'était pas racialement sûr parce qu'il désirait créer des États satellites dans les territoires conquis de l'Est et ne comprenait pas que la politique démographique de Hitler visait à dépeupler ces territoires.

l'autorité, sous quelque forme que ce soit, implique toujours une limitation de la liberté, mais jamais l'abolition de celle-ci. C'est cependant à cette abolition et même à l'élimination de toute spontanéité humaine en général que tend la domination totalitaire, et non simplement à une restriction, si tyrannique qu'elle soit, de la liberté. Techniquement, cette absence de toute autorité ou hiérarchie qui caractérise le système totalitaire, est bien mise en évidence par le fait qu'entre le pouvoir suprême (le Führer) et les gouvernés, il n'existe pas de niveaux intermédiaires responsables et susceptibles de recevoir chacun leur juste part d'autorité et d'obéissance. La volonté du Führer peut s'incarner en tout lieu et en tout temps, et lui-même n'est assujetti à aucune hiérarchie, pas même à celle qu'il aurait mise en place. Il est donc faux de dire que le mouvement, après la prise du pouvoir, fonde une multitude de principautés, royaumes au sein desquels chaque petit chef est libre d'agir à sa guise et d'imiter le grand chef au sommet[46]. La prétention des nazis : « Le parti est l'ordre des Führers[47] », était un mensonge ordinaire. De même que la multiplication à l'infini des services, et la confusion dans l'autorité donnent lieu à un état de choses tel que chaque citoyen se sent directement confronté à la volonté du Chef, qui choisit arbitrairement l'organe chargé d'exécuter ses décisions, de même, le million et demi de « Führers » du IIIe Reich[48] était parfaitement conscient du fait que son autorité procédait directement de Hitler, sans les niveaux intermédiaires qu'implique l'existence d'une

---

46. L'idée d'une division entre « petites principautés » formant « une pyramide du pouvoir en dehors de la loi avec le Führer à son faîte » est celle de Robert H. Jackson (voir chap. XII de *Nazi Conspiracy and Aggression*, 1946, vol. II, p. 1 et suiv.). Afin d'éviter l'instauration d'un tel État autoritaire, Hitler, dès 1934, promulgua le décret suivant : « La forme d'adresse *"Mein Führer"* est réservée au Führer seul. J'interdis par la même occasion à tous les subordonnés du NSDAP de tolérer qu'on s'adresse à eux comme *"Mein Reichsleiter"*, etc., que ce soit verbalement ou par écrit. De préférence la forme d'adresse doit être *P[artei] g[enossen]* [camarade du parti] [...] ou *Gauleiter*, etc. » Voir *Verfügungen, Anordnungen, Bekanntgaben*, décret du 20 août 1934.

47. Voir le *Organisationsbuch der NSDAP*.

48. Voir l'organigramme 14 dans *Nazi Conspiracy and Aggression*, 1946, vol. VIII.

hiérarchie[49]. La dépendance directe était réelle, la hiérarchie, sans doute importante socialement, n'était qu'un leurre, la contrefaçon d'un État autoritaire.

Le monopole absolu du Chef en matière de pouvoir et d'autorité apparaît de la manière la plus évidente dans les rapports que celui-ci entretient avec son chef de la police, personnage qui, dans un pays totalitaire, occupe la position publique la plus puissante. Pourtant, en dépit du pouvoir immense, matériel et organisationnel dont il dispose, comme chef d'une véritable armée policière ainsi que des formations d'élite, le chef de la police ne semble pas être en mesure de jamais s'emparer du pouvoir et diriger lui-même le pays. Ainsi, avant la chute de Hitler, jamais Himmler ne songea à mettre en cause la prétention de Hitler aux fonctions de chef[50], et il ne fut jamais proposé comme son successeur. Dans ce contexte, la tentative malheureuse de Beria de s'emparer du pouvoir après la mort de Staline est encore plus intéressante. Bien que Staline n'ait jamais permis que ses chefs de la police jouissent d'une position comparable à celle d'un Himmler durant les dernières années du régime nazi, Beria disposait lui aussi de troupes assez nombreuses pour faire pièce à l'autorité du parti après la mort de Staline. Il lui suffisait d'occuper entièrement Moscou et tous les accès au Kremlin ; personne, à l'exception de l'armée Rouge, n'eût été en mesure de briser sa conquête du pouvoir ; cela aurait abouti à une sanglante guerre civile dont l'issue eût été rien moins qu'assurée. L'important est que Beria abandonna volontairement toutes ses fonctions quelques jours plus tard seulement : il n'était pourtant pas sans savoir qu'il paierait de

---

49. Tous les serments, dans le parti aussi bien que dans les formations d'élite, se faisaient à la personne d'Adolf Hitler.

50. Le premier pas de Himmler dans cette voie eut lieu au cours de l'automne 1944, lorsqu'il prit sur lui d'ordonner que les chambres à gaz des camps d'extermination soient démantelées et le massacre de masse arrêté. C'était là sa manière d'engager les négociations de paix avec les puissances occidentales. Il est assez intéressant que Hitler n'ait apparemment jamais été informé de ces préparatifs ; il semble que personne n'ait osé lui dire que l'un de ses principaux objectifs de guerre avait déjà été abandonné. Voir Léon Poliakov, *Bréviaire de la haine*, 1951, p. 232.

sa vie les quelques jours où il avait eu l'audace de miser sur le pouvoir de la police contre celui du parti[51].

Le fait qu'il n'a pas le pouvoir absolu n'empêche bien sûr nullement le chef de la police d'organiser l'énorme appareil dont il a la charge conformément aux principes du pouvoir totalitaire. Tout à fait remarquable est ainsi la manière dont Himmler, après sa désignation, entreprit la réorganisation de la police allemande, en introduisant dans l'appareil jusque-là centralisé de la police secrète la multiplication des services – autrement dit, il fit apparemment ce que tous les experts en matière de pouvoir qui précédèrent les régimes totalitaires auraient tenu pour une décentralisation redoutable menant à un affaiblissement du pouvoir. Au service de la Gestapo, Himmler adjoignit d'abord le Service de sécurité *[Sicherheitsdienst]*, qui était à l'origine une division des SS créée afin de constituer le corps de police interne du parti. Tandis que les principaux services de la Gestapo et du Service de sécurité étaient en définitive centralisés à Berlin, les branches régionales de ces deux services secrets gigantesques conservaient chacune leur identité et envoyaient directement leurs rapports au bureau personnel de Himmler à Berlin[52]. Durant la guerre, Himmler créa deux services de renseignements supplémentaires. L'un était formé d'inspecteurs censés contrôler et coordonner le Service de sécurité et la police, et relevait de la juridiction de la SS. Le second était un bureau de renseignement spécifiquement militaire qui agissait indépendamment des forces armées du Reich et qui réussit finalement à absorber les propres services de renseignement de l'armée[53].

L'absence complète de révolutions de palais, victorieuses ou non, est l'une des caractéristiques les plus remarquables des dictatures totalitaires. (À une exception près, aucun nazi mécontent ne prit part à la conspiration militaire de juillet 1944 contre Hitler.) En apparence, le principe du Chef semble

51. Pour les événements qui suivirent la mort de Staline, voir Harrison E. Salisbury, *American in Russia*, 1955.

52. Voir l'excellente analyse de la structure de la police nazie in *Nazi Conspiracy and Aggression*, 1946, vol. II, p. 250 et suiv., particulièrement p. 256.

53. *Ibid.*, p. 252.

appeler de sanglants changements de pouvoir personnel sans changement de régime. Ce n'est là qu'un signe parmi d'autres montrant que la forme totalitaire de gouvernement a bien peu de rapports avec la soif de pouvoir, ou même avec le désir d'une machine génératrice de pouvoir, ou avec ce jeu du pouvoir pour le pouvoir qui caractérisa les dernières phases du mode de domination impérialiste. Techniquement parlant, c'est pourtant là un des signes les plus importants, en dépit de toutes les apparences, que le gouvernement totalitaire n'est pas dirigé par une clique ou un gang[54]. L'exemple de la dictature de Hitler, tout comme celle de Staline, met clairement en lumière que l'isolement d'individus atomisés constitue non seulement le fondement dans les masses du pouvoir totalitaire mais encore se répercute jusqu'au sommet de la structure tout entière. Staline exécuta presque tous ceux qui pouvaient se vanter d'appartenir à la clique dirigeante, il recourait à la rétrogradation et à l'avancement des membres du Politburo chaque fois qu'une clique était en passe de s'implanter solidement. Hitler détruisit les cliques dans l'Allemagne nazie avec des méthodes moins drastiques – la seule purge sanglante étant celle qui frappa la clique de Röhm dont la cohésion, à dire vrai, était liée à l'homosexualité des dirigeants ; il prévenait leur formation en déplaçant sans cesse le pouvoir et l'autorité, en renouvelant fréquemment le cercle de ses intimes, de sorte que toute solidarité entre ceux qui étaient arrivés au pouvoir avec lui disparut rapidement. En outre, il paraît évident que la défiance monstrueuse qui fut, dit-on – et en des termes presque identiques –, le trait marquant des deux personnalités de Hitler et

54. Franz Neumann (*Behemoth*..., p. 521 et suiv. [*Béhémoth*..., 1987]) se demande « si l'Allemagne peut ou non être appelée un État. C'est bien plus un gang où les chefs sont contraints de se mettre d'accord après des différends ». Les travaux de Konrad Heiden sur l'Allemagne nazie sont représentatifs de cette théorie du gouvernement exercé par une clique. Pour ce qui est de la formation des cliques autour de Hitler, *The Bormann Letters*, publiées par Trevor-Roper, sont tout à fait éclairantes. Dans le procès des médecins (The United States vs. Karl Brandt *et al.*, audition du 13 mai 1947), Viktor Brack assurait que dès 1933, Bormann, agissant sans aucun doute sur les ordres de Hitler, avait commencé à mettre en place un groupe de gens qui coiffaient l'État et le parti.

de Staline, leur interdisait de présider quelque chose d'aussi tenace et durable qu'une clique. Quoi qu'il en soit, l'important est qu'il n'existe pas d'interconnexion entre les gens en place. Ils ne sont liés ni par un statut d'égalité à l'intérieur d'une hiérarchie politique ni par les rapports de supérieurs à subordonnés, ni par la douteuse loyauté des gangsters. En Russie soviétique, chacun sait que le directeur d'un grand complexe industriel peut, tout comme le ministre des Affaires étrangères, être, du jour au lendemain, rejeté au bas de l'échelle sociale et politique et remplacé par quelqu'un de totalement inconnu. D'un autre côté, le sentiment d'une complicité entre gangsters, qui ne fut pas sans jouer un certain rôle aux premiers temps de la dictature nazie, perdit toute force de cohésion, dans la mesure où, justement, le totalitarisme usa de son pouvoir pour répandre cette complicité dans la population, jusqu'à organiser la culpabilité du peuple tout entier sous sa domination[55].

L'absence d'une clique dirigeante a rendu particulièrement déroutante et embarrassante la question de savoir qui succéderait au dictateur totalitaire. Il est vrai que cette question a tourmenté tous les usurpateurs, et il est assez significatif qu'aucun des dictateurs totalitaires n'ait eu recours à la vieille méthode : établir une dynastie et désigner leurs fils. Où Hitler multipliait les désignations, qui ainsi s'annulaient d'elles-mêmes, Staline usait d'une méthode qui faisait de la succession l'un des honneurs les plus redoutables en Union soviétique. Dans une situation totalitaire, où la connaissance de l'écheveau des courroies de transmission équivaut au pouvoir suprême, chaque successeur désigné qui en arrive à savoir ce qui se passe véritablement est automatiquement destitué après un certain temps. Une désignation valable et relativement permanente présupposerait assurément l'existence d'une clique dont les membres partageraient avec le Chef le monopole de la connaissance des rouages, ce que le Chef doit à tout prix éviter. Hitler s'expliqua là-dessus à sa manière devant les commandants en chef de la Wehrmacht qui, au

55. Comparer à la contribution de l'auteur à la discussion du problème de la culpabilité allemande : « Organized Guilt », *Jewish Frontier*, janvier 1945.

milieu de la tourmente de la guerre, se torturaient probablement les méninges à ce propos : « Au bout du compte, je dois, en toute modestie, qualifier ma propre personne d'irremplaçable [...]. La destinée du Reich dépend de moi seul[56]. » Nul besoin de chercher une quelconque ironie dans le mot modestie ; se démarquant nettement de tous les usurpateurs, despotes et tyrans précédents, le chef totalitaire semble croire que la question de sa succession n'est pas d'un intérêt primordial, qu'aucune qualité, qu'aucune préparation particulières ne sont requises pour la tâche, que le pays obéira en fin de compte à quiconque se trouvera désigné au moment de sa mort, qu'aucun rival assoiffé de pouvoir ne viendra lui disputer sa légitimité[57].

En tant que techniques de gouvernement, les procédés totalitaires paraissent, dans leur simplicité, d'une ingénieuse efficacité. Ils assurent non seulement un monopole absolu du pouvoir mais encore une certitude sans pareille : celle que tous les ordres seront toujours exécutés. La multitude des courroies de transmission, la confusion de la hiérarchie assurent la complète indépendance du dictateur à l'égard de ses subordonnés et rendent possibles les brusques et surprenants revirements de politique qui ont fait la renommée du

---

56. Discours du 23 novembre 1939, extrait de *The Trial of the Major War Criminals*, 1947-1948, vol. XXVI, p. 332. Que cette déclaration soit plus qu'une aberration hystérique due à l'occasion, c'est ce que montre le discours de Himmler (on peut en trouver la transcription sténographique dans les archives de la Hoover Library, dossier Himmler, liasse 332) à la conférence des maires de Posen, en mars 1944. « Quelles valeurs pouvons-nous attribuer aux étapes de l'histoire ?, dit-il. Les valeurs de notre propre peuple [...]. La seconde chose que je voudrais dire, c'est qu'une plus grande valeur encore est la personne unique de notre Führer Adolf Hitler, [...] qui, pour la première fois depuis deux mille ans [...], fut envoyé à la race germanique comme chef suprême... »

57. Voir les déclarations de Hitler sur la question dans *Hitlers Tischgespräche*, 1951, p. 253 et suiv. et 222 suiv. : le nouveau Führer devrait être élu par un « sénat » ; le principe directeur pour l'élection du Führer doit être que toute discussion entre les personnalités qui y prennent part devraient cesser tout le temps de la procédure. En trois heures, la Wehrmacht, le parti et les fonctionnaires devront à nouveau être assermentés. « Il n'avait pas d'illusion sur le fait que dans cette élection du chef suprême de l'État, il pouvait ne pas toujours y avoir une personnalité de Führer hors pair pour guider le Reich. » Mais cela ne comportait pas de dangers « tant que la machinerie elle-même fonctionnait bien ».

totalitarisme. Le corps politique du pays, en raison de son informité, est à l'abri de tout choc.

Les raisons pour lesquelles jamais auparavant on n'a fait preuve d'une efficacité aussi extraordinaire sont aussi simples que le dispositif lui-même. La multiplication des services détruit tout sens des responsabilités et toute compétence ; ce n'est pas seulement une inflation terriblement onéreuse et improductive de l'administration mais bien une entrave à la productivité, les ordres contradictoires retardant sans cesse le travail réel jusqu'à ce que le Chef ait tranché la question par ses ordres. Le fanatisme des cadres d'élite, absolument essentiel à la bonne marche du mouvement, abolit systématiquement tout intérêt véritable pour des tâches particulières et engendre une mentalité qui voit dans n'importe quel acte un instrument pour quelque chose de tout à fait différent[58]. Et cette mentalité n'est pas seulement le fait d'une élite ; elle gagne peu à peu toute la population dont la vie, jusque dans ses détails les plus intimes, et la mort dépendent de décisions politiques – c'est-à-dire de causes et de motifs secrets qui n'ont rien à voir avec les actes accomplis. Les continuelles destitutions, rétrogradations, promotions rendent impossible tout travail d'équipe sérieux, et empêchent que se développe une véritable expérience. Économiquement parlant, le travail forcé est un luxe que la Russie n'était pas en mesure de s'offrir : en un temps où les compétences techniques faisaient cruellement défaut, les camps étaient remplis d'« ingénieurs hautement qualifiés [qui] se disputaient le droit d'effectuer des travaux de plomberie, de réparer des réveils, l'électricité, le téléphone[59] ». Mais alors, d'un point de vue purement utilitaire,

58. Un des principes directeurs pour les SS formulé par Himmler lui-même s'énonce : « Aucune tâche n'existe pour elle-même. » Voir Gunter d'Alquen, *Die SS...*, 1939.

59. Voir David J. Dallin et Boris I. Nicolaevsky, *Forced Labor in Russia*, 1947 [*Le Travail forcé en URSS*, 1949], qui rapportent également que pendant la guerre, lorsque la mobilisation eut créé un problème de main-d'œuvre aigu, le taux de mortalité dans les camps de travail était d'environ 40 % par an. En général, ils estiment que le rendement d'un ouvrier dans les camps était inférieur de 50 % à celui d'un travailleur libre.

la Russie ne pouvait pas non plus s'offrir le luxe des grandes purges qui, dans les années 30, vinrent interrompre un redressement économique longtemps attendu ; non plus que l'élimination physique de l'état-major de l'armée Rouge, qui la mena au bord de la défaite dans la guerre russo-finlandaise.

En Allemagne, les choses se présentèrent de manière sensiblement différente. Au début, les nazis montrèrent une certaine tendance à garder en place les compétences techniques et administratives, à autoriser le profit dans les affaires, à dominer l'économie sans trop y intervenir. Lorsque la guerre éclata, l'Allemagne n'était pas encore complètement totalitarisée : si l'on admet que la préparation à la guerre est un objectif rationnel, on doit concéder que dans l'ensemble, jusqu'en 1942, l'économie allemande a pu fonctionner de manière plus ou moins rationnelle. En soi, la préparation à la guerre n'est pas, en dépit de son coût prohibitif[60], anti-utilitaire ; car, assurément, il peut être « moins coûteux de s'emparer par la conquête des biens et des ressources des autres nations que de les acheter à des pays étrangers ou que de les produire chez soi[61] ». Les lois économiques de l'investissement et de la production, de l'équilibre des gains et des profits, et de l'épuisement des ressources ne s'appliquent plus dès lors qu'on cherche, en toute occasion, à renflouer une économie intérieure épuisée avec les produits du pillage des autres pays. Il est bien vrai, et le peuple allemand sympathisant en était parfaitement conscient, que le fameux slogan nazi « des canons ou du beurre » signifiait en réalité « du beurre par les canons[62] ». C'est seulement en 1942 que les règles de la domination totalitaire commencèrent à primer toute autre considération.

---

60. Thomas Reveille (*The Spoil of Europe. The Nazi Technique in Political and Economic Conquest*, 1941) estime que l'Allemagne, durant la première année de la guerre, était capable de couvrir entièrement les dépenses qu'elle avait engagées pour la préparer de 1933 à 1939.

61. William Ebenstein, *The Nazi State*, 1943, p. 257.

62. *Ibid.*, p. 270.

La radicalisation commença aussitôt que la guerre éclata ; on pourrait même avancer l'hypothèse suivante : cette guerre fut provoquée par Hitler entre autres raisons parce qu'elle lui permettait d'accélérer le processus d'une manière qui aurait été inconcevable en temps de paix[63]. Le plus étonnant dans ce processus cependant est qu'il ne fut aucunement stoppé par une défaite aussi cuisante que celle de Stalingrad ; le danger de perdre la guerre ne faisait, somme toute, qu'inciter encore davantage à jeter par-dessus bord toute considération utilitaire et à mettre les bouchées doubles pour tenter d'atteindre, grâce à une organisation totale impitoyable, les buts de l'idéologie raciale totalitaire, si court que soit le temps laissé[64]. Après Stalingrad, les formations d'élite qui avaient été strictement séparées du peuple s'accrurent considérablement ; l'interdiction pour ceux qui servaient

63. À l'appui de cette hypothèse viennent le fait que le décret portant condamnation de tous les malades incurables fut pris le jour où la guerre éclata, et davantage encore les déclarations de Hitler pendant la guerre, citées par Joseph Goebbels, (*The Goebbels Diaries...*, 1948) : « La guerre a rendu possible pour nous la solution de toute une série de problèmes qui n'auraient jamais pu être résolus en temps normal » ; peu importe comment tournera la guerre, « les Juifs seront certainement les perdants » (p. 314).

64. La Wehrmacht essaya bien sûr à maintes et maintes reprises d'expliquer aux divers organes du parti les dangers d'une conduite de la guerre où les ordres étaient donnés sans tenir aucun compte des nécessités militaires, civiles, ou économiques (voir par exemple Léon Poliakov, *Bréviaire de la haine*, 1951, p. 321). Mais même des hauts fonctionnaires nazis avaient du mal à comprendre cette négligence de tous les facteurs objectifs, économiques et militaires, de la situation. On avait beau leur répéter que « les considérations économiques devraient demeurer fondamentalement à l'écart du règlement de la question [juive] » (*Nazi Conspiracy and Aggression*, 1946, vol. VI, p. 402), ils continuaient à se plaindre : le grand programme de construction en Pologne « n'aurait pas été interrompu si les milliers de Juifs y travaillant n'avaient pas été déportés. Maintenant l'ordre est donné que les Juifs soient écartés des projets d'armement. J'espère que cet [...] ordre sera bientôt rapporté, car alors la situation serait encore pire qu'elle n'est ». Cet espoir de Hans Frank, responsable du *Generalgouvernement* en Pologne, fut aussi peu comblé que ses espérances ultérieures d'une politique militaire plus judicieuse envers les Polonais et les Ukrainiens. Ses plaintes sont intéressantes (voir son *Journal* dans *Nazi Conspiracy and Aggression*, 1946, vol. IV, p. 902 et suiv.) parce que c'est exclusivement l'aspect anti-utilitaire de la politique nazie pendant la guerre qui l'effraie. « Une fois que nous aurons gagné la guerre, alors, en ce qui me concerne, on peut bien faire de la chair à pâté des Polonais et des Ukrainiens et de tous ceux qui traînent par ici... »

dans les forces armées d'appartenir au parti fut levée et le commandement militaire placé sous la tutelle de commandants SS. Le monopole du crime, que les SS gardaient jalousement, fut aboli et les soldats se virent indistinctement assignés à l'exécution des meurtres de masse[65]. Aucune considération – ni militaire, ni économique, ni politique – ne tint contre le lourd et coûteux programme d'extermination et de déportation de masse.

Si l'on considère les dernières années de la domination nazie et sa version d'un « plan quinquennal » qu'elle n'eut pas le temps de mener à bien, mais qui visait à l'extermination des peuples polonais et ukrainien, de 170 millions de Russes (comme il est mentionné dans un plan), de l'intelligentsia d'Europe occidentale, par exemple en Hollande, et de la population d'Alsace-Lorraine, ainsi que de tous les Allemands qui étaient voués à l'extermination par la loi de santé du Reich ou par le projet de loi « sur les étrangers à la Communauté » *[Gemeinschaftfremdengesetz]*, on ne peut s'empêcher de le comparer au plan quinquennal bolchevique de 1929, première année de dictature nettement totalitaire en Russie. De vulgaires slogans eugénistes dans un cas, de pompeuses considérations sur l'économie dans l'autre furent le prélude à « une folie prodigieuse dans laquelle toutes les règles de la logique et tous les principes économiques étaient mis sens dessus dessous[66] ».

Certes, ce n'est pas consciemment que les dictateurs totalitaires se sont engagés dans la voie de la démence. Disons

---

65. À l'origine, seules les unités spéciales des SS, les *Totenkopf*, furent employées dans les camps de concentration. Ultérieurement, elles furent remplacées par les divisions de *Waffen-SS*. À partir de 1944, des unités des forces armées régulières furent également employées, mais généralement après avoir été incorporées aux SS. (Voir la déposition sous serment d'un ancien officier SS du camp de concentration de Neuengamme dans *Nazi Conspiracy and Aggression*, 1946, vol. VII, p. 211.) Il ressort du journal de camp de Odd Nansen, *From Day to Day* [1947], 1949, combien la présence active de la Wehrmacht se faisait sentir dans les camps de concentration. Malheureusement, il montre que ces troupes de l'armée régulière étaient au moins aussi brutales que les SS.

66. Isaac Deutscher, *Staline*, 1953, p. 260 [H. Arendt se réfère à l'édition parue en 1949, *Stalin...*, p. 326]. Cette citation a du poids car elle vient du plus bienveillant des biographes non communistes de Staline.

plutôt que notre étonnement devant le caractère anti-utilitaire des structures de l'État totalitaire naît de l'idée erronée que nous avons affaire, somme toute, à un État comme les autres – une bureaucratie, une tyrannie, une dictature. Lorsque les dirigeants totalitaires proclament que le pays où ils ont réussi à s'emparer du pouvoir n'est à leurs yeux que le quartier général temporaire d'un mouvement international en marche pour la conquête du monde, lorsqu'ils considèrent victoires et défaites en termes de siècles ou de millénaires et que les intérêts planétaires priment toujours les intérêts locaux de leur propre territoire[67], nous tenons ces propos pour négligeables. La fameuse phrase « le droit est ce qui est bon pour le peuple allemand » n'était employée qu'à des fins de propagande de masse ; aux nazis, on disait que le « droit est ce qui est bon pour le mouvement[68] », et les intérêts de l'un et de l'autre étaient loin de toujours coïncider. Les nazis ne pensaient pas que les Allemands formaient une race de seigneurs, à qui le monde appartenait ; ils pensaient au contraire que ceux-ci devaient être guidés, au même titre que toutes les autres nations, par une race de seigneurs, laquelle était sur le point de naître[69].

---

67. Les nazis se plaisaient tout particulièrement à compter en termes de millénaires. Les affirmations de Himmler selon lesquelles les SS ne s'intéressaient qu'aux « questions idéologiques dont l'importance se mesurait en termes de décennies et de siècles », et « qu'ils servaient une cause qui n'apparaît qu'une fois tous les deux mille ans », sont reprises, avec de légères variantes, tout au long du matériel d'endoctrinement fourni par la *SS Hauptamt-Schulungsamt* (*Wesen und Aufgabe der SS und der Polizei*, p. 160). Pour la version bolchevique, la meilleure référence est le programme de l'Internationale communiste, tel qu'il a été formulé par Staline, dès 1928, au congrès du parti à Moscou. Particulièrement intéressante est la promotion de l'Union soviétique au rang de « base pour le mouvement mondial, de centre de la révolution internationale, de facteur le plus important de l'histoire mondiale. En URSS, le prolétariat du monde acquiert pour la première fois une patrie... » (extrait de *Blueprint for World Conquest, as Outlined by the Communist International*, introduction de W. H. Chamberlin, 1946, où les programmes de la IIIe Internationale sont reproduits textuellement).

68. Ce changement de la devise officielle se trouve dans le *Organisationsbuch der NSDAP*, p. 7.

69. Voir Konrad Heiden, *Der Führer...*, 1944, p. 722. Dans un discours qu'il tint devant les futurs dirigeants politiques à la Ordensburg Sonthofen le 23 novembre 1937, Hitler déclara : « Ce ne sont pas les tribus ridiculement petites, les pays exigus, les États ou les dynasties [...] mais seulement les races qui [peuvent] agir

Ce n'étaient point les Allemands qui formaient l'aurore de cette race de maîtres, mais les SS[70]. « L'empire mondial germanique », comme disait Himmler, ou l'empire mondial « aryen » comme aurait plutôt dit Hitler, n'était de toute façon envisageable qu'à des siècles de distance[71]. Pour le « mouvement » il était plus important de démontrer qu'il était possible de fabriquer une race anéantissant d'autres « races » que de gagner une guerre aux objectifs limités. Ce qui frappe l'observateur extérieur comme « une folie prodigieuse » n'est que la conséquence de l'absolue primauté du mouvement, non seulement sur l'État, mais aussi sur la nation, le peuple, et le pouvoir dont sont investis les dirigeants eux-mêmes. L'ingénieux système du gouvernement totalitaire, avec cette concentration absolue, inégalée, du pouvoir dans les mains d'un seul homme, n'avait jamais été expérimenté auparavant parce qu'aucun tyran ordinaire ne fut jamais assez fou pour écarter toute considération d'intérêt limité et local – économique, national, humain, militaire – en faveur d'une réalité purement fictive dans on ne sait quel avenir lointain et indéfini.

---

en conquérantes du monde. Une race, cependant, du moins au sens conscient – nous avons encore à le devenir » (voir *Hitlers Tischgespräche*, 1951, p. 445). En complète harmonie avec cette phraséologie nullement fortuite, se trouve un décret du 9 août 1941, où Hitler interdisait que l'on emploie à l'avenir l'expression de « race allemande » car cela conduirait au « sacrifice de l'idée de race en faveur d'un simple principe de nationalité, et à la destruction des importants préalables conceptuels de toute notre politique en matière de race et de peuple » *(Verfügungen, Anordnungen, Bekanntgaben)*. Il est clair que le concept de race allemande aurait constitué un obstacle à la « sélection » progressive et à l'extermination des éléments indésirables dans la population allemande qui étaient, à ce moment précis, projetées dans le futur.

70. Himmler, en conséquence, « forma très tôt une SS germanique dans les divers pays » à laquelle il disait : « Nous n'attendons pas de vous que vous deveniez allemands par opportunisme. Mais nous nous attendons assurément à ce que vous subordonniez votre idéal national à cet idéal racial et historique plus vaste qu'est celui du Reich germanique » (Konrad Heiden, *Der Führer...*, 1944). Sa tâche future consisterait à former, grâce à la « reproduction la plus abondante », une « couche raciale supérieure » qui d'ici une vingtaine ou une trentaine d'années « représenterait la totalité de l'Europe avec sa classe dirigeante » (discours de Himmler à la réunion des généraux de brigade SS à Posen en 1943, dans *Nazi Conspiracy and Aggression*, 1946, vol. IV, p. 558 et suiv.).

71. Heinrich Himmler, *ibid.*, p. 572.

Dans la mesure où le totalitarisme au pouvoir demeure fidèle aux principes originels du mouvement, on ne peut guère être surpris par les similitudes frappantes entre les procédés d'organisation du mouvement et l'État appelé totalitaire. La répartition entre membres du parti et compagnons de route organisés dans des organisations de façade, loin de disparaître, prépare la « coordination » de toute la population, sous forme d'organisations de sympathisants. La prodigieuse inflation du nombre des sympathisants est compensée par l'attribution à une « classe » privilégiée – quelques millions de personnes – de la force que représente le parti, et par la création d'un super-parti, fort de quelques centaines de milliers de membres, constituant les formations d'élite. La multiplication des services, le dédoublement des fonctions, et l'adaptation des rapports du sympathisant du parti à la nouvelle situation, signifient simplement que la structure particulière du mouvement, structure en oignon où chaque enveloppe recouvre la formation suivante, plus militante encore, est maintenue. L'appareil d'État est transformé en organisation de façade composée de bureaucrates sympathisants, dont la fonction consiste, pour les affaires intérieures, à répandre la confiance parmi les masses de citoyens seulement coordonnés, et pour les affaires étrangères, à donner le change au monde extérieur non totalitaire. Le Guide, en sa double qualité de chef de l'État et de guide du mouvement, réunit en sa personne une inflexibilité de militant portée à son plus haut degré et la confiance que la normalité inspire.

L'une des différences les plus importantes entre un mouvement totalitaire et un État totalitaire réside en ce que le dictateur totalitaire peut et doit pratiquer l'art du mensonge totalitaire d'une manière plus cohérente et à une plus large échelle que le guide d'un mouvement. C'est pour partie la conséquence automatique de l'accroissement du nombre des compagnons de route et pour partie dû au fait qu'un homme d'État ne peut revenir sur des déclarations qui déplaisent aussi aisément qu'un guide de parti démagogue. À cette fin, Hitler choisit de recourir sans aucun détour au nationalisme passé de mode qu'il avait maintes fois dénoncé avant son accession au pouvoir ; en posant au nationaliste ardent, en soutenant que le national-socialisme n'était pas une « marchandise exportable », il rassurait les Allemands autant que les non-Allemands et donnait à entendre que les ambitions nazies seraient satisfaites quand le seraient les traditionnelles revendications d'une politique étrangère allemande nationaliste – le retour des territoires cédés au traité de Versailles, l'*Anschluss* de l'Autriche, l'annexion des régions germanophones de Bohême. Staline, de même, comptait à la fois avec l'opinion publique russe et le monde non russe lorsqu'il inventa sa théorie du « socialisme dans un seul pays » et mit sur le dos de Trotski l'idée de révolution mondiale[72].

Mentir systématiquement au monde entier ne peut se faire impunément que si les conditions d'une domination totalitaire sont réunies, dans lesquelles le caractère fictif de la réalité quotidienne rend la propagande en grande partie superflue. Avant la prise du pouvoir, les mouvements ne peuvent se permettre de dissimuler à ce point leurs véritables buts – après tout, ceux-ci sont faits pour inspirer des organisations de masse. Mais, une fois acquise la possibilité d'exterminer les Juifs comme des punaises, au moyen de gaz toxiques, il n'est plus nécessaire de propager l'idée que les Juifs sont des punaises[73] ; une fois acquis le pouvoir d'enseigner l'histoire de la révolution russe sans mentionner le nom de Trotski, la propagande contre Trotski devient inutile. Mais l'emploi des méthodes qui permettent d'atteindre les buts idéologiques peut être « escompté » seulement de ceux « dont la fermeté idéologique est absolue » – qu'ils aient acquis une telle fermeté dans les écoles du Komintern ou

72. Isaac Deutscher, *Staline*, 1953, p. 234 [H. Arendt se réfère à l'édition publiée en 1949, *Stalin*..., p. 292], parle de sa remarquable « faculté de sentir tous ces courants psychologiques [...] dont il s'était fait lui-même le porte-parole » ; « ... le nom même de la théorie de Trotski, "la révolution permanente", ressemblait à un avertissement inquiétant [...] à une génération fatiguée [...]. Staline fit directement appel à l'horreur du risque et à l'incertitude qui étreignaient de nombreux Bolcheviks » (p. 233) [p. 291].

73. Hitler pouvait donc se permettre d'employer son cliché favori de « Juif décent » une fois qu'il eut commencé à les exterminer ; voir *Hitlers Tischgespräche*, 1951, p. 346 (en décembre 1941).

dans les centres spéciaux d'endoctrinement nazis – même si ces buts continuent à être rendus publics. En de telles occasions, il apparaît invariablement que les simples sympathisants ne comprennent jamais ce qui se passe[74]. Cela conduit au paradoxe que « la société secrète au grand jour » n'est jamais plus subversive dans son caractère et dans ses méthodes qu'après avoir été reconnue comme membre à part entière du concert des nations. Il n'y a rien que de logique dans le refus opposé par Hitler, avant la prise du pouvoir, à toutes les tentatives d'organiser le parti et même les formations d'élite sur une base subversive ; pourtant, après 1933, il se montra très impatient de faciliter la transformation des SS en une sorte de société secrète[75]. De manière semblable, les partis communistes dirigés depuis Moscou, en net contraste avec leurs prédécesseurs, montrent une curieuse tendance à préférer des conditions de clandestinité, même là où une complète légalité est possible[76]. Plus est visible le pouvoir du

74. Ainsi, Hitler, parlant aux membres du Haut Commandement (Blomberg, Fritsch, Raeder) et à des civils de haut rang (Neurath, Goering) en novembre 1937, pouvait se permettre de déclarer ouvertement qu'il avait besoin d'un espace dépeuplé et de rejeter l'idée de conquérir des peuples étrangers. Que cela menât automatiquement à une politique d'extermination desdits peuples, c'est ce dont, évidemment, aucun de ses auditeurs ne s'avisa.

75. Cela commença par un ordre de juillet 1934, qui élevait les SS au rang d'organisation indépendante au sein du NSDAP, et se poursuivit par un décret ultra-secret d'août 1938, qui déclarait que les formations spéciales des SS, les unités *Totenkopf* et les *Verfügungstruppen* (troupes de choc) n'appartenaient ni à l'armée ni à la police ; les unités *Totenkopf* devaient « tirer au clair certaines tâches spéciales de nature policière » et les *Verfügungstruppen* « étaient une unité armée permanente exclusivement à ma disposition » (*Nazi Conspiracy and Aggression*, 1946, vol. III, p. 459). Deux décrets ultérieurs, d'octobre 1939 et d'avril 1940, instituèrent une juridiction spéciale pour les questions générales concernant tous les membres des SS (*ibid.*, vol. II, p. 184). Dès lors, sur toutes les brochures publiées par le service d'endoctrinement des SS figuraient des mentions telles que « à l'usage de la police exclusivement », « non destiné à la publication », « exclusivement destiné aux dirigeants et à ceux qui sont chargés de l'éducation idéologique ». Il vaudrait la peine de dresser une bibliographie de la volumineuse littérature secrète, laquelle comprend un grand nombre de mesures législatives, imprimée durant l'ère nazie. Il est assez intéressant de constater que ne figure pas dans ce type de littérature le moindre opuscule de la SA : c'est probablement la preuve la plus concluante que la SA avait cessé d'être, après 1934, une formation d'élite.

76. Comparer Franz Borkenau, « Die neue Komintern », *Der Monat*, 1949, n° 4.

totalitarisme, plus ses véritables buts deviennent secrets. Pour connaître les fins ultimes de la domination hitlérienne en Allemagne, mieux valait se fier aux discours de propagande et à *Mein Kampf* qu'à l'éloquence du chancelier du IIIe Reich ; de même qu'il eût mieux valu ne pas croire les phrases de Staline sur « le socialisme dans un seul pays », opportunément inventées afin de s'emparer du pouvoir après la mort de Lénine, et prendre plus au sérieux l'hostilité dont il ne cessa de faire preuve à l'égard des pays démocratiques. Les dictateurs totalitaires ont prouvé qu'ils étaient on ne peut plus conscients du danger inhérent à leur affectation de normalité ; c'est-à-dire du danger d'une véritable politique nationaliste ou de la construction effective du socialisme dans un seul pays. Ils se sont efforcés de surmonter ce danger en maintenant en permanence un écart considérable entre des paroles rassurantes et la réalité du régime, en appliquant sciemment la méthode qui consiste à faire toujours le contraire de ce qu'on dit[77]. Staline a poussé cet art de l'équilibre, qui demande plus d'habileté que la simple routine de la diplomatie, au point qu'une certaine modération en politique étrangère ou dans la ligne politique du Komintern était presque invariablement accompagnée de purges radicales dans les rangs du parti russe. Il y a assurément plus qu'une coïncidence entre la politique de Front populaire, la rédaction d'une Constitution soviétique relativement libérale et les procès de Moscou.

La preuve évidente que les gouvernements totalitaires aspirent à conquérir le globe et à faire entrer dans leur mouvance tous les pays de la terre se trouve de manière réitérée dans la littérature bolchevique et nazie. Cependant, ces programmes idéologiques, hérités des mouvements prétotalitaires (partis supranationalistes antisémites, rêves d'empire pangermanique en ce qui concerne les nazis ; concept

77. Les exemples sont trop manifestes et trop nombreux pour être cités. Cette tactique ne devrait cependant pas être simplement confondue avec cet immense manque de loyauté et de sincérité dont tous les biographes de Hitler et de Staline ont fait état comme traits marquants de leur personnalité.

international de révolution socialiste dans le cas des Bolcheviks) ne sont pas décisifs. L'élément décisif, c'est que les régimes totalitaires conduisent leur politique étrangère à partir de l'hypothèse logique qu'ils atteindront cet objectif à un moment ou à un autre, que jamais ils ne le perdent de vue, si lointain qu'il puisse paraître, si grave que puisse être le conflit entre les exigences « idéales » et les nécessités du moment. Ils ne considèrent aucun pays comme définitivement étranger mais, bien au contraire, tous les pays comme leur territoire potentiel. La marche au pouvoir, le fait que, dans un pays, le monde fictif du mouvement est devenu une réalité tangible, crée avec les autres nations un mode de relation qui rappelle la situation du parti totalitaire sous un pouvoir qui ne l'est pas : la réalité tangible de la fiction, soutenue par un pouvoir d'État internationalement reconnu, peut être exportée de la même manière que le mépris pour le Parlement peut être importé dans un Parlement non totalitaire. À cet égard, la « solution » de la question juive proposée avant-guerre était une première marchandise d'exportation de l'Allemagne nazie : l'expulsion des Juifs permit d'exporter une bonne dose de nazisme dans d'autres pays ; en forçant les Juifs à quitter le Reich sans passeport et sans argent, on donnait corps à la légende du Juif errant, et en les forçant à manifester contre eux une hostilité intransigeante, les nazis avaient créé le prétexte à une question passionnée dans la politique intérieure de toutes les nations[78].

En 1940, on comprit à quel point les nazis prenaient au sérieux leur fiction subversive, qui faisait d'eux les futurs maîtres du monde, lorsque – malgré la nécessité et malgré leurs chances bien trop réelles de se concilier les peuples occupés de l'Europe – ils commencèrent leur politique de dépeuplement des territoires de l'Est sans tenir compte du manque de main-d'œuvre ni des graves conséquences qui en résulteraient sur le plan militaire, et qu'ils introduisirent

78. Cf. la circulaire adressée par le ministère des Affaires étrangères à toutes les autorités allemandes à l'étranger, en janvier 1939, dans *Nazi Conspiracy and Aggression*, 1946, vol. VI, p. 87 et suiv.

dans les pays occupés à l'Ouest[79] une législation avec effet rétroactif en y important une partie du code pénal du IIIe Reich. Il n'y avait guère de façon plus efficace de faire connaître la prétention nazie à gouverner le monde que de punir comme crime de haute trahison tout propos ou toute action hostile au IIIe Reich, sans distinction de circonstance, de lieu ni de personne. La loi nazie traitait le monde entier comme tombant potentiellement sous sa juridiction ; si bien que l'armée d'occupation n'était plus un instrument de conquête qui apportait avec elle la nouvelle loi du conquérant, mais un organe exécutif qui faisait respecter une loi dont on supposait l'existence déjà acquise pour tous.

Le postulat que la loi nazie valait au-delà des frontières de l'Allemagne et la punition des non-Allemands étaient plus que de simples moyens d'oppression. Les régimes totalitaires ne s'effraient pas des implications logiques de la conquête du monde, même si elles vont à contre-sens et sont au détriment des intérêts de leur propre peuple. Logiquement, il est incontestable qu'un plan de conquête du monde comporte l'abolition des différences entre la mère patrie conquérante et les territoires conquis, ainsi que de la distinction entre politiques étrangères et intérieures sur laquelle sont fondées toutes les institutions et toutes les relations internationales non totalitaires. Si le conquérant totalitaire se conduit partout comme s'il était chez lui, il doit en outre traiter son propre peuple aussi durement que s'il était un conquérant étranger[80]. Et il est parfaitement vrai que le

---

79. En 1940, le gouvernement nazi publia un décret avec effet rétroactif selon lequel tous les délits, de la haute trahison à l'égard du Reich aux « propos d'agitateurs nuisibles contre les personnalités dirigeantes de l'État ou du parti nazi », devraient être punis dans tous les territoires allemands occupés, qu'ils aient été le fait d'Allemands ou de nationaux de ces pays (voir O. C. Giles, *The Gestapo*, 1940). Pour les conséquences désastreuses de la *« Siedlungspolitik »* [politique de colonisation] nazie en Pologne et en Ukraine, voir *The Trial of the Major War Criminals*, 1947-1948, vol. XXVI et XXIX.

80. L'expression est de Victor Kravchenko, *J'ai choisi la liberté...*, 1947, p. 411 [H. Arendt se réfère à l'édition américaine parue en 1946, *I Chose Freedom...*, p. 303], qui, décrivant la situation en Russie après la grande purge de 1936-1938, remarque : « Si un conquérant étranger avait pris possession de la machine soviétique [...] le changement n'aurait pas été complet ni plus féroce. »

mouvement totalitaire s'empare du pouvoir tout à fait dans le même esprit qu'un conquérant étranger qui occupe un pays et le gouverne, non pour son propre bien mais au profit de quelque chose ou de quelqu'un d'autre. Les nazis se comportèrent comme des conquérants étrangers en Allemagne lorsque, à l'encontre de tous les intérêts nationaux, ils essayèrent, non sans un certain succès, de transformer leur défaite en une catastrophe finale pour tout le peuple allemand ; de même, en cas de victoire, ils avaient bien l'intention de poursuivre leur politique d'extermination dans les rangs des Allemands « racialement inaptes[81] ».

Une attitude similaire semble avoir inspiré la politique étrangère soviétique après la guerre. Le coût de l'agressivité de celle-ci fut prohibitif pour le peuple russe lui-même : elle conduisit à renoncer au grand prêt américain de l'après-guerre qui aurait permis à la Russie de reconstruire les zones dévastées et d'industrialiser le pays d'une manière rationnelle et productive. L'extension de gouvernements kominterniens[82] un peu partout dans les Balkans et l'occupation de vastes territoires à l'Est, loin de procurer des bénéfices tangibles, amenuisèrent encore davantage les ressources de la Russie. Mais cette politique servait sans doute les intérêts du mouvement bolchevique, qui s'est étendu à presque la moitié du monde habité.

Comme un conquérant étranger, le dictateur totalitaire considère les richesses naturelles et industrielles de chaque

---

81. Hitler projetait pendant la guerre d'instituer une loi nationale sur la Santé : « Après examen national aux rayons X, le Führer doit donner une liste des personnes malades, notamment de celles qui souffrent des poumons et du cœur. Sur la base de la nouvelle loi sur la Santé du Reich [...] ces familles ne pourront plus rester parmi le public et n'ont plus le droit de procréer. Ce qu'il adviendra d'elles, des ordres ultérieurs du Führer en décideront. » On n'a pas besoin de faire preuve de beaucoup d'imagination pour deviner quels eussent été ces ordres ultérieurs. Le nombre des personnes qui n'auraient plus eu le droit de « rester parmi le public » aurait formé une portion considérable de la population allemande (*Nazi Conspiracy and Aggression*, 1946, vol. VI, p. 175).

82. NdÉ. Gouvernements imposés aux pays d'Europe centrale et orientale à la faveur de l'occupation soviétique, dirigés par des militants communistes formés dans les écoles de cadres du Komintern et ayant passé, la plupart du temps, la guerre à Moscou. On trouve cependant dans ces gouvernements quelques militants demeurés, lors de l'occupation allemande, dans ces pays où ils animèrent une résistance très minoritaire.

pays, y compris le sien, comme une source de pillage et un moyen de préparer la prochaine étape de l'expansion agressive. Étant donné que cette politique économique de spoliation systématique est poursuivie pour le bien du mouvement et non pour celui de la nation, ni le peuple ni le territoire, en tant que bénéficiaires potentiels, ne sont en mesure de fixer un point de saturation à ce processus. Le dictateur totalitaire est comme un conquérant étranger qui ne vient de nulle part et le produit de son pillage ne profite vraisemblablement à personne. La répartition du butin ne se calcule pas en fonction d'un renforcement de l'économie intérieure du pays mais uniquement d'une manœuvre tactique opportune. Pour les questions économiques, les régimes totalitaires sont aussi bien chez eux dans leurs pays que les fameuses nuées de sauterelles. Le fait que le dictateur totalitaire gouverne son propre pays comme un conquérant étranger aggrave les choses car il ajoute au caractère impitoyable du régime une efficacité qui fait visiblement défaut aux tyrannies s'exerçant en milieu étranger. La guerre que Staline mena contre l'Ukraine au début des années 30 fut deux fois plus efficace que l'invasion et l'occupation affreusement sanglantes de la Russie par les Allemands[83]. C'est pourquoi le totalitarisme préfère les gouvernements Quisling à la domination directe, malgré les dangers évidents de tels régimes.

---

83. Le nombre total des morts russes en quatre années de guerre se situe selon les estimations entre 12 et 21 millions. En une seule année, Staline extermina, rien qu'en Ukraine, environ 8 millions de personnes (évaluation approximative) [NdÉ. Les estimations actuelles des historiens sont de 6 à 7 millions de victimes en Ukraine et de 3 millions au Kouban, au Caucase et dans la basse vallée de la Volga] ; voir *Communism in Action*, 1946, n° 754, p. 140-141. À la différence du régime nazi qui tenait une comptabilité plutôt rigoureuse du nombre de ses victimes, il n'existe pas de chiffres certains pour les millions de gens qui furent tués dans le système russe. Néanmoins, l'estimation suivante, citée par Boris Souvarine, *Staline*... [rééd. 1993], p. 553, a quelque poids, dans la mesure où elle provient de Walter Krivitsky, qui avait directement accès aux renseignements contenus dans les dossiers de la Guépéou. Selon ces chiffres, le recensement de 1937, dont les statisticiens soviétiques attendaient qu'il attînt 171 millions de personnes, montra qu'il n'y en avait en réalité que 145 millions. Ceci ferait apparaître un déficit démographique de 26 millions, chiffre qui n'inclut pas les pertes citées ci-dessus.

L'ennui avec les régimes totalitaires n'est pas qu'ils manipulent le pouvoir politique d'une manière particulièrement impitoyable, mais que derrière leur politique se cache une conception du pouvoir entièrement nouvelle et sans précédent, de même que derrière leur *Realpolitik* se trouve une conception entièrement nouvelle, sans précédent, de la réalité. Suprême dédain des conséquences immédiates plutôt qu'inflexibilité ; absence de racines et négligence des intérêts nationaux plutôt que nationalisme ; mépris des considérations d'ordre utilitaire plutôt que poursuite inconsidérée de l'intérêt personnel ; « idéalisme », c'est-à-dire foi inébranlable en un monde idéologique fictif, plutôt qu'appétit de pouvoir – tout cela a introduit dans la politique internationale un facteur nouveau, plus troublant que n'aurait pu l'être l'agressivité pure et simple.

Le pouvoir, tel que le conçoit le totalitarisme, réside exclusivement dans la force produite par l'organisation. Staline ne voyait dans chaque institution, indépendante de sa fonction réelle, qu'une « courroie de transmission reliant le parti au peuple[84] ». Il croyait sincèrement que les plus précieux trésors de l'Union soviétique n'étaient pas les richesses de son sol ou la capacité de production de son énorme main-d'œuvre, mais les « cadres » du parti[85] (c'est-à-dire la police). Comme lui, Hitler, dès 1929, voyait « la grande œuvre » du mouvement dans le fait que cent mille hommes « étaient devenus, quand on les regardait de l'extérieur, presque un individu unique, que ces membres sont en vérité uniformes, non seulement par les idées, mais même par l'expression du

84. Isaac Deutscher, *Staline*, 1953, p. 207 [H. Arendt se réfère à l'édition parue en 1949, *Stalin...*, p. 256].

85. Boris Souvarine, *Staline...* [rééd. 1993], p. 501, rapporte ces mots de Staline au moment où la terreur battait son plein en 1937 : « Il faut enfin comprendre que de tous les capitaux précieux existant au monde, le plus précieux et décisif, c'est l'homme, ce sont les cadres. » Tous les récits montrent qu'en Russie soviétique la police secrète doit être considérée comme la véritable formation d'élite du parti. Caractéristique est le fait que, dès le début des années 20, les agents du NKVD ne furent plus « recrutés sur la base du volontariat », mais choisis dans les rangs du parti. De plus, « le NKVD ne pouvait être choisi comme une carrière » (voir Friedrich Beck et W. Godin, *Russian Purge...*, p. 160).

visage qui est presque semblable. Regardez ces yeux rieurs, cet enthousiasme fanatique et vous découvrirez [...] comment une centaine de milliers d'hommes dans un mouvement arrivent à avoir un seul et même type[86] ». Toute association, jadis présente à l'esprit de l'homme occidental, entre pouvoir et biens terrestres, opulence, trésors, et richesses, a été dissoute en une sorte de mécanisme dématérialisé, dont chaque mouvement génère du pouvoir comme le frottement ou les courants galvaniques génèrent de l'électricité. La distinction totalitaire des États entre pays Possédants et pays Non Possédants est plus qu'un truc démagogique ; ceux qui la font sont effectivement persuadés que le pouvoir qui vient des biens matériels est négligeable et constitue seulement un obstacle au développement du pouvoir d'organisation. Pour Staline, la croissance et le développement ininterrompu de l'encadrement policier étaient incomparablement plus importants que le pétrole de Bakou, le charbon et le minerai de l'Oural, les céréales d'Ukraine, et les trésors que recelait en puissance la Sibérie – bref que le plein développement du potentiel russe. C'est le même état d'esprit qui conduisit Hitler à sacrifier toute l'Allemagne à l'encadrement SS : il prit conscience de la défaite, non pas quand les villes allemandes furent sous les décombres et que la puissance industrielle fut détruite, mais seulement à la nouvelle qu'on ne pouvait plus compter sur les troupes SS[87]. Pour un homme qui croyait à l'omnipotence de l'organisation contre toutes les données simplement matérielles, militaires ou économiques, et qui, en outre, évaluait en siècles la victoire éventuelle de son entreprise, la défaite ne résidait pas dans une catastrophe militaire ni dans la menace de famine pour la population, mais uniquement dans la destruction des formations d'élite censées, de génération en génération, mener jusqu'à son terme – si terme il y avait – la conspiration pour la domination du monde.

---

86. Tiré de Konrad Heiden, *Der Führer...*, 1944, p. 311.

87. Selon les récits concernant l'ultime réunion, Hitler décida de se suicider après avoir appris qu'on ne pouvait plus compter sur les troupes SS. Voir Hugh R. Trevor-Roper, *The Last Days of Hitler*, 1947, p. 116 et suiv. [*Les Derniers Jours de Hitler*, 1947].

La destructuration de l'État totalitaire, sa négligence délibérée des intérêts matériels, son affranchissement à l'égard du mobile du profit, ses comportements non utilitaires en général, ont contribué, plus que tout autre facteur, à rendre la politique contemporaine pratiquement imprévisible. L'inaptitude du monde non totalitaire à saisir une mentalité qui fonctionne indépendamment de toute action calculable en termes d'hommes et de matériel, qui est complètement indifférente à l'intérêt national et au bien-être de son peuple, est patente dans le curieux dilemme où se débat le jugement : ceux qui comprennent bien la terrible efficacité de l'organisation et de la police totalitaires ont tendance à surestimer la puissance matérielle des pays totalitaires ; ceux, au contraire, qui comprennent la ruineuse inefficacité de l'économie totalitaire sont bien près de sous-estimer le pouvoir virtuel qui peut naître dans le mépris de tous les facteurs matériels.

2. La police secrète

Jusqu'à présent, nous ne connaissons que deux formes authentiques de domination totalitaire : la dictature du national-socialisme après 1938, et celle du bolchevisme depuis 1930. Ces formes de domination diffèrent fondamentalement de toutes les autres sortes de pouvoir dictatorial, despotique ou tyrannique ; et bien qu'elles se soient développées, avec une certaine continuité, à partir des dictatures de parti, leurs traits, en ce qu'ils ont d'essentiellement totalitaire, sont nouveaux et ne peuvent être rapportés aux systèmes de parti unique. L'objectif des systèmes de parti unique n'est pas seulement de s'emparer de l'administration gouvernementale mais d'investir tous les postes avec les membres du parti afin de réaliser l'amalgame complet de l'État et du parti, de sorte qu'après la prise du pouvoir le parti devient une sorte d'organe de propagande en faveur du gouvernement. Ce système n'est « total » qu'en un sens négatif : le parti dirigeant ne tolère l'existence d'aucun autre parti, d'aucune opposition, d'aucune liberté d'opinion politique. Une fois au pouvoir, une dictature de parti laisse intact le rapport de force qui existait originellement entre l'État et le parti ; le gouvernement et l'armée exercent le même pouvoir que précédemment et la « révolution » consiste uniquement en ce que les postes gouvernementaux sont dorénavant occupés par des membres du parti. Dans tous ces cas, le pouvoir du parti repose sur un monopole garanti par l'État et le parti ne possède plus son propre centre de pouvoir.

La révolution instaurée par les mouvements totalitaires après qu'ils se sont emparés du pouvoir est d'une nature autrement plus radicale. Dès le début, ils s'emploient consciemment à maintenir les différences essentielles entre l'État et le mouvement, à empêcher que les institutions « révolutionnaires » du mouvement ne soient absorbées par le gouvernement[88]. La difficulté qu'il y a à se saisir de la machine étatique sans s'amalgamer avec l'appareil est levée : il suffit de limiter à ceux dont l'importance est secondaire pour le mouvement le droit de s'élever dans la hiérarchie de l'État. Tout le pouvoir réel est investi dans les institutions du mouvement et se trouve en dehors des appareils étatiques et militaires. C'est à l'intérieur du mouvement, qui demeure le centre agissant du pays, que toutes les décisions sont prises ; bien souvent, l'administration officielle n'est pas même informée de ce qui se trame et les membres du parti, dont l'ambition était de s'élever au poste de ministre, ont tous sans exception payé d'aussi « bourgeoises » aspirations en perdant leur influence sur le mouvement en même temps que la confiance de leurs chefs.

Le totalitarisme au pouvoir use de l'État comme d'une façade, destinée à représenter le pays dans le monde non

88. Hitler fit de fréquents commentaires sur les relations entre l'État et le parti ; il insista toujours sur le fait que ce n'était pas l'État, mais la race, ou « la communauté unie du peuple », qui revêtait une importance capitale (Cf. le discours cité plus haut, réimprimé en guise d'annexe aux *Hitlers Tischgespräche*). Dans son discours au Nuremberg *Parteitag* [la journée du parti] de 1935, il donna de cette théorie l'expression la plus condensée « Ce n'est pas l'État qui nous commande, c'est nous qui commandons à l'État. » Il va de soi qu'en pratique de tels pouvoirs de commandement ne sont possibles que si les institutions du parti demeurent indépendantes de celles de l'État.

totalitaire. Comme tel, l'État totalitaire est l'héritier logique du mouvement totalitaire, auquel il emprunte sa structure organisationnelle. Les dirigeants totalitaires traitent avec les gouvernements non totalitaires de la même façon qu'ils traitaient avec les partis représentés au Parlement ou les factions internes au parti avant d'accéder au pouvoir. Les voilà de nouveau, quoique sur une scène élargie au monde entier, confrontés au double problème de protéger le monde fictif du mouvement (ou du pays totalitaire) de l'impact de la réalité tout en présentant au monde extérieur normal une apparence de normalité et de bon sens.

Au-dessus de l'État et derrière les façades du pouvoir apparent, dans le dédale des multiples services, sous-jacent à tous les déplacements d'autorité et dans le chaos de l'inefficacité, se trouve le noyau du pouvoir dans le pays : les services hyper-efficaces et hyper-compétents de la police secrète[89]. L'accent mis sur la police comme unique organe du pouvoir et, en regard, l'ignorance qui va de pair du potentiel apparemment plus considérable de l'armée – caractéristiques de tous les régimes totalitaires – peuvent encore s'expliquer en partie par l'aspiration totalitaire à la domination mondiale, par l'abolition consciente de la différence entre pays étranger et patrie, entre affaires étrangères et intérieures. Les forces armées, entraînées à combattre un agresseur étranger, ont toujours été un instrument douteux dans des perspectives de guerre civile ; même dans une situation totalitaire, elles ont du mal à considérer leur propre peuple avec les yeux d'un conquérant étranger[90]. Cependant, plus important à cet égard est le fait que leur valeur devient dou-

89. Otto Gauweiler, *Rechtseinrichtungen und Rechtsaufgaben der Bewegung*, 1939, notait expressément que la position spéciale de Himmler en tant que *Reichsführer SS* et chef de la police allemande reposait sur le fait que l'administration de la police avait réalisé « une authentique unité du parti et de l'État », que l'on n'essaya d'atteindre nulle part ailleurs dans le gouvernement.

90. Pendant les révoltes des paysans dans les années 20 en Russie, Vorochilov refusa, dit-on, le concours de l'armée Rouge ; cela amena la création de divisions spéciales de la Guépéou pour les expéditions punitives. Voir Anton Ciliga, *Au pays du grand mensonge*, 1938 [éd. Champ libre, 1977, p. 113 ; H. Arendt se réfère à l'édition anglaise publiée en 1940 : *The Russian Enigma*, p. 95].

teuse, même en temps de guerre. Puisque le dirigeant totalitaire oriente sa politique en fonction d'un hypothétique gouvernement du monde, il traite les victimes de son agression en tant que des rebelles, coupables de haute trahison, et par conséquent préfère donc gouverner les territoires occupés à l'aide de la police, et non des forces armées.

Même avant de s'emparer du pouvoir, le mouvement possède une police secrète et un service d'espionnage avec des ramifications dans divers pays. Plus tard, ses agents reçoivent plus d'argent et d'autorité que les services de renseignement réguliers de l'armée et sont souvent les chefs secrets des ambassades et des consulats à l'étranger[91]. Ses tâches principales consistent à former des cinquièmes colonnes, de diriger les ramifications du mouvement, d'influencer les politiques intérieures des pays respectifs et, d'une manière générale, de tout préparer pour le moment où le dirigeant totalitaire – après renversement du gouvernement ou victoire militaire – pourra ouvertement se sentir chez lui. En d'autres termes, les ramifications internationales de la police secrète sont les courroies de transmission qui transforment continuellement la politique étrangère affichée de l'État totalitaire en affaire interne virtuelle du mouvement totalitaire.

Cependant, ces fonctions que remplit la police secrète en vue de préparer l'utopie totalitaire d'une domination mondiale, sont secondaires par rapport à celles que requiert la réalisation présente de la fiction totalitaire dans un seul pays. Le rôle dominant de la police secrète dans la politique intérieure des pays totalitaires a naturellement beaucoup contribué aux conceptions erronées qui ont cours sur le totalitarisme. Tous les despotismes s'appuient lourdement sur les services secrets et se sentent beaucoup plus menacés par leur propre peuple que par n'importe quel peuple étranger. Toutefois, cette analogie entre totalitarisme et despotisme ne vaut que

91. En 1935, les agents de la Gestapo à l'étranger recevaient 20 millions de marks alors que le service d'espionnage régulier de la Reichswehr devait s'accommoder d'un budget de 8 millions. Voir Pierre Dehillotte, *Gestapo : l'organisation, les chefs, les agents, l'action de la Gestapo à l'étranger*, 1940, p. 11.

pour les phases liminaires de la domination totalitaire, tant que subsiste une opposition politique. En ceci et à d'autres égards, le totalitarisme tire avantage et encourage consciemment les conceptions erronées non totalitaires, même si elles s'avèrent peu flatteuses. Himmler, dans son fameux discours devant l'état-major de la Reichswehr en 1937, joua le rôle d'un tyran ordinaire lorsqu'il expliqua l'inflation constante des forces de police par la nécessité d'assumer l'existence « d'un quatrième théâtre d'opérations en cas de guerre, interne à l'Allemagne[92] ». Pareillement, Staline, presque au même moment, réussit en partie à convaincre la vieille garde bolchevique, dont les confessions lui étaient nécessaires, qu'une menace de guerre pesait sur l'Union soviétique et, par conséquent, que le pays devait rester à tout prix uni, même derrière un despote. L'aspect le plus frappant de ces déclarations était qu'elles furent toutes deux faites après la disparition de toute opposition politique : ainsi, les services secrets continuèrent à se développer alors qu'il n'y avait en réalité plus d'opposants à espionner. Quand vint la guerre, Himmler n'eut besoin ni ne fit usage des *Waffen-SS* en Allemagne, sinon pour le fonctionnement des camps de concentration et la surveillance du travail forcé étranger. Le gros de l'armée SS servit sur le front de l'Est où elle fut utilisée à des « tâches spéciales » – généralement le meurtre de masse – et au renforcement d'une politique qui allait souvent à l'encontre de la hiérarchie nazie, tant militaire que civile. Comme la police secrète en Union soviétique, les formations SS arrivaient ordinairement après que les militaires avaient pacifié le territoire conquis et avaient liquidé l'opposition politique déclarée.

Néanmoins, dans les premières phases d'un régime totalitaire, la police secrète et les formations d'élite du parti continuent à jouer un rôle semblable à celui qu'elles jouaient sous d'autres formes de dictature, dans les régimes de terreur bien connus du passé ; l'excessive cruauté de leurs méthodes n'est sans égale que dans l'histoire des pays modernes

92. Voir *Nazi Conspiracy and Aggression*, 1946, vol. IV, p. 616 et suiv.

d'Occident. La première phase de la chasse aux ennemis secrets et de la traque des anciens opposants s'accompagne en général de l'embrigadement de la population entière dans des organisations de façade et de la rééducation de vieux membres du parti pour en faire des volontaires des services d'espionnage, si bien que les sympathies plutôt douteuses des sympathisants embrigadés n'ont pas à donner d'inquiétude aux cadres spécialement entraînés de la police. À ce stade, pour celui qui en vient à nourrir des « pensées dangereuses », un voisin devient peu à peu un ennemi plus dangereux que les agents officiels de la police. La fin de la première phase intervient avec la liquidation de toute résistance organisée, ouverte et secrète ; on peut en fixer la date à 1935 environ pour l'Allemagne, et approximativement à 1930 en ce qui concerne la Russie soviétique.

Une fois l'extermination des ennemis réels achevée et la chasse aux « ennemis objectifs » ouverte, alors seulement la terreur devient la substance réelle des régimes totalitaires. Sous prétexte de bâtir le socialisme dans un seul pays, ou d'utiliser un territoire donné comme laboratoire pour une expérience révolutionnaire, ou encore de réaliser la *Volksgemeinschaft* [la Communauté du peuple], la seconde prétention du totalitarisme, la prétention à la domination totale, se traduit dans les faits. Et, bien qu'en théorie la domination totale ne soit possible qu'à condition d'avoir étendu son règne au monde entier, les régimes totalitaires ont prouvé que cette partie de l'utopie totalitaire peut être réalisée presque à la perfection, car elle est temporairement indépendante de la défaite ou de la victoire. Ainsi Hitler pouvait-il se réjouir, au milieu des revers militaires, de l'extermination des Juifs et de la mise en place d'usines de mort. Peu importe le résultat final : sans la guerre, il n'aurait jamais été possible de « brûler les ponts » et de réaliser certains des objectifs du mouvement totalitaire[93].

Les formations d'élite du mouvement nazi et les « cadres » du mouvement bolchevique œuvraient pour la

93. Voir note 63.

domination totale plus que pour la sécurité du régime au pouvoir. Tout comme la prétention totalitaire à régir le monde est, en apparence seulement, de même nature que l'expansion impérialiste, ainsi la prétention à la domination totalitaire *semble* seulement familière à qui étudie le despotisme. Si la différence majeure entre l'expansion totalitaire et l'expansion impérialiste tient à ce que la première ne reconnaît aucune différence entre une patrie et un pays étranger, la différence majeure entre une police secrète despotique et une police secrète totalitaire tient à ce que la seconde ne fait pas la chasse aux pensées secrètes et n'use pas de la vieille méthode des services secrets, la provocation[94].

Étant donné que la police secrète totalitaire commence sa carrière après la pacification du pays, elle apparaît toujours comme entièrement superflue à tous les observateurs étrangers – à moins qu'au contraire elle ne les incite à imaginer à tort l'existence d'une résistance secrète[95]. L'inutilité des services secrets n'a rien de nouveau ; ils ont toujours été obsédés par le besoin de prouver leur utilité et de garder leur place, une fois accomplie la tâche pour laquelle ils ont été créés. Les méthodes employées à cette fin ont fait de l'étude historique des révolutions une entreprise plutôt difficile. Il apparaît, par exemple, que sous le règne de Louis-Napoléon il n'y eut pas une seule action antigouvernementale qui n'eût

94. Maurice Laporte, *Histoire de l'Okhrana*, 1935, appelle à juste titre la méthode de la provocation, « la première pierre » de l'édifice de la police secrète (p. 19). En Russie soviétique, la provocation, loin d'être l'arme secrète de la police secrète, a été utilisée comme méthode publique la plus largement propagée du régime pour prendre la température de l'opinion publique. La répugnance de la population à profiter des invitations qui lui sont périodiquement faites à critiquer, ou à réagir aux intermèdes « libéraux » dans le régime de la terreur, montre que de tels gestes sont compris au niveau des masses comme une provocation. La provocation est bien sûr devenue la version totalitaire des consultations électorales.

95. Intéressantes sont à cet égard les tentatives faites par les fonctionnaires civils nazis pour réduire en Allemagne la compétence et le personnel de la Gestapo en se fondant sur le fait que la nazification du pays avait désormais été réalisée. Himmler qui, à ce moment-là (1934 environ), voulait au contraire développer les services secrets, dut en conséquence exagérer le danger venant des « ennemis de l'intérieur ». Voir *Nazi Conspiracy and Aggression*, 1946, vol. II, p. 259 ; vol. V, p. 205 ; vol. III, p. 547.

été inspirée par la police secrète elle-même[96]. De manière similaire, le rôle des agents secrets dans tous les partis révolutionnaires de la Russie tsariste donne fortement à penser que, sans les actions provocatrices qu'ils suscitèrent, le cours du mouvement révolutionnaire russe eût été bien moins jalonné de succès[97]. En d'autres termes, la provocation contribua autant à maintenir la continuité de la tradition qu'à briser à maintes reprises l'organisation révolutionnaire.

Le rôle ambigu de la provocation est peut-être l'une des raisons qui incitèrent les dirigeants totalitaires à l'écarter. En outre, la provocation n'est évidemment nécessaire que dans l'hypothèse où le soupçon ne suffit pas à entraîner l'arrestation et le châtiment. Aucun dirigeant totalitaire n'a, bien entendu, jamais songé à des situations où il devrait recourir à la provocation pour prendre au piège un ennemi supposé. Plus important que ces considérations techniques, le totalitarisme a défini idéologiquement ses ennemis avant de s'emparer du pouvoir, de sorte que les catégories de « suspects » n'étaient pas établies en fonction des informations de la police. Ainsi les Juifs dans l'Allemagne nazie, pas plus que les descendants des anciennes classes dirigeantes en Russie soviétique, n'étaient-ils pas suspects d'activités hostiles : ils s'étaient vus déclarer ennemis « objectifs » du régime, conformément à l'idéologie de celui-ci.

La différence majeure entre la police secrète despotique et la police secrète totalitaire est celle qui sépare le « suspect »

96. Voir Jean Galtier-Boissière, *Les Mystères de la police secrète française*, 1938, p. 234.

97. Il semble après tout que ce ne fut nullement par accident que la création de l'Okhrana inaugura en 1880 une période d'activité révolutionnaire inégalée en Russie. Afin de prouver son utilité, il fallait à l'occasion organiser des meurtres, et ses agents « servaient malgré eux les idées de ceux qu'ils dénonçaient [...]. Qu'une brochure fût distribuée par un membre de la police, ou que l'exécution d'un ministre fût organisée par un Azev, le résultat était le même » (Maurice Laporte, *Histoire de l'Okhrana*, p. 25). Bien plus, les exécutions plus importantes – Stolypine et von Plehve – semblent avoir été le fait de la police. Décisif pour la tradition révolutionnaire est le fait qu'en périodes de calme les membres de la police devaient « exciter les énergies et stimuler le zèle » des révolutionnaires (*ibid.*, p. 71). Voir également Bertram D. Wolfe, *Three Who made a Revolution : Lenin, Trotski, Stalin*, 1948, qui appelle ce phénomène « socialisme de police ».

de l'« ennemi objectif ». Ce dernier se définit en fonction de la ligne politique du gouvernement et non par le désir qu'il a de le renverser[98]. Il n'est jamais un individu dont les pensées dangereuses doivent être l'objet d'une provocation ou dont le passé justifie les soupçons qui pèsent sur lui, mais un « porteur de tendances » comme d'autres sont porteurs d'une maladie[99]. Concrètement, le dirigeant totalitaire agit comme un homme qui en insulte un autre avec opiniâtreté, jusqu'à ce que tout le monde sache que ce dernier est son ennemi : alors il peut, avec quelque chance d'être cru, aller le tuer en invoquant la légitime défense. C'est assurément un peu sommaire, mais cela marche – comme le sait toute personne qui a eu l'occasion d'observer comment certains carriéristes heureux éliminent leurs rivaux.

L'introduction de la notion d'« ennemi objectif » est bien plus décisive pour le fonctionnement des régimes totalitaires que la définition idéologique des catégories qui lui correspondent. S'il n'était question que de la haine des Juifs ou des bourgeois, les régimes totalitaires pourraient, après la perpétration d'un unique et gigantesque crime, en revenir, comme avant, à des règles de vie et de gouvernement normales. Comme on le sait, c'est l'inverse qui est vrai. La catégorie

98. Hans Frank, qui devint plus tard responsable du *Generalgouvernement* en Pologne, établit une différence typique entre une personne « dangereuse pour l'État », et une personne « hostile à l'État ». La première dénomination implique une qualité objective, indépendante de la volonté et du comportement ; la police politique nazie n'est pas seulement concernée par les actes hostiles à l'État mais par « toutes les tentatives – quel que soit leur but – qui par leurs effets mettent en danger l'État ». Voir *Deutsches Verwaltungsrecht*, p. 420-430. Traduction extraite de *Nazi Conspiracy and Aggression*, 1946, vol. IV, p. 881 et suiv. Dans les termes de Theodor Maunz, *Gestalt und Recht der Polizei*, 1943, p. 44 : « En éliminant les personnes dangereuses, les mesures de sécurité [...] visent à préserver l'État d'un danger pour la communauté nationale, indépendamment de tout délit qui a pu être commis par ces personnes. [Il s'agit de] se préserver d'un danger *objectif*. »

99. R. Höhn, un juriste nazi, membre des SS, dans une notice nécrologique sur Reinhardt Heydrich, qui, avant de dominer la Tchécoslovaquie, avait été l'un des plus proches collaborateurs de Himmler, dit qu'il considérait ses adversaires « non comme des individus, mais comme des porteurs de tendances mettant l'État en danger et par conséquent au ban de la communauté nationale » ; *Deutsche Allgemeine Zeitung* du 6 juin 1942, tiré de Ernst Kohn-Bramstedt, *Dictatorship and Political Police...*, 1945.

des ennemis objectifs survit aux premiers adversaires, idéologiquement définis, du mouvement ; de nouveaux ennemis objectifs sont découverts au gré de changements de circonstances : les nazis, devant l'achèvement prochain de l'extermination des Juifs, avaient pris les premières dispositions nécessaires pour la liquidation du peuple polonais, tandis que Hitler allait jusqu'à projeter de décimer certaines catégories d'Allemands[100] ; les Bolcheviks, qui s'en étaient d'abord pris aux descendants des anciennes classes dirigeantes, appliquèrent à plein leur terreur contre les koulaks (au début des années 30) ; ceux-ci furent bientôt suivis par les Russes d'origine polonaise (entre 1936 et 1938), les Tatars et les Allemands de la Volga pendant la guerre, les anciens prisonniers de guerre et les unités d'occupation de l'armée Rouge après la guerre, et la communauté juive de Russie après la fondation d'un État juif. Le choix de telles catégories n'est jamais complètement arbitraire : étant donné qu'on les rend publiques et qu'on s'en sert à des fins de propagande à l'étranger, elles doivent pouvoir faire figure d'ennemis potentiels plausibles. Le choix d'une catégorie déterminée peut même être dû à certains besoins que ressent le mouvement dans son ensemble en matière de propagande : ainsi en est-il, par exemple, de l'apparition entièrement nouvelle de l'antisémitisme gouvernemental en Union soviétique ; sans doute comptait-elle par là s'attirer des sympathies dans les pays satellites d'Europe. Les procès-spectacles où sont requis des aveux subjectifs de culpabilité de la part d'ennemis « objectivement » identifiés s'inscrivent

100. Dès 1941, au cours d'une réunion d'état-major au quartier général de Hitler, on proposa que soient appliquées à la population polonaise les réglementations par lesquelles on avait préparé les Juifs aux camps d'extermination : changement de nom pour ceux qui étaient d'origine allemande ; peines de mort pour les rapports sexuels entre Allemands et Polonais *(Rassenschande)* ; obligation de porter en Allemagne l'insigne P semblable à l'étoile jaune pour les Juifs (voir *Nazi Conspiracy and Aggression*, 1946, vol. VIII, p. 237 et suiv., et le journal de Hans Frank, *The Trial of the Major War Criminals*, 1947-1948, vol. XXIX, p. 683). Naturellement, les Polonais commencèrent très tôt à s'inquiéter du sort qui serait le leur, une fois terminée l'extermination des Juifs (*Nazi Conspiracy and Aggression*, 1946, vol. IV, p. 916). Pour les projets de Hitler concernant le peuple allemand, voir la note 81.

dans la même ligne. Les meilleures représentations sont celles où se produisent ces acteurs qui ont reçu un endoctrinement totalitaire : cela les rend en effet capables de comprendre « subjectivement » leur propre nocivité « objective » et d'avouer « pour les besoins de la cause[101] ». Le concept d'« opposant objectif », dont l'identité varie au gré des circonstances – si bien que, sitôt une catégorie liquidée, la guerre peut être déclarée à une autre –, correspond exactement à la situation de fait, répétée tant et tant de fois, par les dirigeants totalitaires : leur régime n'est, en aucun sens traditionnel, un gouvernement mais un *mouvement* qui, dans sa progression, ne cesse de buter sur de nouveaux obstacles à éliminer. Dans la mesure où l'on peut vraiment parler d'une pensée légale à l'intérieur du système totalitaire, l'« opposant objectif » en constitue l'idée centrale.

Le changement de position de la police secrète dans l'État totalitaire est étroitement lié à cette métamorphose du suspect en ennemi objectif. Les services secrets ont toujours été appelés à juste titre un État dans l'État, et non seulement dans les régimes despotiques, mais aussi sous des gouvernements constitutionnels ou semi-constitutionnels. La simple possession d'informations secrètes a toujours conféré à ce secteur une supériorité décisive sur tous les autres secteurs de l'administration ; elle a toujours constitué une menace ouverte pour les membres du gouvernement[102]. La police

---

101. Friedrich Beck et W. Godin, *Russian Purge...*, p. 87, parlent des « caractéristiques objectives » qui entraînaient l'arrestation en URSS ; parmi elles figurait l'appartenance au NKVD (p. 153). Une intime connaissance subjective de la nécessité objective de l'arrestation et de l'aveu pouvait très facilement s'obtenir des anciens membres de la police secrète. Dans les termes d'un ex-agent du NKVD, cela donne : « Mes supérieurs me connaissent suffisamment moi et mon travail ; et si le parti et le NKVD requièrent maintenant de moi que je fasse de tels aveux, c'est qu'ils doivent avoir de bonnes raisons d'agir de la sorte. Mon devoir en tant que loyal citoyen soviétique est de ne pas me soustraire à l'aveu que l'on requiert de moi » (*ibid.*, p. 231).

102. Cet état de choses est bien connu en France, où les ministres vivaient dans la crainte perpétuelle des *dossiers** secrets de la police. Pour la situation en Russie tsariste, voir Maurice Laporte, *Histoire de l'Okhrana*, p. 22-23 : « L'Okhrana finira par exercer un pouvoir bien supérieur à celui d'autorités plus régulières [...]. L'Okhrana [...] n'informe le tsar que de ce dont elle veut bien l'informer. »

totalitaire, au contraire, est totalement assujettie à la volonté du Chef : lui seul peut décider qui sera le prochain ennemi potentiel et peut aussi bien désigner, comme le fit Staline, les cadres de la police à la liquidation. En effet, depuis que la police s'est vue interdire l'usage de la provocation, ceux-ci ont été privés des moyens leur permettant de perpétuer leur indépendance à l'égard du gouvernement. Ils sont tombés, en ce qui concerne la sécurité de leurs emplois, dans une complète dépendance à l'égard des autorités supérieures. Comme l'armée dans un État non totalitaire, la police dans les pays totalitaires se contente d'exécuter la politique prescrite et a perdu toutes les prérogatives qui étaient les siennes dans les bureaucraties de type despotique[103].

Le devoir de la police totalitaire n'est pas de découvrir les crimes mais de passer à l'action quand le gouvernement décide de faire arrêter une certaine catégorie de la population. Politiquement, elle se distingue surtout par le fait qu'elle est seule à partager les secrets de l'autorité suprême, que seule elle sait sur quelle ligne politique sera mis l'accent. Cela ne vaut pas seulement pour les questions de haute politique, comme la liquidation d'une classe tout entière ou d'un groupe ethnique (les cadres de la Guépéou étaient seuls à connaître les véritables buts du gouvernement soviétique au début des années 30, de même que les SS étaient seuls à savoir que les Juifs devaient être exterminés au début des années 40) ; en vérité, c'est pour toute la vie quotidienne qu'il en va ainsi dans une situation totalitaire : seuls les agents du NKVD savent ce que veut Moscou, quand, dans une entreprise industrielle, elle ordonne par exemple d'accélérer les cadences de fabrication des tuyaux – car Moscou peut tout simplement vouloir plus de tuyaux, comme il peut vouloir ruiner le directeur de l'usine, ou liquider toute la direction, ou encore supprimer cette usine particulière, ou enfin voir cet ordre répété à

103. « À la différence de l'Okhrana, qui avait constitué un État dans l'État, la Guépéou est un département du gouvernement soviétique […] et ses activités sont bien moins indépendantes » (Roger N. Baldwin, « Political Police », *Encyclopedia of Social Sciences*).

l'échelle nationale, de sorte qu'une nouvelle purge peut commencer.

Une des raisons du dédoublement des services secrets, dont les agents ne se connaissent pas entre eux, est que la domination totale exige la plus extrême flexibilité : pour reprendre notre exemple sur les tuyaux, Moscou peut très bien, au moment où il transmet son ordre, ne pas encore savoir si ce sont des tuyaux qu'il veut – on en a toujours besoin – ou une purge. La multiplication des services secrets rend toujours possibles les changements de dernière minute, si bien qu'un réseau peut s'apprêter à décorer le directeur de l'usine de l'ordre de Lénine tandis qu'un autre se dispose à l'arrêter. L'efficacité de la police tient à ce que des missions aussi contradictoires peuvent être préparées simultanément.

Sous les régimes totalitaires comme sous les autres, la police secrète détient le monopole de certains renseignements vitaux. Mais le genre de savoir que seule la police peut posséder a subi une importante modification : la police n'a plus à se préoccuper de savoir ce qui se passe dans la tête des futures victimes (la plupart du temps, elle ignore qui seront ces victimes), elle est devenue le dépositaire des plus grands secrets d'État. Cela signifie automatiquement un surcroît de prestige et une promotion, si rude que soit la perte certaine de pouvoir réel dont ceux-ci s'accompagnent. Les services secrets ne savent plus rien que le Chef ne sache mieux qu'eux ; en termes de pouvoir, ils sont déchus au rang d'exécutants.

D'un point de vue légal, plus intéressante encore que la mutation du suspect en ennemi objectif est la substitution totalitaire du crime possible à la faute suspectée. Le crime possible n'est pas plus subjectif que l'ennemi objectif. Tandis que le suspect est arrêté parce qu'on le croit capable de commettre un crime qui correspond plus ou moins à sa personnalité (ou à sa personnalité suspectée[104]), la version

---

104. Typique du concept de suspect est l'histoire suivante, rapportée par Constantin Pobiedonostsev (*L'Autocratie russe : mémoires politiques, correspondance officielle et documents inédits... 1881-1894*, 1927) : le général Cherevin de l'Okhrana est prié, parce que la partie adverse a engagé un avocat juif, d'intervenir en faveur d'une dame qui est sur le point de perdre un procès. Le général dit : « La

totalitaire du crime possible se fonde sur une anticipation logique d'évolutions objectives. Les procès de Moscou de la vieille garde bolchevique et des chefs de l'armée Rouge donnèrent des exemples classiques de châtiments pour des crimes possibles. Derrière les extravagantes accusations forgées de toutes pièces, on peut aisément détecter le calcul logique suivant : l'évolution en Union soviétique peut mener à une crise ; une crise peut mener au renversement de la dictature stalinienne ; cela peut affaiblir la puissance militaire du pays et créer une situation où le nouveau gouvernement serait contraint de signer une trêve ou même de conclure une alliance avec Hitler. Sur quoi, Staline en vint à déclarer qu'un complot se tramait en vue de renverser le gouvernement avec la complicité de Hitler[105]. En face de ces possibilités « objectives », quoique tout à fait improbables, il n'y avait que des facteurs « subjectifs », telles la loyauté des accusés, leur fatigue, leur incapacité à comprendre ce qui se passait, leur ferme conviction que sans Staline tout serait perdu, leur sincère haine du fascisme – c'est-à-dire un certain nombre de détails factuels auxquels manquait, naturellement, la cohérence du crime fictif, logique, possible. L'hypothèse centrale du totalitarisme selon laquelle tout est

---

nuit même j'ordonnai l'arrestation de ce maudit Juif et le gardai en détention sous le prétexte que sa personne était politiquement suspecte [...]. Après tout, pouvais-je traiter semblablement des amis et un sale Juif qui est peut-être innocent aujourd'hui mais qui était coupable hier ou le sera demain ? »

105. Les accusations aux procès de Moscou « étaient fondées [...] sur une anticipation grotesquement déformante et caricaturale des développements possibles. Il [Staline] raisonna probablement de cette façon : il se peut qu'ils veuillent me renverser pendant une crise, je les accuserai d'avoir déjà fait cette tentative [...]. Un changement de gouvernement peut affaiblir le pouvoir combatif de la Russie et, s'ils réussissent, il se peut qu'ils soient obligés de conclure un armistice avec Hitler, peut-être même accepter une cession de territoire [...]. Je les accuserai d'avoir trahi, d'avoir conclu une alliance avec l'Allemagne [...] et d'avoir cédé des territoires soviétiques... » Telle est la brillante explication qu'Isaac Deutscher donne des procès de Moscou (*Staline*, 1953, p. 298) [H. Arendt se réfère à l'édition parue en 1949, *Stalin...*, p. 377]. On peut trouver un bon exemple de la version nazie du crime possible dans Hans Frank, *Deutsches Verwaltungsrecht* : « Un catalogue complet des tentatives "dangereuses pour l'État" ne peut jamais être dressé car on ne peut jamais prévoir ce qui mettra en danger les dirigeants et le peuple à l'avenir » (traduction tirée de *Nazi Conspiracy and Aggression*, 1946, vol. IV, p. 881).

possible conduit donc à l'élimination systématique de tout ce qui pourrait gêner la réalisation de son absurde et terrible conséquence : que tout crime imaginé par les dirigeants doit être puni, sans se soucier de savoir s'il a ou non été commis. Le crime possible, comme l'ennemi objectif, dépasse bien sûr la compétence de la police, qui ne peut ni le découvrir, ni l'inventer, ni le provoquer. Ici encore, les services secrets dépendent entièrement des autorités politiques. Leur indépendance en tant qu'État dans l'État a disparu.

Il n'y a qu'un aspect par lequel la police secrète totalitaire ressemble encore étroitement aux services secrets des pays non totalitaires. Traditionnellement, c'est-à-dire depuis Fouché, la police secrète a toujours tiré profit de ses victimes pour augmenter de certaines ressources peu orthodoxes le budget qui lui est officiellement accordé par l'État : il lui suffit de prendre une place d'associée dans les activités qu'elle est censée supprimer, comme le jeu et la prostitution[106]. Ces méthodes illégales d'autofinancement, allant de l'acceptation amicale de pots-de-vin au chantage pur et simple, étaient un facteur essentiel de la liberté dont jouissaient les services secrets à l'égard des autorités publiques et renforçaient leur position d'État dans l'État. Il est curieux de constater que le financement des activités de la police au moyen des subsides fournis par les victimes a survécu à tous les autres changements. En Russie soviétique, le NKVD dépend presque entièrement de l'exploitation du travail forcé qui, de fait, ne semble avoir d'autre profit ni d'autre objectif que de financer le gigantesque appareil secret[107].

---

106. Les méthodes criminelles de la police secrète ne sont pas, bien sûr, le monopole de la tradition française. En Autriche, par exemple, la redoutable police politique fut sous Marie-Thérèse organisée par Kaunitz à partir des cadres des soi-disant « commissaires à la chasteté » qui vivaient de la pratique du chantage. Voir Moritz Bermann, *Maria-Theresa und Kaiser Joseph II*, 1881. Je dois cette référence à Robert Pick.

107. Que la gigantesque organisation de la police secrète soit payée avec les profits retirés du travail forcé, c'est un fait certain ; ce qui est surprenant c'est que le budget de la police semble ne pas être entièrement couvert par ceux-ci ; Victor Kravchenko, *I Chose Freedom... [J'ai choisi la liberté...]*, fait état de taxes spéciales, par lesquelles le NKVD imposait les citoyens condamnés qui continuaient à vivre et à travailler librement.

Himmler finança d'abord les troupes SS, qui formaient les cadres de la police secrète nazie, au moyen des biens confisqués aux Juifs ; puis il conclut un accord avec Darré, le ministre de l'Agriculture, aux termes duquel il recevrait les quelques centaines de millions de marks que Darré gagnait chaque année en achetant à bas prix les produits agricoles à l'étranger pour les revendre à prix fixes en Allemagne[108]. Cette source de revenus réguliers disparut évidemment pendant la guerre. Albert Speer, le successeur de Todt et le plus grand employeur de main-d'œuvre en Allemagne après 1942, proposa un marché semblable à Himmler en 1942 : si Himmler acceptait de soustraire à l'autorité des SS les travailleurs forcés qui étaient importés, dont le travail avait été remarquablement inefficace, l'organisation Speer verserait un certain pourcentage de ses profits aux SS[109]. À de telles sources de revenus plus ou moins régulières, Himmler ajouta les vieilles méthodes de chantage des services secrets en temps de crise financière : dans leurs communautés, les unités SS formèrent des groupes d'« Amis des SS » qui devaient fournir « volontairement » les fonds nécessaires pour couvrir les besoins des représentants locaux des SS[110]. (Il convient de noter que, dans ces diverses opérations financières, la police secrète nazie n'exploitait pas ses prisonniers. Sauf pendant les dernières années de la guerre, lorsque l'utilisation du matériel humain dans les camps de concentration ne fut plus du ressort du seul Himmler, le travail dans les camps « n'avait pas de dessein rationnel, sinon

---

108. Voir Fritz Thyssen, *I Paid Hitler*, 1941.

109. Voir *Nazi Conspiracy and Aggression*, 1946, vol. I, p. 916-917. L'activité économique des SS était centralisée dans un bureau des affaires économiques et administratives. Au Trésor et au fisc, les SS déclaraient leurs avoirs financiers comme « propriété du parti affectée à des projets spéciaux » (lettre du 5 mai 1943, tirée de M. Wolfson, « Übersicht der Gliederung verbrecherischer Nazi-Organisationen », *Omgus*, décembre 1947).

110. Voir Ernst Kohn-Bramstedt, *Dictatorship and Political Police...*, 1945, p. 112. Le mobile de chantage se révèle clairement si nous considérons que cette manière d'augmenter les fonds fut toujours pratiquée par les unités locales des SS dans les localités où elles étaient stationnées ; voir *Der Weg der SS*, publié par la *SS- Hauptamt-Schulungsamt* (s.d.), p. 14.

celui d'augmenter le fardeau et la torture des infortunés prisonniers[111] ».)

Cependant ces irrégularités financières sont les seules traces d'un lien avec la tradition de la police secrète – et elles n'ont, à vrai dire, guère d'importance. Le mépris général des régimes totalitaires pour les questions économiques et financières les a rendues possibles, en sorte que les méthodes qui seraient illégales dans des conditions normales et qui distingueraient la police secrète d'autres départements plus respectables de l'administration, n'indiquent plus que nous avons ici affaire à un service qui jouit de son indépendance, qui ne relève d'aucune autre autorité, qui vit dans une atmosphère d'irrégularité, de non-respectabilité et d'insécurité. La position de la police secrète totalitaire s'est, au contraire, complètement stabilisée et ses services sont totalement intégrés à l'administration. Non seulement l'organisation n'outrepasse *pas* les limites fixées par la loi, mais elle est l'incarnation même de la loi, et sa respectabilité est au-dessus de tout soupçon. Elle n'organise plus de meurtres de sa propre initiative, ne provoque plus les crimes contre l'État et la société, et elle réprime sévèrement toutes les formes de corruption, de chantage et de gains financiers illicites. Le sermon, assorti de menaces bien réelles, que Himmler pouvait se permettre de faire à ses hommes en pleine guerre – « Nous avions le droit moral [...] d'exterminer ce peuple [juif] résolu à nous exterminer, mais nous n'avons pas le droit de nous enrichir, de quelque manière que ce soit, serait-ce d'un manteau de fourrure, d'une montre, d'un seul mark, ou d'une cigarette[112] » – rend un son tout à fait inouï dans

111. Ernst Kohn-Bramstedt, *Dictatorship and Political Police...*, 1945, p. 124. On fit à cet égard quelques concessions, dans le cas de ces demandes qui avaient trait à l'entretien des camps et aux besoins personnels des SS. Voir Wolfson, la lettre du 19 septembre 1941 de Oswald Pohl, chef de la WVH *(Wirtschafts-und Verwaltungs-Hauptamt)* au commissaire du Reich pour le contrôle des prix. Il semble que toutes ces activités économiques ne se sont développées dans les camps de concentration que pendant la guerre, et sous la pression d'une pénurie aiguë de main-d'œuvre.

112. Discours de Himmler à Posen en octobre 1943, *International Military Trials*, Nuremberg, 1945-1946, vol. 29, p. 146.

l'histoire de la police secrète. Si celle-ci se préoccupe encore des « pensées dangereuses », ce ne sont pas celles dont les personnes suspectées savent qu'elles sont dangereuses ; l'embrigadement de toute vie artistique et intellectuelle exige une refonte et une révision perpétuelles des critères ; il s'accompagne naturellement d'éliminations répétées d'intellectuels dont les « pensées dangereuses » consistent ordinairement en idées jugées la veille parfaitement orthodoxes. Par conséquent, alors que le rôle proprement policier de la police secrète est devenu superflu, son rôle économique, dont on pense parfois qu'il a remplacé le premier, est encore plus douteux. Il est certes indéniable que le NKVD rafle périodiquement un certain pourcentage de la population soviétique pour l'envoyer dans des camps connus sous l'appellation flatteuse et fausse de camps de travaux forcés[113] ; il est bien possible que ce soit la manière soviétique de résoudre le problème du chômage ; mais on sait aussi généralement que le rendement dans ces camps est infiniment plus bas que celui du travail normal en Union soviétique et qu'il suffit à peine à couvrir les dépenses de l'appareil policier.

---

113. « Bek Bulat (nom de plume d'un ancien professeur soviétique) a pu étudier les documents du NKVD du Nord-Caucase. D'après ces documents, il était clair qu'en juin 1937, lorsque la grande purge battait son plein, le gouvernement avait ordonné aux membres locaux du NKVD d'arrêter un certain pourcentage de la population [...]. Ce pourcentage variait d'une province à l'autre, atteignant 5 % dans les contrées les moins sûres. La moyenne pour l'ensemble de l'Union soviétique se situait autour de 3 %. » Rapporté par David J. Dallin, *The New Leader*, 8 juin 1949. Friedrich Beck et W. Godin (*Russian Purge...*, p. 239) en arrivent à une hypothèse légèrement différente et tout à fait plausible, selon laquelle « les arrestations étaient planifiées comme suit : les dossiers du NKVD couvraient pratiquement toute la population, et chaque individu était classé dans une catégorie. Ainsi disposait-on dans chaque ville de statistiques montrant combien d'anciens Blancs, de membres des partis d'opposition, etc., figuraient au nombre de ses habitants. Tous les documents incriminants rassemblés [...] et amoncelés grâce aux aveux des prisonniers entraient aussi dans les dossiers, et chacun avait sa carte marquée d'un signe indiquant à quel degré il était tenu pour dangereux ; ceci dépendant du nombre de documents suspects et accusateurs apparaissant à son dossier. Étant donné que les statistiques étaient régulièrement communiquées aux autorités supérieures, il était possible d'opérer à tout moment une purge, en étant pleinement au fait du nombre exact de personnes figurant dans chaque catégorie ».

Le rôle politique de la police secrète, le « mieux organisé et le plus efficace » de tous les services du gouvernement[114] dans l'appareil du pouvoir du régime totalitaire, n'est ni douteux ni superflu. Il constitue le véritable organe exécutif du gouvernement par l'intermédiaire duquel tous les ordres sont transmis. Avec le réseau d'agents secrets, le dirigeant totalitaire a créé pour son usage personnel une courroie de transmission directement exécutive qui, par contraste avec la structure en oignon de la hiérarchie apparente, est complètement coupée et isolée de toutes les autres institutions[115]. En ce sens, les agents de la police secrète sont la seule classe ouvertement dirigeante des pays totalitaires ; leurs critères et leur échelle de valeurs imprègnent toute la texture de la société totalitaire.

De ce point de vue, il n'est guère surprenant que certaines qualités particulières de la police secrète soient, plutôt que des particularités de la police secrète totalitaire, des qualités générales de la société totalitaire. Dans des conditions totalitaires, la catégorie de suspect englobe la population entière : toute pensée qui dévie de la ligne officiellement prescrite, et sans cesse changeante, est déjà suspecte, quel que soit le champ d'activité où elle se manifeste. Du seul fait qu'ils sont capables de penser, les êtres humains sont suspects par définition, et une conduite exemplaire ne met jamais à l'abri du soupçon car la capacité humaine de penser est aussi celle de changer d'avis. En outre, puisqu'il est impossible de

---

114. Roger N. Baldwin, « Political Police », *Encyclopedia of Social Sciences*.

115. Les cadres de la police secrète russe étaient « à la disposition personnelle » de Staline, autant que les troupes de choc SS *(Verfügungstruppen)* l'étaient à celle de Hitler. Toutes deux, même lorsqu'elles étaient appelées à servir aux côtés des forces armées en temps de guerre, relevaient d'une juridiction spéciale. Les « lois spéciales sur le mariage », qui servirent à établir une ségrégation entre les SS et le reste de la population, furent le premier, et le plus fondamental, des règlements que Himmler instaura lorsqu'il prit en main la réorganisation des SS. Avant même les « lois sur le mariage » de Himmler, en 1927, les SS reçurent par décret officiel l'instruction « de ne jamais participer aux discussions au cours des réunions des membres du [parti] » *(Der Weg der SS)*. Même attitude chez les membres du NKVD, qui restent délibérément sur la réserve et qui, surtout, ne s'associent jamais aux autres sections de l'aristocratie du parti (Friedrich Beck et W. Godin, *Russian Purge...*, p. 163).

connaître avec une absolue certitude le cœur d'un autre homme – la torture n'est dans ce contexte que la tentative désespérée, éternellement vaine, d'atteindre ce qui ne peut l'être –, le soupçon ne peut plus être dissipé dès lors que ni une communauté de valeurs, ni les comportements prévisibles de l'intérêt personnel n'existent en tant que réalités sociales (distinctes des réalités purement psychologiques). Ainsi, la défiance mutuelle imprègne toutes les relations sociales des pays totalitaires et engendre un climat qui règne partout, même en dehors du domaine réservé de la police secrète.

Dans les régimes totalitaires, la provocation, autrefois l'apanage du seul agent secret, devient une façon de se comporter avec son voisin, méthode que chacun, bon gré mal gré, est obligé de suivre. Chacun est en quelque sorte l'*agent provocateur** de n'importe qui d'autre ; car, manifestement, chacun se qualifierait lui-même d'*agent provocateur**, si jamais un échange familier et amical d'« idées dangereuses » (ou qui entre-temps le seraient devenues) venait à la connaissance des autorités. La collaboration de la population pour dénoncer les opposants politiques, ses offres volontaires de service pour le mouchardage, ne sont certainement pas sans précédent, mais ils sont si bien organisés dans les pays totalitaires que le travail des spécialistes est presque superflu. Dans un système d'espionnage omniprésent, où tout un chacun peut être un agent de la police, où chaque individu se sent constamment surveillé ; dans des circonstances, en outre, où les carrières sont extrêmement périlleuses, où les ascensions aussi bien que les chutes les plus spectaculaires sont devenues quotidiennes, chaque mot devient équivoque et susceptible d'une « interprétation » rétrospective.

La manière dont la société totalitaire est imprégnée par les méthodes et les critères de la police secrète trouve sa plus frappante illustration dans le domaine des carrières. L'agent double dans les régimes non totalitaires servait la cause qu'il était censé combattre, presque autant, sinon plus parfois, que les autorités. Il n'était pas rare qu'il nourrisse une sorte d'ambition double : il voulait s'élever à la fois dans les rangs des partis révolutionnaires et dans ceux de l'administration. Pour obtenir une promotion sur les deux tableaux, il lui suffisait d'adopter certaines méthodes qui, dans une société normale, font partie des rêves du petit employé qui avance à l'ancienneté : grâce à ses accointances avec la police il pouvait, à coup sûr, éliminer ses rivaux et ses supérieurs dans le parti, et grâce à ses accointances avec les révolutionnaires, il avait au moins une chance de se débarrasser de son chef dans la police[116]. Si nous considérons les conditions requises pour faire carrière dans la société russe actuelle, la ressemblance avec les méthodes que nous venons d'évoquer est frappante. Ce ne sont pas seulement les hauts dignitaires qui doivent leurs places aux purges qui ont chassé leurs prédécesseurs, mais les promotions qui, à tous les stades de la vie, s'accélèrent de cette manière. Une purge nationale, tous les dix ans, fait de la place à la nouvelle génération, fraîchement diplômée et avide de postes. C'est le gouvernement lui-même qui a institué ces conditions d'avancement que le membre de la police avait dû autrefois créer.

Ce renouvellement périodique et violent de la gigantesque machine administrative tout entière, s'il interdit le développement des compétences, a maints avantages : il assure la relative jeunesse des fonctionnaires et empêche une stabilisation des conditions qui, en temps de paix du moins, constituent un danger pour le pouvoir totalitaire ; en éliminant l'ancienneté et le mérite, il prévient le développement de ces loyautés qui lient généralement les jeunes collaborateurs à l'opinion et au bon vouloir d'aînés dont dépend leur avancement ; il élimine définitivement tous les risques de chômage et assure à chacun un travail compatible avec sa formation. Ainsi, en 1939, une fois terminée la gigantesque purge en Union soviétique, Staline pouvait noter avec une grande satisfaction que « le parti était en mesure de promouvoir à des postes de direction dans les affaires de l'État ou du parti plus de 500 000 jeunes

116. La brillante carrière de l'agent secret Roman V. Malinovski, qui finit comme député des Bolcheviks à la Douma l'illustre bien. Voir Bertram D. Wolfe, *Three Who Made a Revolution : Lenin, Trotski, Stalin*, 1948, chap. XXXI.

Bolcheviks[117] ». L'humiliation sous-jacente de devoir sa place à l'élimination injuste de son prédécesseur a le même effet démoralisant qu'a eu l'élimination des Juifs des professions en Allemagne : il fait de chaque titulaire d'un emploi un complice conscient des crimes commis par le gouvernement et leur bénéficiaire, qu'il s'en félicite ou non, avec ce résultat que l'individu humilié défendra le régime avec d'autant plus d'acharnement qu'il y est plus sensible. En d'autres termes, ce système n'est que le déploiement logique du principe du Chef avec toutes ses implications ; il est aussi la meilleure garantie possible de loyauté : en effet il rend chaque génération nouvelle tributaire, quant à ses moyens d'existence, de la ligne politique du Chef qui donne le signal de la purge créatrice d'emplois. Il réalise également cette identité des intérêts publics et privés dont les défenseurs de l'Union soviétique ont coutume d'être si fiers (dans la version nazie, c'est l'abolition de la sphère de la vie privée), à tel point que tout individu de quelque importance doit son existence entière à l'intérêt politique du régime ; et quand cette identité effective d'intérêt est brisée, quand la purge suivante l'a balayé hors de son emploi, le régime s'assure qu'il disparaît du monde des vivants. D'une manière à peine différente, on a identifié l'agent double à la cause de la révolution (sans laquelle il perdrait sa place), et non pas uniquement à la police secrète car, là aussi, une spectaculaire ascension aboutirait nécessairement à une mort anonyme, le double jeu ne pouvant, selon toute vraisemblance, se pratiquer indéfiniment. Le gouvernement totalitaire, en fixant pour toutes les carrières les conditions de promotion qui ne valaient auparavant que pour le rebut de la société, a effectué un des changements les plus lourds de conséquences dans la psychologie sociale. La psychologie de l'agent double, qui voulait payer d'une vie courte quelques années d'existence exaltée, est par nécessité devenue la philosophie personnelle de toute la génération post-révolutionnaire en Russie, et à un

---

117. Tiré de Abdurakhan Avtorkhanov, *The Reign of Stalin*, 1953.

degré moindre, quoique encore fort dangereux, de l'Allemagne de l'après-guerre.

Imprégnée des critères qui furent autrefois le monopole de la police secrète, et vivant de ses méthodes, telle se présente la société où sévit la police secrète totalitaire. Ce n'est qu'au début, quand il existe encore une lutte pour la prise du pouvoir, que ses victimes peuvent être soupçonnées d'opposition. Par la suite, elle s'engage dans la course totalitaire en persécutant l'ennemi objectif, qu'il s'agisse des Juifs ou des Polonais (comme dans le cas des nazis), ou des prétendus « contre-révolutionnaires » – accusation qui, « en Russie soviétique [...], est établie [...] avant qu'aucune question ait jamais été posée quant à [la] conduite [des accusés] » –, ces derniers pouvant être des gens qui, à un moment donné, avaient une boutique ou une maison, ou dont « les parents ou les grands-parents possédaient de tels biens[118] », ou bien qui se trouvaient avoir appartenu à l'une des forces d'occupation de l'armée Rouge, ou encore qui étaient russes d'origine polonaise. C'est seulement dans sa phase ultime, quand le totalitarisme connaît son accomplissement, que les concepts d'ennemi objectif et de crime logiquement possible sont abandonnés, que les victimes sont choisies complètement au hasard et déclarées, sans même avoir été accusées, inaptes à vivre. Cette nouvelle catégorie « d'indésirables » peut se composer soit, comme dans le cas des nazis, des malades mentaux ou des malades cardiaques et pulmonaires, soit, comme en Union soviétique, des gens qui se trouvent faire partie du pourcentage prévu pour la déportation, variable d'une province à l'autre.

Cette cohérence dans l'arbitraire nie la liberté humaine plus efficacement que ne pourrait le faire aucune tyrannie. On pouvait au moins être l'ennemi de la tyrannie, afin d'être châtié par elle. La liberté d'opinion n'était pas abolie pour ceux qui avaient assez de courage pour risquer leur tête. Théoriquement, choisir l'opposition reste également possible dans les régimes totalitaires ; mais une telle liberté est, en vérité, annihilée si commettre un acte volontaire assure

118. *The Dark Side of the Moon*, 1947.

seulement un « châtiment » que n'importe qui d'autre pourrait subir de toute façon. Dans ce système, la liberté a non seulement été réduite à son ultime et apparemment encore indestructible garantie, la possibilité du suicide, mais elle a de plus perdu sa marque distinctive car les conséquences sont les mêmes pour celui qui l'exerce et pour ceux qui sont tout à fait innocents. Si Hitler avait eu le temps de réaliser son rêve d'une loi générale sur la Santé en Allemagne, l'homme atteint d'une maladie pulmonaire eût connu le même sort qu'un communiste durant les premières années ou qu'un Juif pendant les dernières années du régime nazi. De même, l'opposant au régime, qui partage en Russie le destin de millions de gens désignés pour les camps de concentration afin de remplir les quotas, ne fait qu'ôter à la police le fardeau d'un choix arbitraire. L'innocent et le coupable sont au même titre indésirables.

Le changement dans la conception du crime et des criminels détermine les nouvelles et terribles méthodes de la police secrète totalitaire. Les criminels sont châtiés, les indésirables disparaissent de la surface du globe ; la seule trace qu'ils laissent derrière eux est le souvenir de ceux qui les connaissaient et les aimaient, et l'une des tâches les plus ardues de la police secrète est de s'assurer que ces traces elles-mêmes disparaissent avec le condamné.

L'Okhrana, prédécesseur tsariste de la Guépéou, avait, dit-on, inventé un système d'enquête : chaque suspect était inscrit sur une grande carte au centre de laquelle figurait son nom entouré de rouge ; ses amis politiques étaient désignés par des cercles rouges plus petits et ses connaissances non politiques par des cercles verts ; des cercles bruns indiquaient les personnes qui étaient en contact avec les amis du suspect mais qui n'étaient pas connues de lui personnellement ; les recoupements entre les amis du suspect, politiques et non politiques d'une part et, d'autre part, les amis de ses amis, étaient indiqués par des lignes joignant les cercles respectifs[119]. Manifestement cette méthode n'a d'autres limites

119. Voir Maurice Laporte, *Histoire de l'Okhrana*, p. 39.

que la dimension des cartes ; de plus, théoriquement, une seule gigantesque feuille montrerait les relations et le recoupement des relations de la population tout entière. Or, tel est précisément le but utopique de la police secrète totalitaire. Celle-ci a abandonné le vieux rêve traditionnel de la police que le détecteur de mensonges est encore censé pouvoir réaliser : elle n'essaie plus de découvrir qui est qui ou qui pense quoi. (Le détecteur de mensonges est peut-être l'exemple le plus pittoresque de la fascination que ce rêve exerce apparemment sur les esprits de tous les policiers ; car il est évident qu'un appareil de mesure complexe ne permet pas d'établir grand-chose, si ce n'est le sang-froid ou la nervosité de ses victimes. De fait, la débilité du raisonnement qui préside à l'utilisation de ce mécanisme ne peut s'expliquer que par le désir irrationnel qu'une forme de lecture de la pensée soit malgré tout possible.) Ce vieux rêve suffisamment terrifiant, a, depuis des temps immémoriaux, invariablement engendré la torture et les plus abominables cruautés. Il n'avait qu'une chose pour lui : il demandait l'impossible. Le rêve moderne de la police totalitaire, avec ses techniques modernes, est incomparablement plus terrible. Maintenant, la police rêve qu'un seul coup d'œil à la gigantesque carte sur le mur du bureau suffise pour établir, à n'importe quel moment, qui est lié à qui, et à quel degré d'intimité ; en théorie, ce rêve n'est pas irréalisable, même si son exécution technique présente inévitablement quelques difficultés. Si cette carte existait réellement, la mémoire elle-même ne pourrait se dresser contre l'ambition totalitaire de domination ; avec une telle carte, il serait possible de faire disparaître les gens sans laisser aucune trace, comme s'ils n'avaient jamais existé.

À en croire les récits des agents du NKVD arrêtés, la police secrète russe s'est approchée d'une manière inquiétante de cet idéal du pouvoir totalitaire. La police possédait sur chacun des habitants du vaste pays des dossiers secrets où étaient consignées les multiples relations existant entre les gens, des connaissances fortuites aux amitiés véritables et aux liens familiaux ; car c'est uniquement pour découvrir ces relations que les accusés, dont les « crimes » ont de toute façon été établis « objectivement » avant leur arrestation, sont soumis à un interrogatoire aussi serré. Finalement, quant à ce don de la mémoire si dangereux pour le pouvoir totalitaire, les observateurs étrangers sentent que « s'il est vrai que les éléphants n'oublient jamais, les Russes nous semblent être tout le contraire des éléphants [...] la psychologie de la Russie soviétique semble rendre réellement possible l'amnésie totale[120] ».

On mesure l'importance de cette complète disparition de ses victimes, pour l'appareil de domination totale, dans ces occasions où, pour une raison ou pour une autre, le régime fut confronté à la mémoire des survivants. Pendant la guerre, un commandant SS commit la terrible faute d'informer une Française que son mari était mort dans un camp de concentration allemand ; cette inadvertance provoqua une avalanche d'ordres et d'instructions à tous les commandants de camps, les avertissant qu'en aucun cas des informations ne devaient être données au monde extérieur[121]. En vérité, en ce qui concerne la veuve française, son mari était censé avoir cessé de vivre au moment de son arrestation ; ou plutôt, il avait cessé d'avoir jamais vécu. De même, les officiers de police soviétiques, accoutumés dès leur naissance à ce système, ne pouvaient que regarder avec stupeur ces gens qui, en Pologne occupée, essayaient désespérément de savoir ce qui était arrivé à leurs amis ou à leurs parents arrêtés[122].

Dans les pays totalitaires, tous les lieux de détention dirigés par la police sont faits pour être de véritables oubliettes où les gens glissent par accident, sans laisser derrière eux ces signes d'une existence révolue que sont ordinairement un corps et une tombe. Au regard de cette invention toute nouvelle pour se défaire des gens, la vieille méthode du meurtre, politique ou criminel, est assurément inefficace. Le meurtrier laisse un cadavre derrière lui et, même s'il essaie d'effacer les traces de sa propre identité, il n'a pas le pouvoir d'extirper celle de sa victime de la mémoire du monde

120. Friedrich Beck et W. Godin, *Russian Purge...*, p. 234 et 127.
121. Voir *Nazi Conspiracy and Aggression*, 1946, vol. VII, p. 84 et suiv.
122. *The Dark Side of the Moon.*

survivant. La police secrète opère au contraire le miracle de faire en sorte que la victime n'ait jamais existé du tout.

La liaison entre la police secrète et les sociétés secrètes est évidente. Pour affermir sa position, la première a toujours dû agiter la menace que fait planer l'existence de ces dernières. La police secrète totalitaire est la première dans l'histoire qui n'ait jamais eu besoin et n'a jamais utilisé ces prétextes désuets dont usent les tyrans. Le caractère anonyme de ses victimes, qui ne sont pas à proprement parler des ennemis du régime, et dont l'identité est inconnue des persécuteurs jusqu'à ce qu'une décision arbitraire du gouvernement les élimine du monde des vivants, et extermine leur souvenir du monde des morts, est au-delà de tout secret ; au-delà du silence le plus strict, au-delà même de la parfaite maîtrise en matière de double vie que la discipline des sociétés de conspirateurs avait coutume d'imposer à leurs membres.

Les mouvements totalitaires qui, durant leur ascension au pouvoir, imitent certains faits caractéristiques de l'organisation des sociétés secrètes tout en s'affirmant au grand jour, ne créent une véritable société secrète qu'après l'établissement de leur suprématie. La société secrète des régimes totalitaires est la police secrète ; le seul secret strictement gardé dans un pays totalitaire, le seul savoir ésotérique concerne les activités de la police et les conditions qui règnent dans les camps de concentration[123]. Bien sûr, la population dans son ensemble, et singulièrement les membres du parti, connait la situation dans ses grandes lignes – que les camps de concentration existent, que des gens disparaissent, que des innocents sont arrêtés. Mais chacun sait en même temps que le plus grand crime, dans un pays totalitaire, est de parler de ces « secrets ». Pour autant que le savoir d'un homme dépend de l'affirmation et

123. « Il y avait bien peu de choses qui n'étaient pas secrètes chez les SS. Mais le plus secret concernait les pratiques des camps de concentration. Les membres de la Gestapo eux-mêmes ne furent pas admis [...] à voir les camps sans une autorisation spéciale » (Eugen Kogon, *Der SS-Staat*, 1946, p. 297).

de la compréhension de ses semblables, ces informations partagées par tous mais gardées par chacun, et qui ne sont jamais communiquées, perdent leur caractère réel et se métamorphosent en un pur cauchemar. Seuls ceux qui détiennent ce savoir strictement ésotérique qu'est la connaissance des nouvelles catégories à venir d'indésirables, et des méthodes opérationnelles des cadres, sont en position de communiquer entre eux à propos de ce qui constitue véritablement pour tous la réalité. Eux seuls sont en position de croire en ce qu'ils savent être vrai. Tel est leur secret, et c'est afin de le garder qu'ils sont constitués en organisation secrète. Ils en demeurent membres même si cette organisation secrète les arrête, les force à faire des aveux, et finalement les liquide. Aussi longtemps qu'ils conservent le secret, ils appartiennent à l'élite, et ils ont pour règle de ne jamais trahir, même lorsqu'ils sont en prison ou dans des camps de concentration[124].

Nous avons déjà remarqué que, parmi les nombreuses aberrations qui choquent le bon sens du monde non totalitaire, figure l'usage apparemment irrationnel que le totalitarisme fait des méthodes propres aux conspirateurs. Les mouvements totalitaires, apparemment persécutés par la police, n'usent que très modérément dans leur lutte pour le pouvoir des méthodes dont se servent les conspirateurs pour renverser le gouvernement, tandis que le totalitarisme au pouvoir, après qu'il a été reconnu par tous les gouvernements et qu'il a, en apparence, dépassé sa phase révolutionnaire, met en place une véritable police secrète et en fait le noyau de son gouvernement et de son pouvoir. Tout se passe comme si la reconnaissance officielle était ressentie comme une plus grande menace pour cette conspiration qu'est le mouvement totalitaire – une menace de désintégration interne – que les timides mesures prises par la police des régimes non totalitaires.

124. Friedrich Beck et W. Godin, *Russian Purge...*, p. 169, rapportent comment les fonctionnaires du NKVD arrêtés « prenaient le plus grand soin de ne révéler aucun des secrets du NKVD ».

En vérité, les dirigeants totalitaires ont beau être fermement convaincus qu'il leur faut persévérer dans la fiction et dans les principes du monde fictif qui furent établis durant la lutte pour la prise du pouvoir, ils ne découvrent que peu à peu toutes les implications de ce monde fictif et de ses règles. Leur foi dans la toute-puissance de l'homme, leur certitude que tout est possible grâce à l'organisation les amènent à expérimenter ce que des imaginations humaines avaient pu ébaucher mais qu'aucune activité humaine n'avait certainement jamais pu réaliser. Leurs hideuses découvertes dans le royaume du possible sont inspirées par un parti pris idéologique de scientificité qui s'est révélé être moins gouverné par la raison et moins disposé à reconnaître les faits que les plus aberrantes élucubrations de la spéculation préscientifique et préphilosophique. En fondant la société secrète qui désormais n'opère plus au grand jour, la société de la police secrète, du soldat politique ou du combattant idéologiquement aguerri, ils se donnent les moyens de poursuivre leur indécente investigation expérimentale dans le monde du possible.

La conspiration totalitaire contre le monde non totalitaire, sa prétention à la domination planétaire, demeure d'un autre côté aussi ouvertement déclarée sous le règne totalitaire que dans les mouvements totalitaires. En pratique, elle est inculquée à la population des « sympathisants » embrigadés sous la forme d'une prétendue conspiration du monde entier contre leur propre pays. On propage la dichotomie totalitaire en faisant un devoir pour chaque ressortissant à l'étranger d'envoyer des rapports dans son pays aussi consciencieusement que s'il était un agent secret, et en traitant tout étranger comme s'il était un espion à la solde de son gouvernement[125]. C'est pour rendre cette dichotomie effective en pra-

125. Typique de cet état d'esprit est le dialogue suivant dans *Dark Side of the Moon* : « À supposer qu'on soit un jour sorti de Pologne, la question suivante était invariablement : "Et pour le compte de qui faisiez-vous de l'espionnage ?" Un homme [...] demandait : "Mais vous aussi vous avez des visiteurs étrangers. Est-ce que vous supposez qu'ils sont tous des espions ?" La réponse était : "Qu'est-ce que vous croyez ? Nous imaginez-vous assez naïfs pour ne pas en être parfaitement avertis ?" »

tique, plutôt que pour des secrets précis, militaires ou autres, que des rideaux de fer séparent les habitants d'un pays totalitaire du reste du monde. Leur véritable secret, les camps de concentration, ces laboratoires d'expérimentation de la domination totale, est soustrait par les régimes totalitaires aux yeux de leur propre peuple aussi bien qu'à ceux de tous les autres.

Pendant très longtemps, la normalité du monde normal constitue la protection la plus efficace contre la divulgation des crimes de masse totalitaires. « Les hommes normaux ne savent pas que tout est possible[126] » ; en présence du monstrueux, ils refusent d'en croire leurs yeux et leurs oreilles, tout comme les hommes des masses ne font confiance ni à leurs yeux ni à leurs oreilles devant une réalité normale où il ne reste pas de place pour eux[127]. La raison pour laquelle les régimes totalitaires peuvent aller si loin dans la réalisation d'un monde fictif, sans queue ni tête, est que le monde non totalitaire, auquel appartient toujours une grande partie de la population du pays totalitaire lui-même, se plaît lui aussi à prendre ses désirs pour la réalité, cette réalité qui est celle de la démence, tout autant que les masses en face du monde normal. Cette répugnance du sens commun à croire le monstrueux, le dirigeant totalitaire lui-même ne cesse de l'encourager : il s'assure qu'aucune statistique digne de foi, qu'aucun fait ni qu'aucun chiffre contrôlables ne soient jamais rendus publics, de telle sorte qu'il n'y ait que des récits subjectifs, invérifiables et sujets à caution à propos des lieux où sont relégués les morts-vivants.

Du fait de cette politique, les résultats de l'expérience totalitaire ne sont que partiellement connus. Bien que nous

126. David Rousset [*L'Univers concentrationnaire*, 1946, p. 181].

127. Les nazis étaient tout à fait conscients de la protection que leur assurait le mur d'incrédulité qui entourait leur entreprise. Un rapport secret adressé à Rosenberg sur le massacre de 5 000 Juifs en 1943 déclare explicitement : « Imaginez seulement que ces événements viennent à la connaissance de l'autre bord et soient exploités par lui. Il est tout à fait probable qu'une telle propagande n'aurait aucun impact pour cette seule raison qu'en entendant ou en lisant cela, les gens ne seraient pas prêts à le croire » (*Nazi Conspiracy and Aggression*, 1946, vol. I, p. 1001).

ayons assez de documents provenant des camps de concentration pour affirmer que la domination totale est possible et pour avoir un aperçu de l'abîme du « possible », nous ne connaissons pas l'étendue de la transformation des mentalités sous un régime totalitaire. Nous savons encore moins combien de gens normaux autour de nous seraient prêts à accepter le mode de vie totalitaire – autrement dit à payer d'une considérable amputation de la durée de leur vie l'assurance que tous leurs rêves de carrière seront accomplis. On saisit aisément à quel point la propagande et même certaines des institutions totalitaires répondent aux besoins des nouvelles masses déracinées, mais il est presque impossible de savoir combien d'entre eux, exposés plus longtemps à la perpétuelle menace du chômage, acquiesceraient avec joie à une « politique de la population » qui consiste à éliminer régulièrement ceux qui sont en surnombre ; combien, après avoir pleinement pris conscience de leur inaptitude croissante à porter les fardeaux de la vie moderne, se conformeraient de gaieté de cœur à un système qui, en même temps que la spontanéité, élimine la responsabilité.

En d'autres termes, nous avons beau connaître les activités et le rôle spécifique de la police secrète totalitaire, nous ne savons pas dans quelle mesure et jusqu'à quel point le « secret » de cette société secrète correspond, à notre époque, aux désirs secrets et aux secrètes complicités des masses.

3. Domination totale

Les camps de concentration et d'extermination des régimes totalitaires servent de laboratoires où la conviction fondamentale du totalitarisme que tout est possible se vérifie. En comparaison de celle-ci, toutes les autres expériences sont secondaires – y compris celles qui touchent au domaine médical et dont les horreurs figurent en détail dans les minutes des procès intentés aux médecins du IIIe Reich –, bien qu'il soit caractéristique que ces laboratoires aient été utilisés pour des expériences de toutes sortes.

La domination totale, qui s'efforce d'organiser la pluralité et la différenciation infinies des êtres humains comme si l'humanité entière ne formait qu'un seul individu, n'est possible que si tout le monde sans exception peut être réduit à une identité immuable de réactions : ainsi, chacun de ces ensembles de réactions peut à volonté être changé pour n'importe quel autre. Le problème est de fabriquer quelque chose qui n'existe pas, à savoir une sorte d'espèce humaine qui ressemble aux autres espèces animales et dont la seule « liberté » consisterait à « préserver l'espèce[128] ». La domination totalitaire essaie d'atteindre ce but de deux manières à la fois : par l'endoctrinement idéologique des formations d'élite, et par la terreur absolue dans les camps ; et les atrocités pour lesquelles les formations d'élite sont utilisées sans merci deviennent, en somme, l'application pratique de l'endoctrinement idéologique – le banc d'essai où ce dernier doit faire ses preuves – tandis que l'effroyable spectacle des camps eux-mêmes est censé fournir la vérification « théorique » de l'idéologie.

Les camps ne sont pas seulement destinés à l'extermination des gens et à la dégradation des êtres humains : ils servent aussi à l'horrible expérience qui consiste à éliminer, dans des conditions scientifiquement contrôlées, la spontanéité elle-même en tant qu'expression du comportement humain et à transformer la personnalité humaine en une simple chose, en quelque chose que même les animaux ne sont pas ; car le chien de Pavlov qui, comme on sait, était dressé à manger, non quand il avait faim, mais quand une sonnette retentissait, était un animal dénaturé.

Dans des circonstances normales, ce projet ne peut jamais être accompli parce que la spontanéité ne peut jamais être entièrement éliminée dans la mesure où ce n'est pas seulement à la liberté humaine mais à la vie elle-même qu'elle est liée, dans le sens d'un simple maintien en vie. C'est seulement dans les camps de concentration qu'une telle expérience est

128. Dans les *Tischgespräche*, Hitler répète plusieurs fois « qu'il [lutte] pour créer une situation où chaque individu sait qu'il vit et meurt pour la préservation de l'espèce » (p. 349). Voir aussi p. 347 : « Une mouche pond des millions d'œufs, qui tous périssent. Mais les mouches demeurent. »

tant soit peu possible, et donc ils ne sont pas seulement *« la société la plus totalitaire encore réalisée* » (David Rousset), mais aussi l'idéal social exemplaire de la domination totale en général. Comme la stabilité du régime totalitaire dépend de l'isolement du monde fictif du mouvement par rapport au monde extérieur, l'expérience de domination totale menée dans les camps de concentration dépend de leur soustraction de ces derniers au monde de tous les autres, le monde des vivants en général, même du monde extérieur constitué par un pays où règne le totalitarisme. Cet isolement explique le singulier manque de réalité et de crédibilité qui caractérise tous les récits en provenance des camps de concentration. Il constitue l'un des plus grands obstacles à une vraie compréhension de la domination totalitaire, dont le maintien ou la chute dépend de l'existence de ces camps de concentration et d'extermination, car, aussi invraisemblable que cela puisse paraître, ces camps sont la véritable institution centrale du pouvoir d'organisation totalitaire.

Nombreux sont les récits des survivants[129]. Plus ils sont authentiques, moins ils cherchent à communiquer de choses qui échappent à l'entendement et à l'expérience des hommes – c'est-à-dire des souffrances qui transforment les hommes en « animaux résignés[130] ». Aucun de ces récits n'inspire cette colère devant le crime et cette sympathie qui ont toujours mobilisé les hommes au service de la justice. Au contraire, tout homme qui parle ou écrit à propos des camps de concentration est encore tenu pour suspect ; et si celui qui parle a résolument regagné le monde des vivants, il est sou-

---

129. Les meilleurs récits sur les camps de concentration nazis sont : David Rousset, *Les Jours de notre mort*, 1947 ; Eugen Kogon, *Der SS-Staat* ; Bruno Bettelheim, « On Dachau and Buchenwald » (de mai 1938 à avril 1939), dans *Nazi Conspiracy and Aggression*, 1946, vol. VII, p. 824 et suiv. Pour les camps de concentration soviétiques, voir l'excellent recueil des récits des survivants polonais, publié sous le titre *The Dark Side of the Moon* ; également David J. Dallin et Boris Nicolaevsky, *Forced Labor in Russia*, bien que ses récits soient parfois moins convaincants du fait qu'ils proviennent de personnalités « en vue » résolues à rédiger des manifestes et des actes d'accusation.

130. *The Dark Side of the Moon* ; l'introduction souligne également ce manque singulier de communication : « Ils enregistrent mais ne communiquent pas. »

vent assailli de doutes sur sa propre bonne foi, aussi tenaces que s'il avait pris un cauchemar pour la réalité[131].

Ce doute des gens quant à eux-mêmes et à la réalité de leur propre expérience ne fait que révéler ce que les nazis ont toujours su : que les hommes déterminés à commettre des crimes trouveront commode de les organiser à l'échelle la plus vaste et la plus invraisemblable. Ce n'est pas seulement que cela rende inadéquats et absurdes tous les châtiments dont dispose le système juridique ; c'est que l'immensité même des crimes donne aux meurtriers qui proclament leur innocence à grand renfort de mensonges l'assurance d'être crus plus volontiers que les victimes qui disent la vérité. Les nazis ne jugèrent même pas nécessaire de garder pour eux cette découverte. Hitler mit en circulation des millions d'exemplaires de son livre où il déclarait que, pour réussir, un mensonge doit être énorme – ce qui n'empêcha pas les gens de le croire, lui ; de même les proclamations des nazis, répétées *ad nauseam*, selon lesquelles les Juifs seraient exterminés comme des punaises (c'est-à-dire au moyen de gaz toxiques), n'empêchèrent personne de *ne pas* y croire.

On est fortement tenté de trouver satisfaisante une explication de ce qui est intrinsèquement incroyable au moyen de rationalisations généreuses. En chacun de nous se cache une telle générosité, qui nous enjôle en prenant la voix du bon sens. La route qui mène à la domination totalitaire passe par bien des

---

131. Voir en particulier Bruno Bettelheim (« On Dachau and Buchenwald ») : « C'était comme si j'avais acquis la conviction que ces épreuves horribles et dégradantes n'arrivaient d'une certaine manière pas à "moi" en tant que sujet, mais à "moi" en tant qu'objet. Cette expérience fut corroborée par les dires des autres prisonniers [...]. C'était comme si j'étais spectateur d'événements où je ne jouais qu'un rôle très vague [...]. "Ceci ne peut pas être vrai, de telles choses ne se sont tout simplement jamais produites." [...] Les prisonniers devaient se persuader eux-mêmes que tout cela était réel, que c'était bien ce qui arrivait, et non un simple cauchemar. Ils n'y réussissaient jamais tout à fait. » Voir aussi David Rousset, *Les Jours de notre mort*, 1947, p. 213-214 : « Des yeux qui n'ont pas vu ne peuvent pas croire. Vous-même, avant d'être ici, aviez-vous pris au sérieux les rumeurs sur les chambres à gaz ? – Non, dis-je. [...] – Voilà. Eh bien, ils sont tous comme vous. Tous à Paris, à Londres, à New York, et même à Birkenau, devant les fours crématoires. – [J'y étais, moi, à Birkenau, en octobre 1942. Je les ais vus les sélectionnés] encore incrédules, cinq minutes avant de descendre dans la cave du Krématorium. »

étapes intermédiaires, auxquelles nous pouvons trouver bien des analogies et des précédents. La terreur extraordinairement sanglante qui marque la première étape de la domination totalitaire sert évidemment l'unique dessein de défaire l'adversaire et de rendre toute opposition impossible à l'avenir ; mais la terreur totale ne se déclenche qu'une fois la première étape franchie, lorsque le régime n'a plus rien à craindre de l'opposition. Dans ce contexte, on a souvent fait remarquer que les moyens étaient alors devenus la fin : mais, après tout, on ne fait ainsi qu'admettre, sous le déguisement du paradoxe, que la catégorie « la fin justifie les moyens » ne convient plus, que la terreur a perdu son « propos », qu'elle n'est plus le moyen qui permet d'effrayer les gens. Tout aussi insuffisante est l'explication d'après laquelle la révolution, comme dans le cas de la Révolution française, dévorait ses propres enfants. En effet, la terreur continue bien longtemps après qu'a été dévoré quiconque pourrait à un titre ou à un autre – appartenance aux factions russes, aux centres de décision du parti, à l'armée, à la bureaucratie – être décrit comme un enfant de la révolution. Bien des comportements qui sont de nos jours devenus la spécialité des gouvernements totalitaires ne sont que trop connus grâce à l'étude de l'histoire. Il y a pratiquement toujours eu des guerres d'agression ; le massacre des populations ennemies après une victoire s'était impunément pratiqué jusqu'à ce que les Romains le tempèrent par l'institution du *parcere subjectis* ; au long des siècles, l'extermination des populations indigènes alla de pair avec la colonisation des Amériques, de l'Australie et de l'Afrique ; l'esclavage est l'une des plus vieilles institutions de l'humanité et tous les empires de l'Antiquité furent fondés sur le travail d'esclaves appartenant à l'État qui construisirent leurs bâtiments publics. Les camps de concentration eux-mêmes ne sont pas une invention des mouvements totalitaires. Ils apparaissent pour la première fois au début du siècle, pendant la guerre des Boers, et on continua à les utiliser en Afrique du Sud ainsi qu'en Inde pour les « éléments indésirables » ; là aussi nous trouvons l'expression de « détention protectrice » qui fut plus tard adoptée par le IIIe Reich. Ces camps correspondent à bien des égards aux premiers camps de concentration de la domination totalitaire. Ils étaient utilisés pour les « suspects » dont les crimes ne pouvaient être prouvés, et qui ne pouvaient être condamnés en suivant le cours ordinaire de la justice. Tout cela met clairement en relief les méthodes totalitaires de domination : ce sont ces éléments qu'elles utilisent, développent et cristallisent sur la base du principe nihiliste du « tout est permis » dont elles héritèrent et qu'elles tinrent aussitôt pour acquis. Mais partout où ces nouvelles formes de domination revêtent leur structure authentiquement totalitaire, elles dépassent ce principe, encore trop lié à des motivations utilitaires et à l'intérêt personnel des gouvernants, et s'essaient à un domaine jusqu'à présent complètement ignoré de nous – le domaine où « tout est possible ». Et, de manière assez caractéristique, il s'agit d'un domaine qu'aucune motivation utilitaire ou égoïste ne peut limiter, indifférent qu'il est à l'intérêt personnel.

Ce qui heurte le sens commun, ce n'est pas le principe nihiliste du « tout est permis » que l'on trouvait déjà au XIXe siècle dans la conception utilitaire du sens commun. Ce que le sens commun et « les gens normaux » refusent de croire, c'est que tout est possible[132]. Nous essayons de comprendre des faits, dans le présent ou dans l'expérience remémorée, qui dépassent tout simplement nos facultés de compréhension. Nous essayons de classer dans la rubrique du crime ce qu'aucune catégorie de ce genre, selon nous, ne fut jamais destinée à couvrir. Quelle est la signification de la notion de meurtre lorsque nous nous trouvons en face de la production massive de cadavres ? Nous essayons de comprendre du point de vue psychologique le comportement des détenus des camps de concentration et des SS, alors que nous devons prendre conscience du fait que la psyché *peut* être détruite sans que l'homme soit, pour autant, physiquement détruit ; que, dans certaines circonstances, la psyché, le caractère et l'individualité ne semblent assurément se manifester que par la rapidité ou la lenteur avec lesquelles ils se désintègrent[133]. Cela

132. Le premier à comprendre cela fut David Rousset dans son *Univers concentrationnaire* [1946].

133. David Rousset, *Les Jours de notre mort*, 1947, p. 587.

aboutit en tout cas à l'apparition d'hommes sans âme, c'est-à-dire d'hommes dont on ne peut plus comprendre la psychologie, dont le retour au monde humain intelligible, soit psychologiquement, soit de toute autre manière, ressemble de près à la résurrection de Lazare. Toutes les affirmations du sens commun, qu'elles soient de nature psychologique ou sociologique, ne servent qu'à encourager ceux qui pensent qu'il est « superficiel » de « s'appesantir sur des horreurs[134] ».

S'il est vrai que les camps de concentration sont la plus importante institution de la domination totalitaire, « s'appesantir sur des horreurs » devrait sembler indispensable pour comprendre le totalitarisme. Mais le souvenir ne peut pas plus nous éclairer que le récit retenu du témoin oculaire. À ces deux genres est inhérente la tendance à fuir l'expérience : par instinct ou par raison, les deux types d'écrivain sont si conscients du terrible abîme qui sépare le monde des vivants de celui des morts-vivants, qu'ils ne peuvent fournir rien de plus qu'une série d'événements remémorés qui semblent aussi incroyables à ceux qui les relatent qu'à ceux qui les écoutent. Seule l'imagination terrifiée de ceux qu'ont éveillés de tels récits, sans qu'ils aient eux-mêmes été frappés dans leur propre chair, de ceux qui, épargnés par la terreur animale et désespérée – terreur qui, confrontée à l'horreur réelle, à l'horreur présente, paralyse inexorablement tout ce qui n'est pas pure réaction – seule cette imagination-là peut être capable d'une réflexion sur ces horreurs. De telles réflexions ne sont utiles que pour la perception des contextes politiques et pour la mobilisation des passions politiques. Un changement de personnalité, sous quelque forme que ce soit, ne peut pas davantage être causé par une réflexion sur les horreurs que par l'expérience réelle de l'horreur. La réduction d'un homme à un ensemble de réactions le sépare aussi radicalement qu'une maladie mentale de tout ce qui, en lui, est personnalité ou caractère. Lorsque, comme Lazare, il se lève d'entre les morts, il retrouve sa personnalité ou son caractère inchangés, exactement comme il les avait laissés.

134. Voir Georges Bataille, dans *Critique*, janvier 1948, p. 72.

De même que l'horreur, ou l'insistance sur l'horreur, ne peut modifier un caractère, ni rendre les hommes meilleurs ou pires, de même l'horreur ne peut davantage devenir la base d'une communauté politique ou, en un sens plus restreint, d'un parti. Les tentatives de formation d'une élite européenne, avec un programme de compréhension intra-européenne fondé sur la commune expérience européenne des camps de concentration, ont échoué d'une manière tout à fait semblable à celles qui suivirent la Première Guerre mondiale, quand il s'agissait de tirer les conclusions de l'expérience internationale de la génération du front. Dans les deux cas, il s'est avéré que les expériences elles-mêmes ne pouvaient communiquer rien de plus que des banalités nihilistes[135]. Les conséquences politiques, comme, par exemple, le pacifisme d'après-guerre, dérivaient de la peur générale de la guerre, non de l'expérience de la guerre. Au lieu de produire un pacifisme dénué de réalité, la connaissance intime de la structure des guerres modernes, guidées et mues par la peur, aurait dû faire prendre conscience qu'il n'existe qu'un seul critère pour juger de la nécessité d'une guerre : que celle-ci soit un combat contre des conditions de vie que les peuples n'acceptent plus – et les expériences que nous avons connues, avec les tourments et l'enfer des camps totalitaires, ne nous ont que trop bien éclairés sur la possibilité de telles conditions[136]. Ainsi, la peur des camps de concentration et l'aperçu qui en résulte sur la nature de la domination totale, peuvent-elles servir à invalider toutes les distinctions politiques obsolètes entre droite et gauche, et à fournir, par-delà celles-ci, la principale aune à laquelle apprécier les événements de notre temps, à savoir : servent-ils ou non la domination totalitaire ?

135. Le livre de David Rousset contient un grand nombre de ces « aperçus » sur la « nature » humaine, principalement fondés sur la constatation qu'au bout d'un certain temps, la mentalité des détenus se distingue à peine de celle des gardiens du camp.

136. Afin d'éviter les malentendus, il convient peut-être d'ajouter qu'avec l'invention de la bombe à hydrogène toute la question de la guerre a subi un autre changement décisif. Une discussion de cette question est, bien entendu, étrangère au thème de ce livre.

En tout cas, l'effroi dont est frappée l'imagination a le grand avantage de réduire à néant les interprétations sophistico-dialectiques de la politique, toutes fondées sur la superstition que du mal peut sortir le bien. De telles acrobaties dialectiques eurent un semblant de justification aussi longtemps que le pire traitement qu'un homme pouvait infliger à un autre était de le tuer. Mais, nous le savons aujourd'hui, le meurtre n'est qu'un moindre mal. Le meurtrier qui tue un homme – un homme qui devait de toute façon mourir – se meut encore dans le domaine de la vie et de la mort qui nous est familier ; toutes deux ont assurément un lien nécessaire, sur lequel se fonde la dialectique, même si elle n'en est pas toujours consciente. Le meurtrier laisse un cadavre derrière lui et ne prétend pas que sa victime n'a jamais existé ; s'il efface toutes traces, ce sont celles de son identité à lui, non le souvenir et le chagrin des personnes qui ont aimé sa victime ; il détruit une vie, mais il ne détruit pas le fait de l'existence lui-même.

Les nazis, avec la précision qui les caractérisait, avaient l'habitude d'enregistrer toutes opérations dans les camps de concentration sous la rubrique « Nuit et Brouillard *(Nacht und Nebel)* ». Le radicalisme des mesures prises pour traiter les gens comme s'ils n'avaient jamais existé, et pour les faire disparaître au sens littéral du terme, n'apparaît généralement pas à première vue parce que les deux systèmes allemand et russe, loin d'être uniformes, comprennent un ensemble de catégories par lesquelles les gens sont traités très différemment. Dans le cas de l'Allemagne, les différentes catégories utilisées coexistaient généralement dans le même camp, sans pour autant entrer en contact entre elles ; fréquemment l'isolement des catégories entre elles fut plus strict que l'isolement vis-à-vis du monde extérieur. Ainsi, abstraction faite des considérations raciales, les ressortissants scandinaves, malgré leur hostilité déclarée aux nazis, étaient traités par les Allemands pendant la guerre d'une façon tout à fait différente que les membres des autres peuples. Ces derniers étaient à leur tour divisés entre ceux dont l'« extermination » était immédiatement programmée, par exemple les Juifs, ou était prévue dans un avenir proche, par exemple les Polonais, les Russes et les Ukrainiens, et ceux qui n'avaient fait l'objet d'aucune instruction allant dans le sens d'une aussi définitive « solution finale », comme les Français et les Belges. En Russie, d'un autre côté, nous devons distinguer trois systèmes plus ou moins indépendants. Premièrement, les groupes condamnés au travail forcé véritable qui jouissent d'une relative liberté et sont condamnés à des peines de durée limitée. Deuxièmement, il existe des camps de concentration où le matériau humain est exploité sans merci et où le taux de mortalité est extrêmement élevé mais qui sont essentiellement organisés en vue du travail. Il y a enfin les camps d'anéantissement où l'on extermine systématiquement les prisonniers, en les faisant mourir de faim et en les laissant dans le plus grand abandon.

La véritable horreur des camps de concentration et d'extermination réside en ce que les prisonniers, même s'il leur arrive d'en réchapper, sont coupés du monde des vivants bien plus nettement que s'ils étaient morts ; c'est que la terreur impose l'oubli. Là, le meurtre est aussi impersonnel que le fait d'écraser un moucheron. La mort peut être la conséquence de la torture systématique et de la privation de nourriture, ou parce que le camp est surpeuplé et qu'il faut liquider le matériau humain superflu. Réciproquement, il peut se faire que, par suite d'une pénurie de livraison de nouveaux êtres humains, le danger d'un dépeuplement des camps se fasse sentir : ordre est alors donné de réduire à tout prix le taux de mortalité[137]. David Rousset a intitulé le récit du temps qu'il a passé dans un camp de concentration allemand : *Les Jours de*

137. Cela se produisit en Allemagne vers la fin de 1942, sur quoi Himmler notifia à tous les commandants des camps « de réduire à tout prix le taux de mortalité ». Car il s'avérait que sur 136 000 nouveaux arrivants, 70 000 étaient déjà morts en arrivant au camp, ou mouraient immédiatement après (voir *Nazi Conspiracy and Aggression*, 1946, vol. IV, annexe II). Les derniers récits des camps de concentration en Russie soviétique confirment unanimement qu'après 1949 – c'est-à-dire du temps où Staline était encore en vie – le taux de mortalité dans les camps, qui avait atteint précédemment 60 % des détenus, fut systématiquement abaissé, probablement en raison de la pénurie de main-d'œuvre généralisée et catastrophique en Union soviétique. Cette amélioration des conditions de vie ne doit pas être confondue avec la crise de régime qui suivit la mort de Staline, laquelle, d'une manière assez caractéristique, se fit d'abord sentir dans les camps de concentration. Cf. Wilhelm Starlinger, *Grenzen der Sowjetmacht...*, 1955.

notre mort ; tout se passe effectivement comme s'il y avait une possibilité de rendre permanent le processus de la mort lui-même et d'imposer un état où vie et mort soient également vidées de leur sens.

C'est l'apparition d'un mal radical, inconnu de nous auparavant, qui met un terme à l'idée que des qualités évoluent et se transforment. Ici, il n'existe ni critères politiques, ni historiques, ni simplement moraux, mais tout au plus la prise de conscience qu'il y a peut-être dans la politique moderne quelque chose qui n'aurait jamais dû se trouver dans la politique au sens usuel du terme, à savoir le tout ou rien – tout, c'est-à-dire une infinité indéterminée de formes humaines de vie commune ; ou rien, dans la mesure où une victoire du système concentrationnaire signifierait la même inexorable condamnation pour les êtres humains que l'emploi de la bombe à hydrogène aurait pour le destin de la race humaine.

Rien ne peut être comparé à la vie dans les camps de concentration. Son horreur, nous ne pouvons jamais pleinement la saisir par l'imagination, pour la raison même qu'elle se tient hors de la vie et de la mort. Aucun récit ne peut en rendre compte pleinement, pour la raison même que le survivant retourne au monde des vivants, ce qui l'empêche de croire pleinement à ses expériences passées. Cela lui est aussi difficile que de raconter une histoire d'une autre planète : car le statut des prisonniers dans le monde des vivants, où personne n'est censé savoir s'ils sont vivants ou morts, est tel qu'il revient pour eux à n'être jamais nés. C'est pourquoi toutes les comparaisons créent la confusion et distraient l'attention de ce qui est essentiel. Le travail forcé dans les prisons et les colonies pénitentiaires, le bannissement, l'esclavage, semblent tous fournir, un temps, d'utiles éléments de comparaison ; mais, en dernière analyse, ils ne mènent nulle part.

Le travail forcé en tant que châtiment est limité aussi bien en temps qu'en intensité. Le forçat conserve ses droits quant à sa personne physique ; il n'est pas absolument torturé, et il n'est pas absolument dominé. Le bannissement ne bannit que d'une partie du monde vers une autre partie du monde, également habitée par des êtres humains ; il n'exclut pas totalement du monde des hommes. Au cours de l'histoire, l'esclavage a été une institution inhérente à un ordre social ; les esclaves n'étaient pas, comme les prisonniers des camps de concentration, soustraits aux regards et par conséquent à la protection de leurs semblables ; comme instruments de travail, ils avaient un prix défini et, comme propriété, une valeur non moins définie. Le prisonnier d'un camp de concentration n'a pas de prix, puisqu'on peut toujours le remplacer ; personne ne sait à qui il appartient puisque personne ne le voit jamais. Du point de vue d'une société normale, il est absolument superflu, même si, lorsque la pénurie de main-d'œuvre se fait durement sentir, comme ce fut le cas en Russie et en Allemagne pendant la guerre, on l'utilise comme travailleur.

Le camp de concentration en tant qu'institution n'a pas été établi en vue d'une productivité possible. L'unique fonction économique permanente des camps a consisté à financer leur propre appareil de surveillance ; par conséquent, du point de vue économique les camps de concentration existent surtout pour eux-mêmes. Quel que soit le travail qui y est accompli, il l'eût été bien mieux et à moindres frais dans des conditions différentes[138]. L'exemple de la Russie – dont les camps de concentration sont le plus souvent décrits comme

---

138. Voir Eugen Kogon, *Der SS-Staat*, p. 58 : « Une grande partie du travail accompli dans les camps de concentration était sans utilité, soit qu'il fût superflu, soit qu'il fût si mal organisé qu'on devait le recommencer deux ou trois fois. » Également Bruno Bettelheim (« On Dachau and Buchenwald », p. 831-832) : « Les nouveaux prisonniers en particulier étaient contraints d'accomplir des tâches absurdes [...]. Ils se sentaient avilis [...] et préféraient un travail, même plus dur, qui produisît quelque chose d'utile... » Même D. J. Dallin [et Boris Nicolaevsky] dont tout le livre repose sur la thèse que le but des camps russes était de fournir de la main-d'œuvre à bas prix, est forcé d'admettre l'inefficacité des camps de travail (*Forced Labor in Russia*, p. 105). Les théories courantes à propos du système concentrationnaire russe comme mesure économique destinée à fournir un appoint de main-d'œuvre bon marché se trouveraient clairement réfutées si se révélaient exacts les rapports récents concernant les amnisties de masse et la suppression des camps de concentration. Car si les camps avaient servi la réalisation d'un dessein économique important, le régime ne pourrait certainement pas se permettre de les liquider rapidement sans déclencher des conséquences graves pour le système économique tout entier.

des camps de travail forcé, la bureaucratie soviétique ayant voulu les honorer de cette appellation – montre très clairement que le travail forcé n'est pas la destination première. Le travail forcé est la condition normale de tous les travailleurs russes, qui ne jouissent pas de la liberté de mouvement et peuvent à tout moment être affectés arbitrairement n'importe où. Le caractère incroyable des horreurs est étroitement lié à leur inutilité sur le plan économique. Les nazis poussèrent carrément l'inutile jusqu'au nuisible quand, en pleine guerre, et malgré la pénurie de matériaux de construction et de matériel roulant, ils bâtirent d'énormes et coûteuses usines d'extermination et organisèrent le transport de millions de gens[139]. Du point de vue d'un monde strictement utilitaire, la contradiction manifeste entre cette façon d'agir et les impératifs militaires donne à toute l'entreprise un air d'irréalité folle.

Cette atmosphère de folie et d'irréalité, créée par une apparente absence de but, est le véritable rideau de fer qui dissimule aux yeux du monde toutes les formes de camps de concentration. Vus de l'extérieur, ceux-ci, et ce qui s'y passe, ne peuvent être décrits qu'à l'aide d'images tirées d'une vie après la mort, d'une vie affranchie des soucis terrestres. On peut fort justement distinguer trois types de camps de concentration qui correspondent à trois conceptions fondamentales de la vie après la mort en Occident : Hadès, le Purgatoire, et l'Enfer. À Hadès correspondent ces manières relativement douces, autrefois populaires même dans les pays non totalitaires, de mettre à l'écart les éléments indésirables de toutes sortes – réfugiés, apatrides, asociaux et chômeurs ; comme tous les camps de personnes déplacées, qui ne sont rien d'autre que des camps pour des per-

139. En dehors des millions de gens qu'ils déportèrent vers les camps d'extermination, les nazis ne cessèrent de bâtir de nouveaux projets de colonisation – ils transportèrent des Allemands d'Allemagne ou des territoires occupés vers l'Est à des fins de colonisation. Cela constituait bien entendu un sérieux handicap pour les opérations militaires et l'exploitation économique. Pour les nombreuses controverses à ce sujet, et le perpétuel conflit entre la hiérarchie civile nazie dans les territoires occupés de l'Est et la hiérarchie SS, voir en particulier le vol. XXIX de *The Trial of the Major War Criminals*, 1947-1948.

sonnes devenues superflues et importunes, ils ont survécu à la guerre. Le Purgatoire est représenté par les camps de travail en Union soviétique, où la négligence se combine avec un travail forcé chaotique. L'Enfer au sens le plus littéral a été incarné par ces types de camps réalisés à la perfection par les nazis : là, l'ensemble de la vie fut minutieusement et systématiquement organisé en vue des plus grands tourments possibles.

Ces trois types ont un point commun : les masses humaines qui y sont enfermées sont traitées comme si elles n'existaient plus, comme si ce qu'il advenait d'elles ne présentait plus d'intérêt pour personne, comme si elles étaient déjà mortes et qu'un esprit malin, pris de folie, s'amusait à les maintenir un temps entre la vie et la mort, avant de les admettre à la paix éternelle.

Ce ne sont pas tant les barbelés que l'irréalité soigneusement fabriquée de ceux qu'ils enferment qui provoque des sévices aussi extrêmes et fait en définitive passer l'extermination pour une mesure parfaitement normale. Tout ce qui a été accompli dans les camps nous est connu par le monde des fantasmes pervers et malins. Ce qui est difficile à comprendre, c'est que ces fantasmes, ces crimes sordides, ont eu lieu dans un monde fantomatique qui, néanmoins, s'est, pour ainsi dire, matérialisé en un monde achevé, pourvu de toutes les données sensorielles de la réalité, mais auquel manque la cohérence et la responsabilité sans lesquelles la réalité ne demeure pour nous qu'une masse de données incompréhensible. Le résultat en est qu'un lieu a été créé où des hommes peuvent être torturés et abattus, sans que pourtant ni les tourmenteurs ni les tourmentés, et encore moins les autres à l'extérieur, s'avisent qu'il s'agit là de quelque chose de plus qu'un jeu cruel ou qu'un rêve absurde[140].

Les films que les Alliés diffusèrent, en Allemagne et ailleurs, après la guerre, montrent clairement que cette

140. Bruno Bettelheim (« On Dachau and Buchenwald ») note que dans les camps, les gardiens adoptaient envers l'atmosphère d'irréalité une attitude semblable à celle des prisonniers eux-mêmes.

atmosphère de folie et d'irréalité n'est pas dissipée par le reportage pur. Pour le spectateur non prévenu, ces images sont à peu près aussi convaincantes que des instantanés de substances mystérieuses pris lors de séances de spiritisme[141]. Le sens commun réagit aux horreurs de Buchenwald et d'Auschwitz par cet argument plausible : « Quel crime doivent avoir commis ces gens pour qu'on leur fasse des choses pareilles ! » ; ou, en Allemagne et en Autriche, au milieu de la famine, du surpeuplement et de la haine générale : « Dommage qu'ils aient arrêté de gazer les Juifs ! » ; et partout, il y eut ce haussement d'épaules sceptique qui accueille la propagande ratée.

Si la propagande de la vérité échoue à convaincre l'individu moyen parce qu'elle est trop horrible, elle est positivement dangereuse pour ceux qui savent d'après leurs propres fantasmes ce qu'ils sont capables de faire, et qui sont donc parfaitement prêts à croire à la réalité de ce qu'ils ont vu. Soudain, il devient évident que ce que l'imagination humaine avait depuis des milliers d'années rejeté dans un royaume hors du pouvoir humain peut se forger ici-bas maintenant : l'Enfer et le Purgatoire, et même l'ombre de leur durée éternelle, peuvent être créés grâce aux méthodes les plus modernes de destruction et de thérapie. À ces gens (et ils sont plus nombreux dans n'importe quelle grande ville que nous ne sommes prêts à l'admettre) l'enfer totalitaire ne prouve qu'une chose : que le pouvoir de l'homme est plus grand qu'ils n'eussent jamais osé l'imaginer ; que l'homme

141. Il n'est pas inutile de réaliser que toutes les images des camps de concentration induisent en erreur dans la mesure où elles ne montrent les camps que dans leur dernière phase, au moment où les troupes alliées y pénétrèrent. Il n'y avait pas de camps de la mort en Allemagne proprement dite, et à ce stade toute installation d'extermination avait déjà été démantelée. D'un autre côté, ce qui révolta le plus les Alliés et donna à leurs films leur caractère particulièrement horrible – la vue des squelettes humains – n'était pas du tout caractéristique des camps de concentration allemands ; l'extermination se pratiquait systématiquement par le gaz, et non par la privation de nourriture. La situation dans les camps fut une conséquence des événements qui se produisirent durant les derniers mois de la guerre : Himmler avait ordonné l'évacuation de tous les camps d'extermination de l'Est – les camps allemands se trouvèrent donc considérablement surpeuplés – et il n'était plus en mesure d'assurer le ravitaillement en Allemagne.

peut réaliser des visions d'enfer sans que le ciel tombe ou que la terre s'ouvre.

Ces analogies, répétées dans maints récits du monde des mourants[142], semblent exprimer plus qu'une tentative désespérée de dire ce qui est étranger au domaine du discours humain. Rien peut-être ne distingue plus radicalement les masses modernes de celles des siècles passés que la perte de la foi en un Jugement dernier : les pires ont perdu leur peur, les meilleurs leur espoir. Aussi incapables qu'avant de vivre sans peur et sans espoir, ces masses sont attirées par toute entreprise qui semble promettre la fabrication par l'homme du Paradis qu'elles avaient désiré et de l'Enfer qu'elles avaient redouté. De même qu'en ses aspects les plus populaires, la société sans classes de Marx présente une étrange ressemblance avec l'âge messianique, de même la réalité des camps de concentration ne ressemble à rien tant qu'aux représentations médiévales de l'Enfer.

La seule chose qui ne peut être reproduite, c'est ce qui a rendu tolérables pour l'homme les conceptions traditionnelles de l'Enfer : le Jugement dernier, l'idée d'un critère absolu de justice combinée à la possibilité infinie de la grâce. Car, pour les hommes, il n'y a pas de crime ni de péché qui aient de commune mesure avec les tourments éternels de l'Enfer. D'où la déconfiture du sens commun, qui s'enquiert : quel crime ces gens peuvent-ils avoir commis pour souffrir de manière aussi inhumaine ? D'où également l'innocence absolue des victimes : aucun homme n'a jamais mérité cela. D'où enfin le grotesque hasard qui présidait au choix des victimes des camps de concentration dans l'état de terreur achevée : un tel « châtiment » peut être infligé à quiconque avec une égale justice et injustice.

En comparaison de la démence du résultat final – la société concentrationnaire –, le processus par lequel les hommes sont préparés à cette fin, les méthodes employées pour adapter les individus à cet état de choses sont limpides et logiques. La fabrication massive et démentielle de cadavres est

142. Que la vie dans un camp de concentration n'était qu'un processus de mort sans fin, c'est ce qu'a souligné David Rousset, *Les Jours de notre mort*, 1947, *passim*.

précédée par la préparation historiquement et politiquement intelligible de cadavres vivants. L'impulsion et, ce qui est plus important, le consentement tacite, donnés à l'apparition de cet état de choses sans précédent, sont le fruit de ces événements qui, dans une période de désintégration politique, ont soudain privé, contre toute attente, des centaines de milliers d'êtres humains de domicile et de patrie, en ont fait des hors-la-loi et des indésirables, tandis que des millions d'autres êtres humains sont devenus, à cause du chômage, économiquement superflus et socialement onéreux. Cela n'a pu à son tour se produire que parce que les droits de l'homme qui, philosophiquement, n'avaient jamais été établis mais seulement formulés, qui, politiquement, n'avaient jamais été garantis mais seulement proclamés, ont, sous leur forme traditionnelle, perdu toute validité.

Le premier pas essentiel sur la route qui mène à la domination totale consiste à tuer en l'homme la personne juridique. À cette fin, d'une part on soustrait certaines catégories de personnes à la protection de la loi tout en forçant par le biais de l'instrument de la dénationalisation le monde non totalitaire à les reconnaître hors-la-loi ; d'autre part, on place le camp de concentration en dehors du système pénal normal et on sélectionne les détenus en dehors de la procédure judiciaire normale selon laquelle un crime déterminé encourt une sanction prévue d'avance. Ainsi, les criminels qui, pour d'autres raisons, sont un élément essentiel de la société concentrationnaire ne sont généralement envoyés dans un camp que pour l'achèvement de leur condamnation à la prison. En toutes circonstances, la domination totalitaire veille à ce que les catégories rassemblées dans les camps – les Juifs, les porteurs de maladies, les représentants des classes moribondes – aient déjà perdu toute capacité d'accomplir une action tant normale que criminelle. En termes de propagande, cela signifie que la « détention protectrice » est maniée comme une « mesure de police préventive »[143], autre-

143. Theodor Maunz (*Gestalt und Recht der Polizei*, 1943, p. 50) insiste sur le fait que les criminels ne doivent jamais être envoyés dans les camps pendant le temps où ils purgent leurs peines légales.

ment dit comme une mesure qui met les gens hors d'état d'agir. Les dérogations à cette règle en Russie peuvent être mises au compte d'un catastrophique manque de prisons et d'un désir, qui ne s'est pas jusque-là réalisé, de transformer tout le système pénal en un système concentrationnaire[144].

L'inclusion de criminels est nécessaire pour rendre plausible la propagande du mouvement qui prétend que l'institution est destinée à des éléments asociaux[145]. Si les criminels ne font pas à proprement parler partie des camps de concentration, c'est seulement parce qu'il est plus difficile de tuer la personne juridique chez un homme qui s'est rendu coupable d'un crime que chez quelqu'un qui est totalement innocent. Si les criminels constituent une catégorie permanente parmi les détenus, il faut voir là une concession de l'État totalitaire aux préjugés de la société qui, de cette façon, est mieux préparée à s'accommoder de l'existence des camps. D'un autre côté, pour garder intact le système des camps, il est capital, aussi longtemps qu'existe un système pénal dans le pays, de n'y envoyer les criminels que pour parachever leur peine, c'est-à-dire au moment où ils devraient recouvrer la liberté. En aucun cas, le camp de concentration ne doit devenir un châtiment applicable à des délits bien définis.

L'amalgame des criminels à toutes les autres catégories a en outre l'avantage de faire brutalement sentir aux autres arrivants qu'ils sont tombés au plus bas degré de l'échelle

---

144. Le manque de places en prison fut tel en Russie que, dans les années 1925-1926, 36 % seulement des condamnations en justice purent être exécutées ; voir David J. Dallin et Boris Nicolaevsky, *Forced Labor in Russia*, p. 158 et suiv.

145. « La Gestapo et les SS ont toujours attaché une grande importance au mélange des catégories de détenus dans les camps. Dans aucun camp, les détenus n'ont appartenu exclusivement à une catégorie » (Eugen Kogon, *Der SS-Staat*, p. 19). En Russie, ce fut également une habitude dès le début de mêler prisonniers politiques et criminels. Durant les dix premières années du pouvoir soviétique, les groupes politiques de gauche bénéficiaient de certains privilèges ; ce n'est que lorsque le caractère totalitaire du régime apparut pleinement « après la fin des années 20, que les politiques furent traités, même officiellement, plus mal que les vulgaires criminels » (David J. Dallin et Boris Nicolaevsky, *Forced Labor in Russia*, p. 177 et suiv.).

sociale. Et, assurément, il s'avère bientôt qu'ils ont toutes les raisons d'envier le plus vil des voleurs ou des meurtriers. Mais en attendant, ce plus bas degré est un bon commencement. Plus, c'est un moyen efficace de camouflage : cela n'arrive qu'aux criminels et rien de pire n'arrive que ce qui, de manière méritée, arrive aux criminels.

Partout les criminels forment l'aristocratie des camps. (En Allemagne, pendant la guerre, ils furent remplacés dans ce rôle de direction par les communistes, car même un minimum de travail rationnel ne pouvait être effectué dans les conditions chaotiques créées par une administration formée de criminels. Ce ne fut là qu'une transformation temporaire des camps de concentration en camps de travail forcé, un phénomène étrangement atypique de durée limitée[146].) Ce qui porte les criminels à la direction, ce n'est pas tant l'affinité du personnel de surveillance avec des éléments criminels – en Union soviétique, les surveillants n'appartiennent apparemment pas, à la différence des SS, à une élite spécialement dressée à commettre des crimes[147] – c'est que les criminels sont les seuls à avoir été envoyés dans les camps en fonction d'une activité définie. Eux savent au moins pourquoi ils sont dans un camp de concentration et ils ont donc conservé un vestige de leur personne juridique. Pour les prisonniers politiques, cela n'est vrai que subjectivement : leurs actions, si tant est qu'il s'agisse vraiment d'actions et non de simples opinions, voire des vagues soupçons de quelqu'un d'autre, ou encore d'une appartenance accidentelle à un groupe politiquement réprouvé, ne relèvent pas en règle générale du système

146. Le livre de David Rousset souffre d'une surestimation de l'influence des communistes allemands, qui dominaient pendant la guerre l'administration interne de Buchenwald.

147. Voir par exemple le témoignage de Mme Buber-Neumann (l'ancienne femme du communiste allemand Heinz Neumann) qui survécut aux camps de concentration soviétiques et allemands : « Il n'y eut jamais chez les Russes [...] comme chez les nazis la moindre trace de sadisme [...]. Nos gardiens russes étaient des hommes décents et non des sadiques, mais ils remplissaient loyalement les exigences du système inhumain » (*Under Two Dictators*, 1949).

légal normal du pays et ne sont pas juridiquement définies[148].

À l'amalgame des détenus politiques et criminels, par lequel commencèrent les camps de concentration en Russie et en Allemagne, s'ajouta très vite un troisième élément, qui devait bientôt devenir majoritaire parmi les détenus de tous les camps de concentration. Ce groupe majoritaire se composa dès lors de gens dont aucun acte ne pouvait motiver rationnellement l'arrestation, ni à leurs propres yeux, ni aux yeux de leurs bourreaux. En Allemagne, cet élément fut, après 1938, représenté par la masse des Juifs, et en Russie par tout groupe qui, sans rapport aucun avec ses agissements, avait déplu aux autorités. Ces groupes, innocents dans tous les sens du terme, sont les cobayes idéaux pour mener à bien l'expérience d'abolition et de destruction de la personne juridique et, par conséquent, ils forment, à la fois qualitativement et quantitativement, la principale catégorie de la population des camps. Ce principe trouva sa plus complète réalisation dans les chambres à gaz qui, ne serait-ce qu'à cause de leur énorme capacité, n'étaient pas destinées à des cas particuliers mais aux gens en général. Dans cet ordre d'idée, le dialogue suivant résume bien la situation de l'individu : « Est-ce que je puis demander pourquoi la chambre à gaz ? – Pourquoi êtes-vous né[149] ? » C'est ce troisième groupe des totalement innocents qui, à tout coup, subit dans les camps le sort le plus effroyable. Assimilés à cette catégorie, les criminels et les politiques, ainsi privés de la distinction protectrice d'avoir fait quelque chose, sont entièrement exposés à l'arbitraire. Mais le but ultime, partiellement atteint en Union soviétique et clairement indiqué dans les dernières phases de la terreur nazie, est de n'avoir pour

148. Bruno Bettelheim (« Behavior in Extreme Situations », *Journal of Abnormal and Social Psychology*, vol. XXXVIII, n° 4, 1943) décrit l'estime que se portaient à eux-mêmes les criminels et les prisonniers politiques en comparaison de ceux qui n'étaient coupables de rien. Ces derniers « étaient les moins aptes à supporter le choc initial », les premiers à se désagréger. Bettelheim attribue cela à leur appartenance à la classe moyenne.

149. David Rousset, *Les Jours de notre mort*, 1947, p. 71.

toute population dans les camps que cette catégorie de gens innocents.

À la sélection totalement arbitraire des détenus s'oppose la répartition de ceux-ci à leur arrivée en catégories non significatives en elles-mêmes, mais utiles du point de vue de l'organisation. Dans les camps allemands on distinguait au moyen d'insignes, les criminels, les politiques, les asociaux, les délinquants religieux et les Juifs. Quand, après la guerre d'Espagne, les Français installèrent des camps de concentration, ils introduisirent immédiatement l'amalgame typiquement totalitaire entre politiques, criminels et innocents (en l'occurrence les apatrides) et, malgré leur inexpérience, ils se montrèrent remarquablement inventifs dans la création des catégories de prisonniers tout à fait vides de sens[150]. Destinée au départ à empêcher que ne se développât tout sentiment de solidarité entre les détenus, cette technique s'avéra particulièrement efficace parce que personne en effet ne pouvait savoir s'il appartenait à une catégorie meilleure ou pire que les autres. En Allemagne, cet édifice éternellement mouvant, quoique organisé de manière sophistiquée, fut doté d'une apparence de solidité par le fait qu'en toutes circonstances, et sans exception, les Juifs constituèrent la catégorie la plus basse. L'horrible et le grotesque là-dedans étaient que les détenus eux-mêmes s'identifiaient à ces catégories, comme si elles représentaient un dernier vestige authentique de leur personne juridique. Même si nous faisons abstraction de toutes les autres données, il n'est pas étonnant qu'un communiste de 1933 ait dû sortir des camps plus communiste qu'il n'y était entré, un Juif plus Juif, et, en France, la femme d'un légionnaire plus convaincue encore de la valeur de la Légion étrangère ; tout se passait, semblait-il, comme si ces catégories contenaient la dernière promesse d'un sort prévisible, comme si elles incarnaient quelque identité juridique ultime, donc plus fondamentale encore.

Tandis que la répartition des détenus en catégories n'est qu'une mesure tactique, une mesure d'organisation, la sélec-

---

150. Pour la situation dans les camps de concentration français, voir Arthur Koestler, *Scum of the Earth*, 1941 [*La Lie de la Terre*, 1946].

tion arbitraire des victimes met en lumière le principe essentiel de l'institution. Si les camps de concentration avaient reposé sur l'existence d'adversaires politiques, ils n'auraient guère survécu aux premières années des régimes totalitaires. Il suffit de considérer le nombre des détenus à Buchenwald dans les années qui suivirent 1936 pour comprendre combien était indispensable à la survie des camps la présence d'innocents. « Les camps auraient complètement disparu si la Gestapo n'avait retenu que l'opposition pour critère des arrestations auxquelles elle procédait[151] » ; et, vers la fin de 1937, Buchenwald, avec moins de 1 000 détenus, fut bien près de disparaître, avant que les pogroms de novembre n'y amènent plus de 20 000 nouveaux venus[152]. En Allemagne, après 1938, cet élément que formaient les gens innocents fut en majorité fourni par les Juifs ; en Russie il consista en groupes choisis arbitrairement parmi la population, et qui, pour une raison n'ayant aucunement trait à leurs agissements, étaient tombés en disgrâce[153]. Mais si, en Allemagne, il fallut attendre 1938 pour que soit établi le camp de concentration sous sa forme typiquement totalitaire, avec son immense majorité de détenus complètement « innocents », c'est au début des années 30 qu'il faut remonter en Russie, puisque, jusqu'alors, la population des camps consistait encore en criminels, en contre-révolutionnaires et en « politiques » (ce dernier terme désignant en l'occurrence les membres des factions déviationnistes). Depuis lors, il y eut tant de gens innocents dans les camps qu'il est difficile de les classer : ceux qui avaient un certain genre de contact avec un pays étranger, les Russes d'origine polonaise (de 1936 à 1938 en particulier), des paysans dont les villages, pour quelque raison économique, avaient été liquidés, des nationalités déportées, des soldats démobilisés de l'armée

151. Eugen Kogon, *Der SS-Staat*, p. 6.

152. Voir *Nazi Conspiracy and Aggression*, 1946, vol. IV, p. 800 et suiv.

153. Friedrich Beck et W. Godin, *Russian Purge...*, déclarent explicitement que « les opposants ne constituaient qu'une proportion relativement faible de la population des prisons [en Russie] » (p. 87) et qu'il n'y avait aucune espèce de lien entre « l'emprisonnement d'un homme et un quelconque délit » (p. 95).

Rouge qui se trouvaient avoir appartenu à des régiments ayant trop longtemps stationné à l'étranger comme forces d'occupation ou qui étaient devenus prisonniers de guerre en Allemagne, etc. Mais l'existence d'une opposition politique n'est qu'un prétexte pour un système concentrationnaire, et l'objectif du système n'est pas atteint, même lorsque, sous l'effet de la plus monstrueuse terreur, la population se laisse plus ou moins volontairement « coordonner », autrement dit, lorsqu'elle renonce à ses droits politiques. Le but d'un système arbitraire est de détruire les droits civils de la population tout entière, de telle sorte qu'elle finisse par être mise hors-la-loi dans son propre pays, au même titre que les apatrides et les sans-logis. La destruction des droits de l'homme, l'assassinat de la personne juridique en lui sont un préalable nécessaire à la complète domination de celui-ci. Et cela ne vaut pas seulement pour ces catégories spéciales que sont par exemple les criminels, les adversaires politiques, les Juifs, les homosexuels, sur lesquelles se firent les premières expériences ; elle vaut pour tout ressortissant d'un État totalitaire. Le libre consentement constitue pour la domination totale un obstacle aussi grand que la libre opposition[154]. L'arrestation arbitraire de personnes innocentes détruit la validité du libre consentement, de même que la torture – à la différence de la mort – détruit la possibilité d'opposition.

Toute restriction, même la plus tyrannique, à cette persécution arbitraire de certaines opinions de nature religieuse ou politique, de certains types de comportement social, intellectuel ou érotique, de certains « crimes » fraîchement inventés, rendrait les camps superflus, car à la longue aucune attitude ni aucune opinion ne peuvent résister à la

---

154. Bruno Bettelheim (« On Dachau and Buchenwald »), quand il s'interroge sur le fait que la plupart des prisonniers « s'accommodaient des valeurs de la Gestapo », souligne que « cela n'était pas le résultat de la propagande [...]. La Gestapo insistait sur le fait que, de toute façon, elle les empêcherait d'exprimer leurs sentiments » (p. 834-835). Himmler interdisait explicitement toute propagande, quelle qu'elle soit, dans les camps. « L'éducation consiste en la discipline, et non en une quelconque instruction sur une base idéologique. » « Sur l'organisation et les obligations des SS et de la police », *Nationalpolitischer Lehrgang der Wehrmacht*, 1937, tiré de *Nazi Conspiracy and Aggression*, 1946, vol. IV, p. 616 et suiv.

menace d'une telle horreur. Surtout, elle favoriserait la mise en place d'un nouveau système judiciaire, qui, doté d'un peu de stabilité, ne manquerait pas de faire apparaître en l'homme une nouvelle personne juridique. Or, cela mettrait en échec la domination totalitaire. Le prétendu *Volksnutzen* [« Ce qui est utile à la Communauté »] des nazis, perpétuellement fluctuant (ce qui est utile aujourd'hui peut être nuisible demain), la ligne éternellement mouvante du parti en Union soviétique, qui, de par leur rétroactivité, renouvellent presque tous les jours le stock de gens susceptibles d'être envoyés dans les camps de concentration, constituent les uniques garants de la pérennité de ces derniers, et par là de la poursuite de l'entreprise d'abolition totale des droits de l'homme.

Le pas décisif suivant dans la préparation de cadavres vivants est le meurtre en l'homme de la personne morale. On y procède en rendant d'une manière générale, et pour la première fois dans l'histoire, le martyre impossible : « Combien, ici, croient encore à l'importance, même historique, d'une protestation ? Ce scepticisme-là, c'est le vrai chef-d'œuvre des SS. Leur grande réussite. Ils ont corrompu toutes les solidarités humaines. Ici la nuit est tombée sur l'avenir. Lorsqu'il n'y a plus de témoins, aucun témoignage n'est possible. Manifester alors que la mort ne peut plus être écartée, c'est vouloir lui donner un sens, agir au-delà de sa mort. Pour s'accomplir, un geste exige une signification sociale. Nous sommes ici des centaines de milliers à vivre sciemment dans l'absolue solitude. C'est pourquoi ils acceptent. Le sens de la résignation[155]. »

Les camps et le meurtre des adversaires politiques font seulement partie de l'oubli organisé qui non seulement enveloppe ce véhicule de l'opinion publique qu'est la parole dite et écrite, mais s'étend même aux familles et aux amis des victimes. Chagrin et souvenir sont interdits. En Union soviétique, une femme devra entamer une procédure de divorce immédiatement après l'arrestation de son mari afin de

155. David Rousset, *Les Jours de notre mort*, 1947, p. 464.

protéger la vie de ses enfants ; si son mari a la chance de revenir, elle lui refusera avec indignation la porte du foyer[156]. Le monde occidental a jusqu'ici, même dans ses périodes les plus noires, accordé à l'ennemi tué le droit au souvenir : c'était reconnaître comme allant de soi le fait que nous sommes tous des hommes (et *seulement* des hommes). C'est seulement parce que Achille se rendit aux funérailles d'Hector, parce que les gouvernements les plus despotiques honorèrent l'ennemi tué, parce que les Romains permirent aux chrétiens d'écrire leurs martyrologes, parce que l'Église gardait ses hérétiques vivants dans la mémoire des hommes, que tout ne fut pas perdu et ne put jamais l'être. Les camps de concentration, en rendant la mort elle-même anonyme (en faisant qu'il soit impossible de savoir si un prisonnier est mort ou vivant) dépouillaient la mort de sa signification : le terme d'une vie accomplie. En un sens ils dépossédaient l'individu de sa propre mort, prouvant que désormais rien ne lui appartenait et qu'il n'appartenait à personne. Sa mort ne faisait qu'entériner le fait qu'il n'avait jamais vraiment existé.

Cette attaque contre la personne morale pouvait encore se heurter à l'opposition de l'homme auquel sa conscience dit qu'il vaut mieux mourir en victime que vivre en bureaucrate du meurtre. La terreur totalitaire connut son suprême et terrifiant triomphe lorsqu'elle réussit à séparer la personne morale du salut individualiste et à rendre absolument problématiques et équivoques toutes les décisions de la conscience. Quand un homme est confronté à l'alternative de trahir et donc de tuer ses amis ou d'envoyer sa femme et ses enfants, dont il est en tout sens responsable, à la mort ; quand même le suicide signifierait le meurtre immédiat de sa propre famille – qu'est-il en mesure de décider ? L'alternative n'est plus entre le bien et le mal, mais entre le meurtre et le meurtre. Qui pourrait résoudre le dilemme moral de cette mère grecque, que les nazis lais-

156. Voir le récit de Sergeï Malakhov dans David J. Dallin et Boris Nicolaevsky, *Forced Labor in Russia*, p. 20 et suiv.

sèrent libre de choisir parmi ses trois enfants lequel devait être tué[157] ?

Grâce à la création de conditions où la conscience n'est plus d'aucun secours, où bien faire devient radicalement impossible, la complicité consciemment organisée de tous les hommes dans les crimes des régimes totalitaires s'étend aux victimes et prend ainsi un caractère vraiment total. Les SS impliquaient les détenus des camps de concentration – criminels, politiques, Juifs – dans leurs crimes en leur confiant dans une large mesure les responsabilités de l'administration ; ils les confrontaient ainsi à un dilemme sans issue : ou bien ceux-ci envoyaient leurs amis à la mort, ou bien ils participaient au meurtre d'autres hommes qui se trouvaient leur être étrangers, et les contraignaient à se conduire, dans tous les cas, en meurtriers[158]. L'important n'est pas seulement que la haine soit détournée des coupables (les *kapos* étaient plus haïs que les SS) mais que la ligne de démarcation entre persécuteur et persécuté, entre le meurtrier et sa victime, soit constamment estompée[159].

Une fois tuée la personne morale, il ne subsiste qu'un obstacle à la métamorphose des hommes en cadavres vivants : la différenciation des individus, l'identité unique de chacun. Sous une forme stérile cette individualité peut être préservée grâce à un stoïcisme tenace et il est certain que bien des hommes sous la domination totalitaire ont trouvé, et trouvent encore, quotidiennement refuge dans cet absolu isolement d'une personnalité sans droits ou sans conscience. Il ne fait aucun doute que cet aspect de la personne humaine, dans la mesure où précisément il tient si essentiellement à la nature

---

157. Voir Albert Camus, « The Human Crisis », *Twice a Year*, 1947 [« La Crise de l'homme », *NRF*, 1996].

158. Le livre de David Rousset, *Les Jours de notre mort*, 1947, consiste pour une bonne part en discussions de ce dilemme par les prisonniers.

159. Bruno Bettelheim, « On Dachau and Buchenwald », décrit le processus par lequel les gardiens aussi bien que les prisonniers étaient « conditionnés » à la vie dans le camp et avaient peur de retourner au monde extérieur. David Rousset a donc raison d'insister sur le fait que « la victime comme le bourreau étaient ignobles ; [que] la leçon des camps, c'est la fraternité de l'abjection » (*Les Jours de notre mort*, 1947, p. 588).

et à des forces échappant au contrôle de la volonté, est le plus difficile à détruire (détruit, il est aussi celui qui se reconstitue le plus aisément[160]).

Les méthodes utilisées pour en finir avec ce caractère unique de la personne humaine sont nombreuses et nous n'essaierons pas d'en donner la liste. Il y a d'abord les monstrueuses conditions de transport vers les camps lorsque des milliers d'hommes sont entassés, nus, agglutinés les uns aux autres, dans des wagons à bestiaux, debout, des jours d'affilée, ballottés à travers la campagne ; il y a ensuite l'arrivée au camp, avec le choc savamment préparé des premières heures, avec le rasage du crâne, avec la tenue grotesque du camp, il y a enfin les tortures absolument inimaginables, juste dosées pour ne pas tuer le corps, en tout cas pas rapidement. Le but de toutes ces méthodes est toujours le même : il s'agit de manipuler le corps humain – avec ses infinies possibilités de souffrir – de manière à lui faire détruire la personne humaine aussi inexorablement que certaines maladies mentales d'origine organique.

C'est ici que se dévoile au grand jour la complète démence du processus tout entier. La torture est assurément un trait essentiel de tout l'appareil policier et judiciaire totalitaire ; on s'en sert chaque jour pour faire parler les gens. Ce type de torture, dans la mesure où il poursuit un but défini, rationnel, a certaines limites : ou bien le prisonnier parle au bout d'un certain temps, ou bien on le tue. À cet usage rationnel de la torture s'ajouta dans les premiers camps de concentration nazis et dans les caves de la Gestapo celui d'un autre genre de torture, irrationnel et sadique. Pratiquée le plus souvent par les SA, cette dernière, loin d'avoir un but et d'être systématique, dépendait de l'initiative d'éléments dans une large mesure anormaux. La mortalité était si élevée que seul un petit nombre des détenus de 1933 survécut à ces premières années. Ce type de torture n'était,

160. Bruno Bettelheim (« On Dachau and Buchenwald ») montre comment le « souci principal des nouveaux prisonniers était de garder intacte leur personnalité », alors que le problème des vieux prisonniers était : « Comment vivre le mieux possible à l'intérieur du camp ? »

semblait-il, pas tant une institution à visée politique qu'une concession du régime à ses éléments criminels et anormaux, qui se voyaient ainsi récompensés des services rendus. Derrière l'aveugle bestialité des SA, il y avait souvent une haine profonde et un ressentiment pour tous ceux qui, socialement, intellectuellement ou physiquement, étaient mieux lotis qu'eux et qui désormais, comme pour réaliser leurs rêves les plus sauvages, se trouvaient en leur pouvoir. Ce ressentiment, qui ne disparut jamais entièrement des camps, nous frappe comme une dernière trace de sentiment humainement intelligible[161].

La véritable horreur ne commença toutefois que lorsque les SS prirent en main l'administration des camps. L'ancienne bestialité spontanée fit place à une destruction absolument froide et systématique des corps humains, dans le dessein prémédité de détruire la dignité humaine ; la mort était indéfiniment évitée ou reportée. Dès lors, les camps ne furent plus des parcs d'attraction pour des bêtes à forme humaine, pour des hommes qui relevaient d'asiles d'aliénés et de prisons ; c'est l'inverse qui devint vrai : ils se transformèrent en « terrains d'entraînement », où des hommes parfaitement normaux furent entraînés à être des SS à part entière[162].

---

161. David Rousset, *Les Jours de notre mort*, 1947, p. 390, rapporte la harangue suivante d'un SS à un professeur : « Vous avez été professeur ; mais vous ne l'êtes plus. Vous n'êtes plus un grand monsieur. Vous êtes tout petit maintenant. Tout petit. C'est moi qui suis grand ! »

162. Eugen Kogon, *Der SS-Staat*, p. 6, parle de la possibilité que les camps soient maintenus comme laboratoires et champs de manœuvre pour les SS. Il donne également une bonne description de la différence entre les premiers camps administrés par les SA et les derniers dirigés par les SS. « Aucun de ces premiers camps n'a dépassé le chiffre de mille détenus. [...] La vie y défiait toute description. Les récits des rares vieux prisonniers qui survécurent à ces années, concordent tous pour affirmer qu'il n'y avait pratiquement pas une seule forme de perversion qui n'ait été pratiquée par les SA. Mais tous ces actes étaient le fait de la bestialité individuelle, et le système froid, parfaitement organisé, englobant des masses humaines, n'était pas encore en place. Celui-ci fut l'œuvre des SS » (*ibid.*, p. 7). Ce nouveau système, avec sa mécanique, étouffait autant qu'il était humainement possible le sens de la responsabilité. Quand, par exemple, arrivait l'ordre de tuer chaque jour plusieurs centaines de prisonniers russes, on procédait à la tuerie en tirant par un trou pratiqué dans un mur, sans voir les victimes. (Voir Ernest Feder, « Essai sur la psychologie de la terreur »,

L'assassinat de l'individualité, de ce caractère unique dont la nature, la volonté et le destin ont pourvu également tous les hommes, et qui est devenue une prémisse si évidente à tous les rapports humains que des jumeaux identiques inspirent un certain malaise, engendre une horreur qui éclipse largement l'atteinte à la personne juridique et politique et le désespoir de la personne morale. C'est cette horreur qui est à la source des généralisations nihilistes et de l'assez grande plausibilité de leurs affirmations selon lesquelles, par essence, les hommes sont tous pareillement des bêtes[163]. En réalité, l'expérience des camps de concentration montre bien que des êtres humains peuvent être transformés en des spécimens de l'animal humain et que la « nature » de l'homme n'est « humaine » que dans la mesure où elle ouvre à

Synthèses, 1946.) D'un autre côté, la perversion fut artificiellement créée chez des êtres qui, autrement, eussent été normaux. David Rousset nous rapporte les paroles suivantes d'un gardien SS : « Je tape le plus souvent jusqu'à ce que j'éjacule. J'ai une femme et trois gosses à Breslau. J'étais autrefois un homme parfaitement normal. Voilà ce qu'ils ont fait de moi. Maintenant, quand ils me donnent une permission pour sortir, je ne vais plus chez moi. Je n'ose pas regarder ma femme en face » (*Les Jours de notre mort*, 1947, p. 273). Les documents sur l'époque hitlérienne contiennent de nombreux certificats attestant en moyenne la normalité de ceux à qui était confiée l'exécution du programme d'extermination de Hitler. On en trouve un bon recueil dans Léon Poliakov, « The Weapon of Antisemitism », publié par l'Unesco dans *The Third Reich* (1955). La plupart des hommes dans les unités utilisées à ces fins n'étaient pas des volontaires ; on les avait recrutés dans la police ordinaire pour ces tâches particulières. Mais même les SS aguerris trouvaient cette sorte de devoir pire que le combat en première ligne. Dans son rapport sur une exécution massive opérée par les SS, un témoin oculaire fait un grand éloge de ce bataillon qui s'était montré tellement idéaliste qu'il fut capable de supporter « l'entière extermination sans le soutien de l'alcool ». Que l'on ait voulu éliminer toute motivation personnelle, toute passion pendant les « exterminations », et par là réduire au minimum les cruautés, c'est ce qu'atteste le fait qu'un groupe de médecins et d'ingénieurs, chargés de faire fonctionner les chambres à gaz, ne cessèrent d'y apporter des améliorations : or celles-ci n'étaient pas seulement destinées à augmenter la productivité des usines de cadavres ; elles visaient aussi à accélérer et à adoucir le processus de la mort.

163. Ce point est bien mis en relief dans l'œuvre de David Rousset. « Les conditions sociales de la vie dans les camps ont transformé la grande masse des détenus, qu'ils fussent allemands et déportés (quelles qu'aient été leur position sociale antérieure et leur formation [...]), en une plèbe dégénérée, entièrement soumise aux réflexes primitifs de l'instinct animal » (*Les Jours de notre mort*, 1947, p. 183).

l'homme la possibilité de devenir quelque chose de non naturel par excellence, à savoir un homme.

Après le meurtre de la personne morale et l'anéantissement de la personne juridique, la destruction de l'individualité est presque toujours couronnée de succès. On peut concevoir de faire appel à certaines lois de la psychologie des masses afin d'expliquer pourquoi des millions d'êtres humains se sont laissés mener sans résistance à la chambre à gaz mais ces lois n'expliqueraient rien d'autre que la destruction de l'individualité. Il est plus significatif que ceux qui, individuellement, avaient été condamnés à mort aient très rarement tenté d'entraîner avec eux un de leurs bourreaux, qu'il n'y ait guère eu de révoltes sérieuses, et que, même au moment de la libération, l'on n'ait vu que très peu de massacres spontanés de SS. Car détruire l'individualité, c'est détruire la spontanéité, le pouvoir qu'a l'homme de commencer quelque chose de neuf à partir de ses propres ressources, quelque chose qui ne peut s'expliquer à partir de réactions à l'environnement et aux événements[164]. Rien donc ne demeure, sinon d'affreuses marionnettes à face humaine, qui toutes se comportent comme le chien dans les expériences de Pavlov, qui toutes réagissent d'une manière parfaitement prévisible même quand elles vont à leur propre mort, et qui ne font que réagir. Tel est le véritable triomphe du système : « Le triomphe des SS exige que la victime torturée se laisse conduire à la corde sans protester, renonce, s'abandonne, dans le sens où elle cesse de s'affirmer. Et ce n'est pas pour rien. Ce n'est pas gratuitement, par sadisme uniquement, que les SS veulent cette défaite. Ils savent que le système qui

164. À ce contexte appartient également l'étonnante rareté des suicides dans les camps. Les suicides avaient lieu bien plus souvent avant l'arrestation et la déportation que dans le camp lui-même. Ceci s'explique bien sûr en partie par le fait qu'on s'efforçait par tous les moyens d'empêcher les suicides, qui sont, après tout, des actes spontanés. D'après les statistiques de Buchenwald (*Nazi Conspiracy and Aggression*, 1946, vol. IV, p. 800 et suiv.) il apparaît qu'à peine 0,5 % des morts sont à mettre au compte des suicides ; il n'y eut que deux suicides par an, alors que, dans le même temps, le chiffre total des morts atteignait 3 516. Les récits des camps russes font état du même phénomène (cf. par exemple, Wilhelm Starlinger, *Grenzen der Sowjetmacht*, p. 57).

réussit à détruire la victime avant qu'elle monte sur l'échafaud [...] est le meilleur, incomparablement, pour maintenir tout un peuple en esclavage. Dans la soumission. Rien n'est plus terrible que ces défilés de gens qui vont à la mort comme des mannequins. Celui qui les voit se dit : "Pour qu'ils aient pu être réduits ainsi, quelle puissance se cache dans la main des maîtres", et il retourne chez lui plein d'amertume, mais dompté[165]. »

Si nous prenons au sérieux les aspirations totalitaires et si nous refusons de nous laisser abuser par ce qu'affirme à leur propos le sens commun – qu'elles sont utopiques, irréalisables –, il apparaît que la société de la mort instituée dans les camps est la seule forme de société où il soit possible de dominer entièrement l'homme. Ceux qui aspirent à la domination totale doivent liquider toute spontanéité, telle que ne manquera pas de la faire surgir la simple existence de l'individualité ; ils doivent les traquer toutes deux jusque dans leurs formes les plus intimes, si apolitiques et inoffensives qu'elles puissent paraître. Le chien de Pavlov, l'échantillon humain réduit aux plus élémentaires réactions, le faisceau de réactions auquel peut toujours être substitué un autre faisceau de réactions déterminant exactement le même genre de comportement, est le « citoyen » modèle d'un État totalitaire ; et un tel citoyen ne peut qu'être imparfaitement produit en dehors des camps.

L'inutilité des camps, l'aveu cynique de leur anti-utilité, ne sont qu'une apparence. En réalité ils sont plus utiles à la sauvegarde du pouvoir du régime qu'aucune de ses autres institutions. Sans les camps de concentration, sans la peur mal définie qu'ils inspirent, sans l'entraînement fort bien défini qu'ils offrent en matière de domination totalitaire (nulle part ailleurs on ne pourrait en éprouver pleinement toutes les possibilités les plus radicales), un État totalitaire ne pourrait jamais inspirer le fanatisme aux troupes qui en sont le noyau, ni maintenir un peuple tout entier en complète apathie. Les dominants et les dominés ne retomberaient que

165. David Rousset, *Les Jours de notre mort*, 1947, p. 525.

trop vite dans « la vieille routine bourgeoise » ; après les « excès » de la jeunesse, ils succomberaient au poids de la vie quotidienne et de ses lois humaines ; bref, ils évolueraient dans la direction que tous les observateurs, encouragés par le sens commun, aimaient tant à prédire. L'erreur tragique de toutes ces prophéties, qui prirent naissance en un monde encore en sécurité, était de supposer l'existence d'une nature humaine unique et inaltérable ; elle était d'identifier cette nature humaine à l'histoire, et d'en conclure que la domination totale était non seulement inhumaine mais encore irréaliste. Entre-temps, nous avons appris que le pouvoir de l'homme est si grand qu'il peut réellement devenir ce qu'il désire être.

Il est dans la nature même des régimes totalitaires de revendiquer un pouvoir illimité. Un tel pouvoir ne peut être assuré que si tous les hommes littéralement, sans exception aucune, sont dominés de façon sûre dans chaque aspect de leur vie. Dans le domaine des affaires étrangères, les nouveaux territoires neutres ne doivent jamais cesser d'être soumis, tandis qu'à l'intérieur, des groupements humains toujours nouveaux doivent être domptés par l'expansion des camps de concentration ou, quand les circonstances l'exigent, être liquidés pour faire place à d'autres. Le problème de l'opposition est sans importance, tant dans les affaires étrangères qu'intérieures. Toute neutralité, toute amitié même, dès lors qu'elle est spontanément offerte, est, du point de vue de la domination totalitaire, aussi dangereuse que l'hostilité déclarée : car la spontanéité en tant que telle, avec son caractère difficile à apprécier, est précisément le plus grand de tous les obstacles à l'exercice d'une domination totale sur l'homme. Aux communistes des pays non communistes qui se réfugièrent ou furent appelés à Moscou, une amère expérience apprit qu'ils constituaient une menace pour l'Union soviétique. Les communistes convaincus sont en ce sens, qui est le seul à avoir quelque réalité aujourd'hui, aussi ridicules et aussi menaçants aux yeux du régime russe que les nazis convaincus de la faction Röhm l'étaient par exemple aux yeux des nazis.

Ce qui rend si ridicules et si dangereuses toute conviction et toute opinion dans la situation totalitaire, c'est que les régimes totalitaires tirent leur plus grande fierté du fait qu'ils n'en ont pas besoin, non plus que d'aucune forme de soutien humain. Les hommes, dans la mesure où ils sont plus que la réaction animale et que l'accomplissement de fonctions, sont entièrement superflus pour les régimes totalitaires. Le totalitarisme ne tend pas vers un règne despotique sur les hommes, mais vers un système dans lequel les hommes sont superflus. Le pouvoir total ne peut être achevé et préservé que dans un monde de réflexes conditionnés, de marionnettes ne présentant pas la moindre trace de spontanéité. Justement parce qu'il possède en lui tant de ressources, l'homme ne peut être pleinement dominé qu'à condition de devenir un spécimen de l'espèce animale homme.

C'est pourquoi le caractère est une menace et même les règles légales les plus iniques sont un obstacle ; mais l'individualité, comme tout ce qui, bien sûr, distingue un homme d'un autre, est intolérable. Aussi longtemps qu'on n'a pas rendu tous les hommes également superflus – et c'est là ce qui ne s'est fait que dans les camps de concentration – l'idéal de la domination totalitaire n'a pas été pleinement réalisé. Les États totalitaires s'efforcent sans cesse, même s'ils n'y réussissent pas toujours complètement, de démontrer que l'homme est superflu, en pratiquant la sélection arbitraire des divers groupes à envoyer dans les camps, en procédant constamment à des purges dans l'appareil dirigeant et à des liquidations de masse. Le sens commun proteste désespérément que les masses sont soumises et que tout ce gigantesque appareil de terreur est donc superflu ; s'ils étaient capables de dire la vérité, les dirigeants totalitaires répliqueraient : l'appareil ne vous semble superflu que parce qu'il sert à rendre les hommes superflus.

La tentative totalitaire de rendre les hommes superflus reflète l'expérience que font les masses modernes de leur superfluité sur une terre surpeuplée. Le monde du mourir, où l'on enseigne aux hommes qu'ils sont superflus à travers un mode de vie où le châtiment n'est pas fonction du crime, où l'exploitation se pratique sans profit, où le travail ne produit rien, est un lieu où se fabrique quotidiennement de l'absurde. Pourtant, dans le cadre de l'idéologie totalitaire, rien ne pourrait être plus sensé ni logique ; si les détenus sont de la vermine, il est logique qu'on doive les tuer avec des gaz toxiques ; s'ils sont dégénérés, on ne doit pas les laisser contaminer la population ; s'ils ont des « âmes d'esclaves » (Himmler), personne ne doit perdre son temps à tenter de les rééduquer. Du point de vue de l'idéologie, le défaut des camps est presque qu'ils ont trop de sens, et que l'exécution de la doctrine est trop cohérente.

Ainsi, tout en vidant résolument et cyniquement le monde de la seule chose qui ait un sens pour le sens commun et ses prévisions utilitaires, les régimes totalitaires lui imposent une sorte de sur-sens que les idéologies ont effectivement toujours eu en vue lorsqu'elles prétendaient avoir découvert la clef de l'histoire, ou la solution aux énigmes de l'univers. Par-delà le non-sens de la société totalitaire, et sur lui, s'établit le règne du ridicule sur-sens de sa superstition idéologique. Les idéologies ne sont inoffensives, elles ne sont des opinions arbitraires que tant qu'on ne les prend pas au sérieux. Une fois prise en son sens littéral leur prétention à une totale validité, celles-ci deviennent les centres de systèmes logiques où, comme dans les systèmes des paranoïaques, tout s'enchaîne de manière intelligible et même obligatoire dès lors qu'est acceptée la première prémisse. La démence de tels systèmes réside non seulement dans leur première prémisse, mais encore dans la logique même de leur construction. La curieuse logique de tous les « ismes », leur foi simpliste en la valeur salutaire d'une dévotion aveugle qui ne tient aucun compte des facteurs spécifiques et changeants, contiennent déjà en germes le mépris totalitaire pour la réalité et les faits en eux-mêmes.

Le sens commun, enclin qu'il est à penser de manière utilitaire, n'est d'aucun secours contre ce sur-sens idéologique, dans la mesure où les régimes totalitaires instaurent un monde qui fonctionne dans le non-sens. Le mépris idéologique des faits en eux-mêmes contenait encore la prétention d'une maîtrise humaine du monde ; après tout, c'est le mépris de la réalité qui permet de changer le monde, de promouvoir la création humaine. Ce qui détruit l'élément d'orgueil présent dans le mépris totalitaire de la réalité (et qui, du même coup, le distingue radicalement des théories et des attitudes révolutionnaires), c'est le sur-sens qui donne au mépris de la réalité sa force, sa logique, sa cohérence. Ce qui constitue un édifice véritablement totalitaire, c'est, hormis l'affirmation bolchevique que l'actuel système russe est supérieur à tous les autres, le fait que le dirigeant totalitaire tire de cette affirmation la conclusion suivante, d'une logique impeccable : sans ce système les gens n'auraient pu construire quelque chose d'aussi merveilleux que, mettons, le métro. De là, il tire à nouveau la conclusion logique que quiconque connaît l'existence du métro parisien est suspect, car il peut amener les gens à douter que la politique bolchevique soit la seule possible. Ceci conduit enfin à la conclusion que pour demeurer un Bolchevik loyal, il faut détruire le métro parisien. Seule compte la cohérence.

Avec ces nouvelles structures, bâties sur la force du sur-sens et mues par leur dimension de système logique, nous sommes certes à la fin de l'ère bourgeoise des profits et de la puissance, à la fin tout aussi bien de l'impérialisme et de l'expansion. L'agressivité du totalitarisme ne naît pas de l'appétit de puissance et son expansionnisme ardent ne vise pas l'expansion pour elle-même, non plus que le profit ; leurs raisons sont uniquement idéologiques : il s'agit de rendre le monde cohérent, de prouver le bien-fondé de son sur-sens.

C'est principalement au nom de ce sur-sens, au nom d'une complète cohérence, que le totalitarisme doit nécessairement détruire toute trace de ce qu'il est convenu d'appeler la dignité humaine. Car le respect de la dignité humaine implique que l'on reconnaisse les autres hommes ou les autres nations au même titre que soi comme des sujets, comme des bâtisseurs de mondes ou comme les cofondateurs d'un monde commun. Aucune des idéologies qui visent à donner une explication exhaustive des événements historiques du passé et à tracer le cours de tous les événements futurs ne peut supporter l'imprévisibilité inhérente à la créativité des hommes, à leur faculté de créer quelque chose de tellement nouveau que personne n'aurait pu le prévoir.

Le dessein des idéologies totalitaires n'est donc pas de transformer le monde extérieur, ni d'opérer une transmutation révolutionnaire de la société, mais de transformer la nature humaine elle-même. Les camps de concentration sont les laboratoires où l'on expérimente des mutations de la nature humaine, et leur infamie n'est donc pas seulement l'affaire de leurs détenus et de ceux qui les administrent selon des critères strictement « scientifiques » ; elle est l'affaire de tous les hommes. Les souffrances – qui ont toujours été trop nombreuses sur la terre – ne sont pas le fond du problème, non plus que le nombre des victimes. C'est la nature humaine en tant que telle qui est en jeu ; et même s'il semble que ces expériences ne réussissent pas à changer l'homme, mais seulement à le détruire, en créant une société où la banalité nihiliste de l'*homo homini lupus* est réalisée de manière conséquente, on ne devrait jamais perdre de vue les nécessaires limites d'une expérience qui requiert un contrôle global des résultats concluants.

Jusqu'à présent, la croyance totalitaire que tout est possible semble n'avoir prouvé qu'une seule chose, à savoir : que tout peut être détruit. Néanmoins, en s'efforçant de prouver que tout est possible, les régimes totalitaires ont découvert sans le savoir l'existence de crimes que les hommes ne peuvent ni punir ni pardonner. En devenant possible, l'impossible devint le mal absolu, impunissable autant qu'impardonnable, celui que ne pouvaient plus expliquer les viles motivations de l'intérêt personnel, de la culpabilité, de la convoitise, du ressentiment, de l'appétit de puissance et de la couardise ; celui, par conséquent, que la colère ne pouvait venger, que l'amour ne pouvait endurer, ni l'amitié pardonner. De même que les victimes, dans les usines de la mort ou dans les oubliettes, ne sont plus « humaines » aux yeux de leurs bourreaux, de même cette espèce entièrement nouvelle de criminels est au-delà des limites où la solidarité humaine peut s'exercer dans le crime.

C'est un trait inhérent à toute notre tradition philosophique que nous ne pouvons pas concevoir un « mal radical » : cela est vrai aussi bien pour la théologie chrétienne qui attribuait au diable lui-même une origine céleste, que pour Kant, le seul philosophe qui, dans l'expression qu'il forgea à cet effet, dut avoir au moins soupçonné l'existence d'un tel mal, quand bien même il s'empressa de le rationaliser par le concept d'une « volonté perverse », explicable à partir de mobiles intelligibles. Ainsi, nous n'avons, en fait, rien à quoi nous référer pour comprendre un phénomène qui ne cesse de nous confronter à une réalité accablante, et qui brise toutes les normes connues de nous. Une seule chose semble claire : le mal radical est, peut-on dire, apparu en liaison avec un système où tous les hommes sont, au même titre, devenus superflus. Les manipulateurs de ce système sont autant convaincus de leur propre superfluité que de celle des autres, et les meurtriers totalitaires sont d'autant plus dangereux qu'ils se moquent d'être eux-mêmes vivants ou morts, d'avoir jamais vécu ou de n'être jamais nés. Le danger des fabriques de cadavres et des oubliettes consiste en ceci : aujourd'hui, avec l'accroissement démographique généralisé, avec le nombre toujours plus élevé d'hommes sans feu ni lieu, des masses de gens en sont constamment réduites à devenir superflues, si nous nous obstinons à concevoir notre monde en termes utilitaires. Partout les événements politiques, sociaux et économiques conspirent en silence avec les instruments totalitaires élaborés pour rendre les hommes superflus. La tentation implicite envers cet état de choses est bien comprise par les masses qui, avec leur bon sens utilitaire, sont trop désespérées dans la plupart des pays pour garder bien présente la peur de la mort. Les nazis et les Bolcheviks peuvent en être sûrs : leurs entreprises d'anéantissement, qui proposent la solution la plus rapide au problème de la surpopulation, au problème de ces masses humaines économiquement superflues et socialement déracinées, attirent autant qu'elles mettent en garde. Les solutions totalitaires peuvent fort bien survivre à la chute des régimes totalitaires, sous la forme de tentations fortes qui surgiront chaque fois qu'il semblera impossible de soulager la misère politique, sociale et économique d'une manière qui soit digne de l'homme.

Chapitre IV

Idéologie et terreur
Une forme nouvelle de gouvernement

Dans les chapitres précédents, nous avons à plusieurs reprises souligné que les moyens de la domination totale ne sont pas seulement plus drastiques, mais que le totalitarisme diffère par essence des autres formes d'oppression politique que nous connaissons, comme le despotisme, la tyrannie et la dictature. Partout où celui-ci s'est hissé au pouvoir, il a engendré des institutions politiques entièrement nouvelles, il a détruit toutes les traditions sociales, juridiques et politiques du pays. Peu importent la tradition spécifiquement nationale ou la source spirituelle particulière de son idéologie : le régime totalitaire transforme toujours les classes en masses, substitue au système des partis, non pas des dictatures à parti unique, mais un mouvement de masse, déplace le centre du pouvoir de l'armée à la police, et met en œuvre une politique étrangère visant ouvertement à la domination du monde. Les régimes totalitaires actuels sont nés des systèmes à parti unique ; chaque fois que ces derniers sont devenus vraiment totalitaires, ils se sont mis à agir selon un système de valeurs si radicalement différent de tous les autres qu'aucune de nos catégories utilitaires, que ce soient celles de la tradition, de la justice, de la morale, ou celles du sens commun, ne nous est plus d'aucun secours pour nous accorder à leur ligne d'action, pour la juger ou pour la prédire.

S'il est bien vrai qu'en retraçant l'histoire et en analysant les implications politiques de ce que nous avons coutume d'appeler la crise de notre siècle, nous pourrions découvrir les éléments constitutifs du totalitarisme, alors s'impose la conclusion que cette crise n'est pas seulement le fruit d'une menace extérieure, le résultat de quelque politique étrangère agressive de l'Allemagne ou de la Russie, et qu'elle ne disparaîtra pas plus avec la mort de Staline qu'elle ne disparut avec la chute de l'Allemagne nazie. Il se peut même que les véritables difficultés de notre époque ne revêtent leur forme authentique – sinon nécessairement la plus cruelle – qu'une fois le totalitarisme devenu chose du passé.

Il est dans la ligne de telles réflexions de soulever la question de savoir si le régime totalitaire, né de cette crise, et qui en est en même temps le symptôme univoque le plus manifeste, n'est qu'un rapiéçage qui emprunte ses méthodes d'intimidation, ses moyens d'organisation et ses instruments de violence à l'arsenal politique bien connu de la tyrannie, du despotisme et des dictatures et s'il doit son existence à la faillite déplorable, mais peut-être accidentelle, des forces politiques traditionnelles – libérales ou conservatrices, nationales ou socialistes, républicaines ou monarchistes, autoritaires ou démocratiques. Ou bien, au contraire, s'il y a quelque chose comme une *nature* du régime totalitaire, si celui-ci a une essence propre et peut être comparé à d'autres types de régime, comme la pensée occidentale en a connu et reconnu depuis les temps de la philosophie antique, et défini de manière semblable. S'il en est ainsi, alors les formes entièrement nouvelles, sans précédent, de l'organisation et du mode d'action totalitaire, doivent reposer sur l'une de ces rares expériences fondamentales que les hommes peuvent faire, chaque fois qu'ils vivent ensemble et qu'ils sont impliqués dans les affaires publiques. S'il existe une expérience fondamentale qui trouve son expression dans la domination totalitaire, alors, et vu la nouveauté de cette forme de régime, ce doit en être une qui, pour une raison ou pour une autre, n'a jamais servi de fondement à un corps politique ; une expérience dont la tonalité générale – quelque familière qu'elle puisse être par ailleurs – n'avait jamais auparavant envahi ni dirigé le maniement des affaires publiques.

Considérée sous l'angle de l'histoire des idées, cette hypothèse semble fort sujette à caution. Car les types de régime sous lesquels vivent les hommes ont été très peu nombreux ;

ils furent tôt découverts et répertoriés par les Grecs, et ils se sont avérés d'une extraordinaire longévité. Si nous avons recours à ces découvertes dont l'idée fondamentale, en dépit de maintes variantes, n'a pas changé pendant les vingt-cinq siècles qui séparent Platon de Kant, nous sommes immédiatement tentés d'interpréter le totalitarisme comme quelque forme moderne de tyrannie, à savoir comme un régime sans lois où le pouvoir est monopolisé par un homme. L'arbitraire du pouvoir, non limité par des lois, son exercice au profit du gouvernant et hostile aux intérêts des gouvernés d'une part, et, d'autre part, la peur pour principe d'action, peur du peuple ressentie par le gouvernant, peur du gouvernant éprouvée par le peuple – telles ont été, tout au long de notre tradition, les marques distinctives de la tyrannie.

Au lieu de dire que le régime totalitaire n'a pas de précédent, nous pourrions dire aussi qu'il a fait éclater l'alternative même sur laquelle reposaient toutes les définitions de l'essence des gouvernements dans la philosophie politique : l'alternative entre gouvernement sans lois et gouvernement soumis à des lois, entre pouvoir légitime et pouvoir arbitraire. Que le régime soumis à des lois et le pouvoir légitime d'une part, l'absence de lois et le pouvoir arbitraire d'autre part, aillent de pair au point d'être inséparables, voilà qui n'a jamais fait question. Pourtant, avec le pouvoir totalitaire nous sommes en présence d'un genre de régime totalement différent. Il brave, c'est vrai, toutes les lois positives, jusqu'à celles qu'il a lui-même promulguées (ainsi la Constitution soviétique de 1936, pour ne citer que l'exemple le plus flagrant), ou celles qu'il ne s'est pas soucié d'abolir (la Constitution de Weimar, par exemple, que le régime nazi n'a jamais abrogée). Mais il n'opère jamais sans avoir la loi pour guide et il n'est pas non plus arbitraire : en effet, il prétend obéir rigoureusement et sans équivoque à ces lois de la Nature et de l'Histoire dont toutes les lois positives ont toujours été censées sortir.

Telle est la prétention monstrueuse, et pourtant apparemment sans réplique, du régime totalitaire que, loin d'être « sans lois », il remonte aux sources de l'autorité, d'où les lois positives ont reçu leur plus haute légitimation ; loin d'être arbitraire, il est plus qu'aucun autre avant lui soumis à ces forces surhumaines ; loin d'exercer le pouvoir au profit d'un seul homme, il est tout à fait prêt à sacrifier les intérêts vitaux immédiats de quiconque à l'accomplissement de ce qu'il prétend être la loi de l'Histoire ou celle de la Nature. Son défi aux lois positives est, assure-t-il, une forme plus élevée de légitimité qui, s'inspirant des sources elles-mêmes, peut se défaire d'une légalité mesquine. La légitimité totalitaire se vante d'avoir trouvé un moyen d'instaurer le règne de la justice sur la terre – à quoi la légalité du droit positif, de son propre aveu, ne pourrait jamais parvenir. L'écart entre légalité et justice ne pourrait jamais être comblé parce que les normes du bien et du mal dans lesquelles le droit positif traduit sa propre source d'autorité – la « loi nouvelle » qui gouverne tout l'univers, ou bien la loi divine que révèle l'histoire humaine, ou encore les coutumes et les traditions qui expriment la loi commune aux sentiments de tous les hommes – sont nécessairement générales et elles doivent pouvoir s'appliquer à un nombre incalculable et imprévisible de cas, de sorte que chaque cas concret et individuel, avec son concours de circonstances unique, leur échappe d'une manière ou d'une autre.

La légitimité totalitaire, dans son défi à la légalité et dans sa prétention à instaurer le règne direct de la justice sur la terre, accomplit la loi de l'Histoire ou de la Nature sans la traduire en normes de bien et de mal pour la conduite individuelle. Elle applique la loi directement au genre humain sans s'inquiéter de la conduite des hommes. La loi de la Nature ou celle de l'Histoire, pour peu qu'elles soient correctement exécutées, sont censées avoir la production du genre humain pour ultime produit ; et c'est cette espérance qui se cache derrière la prétention de tous les régimes totalitaires à un pouvoir planétaire. La politique totalitaire veut transformer l'espèce humaine en un vecteur actif et infaillible d'une loi à laquelle, autrement, les hommes ne seraient qu'à leur corps défendant passivement soumis. S'il est vrai que le lien entre les pays totalitaires et le monde civilisé fut brisé par les crimes monstrueux des régimes totalitaires, il est également vrai que cette criminalité n'était pas imputable à la simple agressivité, à la cruauté, à la guerre et à la perfidie, mais à une rupture consciente de ce *consensus juris* qui, selon Cicéron, constitue un « peuple », et qui, en tant que loi internationale, a dans les temps modernes constitué le monde civilisé, dans la mesure où, même en période de guerre, il demeure la pierre angulaire des relations internationales. Le jugement moral et le châtiment légal présupposent tous deux, à la base, ce consentement ; le criminel ne peut être jugé avec équité que parce qu'il est partie prenante dans le *consensus juris* ; et même la loi divine révélée ne peut être en vigueur chez les hommes que lorsqu'ils l'écoutent et y consentent.

C'est ici que s'éclaire la différence fondamentale entre le concept totalitaire du droit et tous les autres. La politique totalitaire ne remplace pas un corpus de lois par un autre ; elle n'institue pas son propre *consensus juris*, elle ne crée pas, à la faveur d'une seule révolution, une nouvelle forme de légalité. Son défi à toutes les lois positives, y compris les siennes propres, implique qu'elle pense pouvoir se passer de tout *consensus juris*, sans pour autant se résigner à l'absence de lois, à l'arbitraire et à la peur qui caractérisent l'état de tyrannie. Elle peut se passer du *consensus juris* parce qu'elle promet d'affranchir l'accomplissement de la loi de toute action et de toute volonté humaines ; et elle promet la justice sur terre parce qu'elle prétend faire du genre humain lui-même l'incarnation de la loi.

Cette identification de l'homme et de la loi, qui semble annuler l'écart entre légalité et justice, casse-tête pour la pensée juridique depuis des temps anciens, n'a rien de commun avec la *lumen naturale* ou la voix de la conscience, grâce auxquelles la Nature ou la divinité, en tant que sources d'autorité pour le *jus naturale* ou les commandements historiquement révélés de Dieu, sont censées faire connaître leur autorité en l'homme lui-même. Cette dernière conception n'a jamais fait de l'homme une incarnation vivante de la loi, bien au contraire, elle a toujours maintenu la distinction entre celui-ci et celle-là, en tant qu'elle représente l'autorité qui réclame consentement et obéissance. Nature et Divinité en tant que sources d'autorité pour les lois positives étaient perçues comme permanentes et éternelles ; les lois positives étaient changeantes et changeables au gré des circonstances, mais elles possédaient une relative permanence en comparaison des changements bien plus rapides qui affectaient les actions humaines ; elles tiraient cette permanence de la présence éternelle de leur source d'autorité. Aux lois positives est donc en premier lieu assigné le rôle de facteurs de stabilisation pour les mouvements humains sans cesse changeants.

Dans l'interprétation totalitaire, toutes les lois sont devenues des lois de mouvement. Que les nazis parlent de la loi de la Nature ou que les Bolcheviks parlent de celle de l'Histoire, ni la Nature ni l'Histoire ne sont plus la source d'autorité qui donne stabilité aux actions des mortels ; elles sont en elles-mêmes des mouvements. Sous-jacente à la croyance nazie aux lois de la race, qui seraient l'expression en l'homme de la loi naturelle, se trouve l'idée de Darwin selon laquelle l'homme serait le produit d'une évolution naturelle qui ne s'arrête pas nécessairement à l'aspect présent de l'espèce humaine. Il en va exactement de même chez les Bolcheviks : leur croyance en la lutte des classes comme expression de la loi de l'Histoire repose sur la conception marxiste de la société comme produit d'un gigantesque mouvement historique qui, selon sa propre loi interne, se précipiterait vers la fin des temps historiques où il s'abolirait lui-même.

La différence entre l'approche historique de Marx et celle, naturaliste, de Darwin a été fréquemment soulignée, le plus souvent, et à juste titre, pour donner raison à Marx. Mais cela nous a fait oublier le considérable et évident intérêt que Marx prit aux théories de Darwin ; Engels ne pouvait songer à faire un plus grand compliment aux œuvres savantes de Marx qu'en nommant celui-ci le « Darwin de l'histoire[1] ». À

---

1. Dans son éloge funèbre de Marx, Engels disait : « De même que Darwin a découvert la loi du développement de la vie organique, de même Marx a découvert la loi du développement de l'histoire humaine. » On trouve un commentaire semblable dans l'introduction d'Engels à l'édition du *Manifeste communiste* de 1890 et, dans son introduction à *L'Origine de la famille* [*de la propriété privée et de l'État* (1884)], il mentionne une fois de plus côte à côte « la théorie de l'évolution selon Darwin » et « la théorie de la plus-value selon Marx ».

considérer non pas l'œuvre réellement accomplie, mais les positions philosophiques fondamentales des deux hommes, il s'avère, en définitive, que le mouvement de l'histoire et celui de la nature ne font qu'un. L'introduction par Darwin du concept d'évolution dans la nature, son insistance sur le fait que, dans le domaine biologique du moins, le mouvement naturel n'est pas circulaire mais unilinéaire, progressant à l'infini, signifient, en fait, que la nature est engloutie dans l'histoire, que la vie naturelle est tenue pour essentiellement historique. La loi « naturelle » selon laquelle seuls survivent les plus aptes est tout aussi historique – et, comme telle, le racisme pouvait l'utiliser – que la loi de Marx selon laquelle survit la classe la plus progressiste. D'un autre côté, la lutte des classes, en tant que moteur de l'Histoire, n'est, selon Marx, que le reflet de l'évolution des forces productives, lesquelles à leur tour ont pour origine la « force de travail » des hommes. Pour Marx, le travail n'est pas une force historique, mais une force naturelle-biologique – libérée à la faveur du « métabolisme de l'homme avec la nature » grâce auquel celui-ci conserve sa vie individuelle et reproduit l'espèce[2]. Engels vit très clairement l'affinité entre les convictions fondamentales des deux hommes parce qu'il comprit le rôle décisif du concept d'évolution dans les deux théories. La formidable mutation intellectuelle qui se produisit au milieu du siècle dernier consista en un refus de regarder ou d'accepter chaque chose « comme elle est » et en une interprétation systématique de toute chose comme n'étant qu'un stade d'une évolution ultérieure. Que la force motrice de cette évolution soit appelée nature ou histoire est relativement secondaire. Dans ces idéologies, le terme de « loi » lui-même change de sens : au lieu de former le cadre stable où les actions et les mouvements humains peuvent prendre place, celle-ci devint l'expression du mouvement lui-même.

2. Pour le concept marxiste du travail comme « éternelle nécessité imposée par la nature, sans laquelle il ne peut y avoir de métabolisme entre l'homme et la nature, et par conséquent de vie », voir *Le Capital*, vol. I, part. I, chap. 1 et 5. Le passage cité est tiré du chap. 1, section 2.

La politique totalitaire qui en vint à suivre les recettes des idéologies a dévoilé la véritable nature de ces mouvements, dans la mesure où elle a clairement montré qu'il ne pouvait y avoir de terme à ce processus. Si c'est la loi de la nature d'éliminer tout ce qui est sans défense et inapte à vivre, ce serait la fin de la nature elle-même si l'on ne pouvait trouver de nouvelles catégories de gens sans défense et inaptes à vivre. Si c'est la loi de l'histoire que, dans une lutte des classes, certaines classes « dépérissent », ce serait la fin de l'histoire humaine elle-même si ne se formaient de nouvelles classes qui puissent à leur tour « dépérir » entre les mains des dirigeants totalitaires. En d'autres termes, la loi du meurtre, par laquelle les mouvements totalitaires prennent et exercent le pouvoir, demeurerait une loi du mouvement, même s'ils réussissaient un jour à soumettre l'humanité tout entière à leur domination.

Par régime légal, nous entendons un corps politique où des lois positives sont requises pour traduire et réaliser l'immuable *jus naturale* ou les éternels commandements de Dieu à travers les normes du bien et du mal. C'est seulement dans ces normes, dans le corps des lois positives de chaque pays, que le *jus naturale* ou les Commandements de Dieu parviennent à leur réalité politique. Dans le corps politique du régime totalitaire, cette place des lois positives est prise par la terreur totale à laquelle il revient de donner réalité à la loi du mouvement historique ou naturel. De même que les lois positives sont indépendantes des infractions qu'elles définissent pourtant – l'absence de crimes dans toute société ne rend pas les lois superflues mais, au contraire, signifie leur plus parfaite autorité –, de même la terreur dans les régimes totalitaires a cessé d'être seulement un moyen de supprimer l'opposition, bien qu'elle ait aussi cet usage. La terreur devient totale quand elle devient indépendante de toute opposition. Son pouvoir est souverain lorsque plus personne ne s'y oppose. Si la légalité est l'essence du régime non tyrannique et l'absence de lois l'essence de la tyrannie, alors la terreur est l'essence de la domination totalitaire.

La terreur est la réalisation de la loi du mouvement ; son but principal est de faire que la force de la nature ou de l'histoire puisse emporter le genre humain tout entier dans son déchaînement, sans qu'aucune forme d'action humaine spontanée vienne y faire obstacle. Comme telle, la terreur cherche à « stabiliser » les hommes en vue de libérer les forces de la nature ou de l'histoire. C'est ce mouvement qui distingue dans le genre humain les ennemis contre lesquels libre cours est donné à la terreur ; et aucun acte libre, qu'il soit d'opposition ou de sympathie, ne peut être toléré, qui viendrait faire obstacle à l'élimination de l'« ennemi objectif » de l'Histoire ou de la Nature, de la classe ou de la race. Culpabilité et innocence deviennent des notions dépourvues de sens : « coupable » est celui qui fait obstacle au progrès naturel ou historique, par quoi condamnation a été portée des « races inférieures », des individus « inaptes à vivre », des « classes agonisantes et des peuples décadents ». La terreur exécute ces jugements et, devant son tribunal, toutes les parties en cause sont subjectivement innocentes : les victimes parce qu'elles n'ont rien fait contre le système, et les meurtriers parce qu'ils n'ont pas vraiment commis de meurtre mais ont exécuté une sentence de mort prononcée par un tribunal supérieur. Les dirigeants eux-mêmes ne prétendent pas être justes ou sages, mais seulement exécuter les lois historiques ou naturelles ; ils n'appliquent pas des lois, mais réalisent un mouvement conformément à la loi qui lui est inhérente. La terreur est légalité si la loi est la loi du mouvement d'une force surhumaine, la Nature ou l'Histoire.

La terreur comme réalisation d'une loi du mouvement, dont la fin ultime n'est ni le bien-être des hommes ni l'intérêt d'un seul homme mais la fabrication du genre humain, élimine l'individu au profit de l'espèce, sacrifie les « parties » au profit du « tout ». La force surhumaine de la Nature ou de l'Histoire a son propre commencement et sa propre fin, de sorte que seuls peuvent l'entraver ce nouveau début et cette fin individuelle qu'est en vérité une vie d'homme.

Les lois positives dans les régimes constitutionnels ont pour rôle de dresser des barrières et d'aménager des voies de communication entre les hommes, dont la communauté est sans cesse menacée par les hommes nouveaux qui y naissent. Avec chaque naissance nouvelle, c'est un nouveau début qui est venu au monde, c'est un nouveau monde qui est virtuellement venu à être. La stabilité des lois répond au mouvement perpétuel dont souffrent toutes les affaires humaines, un mouvement qui ne peut jamais cesser aussi longtemps que des hommes naissent et meurent. La loi entoure tout nouveau début de barrières et, en même temps, elle assure sa liberté de mouvement, la possibilité qu'advienne quelque chose d'entièrement nouveau et d'imprévisible ; les barrières des lois positives sont à l'existence politique de l'homme ce que la mémoire est à son existence historique : elles garantissent la préexistence d'un monde commun, la réalité d'une certaine continuité, qui transcende la durée de la vie individuelle de chaque génération, absorbe tous les nouveaux commencements et se nourrit d'eux.

Si l'on prend si aisément à tort la terreur totale pour un symptôme du régime tyrannique, c'est que le régime totalitaire, en ses phases initiales, doit se comporter comme une tyrannie et abattre les barrières de la loi instaurée par l'homme. Mais la terreur totale ne laisse pas derrière elle d'anarchie arbitraire ; elle ne se déchaîne pas au profit d'une volonté arbitraire, ou du pouvoir despotique d'un homme seul contre tous, encore moins d'une guerre de tous contre tous. Aux barrières et aux voies de communication entre les hommes individuels, elle substitue un cercle de fer qui les maintient si étroitement ensemble que leur pluralité s'est comme évanouie en un Homme unique aux dimensions gigantesques. Abolir les barrières des lois entre les hommes – comme le fait la tyrannie – équivaut à supprimer les libertés humaines et à détruire la liberté en tant que réalité politique vivante ; car l'espace entre les hommes tel qu'il est délimité par les lois est l'espace vital de la liberté. La terreur totale utilise ce vieux procédé de la tyrannie, mais elle détruit aussi, en même temps, ce désert de la peur et de la suspicion, sans lois ni barrières, que la tyrannie laisse sur son passage. Ce désert n'est certes plus un espace vital pour la liberté, mais il laisse encore quelque place aux mouvements et aux actions qu'inspirent la peur et la suspicion à ses habitants.

En écrasant les hommes les uns contre les autres, la terreur totale détruit l'espace entre eux. En comparaison de ce qui se passe à l'intérieur de son cercle de fer, même le désert de la tyrannie, dans la mesure où il est encore une sorte d'espace, apparaît comme une garantie de liberté. Le régime totalitaire ne fait pas qu'amputer les libertés, ou qu'abolir les libertés essentielles ; il ne réussit pas non plus, du moins à notre connaissance, qui est limitée, à extirper du cœur des hommes l'amour de la liberté. Il détruit le seul préalable indispensable à toute liberté, tout simplement la possibilité de se mouvoir qui ne peut exister sans espace.

La terreur totale, l'essence du régime totalitaire, n'existe ni pour les hommes, ni contre eux. Elle est censée fournir aux forces de la nature ou de l'histoire un incomparable moyen d'accélérer leur mouvement. Ce mouvement, qui va de l'avant selon une loi qui lui est propre, ne peut à la longue être enrayé ; sa force s'avérera finalement toujours plus puissante que les plus puissantes des forces engendrées par les actions ou la volonté des hommes. Mais il peut être ralenti, et il l'est en fait de manière presque inévitable par la liberté de l'homme, que même les dirigeants totalitaires ne peuvent nier ; car cette liberté – aussi déplacée et arbitraire qu'ils puissent la juger – est identique au fait que les hommes sont parce qu'ils sont nés, que chacun d'eux *est* donc un nouveau commencement, et commence, en un sens, un monde nouveau. Du point de vue totalitaire, le fait que les hommes naissent et meurent ne peut être tenu que pour une entrave désagréable à des forces supérieures. La terreur, en tant que servante obéissante du mouvement historique ou naturel, a donc le devoir d'éliminer, non seulement la liberté, quel que soit le sens particulier donné à ce terme, mais encore la source même de la liberté que le fait de la naissance confère à l'homme et qui réside dans la capacité qu'a celui-ci d'engendrer un nouveau commencement. La terreur et son cercle de fer, la destruction de la pluralité des hommes, la création, à partir du multiple, de l'Un qui agira infailliblement comme si lui-même participait du cours de l'histoire ou de la nature, sont un moyen non seulement de libérer les forces historiques et naturelles, mais encore de les accélérer, jusqu'à atteindre une vitesse que, laissées à elles-mêmes, elles n'eussent jamais atteinte. En pratique, cela signifie que la terreur exécute sur-le-champ les sentences de mort que la Nature est censée avoir prononcées contre les races ou les individus « inaptes à vivre », ou l'Histoire contre « les classes moribondes », sans attendre que la nature ou l'histoire elles-mêmes suivent leur cours, plus lent et moins efficace.

À travers cette conception, où le mouvement est devenu l'essence du régime lui-même, il semble qu'une solution ait été trouvée à un vieux problème de la pensée politique, solution semblable à celle, déjà signalée, de la non-coïncidence entre légalité et justice. Si l'essence du gouvernement est définie par la légalité, et si les lois sont comprises comme des forces qui confèrent stabilité aux affaires publiques des hommes (comme cela a toujours été assurément le cas depuis le temps où Platon invoquait Zeus, dieu des limites, dans ses *Lois*), alors se pose le problème du mouvement du corps politique, et des activités des citoyens qui le composent. La légalité fixe des limites aux activités, mais ne les inspire pas. La grandeur, mais aussi l'inconvénient des lois dans les sociétés libres, est qu'elles disent uniquement ce que l'on ne devrait pas, mais jamais ce que l'on devrait faire. Le mouvement nécessaire à un corps politique ne peut jamais être découvert dans son essence, ne serait-ce que parce que cette essence – depuis Platon encore – a toujours été définie dans la perspective de sa permanence. La durée semble être l'un des critères les plus sûrs de la qualité d'un régime. C'est encore pour Montesquieu la preuve suprême du caractère mauvais de la tyrannie que seules les tyrannies sont susceptibles d'être détruites de l'intérieur, d'engendrer leur propre déclin, quand tous les autres régimes ne sont détruits que par l'effet de circonstances extérieures. Ainsi, ce dont la définition des régimes a toujours eu besoin était ce que Montesquieu nommait un « principe d'action » qui, différent selon chaque type de régime, inspirerait pareillement le gouvernement et les citoyens dans leur activité publique et qui, au-delà du critère seulement négatif de la légalité, servirait de norme pour juger toute action dans le domaine public.

Ces principes directeurs et ces critères d'action sont, d'après Montesquieu, l'honneur dans une monarchie, la vertu dans une république et la crainte dans une tyrannie.

Dans un régime totalitaire parfait, où tous les hommes sont devenus Un Homme, où toute action tend à l'accélération du mouvement de la nature ou de l'histoire, où tout acte sans exception est l'exécution d'une sentence de mort que la Nature ou l'Histoire ont déjà prononcée, autrement dit, dans une situation où l'on peut complètement s'en remettre à la terreur pour donner au mouvement un caractère perpétuel, on n'aurait besoin d'aucun principe d'action séparé de son essence. Toutefois, tant que le pouvoir totalitaire n'a pas conquis la terre, tant que, grâce à la terreur et à son cercle de fer, il n'a pas réduit tout homme à l'état d'organe d'un seul genre humain, la terreur, dans sa double fonction d'essence du régime et de principe, non d'action, mais de mouvement, ne peut pleinement se réaliser. De même que la légalité dans un régime constitutionnel ne suffit pas à inspirer et à guider les actions des hommes, de même la terreur, dans un régime totalitaire, ne suffit pas à inspirer et à guider la conduite humaine.

Tandis que dans les conditions présentes, la domination totalitaire partage encore avec d'autres formes de régime le besoin pour ses citoyens d'une ligne de conduite dans les affaires publiques, elle n'a ni le besoin, ni, à vrai dire, l'usage d'un principe d'action, à proprement parler, puisqu'elle veut précisément éliminer la capacité qu'a l'homme d'agir. Sous une terreur totale, la peur elle-même n'est pas bonne conseillère de la conduite à adopter parce que la terreur choisit ses victimes sans tenir compte des actions et des pensées individuelles, mais exclusivement selon la nécessité objective du processus naturel ou historique. Dans la situation totalitaire, la peur est certainement plus répandue qu'elle ne le fut jamais auparavant ; mais elle a perdu son utilité pratique lorsque les actions qu'elle inspire ne sont plus d'aucun secours pour écarter les dangers redoutés par l'homme. La même chose est vraie pour la sympathie ou le soutien manifestés au régime ; car la terreur totale ne se contente pas de sélectionner ses victimes selon des critères objectifs ; elle choisit aussi ses exécutants en tenant compte le moins possible de la conviction et des sympathies du candidat. L'élimination systématique de la conviction en tant que mobile de l'action est devenue un fait notoire depuis les grandes purges en Russie soviétique et dans les pays satellites. Le but de l'éducation totalitaire n'a jamais été d'inculquer des convictions mais de détruire la faculté d'en former aucune. L'introduction de critères purement objectifs dans le système sélectif des troupes SS fut la grande invention de Himmler en matière d'organisation ; il sélectionnait les candidats d'après des photographies en se fondant sur des critères purement raciaux. C'est la nature elle-même qui décidait, non seulement qui devait être éliminé, mais aussi qui devait subir l'entraînement pour devenir bourreau.

Aucun principe directeur de conduite, lui-même emprunté au domaine des actions humaines, tels la vertu, l'honneur, la crainte, n'est nécessaire, ni ne peut être utile, pour mettre en mouvement un corps politique qui n'utilise plus la terreur comme moyen d'intimidation, mais dont l'essence *est* terreur. En lieu et place, celui-ci a introduit dans les affaires publiques un principe entièrement nouveau qui se passe complètement de la volonté humaine d'agir et en appelle au besoin insatiable de pénétrer la loi du mouvement selon laquelle opère la terreur et dont, par conséquent, dépendent toutes les destinées particulières.

Les habitants d'un pays totalitaire sont jetés et pris dans le processus de la nature ou de l'histoire en vue d'en accélérer le mouvement ; comme tels, ils ne peuvent être que les exécutants ou les victimes de la loi qui lui est inhérente. Le cours des choses peut décider que ceux qui aujourd'hui éliminent des races et des individus, ou les représentants des classes agonisantes et les peuples décadents, sont demain ceux qui doivent être sacrifiés. Ce dont a besoin le pouvoir totalitaire pour guider la conduite de ses sujets, c'est d'une préparation qui rende chacun d'entre eux apte à jouer aussi bien le rôle de bourreau que celui de victime. Cette préparation à deux faces, substitut d'un principe d'action, est l'idéologie.

Les idéologies – ces « ismes » qui, à la grande satisfaction de leurs partisans, peuvent tout expliquer jusqu'au moindre événement en le déduisant d'une seule prémisse – sont un phénomène tout à fait récent, qui, durant des décennies, a joué un rôle négligeable dans la vie politique. Seule la sagesse du regard *a posteriori* nous permet de découvrir en elles certains éléments qui contribuèrent à les rendre si fâcheusement utiles à la domination totalitaire. Il fallut attendre Hitler et Staline pour découvrir combien grandes étaient les potentialités des idéologies en matière politique.

Les idéologies sont connues pour leur caractère scientifique : elles allient approche scientifique et résultats d'ordre philosophique, et ont la prétention de constituer une philosophie scientifique. Le mot « idéologie » semble impliquer qu'une idée peut devenir l'objet d'une science au même titre que les animaux sont l'objet de la zoologie : le suffixe *logie*, dans idéologie comme dans zoologie, ne désignerait rien d'autre que les *logoï*, les discours scientifiques tenus à son propos. S'il en était vraiment ainsi, une idéologie ne serait qu'une pseudo-science et qu'une pseudo-philosophie, transgressant à la fois les limites de la science et celles de la philosophie. Le déisme, par exemple, serait l'idéologie traitant l'idée de Dieu, qui intéresse la philosophie, à la manière scientifique de la théologie pour laquelle Dieu est une réalité révélée. (Une théologie qui ne serait pas fondée sur la révélation d'une réalité donnée, mais traiterait Dieu comme une idée, serait aussi folle qu'une zoologie qui ne serait plus certaine de l'existence physique, tangible, d'animaux.) Cependant nous savons que cela n'est que partiellement vrai. Le déisme, bien qu'il nie la révélation divine, ne s'en tient pas à des discours « scientifiques » sur un Dieu qui n'est qu'une « idée » ; il se sert de l'idée de Dieu afin d'expliquer le cours du monde. Les « idées » qui sont au centre des doctrines en « isme » – la race dans le racisme, Dieu dans le déisme, etc. – ne constituent jamais l'objet des idéologies et le suffixe *-logie* ne désigne jamais seulement un ensemble de propositions « scientifiques ».

Une idéologie est très littéralement ce que son nom indique : elle est la logique d'une idée. Son objet est l'histoire, à quoi

« l'idée » est appliquée ; le résultat de cette application n'est pas un ensemble d'énoncés sur quelque chose qui *est*, mais le déploiement d'un processus perpétuellement changeant. L'idéologie traite l'enchaînement des événements comme s'il obéissait à la même « loi » que l'exposition logique de son « idée ». Si les idéologies prétendent connaître les mystères du processus historique tout entier, les secrets du passé, les dédales du présent, les incertitudes de l'avenir – c'est à cause de la logique inhérente à leurs idées respectives.

Les idéologies ne s'intéressent jamais au miracle de l'être. Elles sont historiques, concernées par le devenir et le disparaître, l'ascension et la chute des cultures, même si elles essaient d'expliquer l'histoire par quelque « loi naturelle ». Le mot « race » dans racisme ne signifie aucunement une curiosité authentique au sujet des races humaines en tant que domaines d'exploration scientifique ; il est une « idée » qui permet d'expliquer le mouvement de l'histoire comme un processus unique et cohérent.

L'« idée » d'une idéologie n'est ni l'essence éternelle de Platon, saisie par les yeux de l'esprit, ni le principe régulateur de la raison selon Kant : elle est devenue un instrument d'explication. Pour une idéologie, l'histoire n'apparaît pas dans la lumière d'une idée (cela supposerait en effet que l'histoire soit vue *sub specie* de quelque idée éternelle, qui serait elle-même au-delà du mouvement historique) mais comme quelque chose qui peut, grâce à elle, faire l'objet d'un calcul. Ce qui habilite « l'idée » à tenir ce nouveau rôle, c'est sa « logique » propre, à savoir un mouvement qui est la conséquence de l'« idée » elle-même et qui ne requiert aucun facteur extérieur pour la mettre en mouvement. Le racisme est la croyance qu'il existe un mouvement inhérent à l'idée même de race, tout comme le déisme est la croyance qu'un mouvement est inhérent à la notion même de Dieu.

Le mouvement de l'histoire et le processus logique de cette notion sont censés se correspondre point par point, de telle sorte que tout ce qui arrive arrive conformément à la logique d'une seule « idée ». Cependant, le seul mouvement possible dans le domaine de la logique est celui de la déduction à partir d'une prémisse. La logique dialectique, avec son cheminement de la thèse à l'antithèse puis à la synthèse, laquelle devient à son tour la thèse du prochain mouvement dialectique, n'est pas différente dans le principe, une fois qu'une idéologie a jeté sur elle son dévolu ; la première thèse devient la prémisse et l'avantage de ce procédé dialectique pour l'explication idéologique est qu'il permet de rendre compte des contradictions entre les faits comme de moments d'un mouvement unique, identique et cohérent.

Dès que la logique en tant que mouvement de la pensée – et non en tant que régulation nécessaire du penser – est appliquée à une idée, cette idée se transforme en prémisse. Les explications idéologiques du monde ont procédé à cette opération bien avant de devenir si éminemment fructueuses pour le raisonnement totalitaire. La contrainte purement négative de la logique, l'interdiction des contradictions, devint « productive » en sorte qu'une ligne de pensée pouvait, d'un bout à l'autre, être instituée et imposée à l'esprit, en tirant des conclusions à la manière de la simple argumentation. Ce processus d'argumentation ne pouvait être interrompu, ni par une idée nouvelle (qui aurait constitué une autre prémisse avec un jeu différent de conséquences) ni par une expérience nouvelle. Les idéologies admettent toujours le postulat qu'une seule idée suffit à tout expliquer dans le développement à partir de la prémisse, et qu'aucune expérience ne peut enseigner quoi que ce soit, parce que tout est compris dans cette progression cohérente de la déduction logique. Le danger d'échanger la nécessaire insécurité, où se tient la pensée philosophique, pour l'explication totale que propose une idéologie et sa *Weltanschauung* [vision du monde] n'est pas tant le risque de se laisser prendre à quelque postulat généralement vulgaire et toujours précritique, que d'échanger la liberté inhérente à la faculté humaine de penser pour la camisole de la logique, avec laquelle l'homme peut se contraindre lui-même presque aussi violemment qu'il est contraint par une force extérieure à lui.

Les *Weltanschauungen* et les idéologies du XIXe siècle ne sont pas en elles-mêmes totalitaires et, bien que le racisme et le communisme soient devenus les idéologies décisives du

XXe siècle, ils n'étaient pas, en principe, « plus totalitaires » que les autres ; ceci advint parce que les principes sur lesquels reposait à l'origine leur expérience – la lutte des races pour la domination du monde, la lutte des classes pour la prise du pouvoir politique dans les différents pays – s'avérèrent plus importants politiquement parlant que ceux des autres idéologies. En ce sens, la victoire idéologique du racisme et du communisme sur tous les autres « ismes » était acquise avant que les mouvements totalitaires n'aient précisément jeté leur dévolu sur ces idéologies. Par ailleurs, toutes les idéologies contiennent des éléments totalitaires, mais qui ne sont pleinement développés que par les mouvements totalitaires ; cela crée l'impression trompeuse que seuls le racisme et le communisme ont un caractère totalitaire. En vérité, c'est plutôt la nature réelle de toutes les idéologies qui s'est révélée seulement dans le rôle que l'idéologie joue dans l'appareil de domination totalitaire. Sous cet angle, il apparaît qu'il existe trois éléments spécifiquement totalitaires, propres à toute pensée idéologique.

Premièrement, dans leur prétention à tout expliquer, les idéologies ont tendance à ne pas rendre compte de ce qui est, mais de ce qui devient, de ce qui naît et meurt. Dans tous les cas elles s'occupent exclusivement de l'élément du mouvement, autrement dit de l'histoire au sens courant du terme. Les idéologies sont toujours orientées vers l'histoire, même lorsqu'elles semblent, comme dans le cas du racisme, choisir la nature pour prémisse dont elles procèdent ; ici, la nature ne sert qu'à expliquer les questions historiques en les réduisant à des questions naturelles. La prétention de tout expliquer promet d'expliquer tous les événements historiques, promet l'explication totale du passé, la connaissance totale du présent, et la prévision certaine de l'avenir. En deuxième lieu, dans ce pouvoir de tout expliquer, la pensée idéologique s'affranchit de toute expérience, dont elle ne peut rien apprendre de nouveau, même s'il s'agit de quelque chose qui vient de se produire. Dès lors, la pensée idéologique s'émancipe de la réalité que nous percevons au moyen de nos cinq sens, et affirme l'existence d'une réalité « plus vraie » qui se dissimule derrière toutes les choses que l'on perçoit et règne sur elles depuis cette cachette ; elle requiert pour que nous puissions nous en apercevoir la possession d'un sixième sens. Ce sixième sens est justement fourni par l'idéologie, à savoir cet endoctrinement idéologique spécial auquel on se livre dans les établissements d'éducation, exclusivement créés à cet effet, afin d'entraîner les « combattants politiques » dans les *Ordensburgen* des nazis, ou les écoles du Komintern et du Kominform. La propagande du mouvement totalitaire sert aussi à émanciper la pensée de l'expérience et de la réalité ; elle s'efforce toujours d'injecter une signification secrète à tout événement public et tangible, et de faire soupçonner une intention secrète derrière tout acte politique public. Une fois au pouvoir, les mouvements entreprennent de changer la réalité conformément à leurs prétentions idéologiques. Le concept d'hostilité est remplacé par celui de conspiration, et ceci crée un état d'esprit où la réalité – l'hostilité réelle ou l'amitié réelle – n'est plus vécue et comprise en ses termes propres mais est automatiquement censée renvoyer à une signification autre.

En troisième lieu, puisque les idéologies n'ont pas le pouvoir de transformer la réalité, elles accomplissent cette émancipation de la pensée à l'égard de l'expérience au moyen de certaines méthodes de démonstration. Le penser idéologique ordonne les faits en une procédure absolument logique, qui part d'une prémisse tenue pour axiome et en déduit tout le reste ; autrement dit, elle procède avec une cohérence qui n'existe nulle part dans le domaine de la réalité. La déduction peut procéder logiquement ou dialectiquement ; dans les deux cas, celle-ci implique un processus cohérent de l'argumentation qui, parce qu'elle pense en termes de processus, est supposée capable de comprendre le mouvement des processus surhumains, naturels ou historiques. L'esprit parvient à la compréhension en imitant, soit logiquement, soit dialectiquement, les lois des mouvements « scientifiquement » établis auxquels, au cours du processus d'imitation, il s'intègre progressivement. L'argumentation idéologique, qui est toujours un genre de déduction logique, répond aux deux composantes des idéologies précédemment mentionnées – celle du mouvement et celle de l'émancipation à l'égard de la réalité et de l'expérience –, premièrement parce que son mouvement de pensée ne naît pas de l'expérience mais s'auto-génère, et, en second lieu, parce qu'elle transforme le seul et unique élément tiré et admis de la réalité expérimentée en une prémisse à valeur d'axiome et, dès lors, s'en remet au déroulement de l'argumentation subséquente que nulle expérience ultérieure ne vient troubler. Une fois les prémisses établies, le point de départ donné, les expériences ne peuvent plus venir contrarier le mode de penser idéologique, pas plus que celui-ci ne peut tirer d'enseignement de la réalité.

Le procédé dont usèrent les deux dirigeants totalitaires, afin de transformer leurs idéologies respectives en armes grâce auxquelles chacun de leurs sujets pouvait de lui-même se contraindre à se mettre au rythme du mouvement de la terreur, était d'une simplicité trompeuse et invisible : ils prenaient les idéologies mortellement au sérieux, ils tiraient vanité, l'un de son don suprême pour « le raisonnement froid comme la glace » (Hitler), l'autre du « caractère impitoyable de sa dialectique », et se mettaient en devoir de déployer les implications idéologiques jusqu'à l'extrême d'une cohérence logique qui semblait déraisonnablement « primitive » et absurde au spectateur : une « classe moribonde » était une classe de gens condamnés à mort ; les races qui sont « inaptes à vivre » devaient être exterminées. Quiconque concédait qu'il existe des choses telles que des « classes moribondes » et n'en déduisait pas qu'il fallait en tuer les membres, quiconque accordait que le droit de vivre n'était pas sans rapport avec la race et n'en déduisait pas qu'il fallait tuer « les races inaptes », était purement et simplement, soit un idiot, soit un lâche. La logique astreignante qui tient lieu de principe d'action imprègne la structure tout entière des mouvements et des régimes totalitaires. Telle est l'œuvre exclusive de Hitler et de Staline ; pour cette seule raison, et bien qu'ils n'aient pas ajouté la moindre pensée nouvelle aux idées et aux slogans propagandistes de leurs mouvements, on doit les considérer comme des idéologues de la plus grande importance.

Ces nouveaux idéologues totalitaires se distinguaient de leurs prédécesseurs en ceci que « l'idée » idéologique – la lutte des classes et l'exploitation des travailleurs, ou la lutte des races et la préservation des peuples germaniques – n'était plus en premier lieu ce qui les séduisait ; ce qui les attirait, c'était le processus logique qui pourrait se développer à partir d'elle. Selon Staline, ce n'était ni l'idée ni le talent oratoire mais « la puissance irrésistible de la logique qui subjuguait l'auditoire [de Lénine] ». Du pouvoir, dont Marx pensait qu'il naissait quand l'idée s'empare des masses, on découvrit qu'il résidait, non pas dans l'idée elle-même, mais dans son développement logique qui, « tel un tentacule puissant vous saisit de toutes parts comme en un étau et à l'étreinte duquel vous êtes incapables de vous arracher ; vous devez ou bien vous rendre ou bien vous préparer à une défaite totale[3] ». C'est seulement quand la réalisation des buts idéologiques – la société sans classes ou la race des seigneurs – fut à l'ordre du jour, que cette puissance put apparaître. Tout au long du processus de réalisation, la substance originelle que les idéologies se sont elles-mêmes donnée pour fondement aussi longtemps qu'elles eurent à séduire les masses – l'exploitation des travailleurs, ou les aspirations nationales de l'Allemagne – se perd peu à peu, dévorée qu'elle est pour ainsi dire par le processus lui-même : en parfaite harmonie avec « le raisonnement froid comme la glace » et « la force irrésistible de la logique », les travailleurs perdent sous le pouvoir bolchevique jusqu'aux droits qui leur avaient été octroyés sous l'oppression tsariste, et le peuple allemand subit une sorte de guerre qui ne tient aucunement compte du minimum requis pour que survive la nation allemande. Il est dans la nature même des politiques idéologiques – et ce n'est pas une simple trahison commise pour satisfaire l'intérêt personnel ou l'appétit du pouvoir – que le contenu réel de l'idéologie (la classe laborieuse ou les

3. Discours de Staline du 28 janvier 1924 ; citation tirée de Lénine, *Selected Works [Œuvres choisies]*, 1947, vol. 1, p. 33. Il est intéressant de remarquer que la « logique » est une des rares qualités que Nikita Khrouchtchev ait louée chez Staline dans son discours accablant du XXe congrès [du PCUS].

peuples germaniques), qui fut à l'origine de l'« idée » (la lutte des classes comme loi de l'histoire ou la lutte des races comme loi de la nature), soit dévoré par la logique avec laquelle « l'idée » est mise à exécution.

La préparation des victimes et des exécutants que requiert le totalitarisme, à la place du principe d'action de Montesquieu, n'est pas l'idéologie elle-même – le racisme ou le matérialisme dialectique – mais sa logique inhérente. L'argument le plus convaincant à cet égard, un argument que Hitler comme Staline affectionnaient particulièrement, est celui-ci : vous ne pouvez poser A sans poser B et C et ainsi de suite, jusqu'à la fin de l'alphabet du meurtre. C'est ici que la force contraignante de la logique semble avoir sa source ; elle naît de notre peur de nous contredire nous-mêmes. Dans la mesure où la purge bolchevique réussit à faire que ses victimes avouent des crimes qu'elles n'ont jamais commis, elle compte au premier chef sur cette peur viscérale et argumente comme suit : nous sommes tous d'accord sur la prémisse que l'histoire est une lutte des classes et sur le rôle du parti dans la conduite de celle-ci. Vous savez donc qu'historiquement parlant le parti a toujours raison (dans les termes de Trotski : « Nous ne pouvons avoir raison qu'avec et par le parti, car l'histoire n'a pas fourni d'autres moyens d'être dans le vrai »). À ce moment historique, c'est-à-dire conformément à la loi de l'histoire, certains crimes ont dû être commis que le parti, connaissant la loi de l'histoire, doit punir. Pour ces crimes, le parti a besoin de criminels ; il se peut que le parti, bien qu'il connaisse les crimes, ne connaisse pas du tout les criminels ; plus importante que la certitude sur la personne des criminels, est la punition des crimes, car sans cette punition on n'aura pas fait avancer l'Histoire et il se peut même que son cours s'en trouve gêné. En conséquence, ou bien vous avez commis les crimes ou bien vous avez été appelé par le parti à jouer le rôle du criminel – dans les deux cas vous êtes objectivement devenu un ennemi du parti. Si vous n'avouez pas, vous cessez de servir l'Histoire par l'intermédiaire du parti, et vous êtes devenu un ennemi réel. La force contraignante de l'argument est celle-ci : si vous refusez, vous vous mettez en contradiction avec vous-même et, par cette contradiction, vous retirez tout sens à toute votre vie ; le A que vous posiez domine toute votre vie à travers les conséquences B et C qu'il engendre logiquement.

Les dirigeants totalitaires tablent sur la contrainte que nous pouvons nous imposer à nous-mêmes pour mobiliser en partie les gens dont ils ont encore besoin ; cette contrainte intérieure est la tyrannie du système logique auquel rien ne résiste, sinon la grande aptitude de l'homme à commencer quelque chose de nouveau. La tyrannie du système logique commence avec la soumission de l'esprit à la logique comme processus sans fin, sur lequel l'homme compte pour engendrer ses pensées. Par cette soumission, il renonce à sa liberté intérieure de même qu'il renonce à sa liberté de mouvement lorsqu'il s'incline devant une tyrannie extérieure à lui. La liberté, en tant que capacité intérieure de l'homme, est identique à la capacité de commencer, de même que la liberté en tant que réalité politique est identique à un espace entre les hommes où ceux-ci puissent se mouvoir. Sur le commencement, aucune logique, aucune déduction incontestable ne peut avoir aucun pouvoir, car son enchaînement présuppose, sous la forme d'une prémisse, le commencement. De même que le besoin de la terreur naît de la peur qu'avec la naissance de chaque être humain un nouveau commencement n'élève et ne fasse entendre sa voix dans le monde, de même la mobilisation de la force autocontraignante du système logique a pour origine la peur que quelqu'un ne se mette à penser – activité qui, en tant que la plus libre et la plus pure des activités humaines, est justement tout l'opposé du processus contraignant de la déduction. Le régime totalitaire ne peut tenir que dans la mesure où il est capable de mobiliser la propre volonté de puissance de l'homme pour le forcer à entrer dans ce gigantesque mouvement de l'Histoire ou de la Nature auquel le genre humain est censé servir de matériau et qui ne connaît ni naissance ni mort.

D'un côté, la contrainte de la terreur totale qui, en son cercle de fer, comprime les masses d'hommes isolés *et* les maintient dans un monde qui est devenu pour eux un désert ; de l'autre, la force autocontraignante de la déduction logique, qui prépare chaque individu dans son isolement désolé contre tous les autres : toutes deux se correspondent et ont besoin l'une de l'autre afin de mettre en marche le mouvement régi par la terreur, et de le maintenir en marche. De même que la terreur, y compris dans sa forme pré-totale, simplement tyrannique, ruine toute relation entre les hommes, de même l'autocontrainte de la pensée idéologique ruine toute relation avec la réalité. La préparation est couronnée de succès lorsque les gens ont perdu tout contact avec leurs semblables aussi bien qu'avec la réalité qui les entoure ; car en même temps que ces contacts, les hommes perdent à la fois la faculté d'expérimenter et celle de penser. Le sujet idéal de la domination totalitaire n'est ni le nazi convaincu ni le communiste convaincu, mais les gens pour qui la distinction entre fait et fiction (c'est-à-dire la réalité de l'expérience) et la distinction entre vrai et faux (c'est-à-dire les normes de la pensée) n'existent plus.

La question que nous soulevions au début de ces considérations et à laquelle nous revenons maintenant est celle-ci : quel genre d'expérience fondamentale de la communauté humaine imprègne une forme de régime dont l'essence est la terreur et le principe d'action la dimension de système logique de la pensée idéologique ? Qu'une telle combinaison n'ait jamais été réalisée auparavant dans les diverses formes de domination politique, cela est évident. Pourtant, l'expérience fondamentale sur laquelle elle repose doit être humaine et connue des hommes, dans la mesure où le plus « original » de tous les corps politiques a été inventé par des hommes et répond d'une certaine manière à leurs besoins.

On a souvent fait observer que la terreur ne peut régner absolument que sur des hommes qui sont isolés les uns des autres, et qu'en conséquence l'un des premiers soucis de tout régime tyrannique est de provoquer cet isolement. L'isolement peut être le début de la terreur ; il est certainement son terrain le plus fertile ; il est toujours son résultat. L'isolement est, pour ainsi dire, prétotalitaire ; il est marqué au coin de l'impuissance dans la mesure où le pouvoir provient toujours d'hommes qui agissent ensemble, qui « agissent de concert » (Burke) ; les hommes isolés sont par définition sans pouvoir.

L'isolement et l'impuissance, c'est-à-dire l'incapacité fondamentale et absolue d'agir, ont toujours été caractéristiques des tyrannies. Dans un régime tyrannique, les contacts politiques entre les hommes sont rompus et les aptitudes humaines pour l'action et le pouvoir sont contrecarrées. Mais ce ne sont pas tous les contacts entre les hommes qui sont brisés, ce ne sont pas toutes les aptitudes humaines qui sont détruites. Toute la sphère de la vie privée, avec ses possibilités d'expérience, d'invention et de pensée est laissée intacte. Nous savons que le cercle de fer de la terreur totale ne laisse pas d'espace à une telle vie privée et que l'autocontrainte de la logique totalitaire détruit chez l'homme la faculté d'expérimenter et de penser aussi certainement que celle d'agir.

Ce que nous appelons isolement dans la sphère politique se nomme désolation[4] dans la sphère des relations humaines. Isolement et désolation ne sont pas identiques. Je peux être isolé – c'est-à-dire dans une situation où je ne peux agir parce qu'il n'est personne pour agir avec moi – sans être « désolé » ; et je peux être désolé – c'est-à-dire dans une situation où, en tant que personne, je me sens à l'écart de toute compagnie humaine – sans être isolé. L'isolement est cette impasse où sont conduits les hommes lorsque la sphère politique de leurs vies, où ils agissent ensemble dans la poursuite d'une entreprise commune, est détruite. Pourtant l'isolement, bien que destructeur du pouvoir et de la faculté d'agir, non seulement laisse intactes mais est même nécessaire aux activités dites productives des hommes. L'homme, dans la mesure où il est *homo faber*, a tendance à s'isoler lui-même dans son travail, autrement dit à quitter temporairement le domaine de la politique. La fabrication (*poiesis*, la production de choses), en tant qu'elle se distingue de l'action *(praxis)* d'une part et du travail pur d'autre part, est

4. NdT. Désolation, par quoi nous traduisons *loneliness*, ne doit pas être pris au sens psychologique ; la désolation est la solitude de l'homme que le système totalitaire déracine, prive de *sol*.

toujours menée à bien dans un certain isolement par rapport aux préoccupations communes, que le résultat soit une œuvre d'artisanat ou d'art. Dans l'isolement, l'homme reste en contact avec le monde en tant qu'œuvre humaine ; c'est seulement lorsque la forme la plus élémentaire de la créativité humaine – c'est-à-dire le pouvoir d'ajouter quelque chose de soi au monde commun – est détruite, que l'isolement devient absolument insupportable. C'est ce qui peut se produire dans un monde où les valeurs majeures sont dictées par le travail, autrement dit où toutes les activités humaines ont été transformées en travail. Dans de telles conditions, seul demeure le pur effort du travail, autrement dit l'effort pour se maintenir en vie, et le rapport au monde comme création humaine est brisé. L'homme isolé qui a perdu sa place dans le domaine politique de l'action est tout autant exclu du monde des choses, s'il n'est plus reconnu comme *homo faber* mais traité comme un *animal laborans*, dont le nécessaire « métabolisme naturel » n'est un sujet de préoccupation pour personne. Alors l'isolement devient désolation. Une tyrannie fondée sur l'isolement laisse généralement intactes les capacités productives de l'homme ; une tyrannie sur les « travailleurs », comme par exemple le pouvoir sur les esclaves dans l'Antiquité, serait, dès lors, automatiquement un pouvoir sur des hommes désolés et non simplement isolés, et tendrait à être totalitaire.

Tandis que l'isolement intéresse uniquement le domaine politique de la vie, la désolation intéresse la vie humaine dans sa totalité. Le régime totalitaire comme toutes les tyrannies ne pourrait certainement pas exister sans détruire le domaine public de la vie, c'est-à-dire sans détruire, en isolant les hommes, leurs capacités politiques. Mais la domination totalitaire, comme forme de gouvernement, est nouvelle en ce qu'elle ne se contente pas de cet isolement et détruit également la vie privée. Elle se fonde sur la désolation, sur l'expérience d'absolue non-appartenance au monde, qui est l'une des expériences les plus radicales et les plus désespérées de l'homme.

La désolation, fonds commun de la terreur, essence du régime totalitaire, et, pour l'idéologie et le système logique, préparation des exécutants et des victimes, est étroitement liée au déracinement et à la superfluité qui ont constitué la malédiction des masses modernes depuis le commencement de la révolution industrielle et qui sont devenus critiques avec la montée de l'impérialisme à la fin du siècle dernier et la débâcle des institutions politiques et des traditions sociales à notre époque. Être déraciné, cela veut dire n'avoir pas de place dans le monde, reconnue et garantie par les autres ; être superflu, cela veut dire n'avoir aucune appartenance au monde. Le déracinement peut être la condition préliminaire de la superfluité, de même que l'isolement peut (mais ne doit pas) être la condition préliminaire de la désolation. Prise en elle-même, abstraction faite de ses causes historiques récentes et de son nouveau rôle dans la politique, la désolation va à l'encontre des exigences fondamentales de la condition humaine *et* constitue en même temps l'une des expériences essentielles de chaque vie humaine. Même l'expérience du donné matériel et sensible dépend de mon être en rapport avec d'autres hommes, de notre sens *commun* qui règle et régit tous les autres sens et sans lequel chacun de nous serait enfermé dans la particularité de ses propres données sensibles, en elles-mêmes incertaines et trompeuses. C'est seulement parce que nous possédons un sens commun, c'est seulement parce que ce n'est pas un homme mais les hommes au pluriel qui habitent la terre, que nous pouvons nous fier à l'immédiateté de notre expérience sensible. Pourtant, il nous suffit de nous rappeler qu'un jour viendra où nous devrons quitter ce monde commun, qui continuera après nous comme avant, et à la continuité duquel nous sommes superflus, pour prendre conscience de notre désolation, pour faire l'expérience d'être abandonnés par tout et par tous.

La désolation n'est pas la solitude. La solitude requiert que l'on soit seul, alors que la désolation n'apparaît jamais mieux qu'en la compagnie d'autrui. Hormis quelques remarques éparses – généralement présentées de manière paradoxale comme le mot de Caton (rapporté par Cicéron, *De Republica*, I, 17) : *numquam minus solum esse, quam cum solus esset*, « il n'était jamais moins seul que lorsqu'il était seul », ou plutôt « il ne se sentait jamais moins seul que lorsqu'il était dans la solitude » – il semble qu'Épictète, l'esclave affranchi, philosophe d'origine grecque, fut le premier à distinguer entre désolation et solitude. Sa découverte était, en un sens, accidentelle, sa préoccupation majeure n'étant ni la solitude ni la désolation, mais l'être seul *(monos)* au sens d'une absolue indépendance. Comme Épictète le fait observer (*Dissertationes*, livre 3, chap. 13) l'homme désolé *(eremos)* se trouve entouré d'autres hommes avec lesquels il ne peut établir de contact, ou à l'hostilité desquels il est exposé. L'homme solitaire, au contraire, est seul et peut par conséquent « être ensemble avec lui-même », puisque les hommes possèdent cette faculté de « se parler à eux-mêmes ». Dans la solitude, en d'autres termes, je suis « à moi-même », en compagnie de mon moi, et donc deux-en-un, tandis que dans la désolation je suis en vérité un, déserté par tous les autres. Toute pensée, à proprement parler, s'élabore dans la solitude, est un dialogue entre moi et moi-même, mais ce dialogue de deux-en-un ne perd pas le contact avec le monde de mes semblables : ceux-ci sont en effet représentés dans le moi avec lequel je mène le dialogue de la pensée. Le problème de la solitude est que ce deux-en-un a besoin des autres pour redevenir un : l'un d'un individu immuable dont l'identité ne peut jamais être confondue avec celle de quelqu'un d'autre. Pour être confirmé dans mon identité, je dépends entièrement des autres ; et c'est la grande grâce salutaire de l'amitié pour les hommes solitaires qu'elle fait d'eux à nouveau un « tout », qu'elle les sauve du dialogue de la pensée où l'on demeure toujours équivoque, qu'elle restaure l'identité qui les fait parler avec la voix unique d'une personne irremplaçable.

La solitude peut devenir désolation ; cela se produit lorsque, *tout à moi-même, mon propre moi m'abandonne. Les hommes* solitaires ont toujours été en danger de tomber dans la désolation, quand ils ne trouvent plus la grâce rédemptrice de l'amitié pour les sauver de la dualité, de l'équivoque et du doute. Historiquement, on dirait que ce danger ne devint suffisamment grand pour être remarqué par les autres hommes et relevé par l'histoire qu'au XIXe siècle. Il se montra clairement lorsque les philosophes, pour qui la solitude est à elle seule un mode de vie et une condition de travail, ne se contentèrent plus du fait que la « philosophie soit seulement pour le petit nombre » et commencèrent à soutenir que personne ne les « comprend ». Caractéristique à cet égard est l'anecdote que l'on rapporte à propos de Hegel sur son lit de mort, et que l'on aurait difficilement pu raconter à propos d'aucun autre grand philosophe avant lui : « Il n'y en a qu'un qui m'ait compris ; et lui aussi a mal compris. » Réciproquement, il y a toujours la chance qu'un homme désolé se trouve lui-même et commence le dialogue pensant de la solitude. C'est ce qui, semble-t-il, est arrivé à Nietzsche à Sils Maria quand il conçut *Zarathoustra*. En deux poèmes (« Sils Maria » et « Aus hohen Bergen »), il parle de l'espérance vide et de l'attente languissante de l'homme désolé jusqu'à ce que soudain *« um Mittag war's, da wurde Eins zu Zwei [...] / Nun feiern wir, vereinten Siegs gewiss, / das Fest der Feste ; / Freund Zarathustra kam, der Gast der Gäste ! »* (« Il était midi, et il n'y eut plus Un mais Deux [...] / Maintenant nous célébrons, unis, certains de la victoire, / La fête des fêtes : / Zarathoustra est venu, l'ami, l'hôte des hôtes ![5] »)

Ce qui rend la désolation si intolérable c'est la perte du moi, qui, s'il peut prendre réalité dans la solitude, ne peut toutefois être confirmé dans son identité que par la compagnie confiante et digne de confiance de mes égaux. Dans cette situation, l'homme perd la confiance qu'il a en lui-même comme partenaire de ses pensées et cette élémentaire confiance dans le monde, nécessaire à toute expérience. Le moi et le monde, la faculté de penser et de faire une expérience sont perdus en même temps.

La seule faculté de l'esprit humain qui n'ait besoin ni du moi, ni d'autrui, ni du monde pour fonctionner sûrement, et qui soit aussi indépendante de la pensée que de l'expérience, est l'aptitude au raisonnement logique dont la prémisse est l'évident en soi. Les règles élémentaires de l'évidence incontestable, le truisme que deux et deux font quatre, ne

5. « Du haut des monts », *Par-delà bien et mal*, Gallimard, « Folio essais », 2001, p. 210-212.

peuvent devenir fausses même dans l'état de désolation absolue. C'est la seule « vérité » digne de foi à laquelle les êtres humains peuvent se raccrocher avec certitude, une fois qu'ils ont perdu la mutuelle garantie, le sens commun, dont les hommes ont besoin pour faire des expériences, pour vivre et pour connaître leur chemin dans un monde commun. Mais cette « vérité » est vide, ou plutôt elle n'est aucunement la vérité car elle ne révèle rien. (Définir, comme certains logiciens modernes le font, la cohérence comme vérité revient à nier l'existence de la vérité.) Dans l'état de désolation, l'évident en soi n'est donc plus un simple moyen de l'intelligence et il commence à être productif, à développer ses propres axes de « pensée ». Que des processus de pensée caractérisés par la stricte « dimension de système logique » évidente en soi, à laquelle il n'y a en apparence pas d'échappatoire, aient quelque rapport avec la désolation, c'est ce que remarqua un jour Luther (dont les expériences en matière de solitude et de désolation furent probablement sans égales, au point qu'il eut un jour l'audace de dire : « il doit exister un Dieu parce qu'il faut à l'homme un être auquel il puisse se fier »), dans une remarque peu connue sur le texte de la Bible « il n'est pas bon que l'homme soit seul » : un homme seul, dit Luther, « déduit toujours une chose d'une autre et pense tout dans la perspective du pire[6] ». Le fameux extrémisme des mouvements totalitaires, loin de participer du vrai radicalisme, consiste assurément à « tout penser dans la perspective du pire », à suivre ce processus de la déduction qui aboutit toujours aux pires conclusions possibles.

Ce qui, dans le monde non totalitaire, prépare les hommes à la domination totalitaire, c'est le fait que la désolation, qui jadis constituait une expérience limite, subie dans certaines conditions sociales marginales telles que la vieillesse, est devenue l'expérience quotidienne des masses toujours croissantes de notre siècle. L'impitoyable processus où le totalitarisme engage les masses et les organise ressemble à une fuite

6. « *Ein solcher (sc. einsamer) Mensch folgert immer eins aus dem andern und denkt alles zum Argsten.* » Martin Luther, « Warum die Einsamkeit zu fliehen ? », *Erbauliche Schriften.*

suicidaire loin de cette réalité. « Le raisonnement froid comme la glace » et le « tentacule puissant » de la dialectique qui « vous saisit comme en un étau » apparaissent comme un dernier soutien, en un monde où personne n'est digne de foi et où l'on ne peut compter sur rien. C'est la contrainte intérieure, dont le seul contenu est le strict refus des contradictions, qui semble confirmer une identité d'homme en dehors de toute relation à autrui. C'est elle qui l'ajuste au cercle de fer de la terreur, même quand il est seul dans un isolement où la domination totalitaire s'efforce de ne jamais le laisser, sauf dans cette situation extrême qu'est l'isolement du cachot. En détruisant tout espace entre les hommes, en les écrasant les uns contre les autres, elle anéantit jusqu'à la productivité potentielle de l'isolement ; en enseignant et en glorifiant le raisonnement logique de la désolation – cette désolation où l'homme sait qu'il se perdra définitivement si jamais il laisse tomber la première prémisse d'où tout le processus est parti – elle efface jusqu'aux plus infimes chances que la désolation se transforme en solitude et la logique en pensée. Si l'on compare cette pratique à celle de la tyrannie, on dirait qu'un moyen a été découvert de mettre le désert lui-même en mouvement, de déchaîner une tempête de sable qui pourrait couvrir de part en part la terre habitée.

Nos conditions actuelles d'existence dans le domaine de la politique sont assurément menacées par ces tempêtes de sable dévastatrices. Le danger n'est pas qu'elles puissent instituer un monde permanent. La domination totalitaire, comme la tyrannie, porte les germes de sa propre destruction. De même que la peur et l'impuissance qui l'engendrent sont des principes antipolitiques qui précipitent les hommes dans une situation contraire à toute action politique, de même la désolation et la déduction logico-idéologique du pire qu'elle engendre représentent une situation antisociale et recèlent un principe qui détruit toute communauté humaine. Néanmoins, la désolation organisée est bien plus dangereuse que l'impuissance inorganisée de tous ceux qui subissent la volonté tyrannique et arbitraire d'un seul homme. Son danger, nous le connaissons : elle menace de dévaster le monde – un monde qui partout semble avoir atteint sa fin –

avant qu'un nouveau commencement, naissant de cette fin, n'ait eu le temps de s'imposer.

Hormis ces considérations – qui, de par leur caractère de prédictions, sont peu utiles et encore moins consolantes –, il reste que la crise de notre temps et son expérience centrale ont suscité l'apparition d'une forme de gouvernement entièrement nouvelle. Celle-ci constitue un danger toujours présent et ne promet que trop d'être désormais notre partage, comme toutes les autres formes de gouvernement qui apparurent à différents moments de l'histoire, sur la base d'expériences fondamentales différentes, ont été le partage de l'humanité en dépit de défaites temporaires – les monarchies et les républiques, les tyrannies, les dictatures et le despotisme.

Mais demeure aussi cette vérité que chaque fin dans l'histoire contient nécessairement un nouveau commencement ; ce commencement est la promesse, le seul « message » que la fin puisse jamais donner. Le commencement, avant de devenir un événement historique, est la suprême capacité de l'homme ; politiquement, il est identique à la liberté de l'homme. *Initium ut esset homo creatus est* – « pour qu'il y eût un commencement, l'homme fut créé » a dit saint Augustin[7]. Ce commencement est garanti par chaque nouvelle naissance ; il est, en vérité, chaque homme.

7. Saint Augustin, *De Civitate Dei*, livre 12, chap. 20 [*La Cité de Dieu, Œuvres*, II, Gallimard, « La Pléiade », 2000].

Bibliographie[1]

Je remercie la Hoover Library de Stanford, Californie, le Centre de documentation juive contemporaine de Paris et le Yiddish Scientific Institute de New York de leur aimable autorisation à consulter et citer leurs archives. Les documents utilisés dans les procès de Nuremberg sont cités avec leur numéro de dossier, les autres documents sont cités avec l'indication de leur provenance et de leur numéro d'archives.

ABEL, Theodore
Why Hitler Came into Power ; an Answer Based on the Original Life Stories of Six Hundred of His Followers, New York, Prentice-Hall Inc., 1938 [rééd. Cambridge, Mass., Harvard University Press, 1986].

ADLER, Hans Günther
Theresienstadt 1941-1945 ; das Antlitz einer Zwangsgemeinschaft. Geschichte, Soziologie, Psychologie, Tübingen, Mohr, 1955.

ALQUEN, Gunter d'
Die SS. Geschichte, Aufgabe und Organisation der Schutzstaffeln der NSDAP, Berlin, Junker und Dünnhaupt, Schriften der Hochschule für Politik, 1939.

1. NdÉ. Nous avons respecté le choix d'Hannah Arendt de présentation de sa bibliographie. Nous avons repris les articles cités et l'intégralité des titres, parfois tronqués dans la bibliographie américaine, les lieux et dates d'édition avec, entre crochets, les traductions en français ou les rééditions récentes en langue originale.

ANWEILER, Oskar
• *Die Räte-Bewegung in Russland 1905-1921*, Leyde, Brill, 1958 [*Les Soviets en Russie (1905-1921)*, Gallimard, « Bibliothèque des Histoires », 1972].
• « Lenin und der friedliche Übergang zum Sozialismus », dans *Osteuropa*, 1956, vol. 6.

ARMSTRONG, John Alexander
• *The Soviet Bureaucratie Elite : A Case Study of the Ukrainian Apparatus*, New York, Praeger, 1959.
• *The Politics of Totalitarianism. The Communist Party of the Soviet Union from 1934 to the Present*, New York, Random House, 1961.

AVTORKHANOV, Abdurakhan
• « Social Differentiation and Contradictions in the Party », *Bulletin of the Institute for the Study of the USSR*, Munich, février 1956.
• *Stalin and the Soviet Communist Party : A Study in the Technology of Power*, New York, published for the Institute for the Study of the USSR, Praeger, 1959.
• (pseudonyme URALOV), *The Reign of Stalin*, Londres, 1953 [*Staline au pouvoir*, Les Îles d'Or, 1951].

BAKOUNINE, Michel
• *Œuvres*, P.-V. Stock, « Bibliothèque sociologique », 1907-1908, 3 vol.
• *Gesammelte Werke*, 1921-1924 [*Œuvres complètes*, Champ libre, 1972-1982, 8 vol.].

BALABANOFF, Angelica
Impressions of Lenin, Ann Arbor, University of Michigan Press, 1964.

BALDWIN, Roger N.
« Political Police », dans *Encyclopedia of Social Sciences*.

BATAILLE, Georges
• « Le Secret de Sade », *Critique*, n°s 15-16 et 17, août-septembre et octobre 1947 [repris dans *La Littérature et le Mal*, *Œuvres complètes*, Gallimard, 1979, vol. IX].

• « Réflexions sur le bourreau et la victime », *Critique*, n° 17, octobre 1947 [compte rendu de *Les Jours de notre mort* de David Rousset, repris dans *Œuvres complètes*, Gallimard, 1988, vol. XI].

BAUER, Raymond, INKELES, Alex et KLUCKHOHN, Clyde
How the Soviet System Works : Cultural, Psychological and Social Themes, Cambridge, Harvard University Press, 1956.

BAYER, Ernest
Die SA : Geschichte, Arbeit, Zweck und Organisation des Sturmabteilungen des Führers und Obersten SA-Führung, Berlin, Junker und Dünnhaupt, 1938.

BAYLE, François
Psychologie et éthique du national-socialisme. Étude anthropologique des dirigeants SS, PUF, 1953.

BECK, Friedrich, et GODIN, W. [pseudonyme]
Russian Purge and the Extraction of Confession, Londres - New York, Hurst & Blackett, 1951.

BECKERATH, Erwin von
• « Fascism », dans *Encyclopedia of Social Sciences*.
• *Wesen und Werden des faschistischen Staates*, Berlin, J. Springer, 1927.

BENN, Gottfried
Der neue Staat und die Intellektuellen, Stuttgart, Deutsche Verlagsanstalt, 1933.

BENNECKE, H.
Hitler und die SA, Munich, G. Olzog, 1962.

BERDIAEV, Nicolas
The Origin of Russian Communism, Londres, G. Bles, 1937 [*Les Sources et le sens du communisme russe*, Gallimard, « Les Essais », 1938 ; rééd. « Idées », 1971].

BEST, Werner
Die deutsche Polizei, Darmstadt, L. C. Wittich, 1940 [rééd. 1941].

BETTELHEIM, Bruno
• « On Dachau and Buchenwald », dans *Nazi Conspiracy and Aggression*, Office of the United States Chief of Counsel for the Prosecution of Axis Criminality, US Government, Washington, 1946, vol. VII.
• « Behavior in Extreme Situations », *Journal of Abnormal and Social Psychology*, 1943, vol. 38, n° 4 [*Survivre*, Robert Laffont, 1979].

BLACK, Cyril Edwin, éd.
Rewriting Russian History : Soviet Interpretations of Russia's Past, New York, Praeger, 1956.

BLANK, Ruben
Adolf Hitler : ses aspirations, sa politique, sa propagande, et les « Protocoles des Sages de Sion » ; préface Paul Milioukov, L. Beresniak, 1938.

[BOBERACH, Heinz, éd.]
Meldungen aus dem Reich. Auswahl aus den geheimen Lageberichten des Sicherheitsdienstes der SS, 1939-1944, Neuwied - Berlin, Luchterhand, 1965.

BONHARD, Otto
Jüdische Geld- und Weltherrschaft ?, Berlin, Neudeutsche Verlags- u. Treuhand-Gesellschaft, 1926.

BORKENAU, Franz
• *The Totalitarian Enemy*, Londres, Faber and Faber limited, 1940.
• *The Communist International*, Londres, Faber and Faber limited, 1938.
• « Die neue Komintern », *Der Monat*, 1949, n° 4.

BORMANN, Martin
• « Relationship of National Socialism and Christianity », dans *Nazi Conspiracy and Aggression*, Office of the United States

Chief of Counsel for the Prosecution of Axis Criminality, US Government, Washington, 1946, vol. VI.
• *The Bormann Letters*, éd. H. R. Trevor-Roper, Londres, Weidenfeld and Nicolson, 1954 [rééd. New York, AMS Press, 1981].

BOUCART, Robert
Les Dessous de l'Intelligence Service, Les Éditions de France, « Faits et Documents », 1937.

[BOUHLER, Philipp, éd.]
Die Reden des Führer nach der Mächtübernahme, 1940.

BRACHER, Karl Dietrich
Die Auflosung der Weimarer Republik : eine Studie zum Problem des Machtverfalls in der Demokratie, Stuttgart, Ring Verlag, 1955 ; 3e éd., Villingen, 1960.

BRACHER, Karl Dietrich, SAUER, Wolfgang et SCHULZ, Gerhard
Die nationalsozialistische Machtergreifung : Studien zur Errichtung des totälitarien Herrschaftssystems in Deutschland 1933-1934, Cologne - Opladen, 1960 [Cologne, Westdeutscher Verlag, 1962].

BRECHT, Bertolt
Gesammelte Werke, Londres, Malik, 1938 [*Écrits sur le théâtre*, Gallimard, « La Pléiade », 2000].

[BRENNECKE, Fritz]
The Nazi Primer : Official Handbook for Schooling the Hitler Youth, New York - Londres, Harper & Brothers, 1938.

BROSZAT, Martin
Der Nationalsozialismus. Weltanschauung, Programm und Wirklichkeit, Stuttgart, Deutsche Verlagsanstalt, 1960.

BROSZAT, Martin, JACOBSEN, Hans-Adolf et KRAUSNICK, Helmut
Konzentrationslager, Kommissarbefehl, Judenverfolgung, Olten/ Fribourg, Walter, 1965.

BRZEZINSKI, Zbigniew
• *Ideology and Power in Soviet Politics*, New York, Praeger, 1962.
• *The Permanent Purge. Politics in Soviet Totalitarianism*, Cambridge, Harvard University Press, 1956 [*La Purge permanente. La politique dans le totalitarisme soviétique*, Les Îles d'Or, 1958].

BUBER-NEUMANN, Margerete
Under Two Dictators, Londres, V. Gollancz, 1949 [*Déportée en Sibérie, Prisonnière de Staline et de Hitler 1*, La Baconnière, 1949 ; rééd. Seuil, « Points », 2004 ; *Déportée à Ravensbrück, Prisonnière de Staline et Hitler 2*, Seuil, « Points », 1988].

BUCHHEIM, Hans
• « Die SS in der Verfassung des Dritten Reiches », *Vierteljahreshefte für Zeitgeschichte*, avril 1955.
• *Das Dritte Reich : Grundlagen und politische Entwicklung*, Munich, Kösel Verlag, 1958.
• *Totalitäre Herrschaft*, Munich, Kösel Verlag, 1962.
• *Die SS – das Herrschaftsinstrument – Befehl und Gehorsam*, Olten, Walter, 1965 (Z. Auf., Munich, Dt. Taschenbuch Verlag, 1989].

BULLOCK, Alan
Hitler, a Study in Tyranny (1952), New York, Harper & Row, 1964 [Smithmark, 1997 ; *Hitler ou les Mécanismes de la tyrannie*, Marabout, « Planète », 1963].

CAMUS, Albert
« The Human Crisis », *Twice a Year*, 1946-1947 [« La Crise de l'homme », *Nouvelle Revue française*, Gallimard, 1996, n° 516].

CAROCCI, Giampiero
Storia del fascismo, Milan, Garzanti, 1959.

CARR, Edward Hallet
• *History of Soviet Russia*, New York, Macmillan, 1951.
• *Studies in Revolution* (1950), New York, 1964.

CÉLINE, Louis-Ferdinand
• *Bagatelles pour un massacre*, Denoël, 1938.
• *L'École des cadavres*, Denoël, 1940 [rééd. 1942].

CHAMBERLIN, William Henry
• *Blueprint for World Conquest, as Outlined 1946 by the Communist International*, introduction William H. Chamberlin, Washington-Chicago, Human Events, 1946.
• *The Russian Revolution : 1917-1921* (1935), 1965.

CHILDS, H. L., et DODD, W. E., éd.
Voir Brennecke, Fritz.

CILIGA, Anton
The Russian Enigma, Londres, G. Routledge & sons, 1940 [*Au pays du grand mensonge*, Gallimard, 1938, repris dans *Dix ans au pays du mensonge déconcertant*, Champ libre, 1977].

CLARK, Evelyn A.
« Adolf Wagner. From National Economist to National Socialist », *Political Science Quarterly*, 1940, vol. 55, n° 3.

COBBAN, Alfred
• *National Self-Determination*, Londres - New York, Oxford University Press, 1945.
• *Dictatorship ; Its History and Theory*, New York, J. Cape, 1939 [rééd. Haskelle House, 1971].

Communism in Action. A Documented Study and Analysis of Communism in Operation in the Soviet Union..., United States Government House Documents, n° 754, Washington, US Government Print Office, 1946.

CRANKSHAW, Edward
Gestapo, Londres, Putnam, 1956 [*Gestapo, Instrument of Tyranny*, New York, Viking Press, 1956].

CURTISS, John Selton
An Appraisal of the Protocols of Zion, New York, Columbia University Press, 1942.

DALLIN, David J.
• *From Purge to Coexistence*, Chicago, H. Regnery Co, 1964.
• « Report on Russia », *The New Leader*, 8 janvier 1949.

DALLIN, David J. et NICOLAEVSKY, Boris I.
Forced Labor in Russia, New Haven, Yale University Press, 1947 [*Le Travail forcé en URSS*, Somogy, 1949].

DANIELS, Robert
The Conscience of the Revolution : Communist Opposition in Soviet Russia, Cambridge, Harvard University Press, 1960.

The Dark Side of the Moon, préface de Thomas S. Eliot, New York, 1947 [Londres, Faber and Faber, 1946 ; Zajdlerowa Zoé, Coutouvidis Thomas, Lane, New York, Harcester Wheatshaet, 1989].

DEAKIN, Frederic William
The Brutal Friendship, Mussolini, Hitler and the Fall of Italian Fascism, New York, Harper & Row, 1963.

DE BEGNAC, Yvon
Palazzo Venezia – Storia di un regime, Rome, La Rocca stampa, 1950.

DEHILLOTTE, Pierre
Gestapo : l'organisation, Payot, 1940.

DELARUE, Jacques
Histoire de la Gestapo, Fayard, 1962 [rééd. Le Grand Livre du mois, 1996].

Der Reichsführer SS und Chef der deutschen Polizei, s.d.

DEUTSCHER, Isaac
• *Stalin : a Political Biography*, Londres - New York, Oxford University Press, 1949 [*Staline*, Gallimard, 1953].
• *Trotsky* ; 1 : *The Prophet Armed : Trotsky, 1879-1921* ; 2 : *The Prophet Unarmed : 1921-1929* ; 3 : *The Prophet Outcast : Trotsky ; 1929-1940*, Londres - New York, Oxford University Press, 1954, 1959, 1963, 3 vol. [*Trotski*, Julliard, 1962, 1964 et 1965, 3 vol.].

DOBB, Maurice
« Bolshevism », dans *Encyclopedia of Social Sciences.*

Dokumente der deutschen Politik und Geschichte von 1848 bis zur Gegenwart, Berlin - Munich, Giersch, 1951-1955, vol. 4.

DOMARUS, Max
Hitler-Reden und Proklamationen 1932-1945, Würzburg-Neustadt, Gesamtherstellung und Auslieferung-Schmidt, 1963, 2 vol.

DOOB, Leonard William
« Goebbels' Principles of Propaganda », dans KATZ, Daniel *et al.*, *Public Opinion and Propaganda, a Book of Readings*, New York, Dryden Press, 1954.

DRUCKER, Peter Ferdinand
The End of Economic Man : a Study of the New Totalitarianism, New York, The John Day & Co., 1939 [rééd. Transaction Publishers, c. 1995].

EBENSTEIN, William
The Nazi State, New York - Toronto, Farrar & Rinehart, 1943 [rééd. New York, Octagon Books, 1975].

EHRENBURG, Ilya
• *Memoirs : 1921-1941*, Cleveland, 1964 [*Un écrivain dans la révolution*, Gallimard, « L'Air du temps », 1963].
• *The War : 1941-1945*, Cleveland, 1965 [*La Guerre en Russie*, Gallimard, « L'Air du temps », 1968].

ENGELS, Friedrich
• *Introduction to The Communist Manifesto*, 1890 [Préface au *Manifeste du parti communiste*, Éditions Ivréa, 1983].
• *Die Ursprung der Familie, des Privateigentums, und des Staates* (1884), Introduction [*L'Origine de la famille, de la propriété privée et de l'État*, Éditions sociales, 1971].
• *Funeral Speech on Marx* [Highgate Cemetery, 17 mars 1883].

ERICKSON, John
The Soviet High Command : a Military-Political History 1918-1941, New York, 1961 [rééd. Boulder, 1984].

EYCK, Erich
A History of the Weimar Republic, Cambridge, Harvard University Press, 1962-1963, 2 vol.

FAINSOD, Merle
• *How Russia is Ruled* (1953), Cambridge, Harvard University Press, 1963 [*Comment l'URSS est gouvernée*, Éditions de Paris, 1957].
• *Smolensk under Soviet Rule*, Cambridge, Harvard University Press, 1958 [*Smolensk à l'heure de Staline*, Fayard, 1967].

Fascist Era (The), Confederazione generale dell'Industria Italiana, Rome, 1939.

FEDER, Ernest
« Essai sur la Psychologie de la terreur », *Synthèses*, Bruxelles, 1946.

FEDER, Gottfried
Das Programm der NSDAP und seine weltanschaulichen Grundgedanken, (Nationalsozialistische Bibliothek, n° 1), Munich, F. Eher nachf., 1931.

FEDOTOW, G. P.
« Russia and Freedom », *The Review of Politics*, janvier 1946, vol. 8, n° 1.

FEST, Joachim C.
Das Gesicht des Dritten Reiches : Profile einer totalitären Herschafft, Munich, R. Piper, 1963 [*Les Maîtres du Troisième Reich*, Grasset, 1965].

FINER, Herman
Mussolini's Italy (1935), New York, Grosset & Dunlap, 1965.

FISCHER, Louis
• *The Soviets in World Affairs*, Londres - New York, 1930 [*Les Soviets dans les affaires mondiales*, Gallimard, « Les Documents bleus », 1938].
• *Life of Lenin*, New York, 1964 [*Lénine*, Christian Bourgois, 1966 ; rééd. UGE, 1971].

FLAMMERY, Harry W.
« The Catholic Church and Fascism », *Free World*, septembre 1943.

FLORINSKY, Michael Timoty
Fascism and National Socialism. A Study of the Economic and Social Politics of the Totalitarian State, New York, Macmillan, 1936.

FORSTHOFF, Ernst
Der totale Staat, Hambourg, Hanseatische Verlagsanstalt, 1933.

FRAENKEL, Ernst
The Dual State, Londres - New York, Oxford University Press, 1941.

FRANK, Hans
• *Nationalsozialistische Leitsätze für ein neues deutsches Strafrecht...*, Berlin, Deutscher Rechts Verlag, 1935-1936, 2 vol.
• *Die Technik des Staates*, Munich, 1940 [2e édition : Krakau [Cracovie], Burg Verlag, 1942].
• (éd.) *Grundfragen der deutschen Polizei*. Bericht über die konstituirende Sitzung des Ausschusses für Polizeirecht der Akademie für Deutsche Recht, 11 octobre 1936, Hambourg, Hanseatische Verlagsanstalt, 1937.

• *Recht und Verwaltung*, Munich, F. Eher, 1939.
• « Im Angesicht 1942 », *Im Angesitcht des Galgens*, Munich - Gräfelfing, Beck Verlag, 1953.
• (éd.), *Nationalsozialistisches Handbuch für Recht und Gesetzgebung*, Munich, Zentralverlag der NSDAP, 1935.

FREYER, Hans
Pallas Athene, Ethik des politischen Volkes, Iéna, 1935.

FRIEDRICH, Carl Joachim, éd.
Totalitarianism ; Proceedings of a Conference held at the American Academy of Arts and Sciences, mars 1953, Cambridge, Harvard University Press, 1954.

FRIEDRICH Carl Joachim et BRZEZINSKI, Zbigniew K.
Totalitarian Dictatorship and Autocracy, Cambridge, Harvard University Press, 1956.

GALTIER-BOISSIÈRE, Jean
The Mysteries of the French Secret Police, Londres, S. Paul, 1938 [*Histoire de la police secrète*, Le Crapouillot, 1936].

GAUWEILER, Otto
Rechtseinrichtungen und Rechtsaufgaben der Bewegung, Munich, F. Eber Nachf., 1939.

GEIGENMÜLLER, Otto
Die politische Schutzhaft in nationalistischen Deutschland, 2e éd., Würzburg, P. Scheiner, 1937.

GERTH, Hans
« The Nazi Party », *American Journal of Sociology*, 1940, vol. 45.

GIDE, André
Retour de l'URSS, Gallimard, 1936, repris dans *Œuvres complètes. Essais critiques*, Gallimard, « La Pléiade », 1999.

GILES, O. C.
The Gestapo, Oxford Pamphlets on World Affairs, 1940, n° 36.

GLOBKE, Hans et STUCKART, Wilhelm
Kommentare zur Deutschen Rassengesetzgebung, Munich, Beck, 1936.

GOEBBELS, Joseph
• *Wege ins Dritte Reich. Briefe und Aufsätze für Zeitgenossen*, Munich, F. Eher nachf., 1927.
• « Der Faschismus und seine praktischen Ergebnisse », *Schriften der deutschen Hochschule für Politik*, Berlin, 1935, vol. 1.
• *Vom Kaiserhof zur Reichskanzlei : eine historische Darstellung in Tagebuchblättern*, 19 aufl., Munich, F. Eher nachf., 1937.
• « Rassenfrage und Weltprogramm », *Pädagogisches Magazin*, Heft 139, 1934.
• *The Goebbels Diaries 1942-1943*, Louis P. Lochner éd., New York, Doubleday, 1948.
• *Wesen und Gestalt des Nationalsozialismus*, Berlin, Junker und Dünnhaupt, 1935.

GOSLAR, Hans
Jüdische Weltherrschaft. Phantasiegebilde oder Wirklichkeit ?, Berlin, Gabriel Riesser Verlag, 1919.

GOUL, Roman
Les Maîtres de la Tchéka, Éditions de France, 1938.

GRIFFITH, William Ellis, éd.
Communism in Europe. Continuity, Change and the Sino-Soviet Dispute, Cambridge, MIT Press, 1964.

GROSS, Walter
• *Der deutsche Rassengedanke und die Welt*, Schriften der Hochschule für Politik, n° 42, Berlin, Junker und Dünnhaupt, 1939.
• « Die Rassen-und Bevölkerungspolitik im Kampf um die geschichtliche Selbstbehauptung der Völker », *Nationalsozialistische Monatshefte*, octobre 1939, n° 115.

GRUAERT, Wilhelm
« Die Entwicklung des Polizeirechts in nationalsozialistischen Staat », dans *Deutsche Juristenzeitung*, 1934, 39.

Grundfragen der deutschen Politzei. Bericht über die konstituirende Sitzung des Ausschusses für Polizeirecht der Akademie für Deutsche Recht, 11 octobre 1936, 1937.

GÜNTHER, Hans F. K.
• *Rassenkunde des deutschen Volkes*, Munich, J. F. Lehmann, 1922.
• *Rassenkunde des jüdischen Volkes*, Munich, J. F. Lehmann, 1930, 2e édition.

GURIAN, Waldemar
• *Bolshevism : Theory and Practice*, New York, The Macmillan Company, 1932 [*Le Bolchevisme. Introduction historique et doctrinale*, Beauchesne et fils, 1933].
• « Antisemitism in Modern Germany », dans *Essays on Antisemitism*, Koppel S. Pinson éd., New York, Conference on Jewish Relations, 1946, p. 243.
• *Bolshevism. An Introduction to Soviet Communism*, Notre Dame, University of Notre Dame Press, 1952 [rééd. 1963].

HADAMOVSKY, Eugen
Propaganda und nationale Macht : die Organisation der öffentlichen Meinung für die nationale Politik, Oldenburg, Gerhard Stalling, 1933.

HAFKESBRINK, Hanna
Unknown Germany ; an Inner Chronicle of the First World War Based on Letters and Diaries, New Haven, Yale University Press, 1948.

HALLGARTEN, Georg Wolfgang F.
Hitler, Reichswehr und Industrie. Zur Geschichte der Jahre 1918-1933, Francfort-sur-le-Main, Europäische Verlagsanstalt, 1955.

HAMEL, Walter
« Die Polizei im neuen Reich », *Deutsches Recht*, 1935, vol. 5.

HAMMER, Hermann
« Die deutschen Ausgaben von Hitlers "Mein Kampf" », *Verteljahreshefte für Zeitgeschichte*, n° 4 (1956).

Handbuch der SA, NSDAP/Sturmabteilung, Berlin, Verlag Offene Worte, 1939.

HARTSHORNE, Edward Yarnall
The German Universities and National Socialism, Londres, Allen & Unwin, 1937 [New York, AMS Press, 1982].

HAYEK, Friedrich August von
« The Counter-Revolution of Science », *Economics*, 1941, vol. 8.

HAYES, Carlton Joseph Huntley
• *Essays on Nationalism*, New York, The Macmillan Company, 1926.
• « Remarks on "The Novelty of Totalitarianism in the History of Western Civilization" », *Symposion on the Totalitarian State,* 1939, *Proceedings of the American Philosophical Society Philadelphie*, 1940, vol. 82.
• *A Generation of Materialism, 1871-1900*, New York - Londres, Harper & Brothers, 1941.

HEDERICH, Karl-Heinrich, éd.
Die Reden des Führers nach der Machtübernahame : eine Bibliographie, Berlin, Zentralverlag der NSDAP, F. Eher Nachf., 1939.

HEIDEN, Konrad
• *Der Führer. Hitler's Rise to Power*, Boston, Houghton Mifflin, 1944.
• *A History of National Socialism*, New York, A. A. Knopf, 1935.
• *Adolf Hitler. Das Zeitalter der Verantwortungslosigkeit. Eine Biographie*, Zurich, Europa Verlag, 1936, vol. 1 [*Adolf Hitler*, Grasset, 1937].

• *Geschichte des Nationalsozialismus. Die Karriere einer Idee*, Berlin, Rowohlt, 1932 [*Histoire du national-socialisme, 1919-1934*, Stock, 1934].
• *Geburt des Dritten Reiches. Die Geschichte des Nationalsozialismus bis Herbst 1933*, 2e éd., Zurich, 1934.

HESSE, Fritz
Das Spiel um Deutschland, Munich, P. List, 1953.

HEYDRICH, Reinhardt
« Die Bekampfung der Staatsfeinde », dans *Deutsches Recht*, 1936, vol. 6.

HILBERG, Raul
The Destruction of the European Jews, Chicago, Quadrangle Books, 1961 [*La Destruction des Juifs d'Europe*, Fayard, 1988 ; rééd. Gallimard, « Folio-Histoire », 1993].

HIMMLER, Heinrich
• « Mannerbund auf rassischer Grundlage », *Das Schwarze Korps*, 38. Folge.
• « Die Schutzstaffel als antibolschewistische Kampforganisation », *Das Schwarze Korps*, n. 3, 1936.
• « Organization and Obligation of the SS and the Police », dans *Nationalpolitischer Lehrgang der Wehrmacht* vom 5.-23 janvier 1937. Extraits traduits dans *Nazi Conspiracy and Aggression*, Office of the United States Chief of Counsel for the Prosecution of Axis Criminality, US Government, 8 vol., Washington, US Government Print Office, 1946, vol. IV ; édition anglaise : *Secret Speech by Himmler to the German Army General Staff*, publié par The American Committee for Anti-Nazi Literature, 1938.
• *Grundfragen der deutschen Polizei*. Bericht über die konstituirende Sitzung des Ausschusses für Polizeirecht der Akademie für Deutsche Recht, 11 octobre 1936, 1937, Hambourg, 1937.
• « Denkschriften Himmler über die Behandlung der Fremdvölkischen im Osten » (mai 1940), *Vierteljahrshefte für Zeitgeschichte*, 5. Jg. (1957).

• « Die Schutzstaffel », *Grundlagen, Aufbau und Wirtschaftsordnung des nationalsozialistischen Staates*, n° 7 b.

• « Wesen und Aufgabe der SS und der Polizei », *Sammelhefte ausgewählter Vorträge und Reden*, 1939.

HITLER, Adolf

• *Mein Kampf*, 1925-1927. An unexpurgated digest, New York, Political Digest Press, 1939 [*Mon combat*, traduction intégrale, Nouvelles Éditions latines, 1934].

• *Adolf Hitlers Reden*, Munich, Deutscher Volsverlag dr. E. Boepple, 1933.

• *Der Führer vor dem ersten Reichstag Grossdeutschlands*, 1939.

• *Der Führer zum Kriegswinterhilfswerk*, Schriften NSV, n° 14, p. 33.

• *The Speeches of A. Hitler, 1922-1939*, N. H. Baynes éd., Londres, Oxford University Press, 1942.

• *Ausgewählte Reden des Führers*, Berlin, F. Eher Nachf., 1939.

• *Der grossdeutsche Freiheitskampf, Reden Hitlers* vom 1.9.1939 bis 10.3.1940, Munich, F. Eher Nachf.

• *Hitlers Tischgespräche im Fuhrerhauptquartier, 1941-1942*, Bonn, Athenaum Verlag, 1951 [Munich - Berlin, Herbig, 1980]. *Hitler's Table Talks*, New York, 1953 [Londres, Weidenfeld and Nicolson, 1953 ; Oxford, Oxford University Press, 1988].

• *Hitler's Secret Book*, New York, Grove Press, 1962.

• *Der grossdeutsche Freiheitskampf – Reden Adolf Hitlers*, 3e éd., Munich, 1943, vol. 1 et 2.

HOCHE, Werner, éd.

Die Gesetzgebung des Kabinetts Hitler : die Gesetze in Reich und Preussen seit dem 30. Januar 1933..., Berlin, Valhen, 1933, vol. 1.

HÖHN, Reinhard

Rechtsgemeinschaft und Volksgemeinschaft, Hambourg, Hanseatische Verlagsanstalt, 1935.

HOETTL, Wilhelm
The Secret Front : The Story of Nazi Political Espionage, New York, Praeger, 1954.

[HOLFELD, Johannes, éd.]
« Die nationalsozialistische Revolution », *Dokumente der deutschen Politik und Geschichte von 1848 bis zur Gegenwart*, Berlin - Munich, Giersch, 1951-1955, vol. 1.

HOLLDACK, Heinz
Was wirklich geschah ; die diplomatischen Hintergründe des deutschen Kriegspolitik. Darstellung und Dokumente, Munich, Nymphenburger Verlaghandlung, 1949.

HORNEFFER, Reinhold
« Das Problem der Rechtsgeltung und der Restbestand der Weimarer Verfassung », dans *Zeitschrift für die gesamte Staatswissenschaft*, 1938, 99.

HÖSS, Rudolf
Commandant of Auschwitz ; Autobiography, Cleveland, World Pub. Co., 1960 [*Le Commandant d'Auschwitz parle*, La Découverte, 1995].

HOSSBACH, Friedrich
Zwischen Wehrmacht und Hitler 1934-1938, Wolfenbüttel, Wolfenbütteler Verlagsanstalt, 1949.

HUBER, Ernst Rudolf
« Die deutsche Polizei », *Zeitschrift für die gesamte Staatswissenschaft*, 1940-1941, vol. 101.

HUDAL, Bischof Alois
Die Grundlagen des Nationalsozialismus : Eine ideengeschichtliche Untersuchung, Leipzig, Günther, 1937.

INKELES, Alex, et BAUER, Raymond A.
The Soviet Citizen : Daily Life in a Totalitarian Society, Cambridge, Harvard University Press, 1959.

JETZINGER, Franz
Hitlers Jugend. Phantasien, Lügen- und die Warheit, Vienne, Europa Verlag, 1956.

JÜNGER, Ernst
The Storm of Steel, Londres, 1929 [*Orages d'acier*, Payot, 1930 ; rééd. Christian Bourgois, 1991].

KEISER, Guenther
« Der jüngste Konzentrationsprozess », *Die Wirtschafts-kurve*, 1938, vol. 18, n° 148.

KENNAN, George F.
Russia and the West under Lenin and Stalin, Boston, Little, Brown, 1961 [*La Russie et l'Occident. Quarante années d'histoire*, Calmann-Lévy, 1962].

KERSTEN, Felix
Totenkopf und Treue : Heinrich Himmler ohne Uniform, Hambourg, Mölich, 1952.

KHROUCHTCHEV, Nikita
« The Crimes of the Stalin Era », édité et annoté par Boris Nicolaevsky, New York, The New Leader, 1956 [*Rapport secret sur Staline au XXe congrès du PC soviétique*, Champ libre-Ivréa, 1970].

KLEIN, Fritz
« Zur Vorbereitung der faschistischen Diktatur durch die deutsche Grossbourgeoisie 1929-1932 », *Zeitschrift für Geschichtswissen-schaft*, 1953.

KLUKE, Paul
« Nationalsozialistiche Europaideologie », *Vierteljhrashefte für Zeitgeschichte*, 8. Jg, 1960.

KOCH, Erich
« Sind wir Faschisten ? », dans *Arbeitertum 1*, heft 9, 1, july 1931.

KOELLREUTTER, Otto
• *Volk und Staat in der Weltanschauung des Nationalsozialismus*, Berlin, Pan Verlagsgesellschaft, 1935.
• *Der deutsche Führestaat*, Tübingen, J. C. B. Mohr, 1934.

KOESTLER, Arthur
Scum of the Earth, 1941 [*La Lie de la terre*, Charlot, 1947 ; rééd. dans *Œuvres autobiographiques*, R. Laffont, « Bouquins », 1994, p. 951-1180].

KOETTGEN, Arnold
« Die Gesetzmassigkeit der Verwaltung im Führerstaat », *Resichsverwaltungsblatt*, 1936.

KOGON, Eugen
The Theory and Practice of Hell, 1956 [*L'État SS*, La Jeune Parque, 1946 ; rééd. Seuil, « Points Histoire », 1993].

KOHN-BRAMSTEDT, Ernst
• *Dictatorship and Political Police ; The Technique of Control by Fear*, Oxford University Press, 1945.
• *Goebbels and National Socialist Propaganda 1925-1945*, Michigan State University Press, 1965.

KOYRÉ, Alexandre
« The Political Function of the Modern Lie », *Contemporary Jewish Record*, juin 1945 [*Réflexions sur le mensonge*, Éditions Allia, 1996].

KRAVCHENKO, Victor
I Chose Freedom. The Personal and Political Life of a Soviet Official, New York, C. Scribner's Sons, 1946 [*J'ai choisi la liberté. La vie publique et privée d'un haut fonctionnaire soviétique*, Self, 1947].

KRIVITSKY, Walter G.
Stalin's Secret Services, New York - Londres, Harper and Brothers, 1939 [*J'étais un agent de Staline*, Éditions Coopération, 1940 ; rééd. Champ libre, 1979].

KUHN, Karl G.
« Die Judenfrage als weltgeschichtliches Problem », dans *Forschugen zur Judenfrage*, 1939.

LAMMERS, Hans Heinrich, éd.
Grundlagen, Aufbau und Wirtschaftsordnung des nationalsozialistischen Staates, Berlin, Spaethe u. Linde [s.d.].

LAPORTE, Maurice
Histoire de l'Okhrana, Payot, 1935.

LATOUR, Contamine de
« Le Maréchal Pétain », *Revue de Paris*, vol. 1.

LE BON, Gustave
La Psychologie des foules, F. Alcan, 1895 [rééd. Retz, 1976].

LEDERER, Zdenek
Ghetto Theresienstadt, Londres, E. Goldston, 1953.

LÉNINE, Vladimir Ilitch Oulianov
• *What Is to Be Done ? Burning Question of our Movement*, Little Lenin Library, 1932 [*Que faire ? Les questions brûlantes de notre mouvement*, dans *Œuvres*, Moscou, Éditions du Progrès, 1964].
• *State and Revolution*, 1917 [*L'État et la Révolution*, dans *Œuvres*, Moscou, Éditions du Progrès, 1964].
• *Imperialism, the Last Stage of Capitalism*, 1917 [*L'Impérialisme, stade suprême du capitalisme*, 1917, dans *Œuvres*, Moscou, Éditions du Progrès, 1964].

LEUTWEIN, Paul, éd.
Kämpfe um Afrika ; Sechs Lebensbilder, Lübeck, C. Cloman, 1936.

LEWY, Guenter
The Catholic Church and Nazi Germany, New York, McGraw-Hill, 1964 [*L'Église catholique et l'Allemagne nazie*, Stock, 1964].

LEY, Robert
Der Weg zur Ordensburg. Sonderdruck des Reichsorganisationsleiters des NSDAP für das Führerkorps der Parteï, ihrer Gliederungen und der angeschlossen Verbände, Berlin, Verlag der Deutschen Arbeitsfront [1936].

LÖSENER, Bernhard
Die Nürnberger Gesetze über das Rechtbürgerrecht und den Schutz des deutschen Blutes..., Berlin, F. Vahlen, 1936.

LOWENTHAL, Richard
World Communism. The Disintegration of a Secular Faith, New York, Oxford University Press, 1964.

LÜDECKE, Winfried
Behind the Scenes of Espionage. Tales of the Secret Service, Londres, G. G. Harrap & Co ltd, 1929.

LUTHER, Martin
« Warum die Einsamkeit zu fliehen ? », *Erbauliche Schriften.*

LUTZE, Victor
« Die Sturmabteilungen » [« Les Sections d'assaut »], dans *Grundlagen, Aufbau und Wirtschaftsordnung des nationalsozialistischen Staates*, Hans Heinrich Lammers éd. [s.d.], n° 7 a.

LUXEMBURG, Rosa
The Russian Revolution and Leninism or Marxism ?, Ann Arbor, University of Michigan Press, 1961 [*La Révolution russe*, Librairie du Parti socialiste SFIO, 1922 ; rééd. Spartacus, 1969].

MARTIN, Alfred von
« Zur Soziologie der Gegenwart », *Zeitschrift für Kulturgeschichte*, vol. 27.

MARX, Karl
Le Capital, vol. I, part. I, chap. 1 et 5 [*Œuvres*, Gallimard, « La Pléiade », 1963, I : *Économie*].

MASSING, Paul W.
Rehearsal for Destruction ; a Study of Political Anti-semitism in Imperial Germany, New York, Harper, 1949 [rééd. H. Fertig, 1967].

MATHIAS, Erich et MORSEY, Rudolph, éd.
Das Ende der Parteien 1933, Düsseldorf, Droste Verlag, 1960.

MAUNZ, Theodor
Gestalt und Recht der Polizei, Hambourg, Hanseatische Verlagsanstalt, 1943.

MCKENZIE, Kermit Eubank
Comintern and World Revolution 1928-1943 : the Shaping of Doctrine, Londres-New York, Columbia University Press, 1964.

Medical Trial. US against Karl Brandt *et al.*, audition du 14 mai 1947.

MICAUD, Charles Antoine
The French Right and Nazi Germany 1933-1939 ; a Study of Public Opinion, Durham, Duke University Press, 1943.

MOELLER VAN DEN BRUCK, Arthur
Das Dritte Reich, 1923 [*Germany's Third Empire*, New York, 1934].

MOORE, Barrington
Terror and Progress USSR. Some Sources of Change and Stability in the Soviet Dictatorship, Cambridge, Harvard University Press, 1954 [*Terreur et progrès en URSS. Étude sur les variations et la stabilité de la dictature soviétique*, éd. J. Vitiano, 1956].

MORITZ, Bermann
Maria-Theresa und Kaiser Joseph II, Vienne - Leipzig, 1881.

MORSTEIN MARX, Fritz
« Totalitarian Politics », *Symposion on the Totalitarian State, 1939. Proceedings of the American Philosophical Society*, Philadelphie, 1940, vol. 82.

MOSSE, George J.
The Crisis of German Ideology : Intellectual Origins of the Third Reich, New York, Grosset & Dunlap, 1964 [rééd. H. Fertig, 1998].

MULLER, H. S.
« The Soviet Master Race Theory », *The New Leader*, 30 juillet 1949.

MÜLLER, Josef
« Die Entwicklung des Rassenantisemitismus in den letzten Jahrzehnten des 19. Jahrhundert », *Historische Studien*, heft 372, Berlin, 1940.

MUSSOLINI, Benito
• « Relativismo et Fascismo », *Diuturna*, Milan, 1924 ; *Four Speeches on the Corporate State*, Rome, 1935 [*L'État corporatif*, 1937 ; rééd. Édition du Trident, 1987].
• *Opera Omnia di Benito Mussolini*. IV. *Dal Primo complotto contro Mussolini alla sua nomina a direttore dell'Avanti !, 1911-1912*, Florence, la Fenice, 1952.

NANSEN, Odd
From Day to Day, Londres, 1949 [New York, Putnam's Sons, 1949].

Nazi Conspiracy and Aggression, Office of the United States Chief of Counsel for the Prosecution of Axis Criminality, US Government, Washington, US Government Print Office, 1946, 8 vol.

Nazi-Soviet Relations, 1939-1941. Documents from the Archives of the German Foreign Office..., éd. Raymond James Sontag et James Stuart Beddie, Washington, Department of State, 1948 [trad. expurgée : *La Vérité sur les rapports germano-soviétiques de 1939 à 1941*, France-Empire, 1948].

NEESSE, Gottfried
• *Partei und Staat*, Hambourg, Hanseatische Verlagsanstalt, 1936.
• « Die verfassungsrechtliche Gestaltung der Ein-Partei », *Zeitschrift für die gesamte Staatswissenschaft*, 1938, vol. 98.

NEUMANN, Franz Leopold
Behemoth. The Structure and Practice of National-Socialism, Londres, V. Gollancz ltd, 1942 [*Behemoth. Structure et pratique du national-socialisme*, Payot, 1987].

NEUSÜSS-HUNKEL, Ermenhild
Die SS, Hanovre - Francfort-sur-le-Main, 1956.

NEWMAN, Bernard
Secret Servant (1935), New York, 1936.

NICOLAEVSKY, Boris I.
• *Bolsheviks and Bureaucrats*, New York, 1965.
• *Power and the Soviet Elite*, New York, 1965 [*Les Dirigeants soviétiques et la lutte pour le pouvoir*, Denoël, « Les Lettres nouvelles », 1969 ; rééd. 1975 : *À Moscou, luttes sanglantes pour le pouvoir*, Spartacus, 1975].
• *Letter of an Old Bolshevik*, New York, 1936, repris dans *Les Dirigeants soviétiques..., op. cit.*

NICOLAI, Helmut
Die rassengesetzliche Rechtslehre. Grundzüge einer nationalsozialistischen Rechtsphilosophie, Nationalsozialistische Bibliothek, hefte 39, 3. Aufl., Munich, F. Eher Nachf., 1934.

NOMAD, Max
Apostles of Revolution, Boston, Little, Brown, 1939.

OLGIN, Moissaye Joseph
The Soul of the Russian Revolution, New York, H. Holt and Company, 1917.

Organisationsbuch der NSDAP, Munich, F. Eher Nachf., 1936 [6e édition : 1940].

ORLOV, Aleksandr
The Secret History of Stalin's Crimes, New York, Random House, 1953.

ORTEGA Y GASSET, José
The Revolt of the Masses, New York, W. W. Norton & Company, 1932 [*La Révolte des masses*, Stock, 1937 ; rééd. augmentée, Grasset, 1961].

PAETEL, Karl Otto
• « Die SS », *Vierteljahreshefte für Zeitgeschichte*, janvier 1954.
• « Der schwarze Orden. Zur Literatur über die "SS" », *Neue Politische Literatur*, 1958, 3.

PARSONS, Talcott
« Some Sociological Aspects of the Fascist Movement », *Essays in Sociological Theory*, Glencoe, 1954.

PASCAL, Pierre
Avvakum et les débuts du raskol. La crise religieuse au XVIIe siècle en Russie, H. Champion, Bibliothèque de l'Institut français de Leningrad, 1938, t. XVIII [rééd. La Haye, Mouton et Cie, 1969].

PAULHAN, Jean
« Introduction » au Marquis de Sade, *Les Infortunes de la Vertu*, Paris, 1946 [dans *Œuvres*, Gallimard, « La Pléiade », 1995].

PAYNE, Stanley G.
Falange, a History of Spanish Fascism, Stanford, Stanford University Press, 1961 [*La Phalange. Histoire du fascisme espagnol*, éd. Ruedo Iberico, 1965].

PENCHERLO, Alberto
« Antisemitism », dans *Encyclopedia Italiana*.

PETEGROSKI, D. W.
« Antisemitism, The Strategy of Hatred », *Antioch Review*, 1941, vol. 1, n° 3.

PFENNING, Andreas
« Gemeinschaft und Staatswissenschaft », *Zeitschrift für die gesamte Staatswissenschaft*, vol. 96.

POLIAKOV, Léon
• *Bréviaire de la haine*, Calmann-Lévy, 1951 [rééd. Bruxelles, Éditions Complexe, 1986].
• « The Weapon of Antisemitism », *The Third Reich*, Londres, Unesco, 1955.

POLIAKOV, Léon et WULF, Josef
Das Dritte Reich und die Juden. Dokumente und Aufsätze, Berlin, Arani, 1955 [*Le IIIe Reich et les Juifs*, Gallimard, « Problèmes et Documents », 1959].

PONCINS, Léon de
• *Les Forces secrètes de la Révolution : F. M. – Judaïsme*, 2e édition revue, Bossard, 1929.
• *Les Juifs maîtres du monde*, Bossard, 1932.
• *La Dictature des puissances occultes : La F. M.*, G. Beauchesne et fils, 1934.
• *La Mystérieuse Internationale juive*, G. Beauchesne et fils, 1936.

PONCINS, Léon de et MALYNSKI, Emmanuel
La Guerre occulte, G. Beauchesne et fils, 1936.

Protocoles des Sages de Sion. Die Zionistischen Protokolle mit einem Vor- und Nachwort von Theodor Fritsch, Leipzig, Hammer Verlag, 1924.

RAUSCHNING, Hermann
• *Hitler Speak ; a Series of Political Conversations with Adolf Hitler on his Real Aims*, Londres, T. Butterworth ltd, 1939 [*Hitler m'a dit ; confidences du Führer sur son plan de conquête du monde*, éditions Coopération, 1939 ; rééd. Hachette, « Pluriel », 1979].
• *The Revolution of Nihilism ; Warning to the West*, New York, Alliance Book Corporation, Longmans, Green and Co, 1939 [*La Révolution du nihilisme*, Gallimard, « Problèmes et Documents », 1939 ; rééd. 1980].

RECK-MALLECZEWEN, Friedrich Percyval
Tagebuch eines Verzweifelten, Lorch, Bürger Verlag, 1947 [Francfort-sur-le-Main, Eichborn, 1994].

REITLINGER, Gerald
• *The Final Solution : The Attempt to Exterminate the Jews of Europe, 1939-1945*, Londres, Vallentine, Mitchell, 1953 [Jason Aronson, 1987].
• *The SS, Alibi of a Nation, 1922-1945*, Londres, Heinemann, 1956 [Arms and Armour Press, 1981].

REVEILLE, Thomas [pseudonyme]
The Spoil of Europe. The Nazi Technique in Political and Economic Conquest, New York, W. W. Norton & Company Inc., 1941.

REVENTLOW, Graf Ernst zu
• *Deutschlands auswärtige Politik. 1888-1914*, Berlin, E.S. Mittler und Sohn, 1916.
• *Judas Kampf und Niederlage in Deutschland ; 150 Jahre Judenfrage*, Berlin, Andermann, 1937.

RIESMAN, David
• « The Politics of Persecution », *Public Opinion Quarterly*, 1942, vol. 6.
• « Democracy and Defamation », *Columbia Laws Review*, 1942.

RIESS, Curt
Joseph Goebbels. A Biography, New York, Doubleday, 1948.

RIPKA, Hubert
Münich, Before and After ; a Fully Documented Czechoslovak Account of the Crises of September 1938 and March 1939, Londres, V. Gollancz ltd, 1939 [rééd. New York, H. Fertig, 1969].

RITTER, Gerhard
The German Resistance. Carl Goerdeler's Struggle against Tyranny, New York, Praeger, 1958 [*Échec au dictateur. Histoire de la résistance allemande*, Plon, 1956].

ROBERTS, Stephen Henry
The House that Hitler Built (1938), Londres, Methuen, 1939.

ROBINSON, Jacob et FRIEDMAN, Philip
Guide to Jewish History under Nazi Impact [bibliographie publiée conjointement par YIVO Institute for Jewish Research et Yad Vashem], New York - Jérusalem, 1960.

ROCCO, Alfredo
Scritti e discorsi politici, Milan, A. Giuffré, 1938, 3 vol.

RÖHM, Ernst
• *Die Geschichte eines Hochverräters* (1928), Munich, F. Eher Nachf., 1933 [édition populaire illustrée].
• *Die Memoiren des Stabschefs Roehm*, Sarrebruck, Uranus Verlag, 1934.
• *Warum SA ?*, Berlin, 1933.
• « SA und deutsche Revolution », *National sozialistische Monatshefte*, 1933, n° 31.

ROLLIN, Henri
L'Apocalypse de notre temps, Gallimard, 1939 [rééd. Éditions Allia, 1991].

ROSENBERG, Alfred
• *Die Protokolle der Weisen von Zion und die jüdische Weltpolitik*, Munich, Deutscher Volksverlag, 1923.
• *Der Mythos des zwanzigsten Jahrhunderts, eine Wertung der seelich-geistigen GestaltenKämpfle unserer Zeit*, Munich, Hoheneichen Verlag, 1930 [*Le Mythe du* XXe *siècle*, Éditions Avallon, 1986].

ROSENBERG, Arthur
• *A History of Bolshevism, from Marx to the First Five Years' Plan*, Londres, Oxford University Press, 1934 [*Histoire du bolchévisme*, Grasset, 1967].
• *Geschichte der deutschen Republik*, Karlsbad, « Graphia » Verlagsanstalt, 1935.

ROUSSET, David
• *The Other Kingdom*, New York, Reynal & Hitchcock, 1947 [*L'Univers concentrationnaire*, Éditions du Pavois, 1946].
• *Les Jours de notre mort*, Éditions du Pavois, 1947 [rééd. Hachette, « Pluriel », 1993].

RUSH, Myron
• *Political Succession in the USSR*, New York, Columbia University Press, 1965.
• *The Rise of Khrushchev*, Washington, Public Affairs Press, 1958.

SA-Geist im Betrieb. Vom Ringen um die Durchsetzung des deutschen Sozialismus, Munich, Oberste SA-Führung, 1938.

SALISBURY, Harrison Evans
• *Moscow Journal : The End of Stalin*, Chicago, University of Chicago Press, 1961.
• *American in Russia*, New York, Harper, 1955 [*Un Américain en Russie*, Presses de la Cité, 1955].

SALVEMINI, Gaetano
The Fascist Dictatorship in Italy (1928), New York, H. Fertig, 1967 [*La Terreur fasciste 1922-1926*, Gallimard, « Documents », 1938].

SCHÄFER, Wolfgang
NSDAP. Entwicklung und Struktur der Staatspartei des Dritten Reiches, Hannovre - Francfort-sur-le-Main [Norddeutsche Verlagsanstalt O. Goedel, 1957], 1956.

SCHAPIRO, Leonard
• *The Communist Party of the Soviet Union*, New York, Random House, 1960 [*De Lénine à Staline. Le Parti communiste de l'Union soviétique*, Gallimard, « La Suite des Temps », 1960].
• *The Government and Politics of the Soviet Union*, New York, Random House, 1965.

SCHELLENBERG, Walter
Schellenberg Memoirs, Londres, A. Deutsch, 1956 [*Le chef du contre-espionnage nazi parle*, Julliard, 1957].

SCHEMANN, Ludwig
Die Rasse in den Geisteswissenschaften. Studie zur Geschichte des Rassengedankens, Munich, J. F. Lehmann, 1928-1931, 3 vol.

SCHEUNER, Ulrich
« Die nationale Revolution. Eine staatsrechtliche Untersuchung », dans *Archiv des offentlichen Rechts* (1933-1934).

SCHMITT, Carl
• *Politische Romantik* (1919), Munich, Duncker und Humblot, 1925.
• *Staat, Bewegung, Volk*, Hambourg, Hanseatische Verlagsanstalt, 1934.
• « Totaler Feind, totaler Krieg, totaler Staat », *Volkerbund und Volkerrecht*, 1937, vol. 4.
• *Verfassungsrechtliche Aufsätze aus den Jahren 1924-1954. Materialien zu einer Verfassungslehre*, Berlin, Duncker und Humblot, 1958.

SCHNABEL, Raimund
Macht ohne Moral. Eine Dokumentation über die SS, Francfort-sur-le-Main, Röderer Verlag, 1957 [*Le Dossier des SS*, Perrin, 1967].

SCHUMAN, Frederick Lewis
The Nazi Dictatorship : a Study in Social Pathology and the Politics of Fascism (1935), 2e éd., New York, Knopf, 1936 [AMS Press, 1972].

SCHWARTZ, Dieter
« Angriffe auf die nationalsozialistische Weltanschauung », *Aus dem Schwarzen Korps*, 1936, n° 2.

SCHWARTZ-BOSTUNISCH, Gregor
Jüdischer Imperialismus, Berlin, T. Fritsch, 1939 [5e édition].

SERAPHIM, Hans-Günther
• *Das politische Tagebuch Alfred Rosenbergs aus den Jahren 1934/5 und 1939/40*, Göttingen, Musterschmidt Verlag, 1956.
• « SS-Verfügungstruppe und Wehrmacht », dans *Wehrwissenschaftliche Rundschau*, 1955, n° 5.

SERAPHIM, Peter Heinz
• *Das Judentum im osteurapaïschen Raum*, Essen, Essener Verlagsanstalt, 1938.
• « Der Antisemitismus in Osteuropa », *Osteuropa*, février 1939, vol. 14, n° 5.

SETON-WATSON, Hugh
From Lenin to Khrushchev, New York, Praeger, 1960.

SIMMEL, Georg
• « Sociology of Secrecy and of Secret Societies », *The American Journal of Sociology*, 1906, vol. 11, n° 4.
• *The Sociology of Georg Simmel*, éd. et trad. K. H. Wolff, Glencoe, Free Press, 1950.

SIX, Franz Alfred
Die politische Propaganda der NSDAP im Kampf um die Macht, Heidelberg, Winter, 1936.

SMITH, Bruce
« Police », dans *Encyclopedia of Social Sciences*.

SOUVARINE, Boris
Stalin. A Critical Survey of Bolshevism, New York, Alliance Book Corporation, Longmans, Green & Co., 1939 [*Staline. Aperçu historique du bolchévisme*, Plon, 2e éd., 1940 ; rééd. Ivréa, 1993].

SPENGLER, Oswald
The Decline of the West, New York [A. A. Knopf], 1927-1928 [*Le Déclin de l'Occident*, Gallimard, 1931 ; rééd. « Bibliothèque des Idées », 1948].

SPRIETSMA, Cargill
We Imperialists : Notes on Ernest Seillère's Philosophy of Imperialism, New York, Columbia University Press, 1931.

SS-HAUPTAMT-SCHULUNGSAMT
• *Wesen und Aufgabe der SS under Polizei*, Berlin, Der Reichführer-SS.
• *Der Weg der SS*, Berlin, Der Reichführer-SS.
• *SS-Mann und Blutsfrage. Die biologischen Grundlagen und ihre sinngemässe Anwendung für die Erhaltung und Mehrung des nordischen Blutes*, Berlin, Der Reichführer-SS, Schriftenreihe für die Weltanschauliche Schulung der Ordnungspolizei, 1942.

STALINE, Josef Vissarianovitch
• *Leninism*, Londres, G. Allen & Unwin, 1933, 2 vol.
• *Mastering Bolshevism*, New York, New Century Publishers, 1946.
• *History of the Communist Party of the Soviet Union (Bolshevik) : Short Course*, New York, International Publishers, 1939 [textes repris dans *Les Principes du léninisme*, Moscou, Éditions en langues étrangères, 1951].
• *Die Verfassung des Sozialistischen Staates der Arbeiter und Bauern : mit Reden*, Strasbourg, Éd. Prométhée, 1937.

STARLINGER, Wilhelm
Grenzen der Sowjetmacht im Spiegel einer West-Ost-Bewegung hinter Palisaden von 1945-1954, Würzburg, Holzner Verlag, 1955 [*Les Limites de la puissance soviétique*, SPES, 1956].

STARR, Joshua
« Italy's Antisemites », *Jewish Social Studies*, 1939.

STEIN, Alexander
Adolf Hitler : Schüler der « Weisen von Zion », Karlsbad, « Graphia » Verlagsanstalt, 1936.

STEIN, George H.
The Waffen SS : Hitler's Elite Guard at War, 1939-45, Ithaca, Cornell University Press, 1966 [*La Waffen SS*, Stock, 1967].

STUCKART, Wilhelm, et GLOBKE, Hans
Reichsbürgergesetz vom 15. September, Gesetz zum Schutze des deutschen Blutes..., Gesetz zum Schutze der Erbgesundheit des deutschen Volkes (Ehegesundheitsgesetz) [Kommentare zur deutschen Rassengesetzgebun von], vol. I, Munich - Berlin, Beck, 1936.

TASCA, Angelo
The Rise of Italian Fascism, 1918-1922 (1938), New York, H. Fertig, 1966 [*Naissance du fascisme. L'Italie de l'Armistice à la marche sur Rome*, Gallimard, 1938 ; rééd. « La Suite des Temps », 1967].

THYSSEN, Fritz
I Paid Hitler, Londres, Hodder & Stoughton Ltd, 1941.

TOBIAS, Fritz
The Reichstag Fire, New York, Putnam, 1964.

TREVOR-ROPER, Hugh Roper
The Last Days of Hitler, New York, MacMillan, 1947 [*Les Derniers Jours de Hitler*, Plon, 1947].

The Nazi Primer [Voir Brennecke, Fritz].

The Trial of the Major War Criminals, Nuremberg, 1947-1948, 42 vol.

Trials of War Criminals before the Nuremberg Military Tribunals, Washington, 1949-1953, 15 vol.

TROTSKI, Léon
The History of the Russian Revolution, New York, Simon and Schuster, 1932 [*Histoire de la Révolution russe*, Rieder, 1935, 4. vol. ; rééd. Seuil, « Points Essais », 1995].

TUCKER, Robert C.
The Soviet Political Mind. Stalinism and Post-Stalinism Change, New York, Praeger, 1963 [Londres, George Allen, 1972 ; *La Politique soviétique : essais sur la pensée politique stalinienne et post-stalinienne*, Payot, 1967].

TUCKER, Robert C. et COHEN, Stephen F., éd.
The Great Purge Trial, New York, Grosset & Dunlap, 1965.

ULAM, Adam Bruno
• *The Bolsheviks : The Intellectual and Political History of the Triumph of Communism in Russia*, New York, Macmillan, 1965 [*Les Bolcheviks*, Fayard, 1971].
• *The New Face of Soviet Totalitarianism*, Cambridge, Harvard University Press, 1963.

ULMANN, André
La Police, quatrième pouvoir, Aubier-Montaigne, 1935.

VARDYS, V. Stanley
« How the Baltic Republics Fare in the Soviet Union », *Foreign Affairs*, avril 1966.

VASSILYEV, Aleksej T.
The Ochrana : The Russian Secret Police, Londres, G. G. Harrap, 1930 [Hyperion Press, 1981].

VENTURI, Franco
Roots of Revolution. A History of the Populist and Socialist Movements in Nineteenth Century Russia (1952), New York, A. A Knopf, 1966 [*Les Intellectuels, le peuple et la révolution*, Gallimard, « Bibliothèque des Histoires », 1972, 2 vol.].

VOLKMANN, Erich, ELSTER, Alexander et KÜCHENHOFF, Günther, éd.
Die Rechtsentwicklung der Jahre 1933 bis 1935/6, Handwörterbuch der Rechtswissenschaft, Berlin-Leipzig, 1937, vol. 8.

WARMBRUNN, Werner
The Dutch under German Occupation, 1940-1945, Stanford, Stanford University Press, 1963.

WEINREICH, Max
Hitler's Professors ; the Part of Scholarship in Germany's Crimes against the Jewish People, New York, Yiddish Scientific Institute-Yivo, 1946 [rééd. New Haven, Yale University Press, 1999].

WEISSBERG, Alexander
The Accused, New York, Simon and Schuster, 1951 [*L'Accusé*, Fasquelle, 1953].

WEIZMANN, Chaim
Trial and Error ; the Autobiography of Chaim Weizmann, New York [Londres, H. Hamilton], 1949.

WIGHTON, Charles
Heydrich : Hitler's Most Evil Henchman, Philadelphie, Chilton Co., 1962.

WIRSING, Giselher
Zwischeneuropa und die deutsche Zukunft, Iéna, E. Diederichs, 1932.

WOLFE, Bertram David
Three Who Made a Revolution : Lenin-Trotsky-Stalin, New York, Dial Press, 1948 [*Lénine, Trotsky, Staline*, Calmann-Lévy, 1951].

WOLFSON
« Übersicht der Gliederung verbrechischer Nazi-Organisationen », *Omgus*, décembre 1947.

WOLIN, Simon, et SLUSSER, Robert M., éd.
The Soviet Secret Police, New York, Published for the Research Program on the USSR by F. A. Praeger, 1957.

ZIELINSKI, T.
« L'empereur Claude et l'idée de la domination mondiale des Juifs », *Revue universelle*, Bruxelles, 1926-1927.

Index des personnes

Les pages indiquées ici renvoient aussi bien aux textes qu'aux notes.

BERIA Lavrenti Pavlovitch, 1899-1953
Bolchevik géorgien. Dirige le NKVD (Commissariat de la Sécurité intérieure) à partir de 1938. Membre du Politburo en 1946. Liquidé après la mort de Staline.
• 191 •

BEST Werner, 1903-1989
Chef de l'administration militaire en France occupée de 1940 à 1942, puis commissaire du Reich pour le Danemark de 1943 à 1944. Condamné à mort en 1948, peine commuée en douze ans de prison. Libéré en 1951. Conseiller auprès du ministère des Affaires étrangères de RFA en 1962. Arrêté à nouveau en 1969 (pour l'« Aktion AB », meurtre d'intellectuels et de Juifs polonais), condamné en 1972 et libéré la même année pour raison de santé, charges abandonnées en 1982.
• 41, 88, 134, 156, 165, 182 •

BETTELHEIM Bruno, 1903-1990
Psychanalyste américain d'origine juive autrichienne. Interné à Dachau puis à Buchenwald en 1938. Exilé aux États-Unis en 1939.
• 244, 245, 253, 255, 261, 264, 267, 268 •

BINDING Rudolf Georg, 1867-1938
Médecin. Commandant d'un escadron de Dragons pendant la Première Guerre mondiale. Publie en 1927 ses lettres et son journal de guerre.
• 73, 75 •

BLOK Alexandre Alexandrovitch, 1880-1921
Poète russe.
• 72 •

BLOMBERG Werner von, 1878-1946
Général. Ministre. Commandant en chef de la Reichswehr en 1933. Écarté par Hitler en 1938. Témoin au Procès de Nuremberg.
• 204 •

BORKENAU Franz, 1900- 1957
Philosophe, membre de l'École de Francfort. Analyste du communisme.
• 40, 47, 204 •

BORMANN Martin, 1900-1945 (?)
Général SS, chef d'état-major de Rudolf Hess en 1933. Le remplace en 1941 et devient l'homme de confiance de Hitler. Condamné à mort par contumace à Nuremberg.
• 98, 134, 144, 153, 173, 193 •

BOUKHARINE Nikolaï Ivanovitch, 1888-1938
Membre du comité central du parti bolchevique. Rédacteur de la *Pravda*. Allié à Staline dans la seconde moitié des années 1920. Fusillé en 1938.
• 18, 19, 149 •

BRACK Viktor, 1904-1948
SS Oberführer.
Attaché à la Chancellerie du Reich *(Reichamtsleiter)*. Responsable du programme T 4 d'euthanasie. Organise des gazages en camion à Riga et Minsk. Pendu en 1948.
• 193 •

BRANDT Karl, 1904-1948
Médecin personnel de Hitler. *SS Gruppenführer*. Responsable du programme T 4 d'euthanasie. Major général du Reich pour l'hygiène et la santé. S'est livré à des expérimentations médicales. Jugé au procès

Index thématique

Table des matières

Du même auteur

Condition de l'homme moderne
Calmann-Lévy, « Liberté de l'Esprit », 1961
nouvelle édition préfacée par Paul Ricœur, 1983
Pocket, « Agora », 1988, 2002

Eichmann à Jérusalem
Rapport sur la banalité du mal
Gallimard, « Témoins », 1966
nouvelle édition, « Folio Histoire », 1991

Essai sur la révolution
Gallimard, « Les Essais », 1967
et « Tel », 1985
repris sous le titre
De la révolution
« Folio Essais », nouvelle traduction, 2013

La Crise de la culture
Gallimard, « Idées », 1972, 1989

Du mensonge à la violence
Essais de politique contemporaine
Calmann-Lévy, « Liberté de l'Esprit », 1972
Pocket, « Agora », 1989, 2002

Les Origines du totalitarisme
1. Sur l'antisémitisme
Calmann-Lévy, « Diaspora », 1973
nouvelle édition, Seuil, « Points Essais » n° 360, 2005
2. L'Impérialisme
Fayard, « L'espace du politique », 1982
nouvelle édition, Seuil,
« Points Essais » n° 356, 2006, 2010

Vies politiques
Gallimard, « Les Essais », 1974
et « Tel », 1986

La Vie de l'esprit
1. La pensée
2. Le vouloir
PUF, « Philosophie d'aujourd'hui », 1981, 1992
et « Quadrige », 1983, 1999, 2005, 2013

Rahel Varnhagen
La vie d'une Juive allemande à l'époque du romantisme
Deuxtemps Tierce, 1986
Pocket, « Agora », 1994
Payot & Rivages, 2016

La Tradition cachée
Le juif comme paria
Christian Bourgois, « Détroits », 1987
et « Choix Essais », 1993
10/18, « Bibliothèques 10/18 », 1997

Penser l'événement
Belin, « Littérature et politique », 1989

La Nature du totalitarisme
Payot, 1990, 2006

Le Concept d'amour chez Augustin
Deuxtemps Tierce, 1991
Rivages, 1996, 1999

Auschwitz et Jérusalem
Deuxtemps Tierce, 1991
Pocket, « Agora », 1993

Juger
Sur la philosophie politique de Kant
Seuil, « Libre examen », 1991
et « Points Essais » n° 500, 2003

Leçons sur la morale
Deuxtemps Tierce, 1993

Qu'est-ce que la politique ?
Seuil, « L'Ordre philosophique », 1995
et « Points Essais » n° 445, 2001, 2016

Correspondance (1949-1975)
Hannah Arendt-Mary McCarthy
Stock, 1996, 2009

Considérations morales
Rivages, 1996

Correspondance (1926-1969)
Hannah Arendt-Karl Jaspers
Payot, « Bibliothèque philosophique », 1996

Correspondance (1933-1963)
Hannah Arendt-Kurt Blumenfeld
Desclée de Brouwer, 1998, 2012

Correspondance (1936-1968)
Hannah Arendt-Heinrich Blücher
Calmann-Lévy, 1999

La Philosophie de l'existence
Payot, 2000

Lettres et autres documents (1925-1975)
Hannah Arendt-Martin Heidegger
Gallimard, « Bibliothèque de philosophie », 2001

Les Origines du totalitarisme
suivi de
Eichmann à Jérusalem
Gallimard, « Quarto », 2002

Qu'est-ce que la philosophie de l'existence ?
Rivages, « Petite Bibliothèque », 2002

Politique et pensée
Colloque Hannah Arendt, 14-16 avril 1988
(éd. Miguel Abensour, Christine Buci-Glucksmann, Barbara Cassin et al.*)*
Payot, « Petite Bibliothèque », 2004

Journal de pensée
(1950-1973)
Seuil, « L'Ordre philosophique », 2005

La philosophie n'est pas tout à fait innocente
Hannah Arendt-Karl Jaspers
(Lettres choisies et présentées par Jean-Luc Fidel)
Payot, « Petite Bibliothèque », 2006

La Crise de l'éducation
Extrait de La Crise de la culture
Gallimard, 2007

Walter Benjamin
(1892-1940)
Allia, 2007, 2014

Édifier un monde
Interventions (1971-1975)
Seuil, 2007

La politique a-t-elle encore un sens ?
L'Herne, 2007

Idéologie et terreur
Hermann, 2008

Responsabilité et jugement
Payot, « Essais », 2009

Écrits juifs
Fayard, 2011

Correspondance (1933-1963)
Hannah Arendt-Gerschom Scholem
Seuil, 2012

« Eichmann était d'une bêtise révoltante »
Entretiens et lettres
(avec Joachim Fest)
Fayard, 2013

Heureux celui qui n'a pas de patrie
Poèmes de pensée
Payot, 2015

La Langue maternelle
Eterotopia France, 2015

JULIA ORTEGA CARDENAS
[illegible]
2260652
LA PAZ

RÉALISATION : NORD COMPO À VILLENEUVE-D'ASCQ
IMPRESSION : NORMANDIE ROTO IMPRESSION S.A.S. À LONRAI
DÉPÔT LÉGAL : SEPTEMBRE 2005. N° 79890-16 (1900029)
Imprimé en France